Gildemeister/Wetterer (Hrsg.)
Erosion oder Reproduktion

Regine Gildemeister, Prof. Dr., geb. 1949, Diplom-Soziologin, ab 1991 Professorin an der Universität Kassel, 1994–1996 Vizepräsidentin der Universität Kassel, seit 1996 Professorin für die „Soziologie der Geschlechterverhältnisse“ an der Universität Tübingen, derzeit Dekanin der Fakultät für Sozial- und Verhaltenswissenschaften; Arbeitsschwerpunkte: Prozesse und Modi der sozialen Konstruktion von Geschlecht: Professionalisierungsprozesse insbesondere von Sozial-, Gesundheits- und Rechtsberufen, interpretative Methoden der Sozialforschung.

Angelika Wetterer, promovierte Germanistin (1979) und habilitierte Soziologin (2002), zwischen 1980 und 1998 wissenschaftliche Mitarbeiterin an den Universitäten Freiburg, Kassel und Bochum, verschiedene Lehraufträge und Gast- bzw. Vertretungsprofessuren in Dortmund, Wien und Graz, seit 2005 Professorin für „Soziologie der Geschlechterverhältnisse“ an der Universität Graz; Forschungsschwerpunkte: Professionalisierung, Arbeitsteilung und Geschlechterkonstruktion; Modernisierungsprozesse im Geschlechterverhältnis; feministische Theorie; Frauen- und Gleichstellungspolitik in praktischer und theoretischer Perspektive.

Regine Gildemeister/Angelika Wetterer (Hrsg.)

Erosion oder Reproduktion geschlechtlicher Differenzierungen?

Widersprüchliche Entwicklungen in professionalisierten Berufsfeldern und Organisationen

WESTFÄLISCHES DAMPFBOOT

Bibliografische Information der Deutschen Bibliothek
Die Deutsche Bibliothek verzeichnet diese Publikation in der Deutschen Nationalbibliografie; detaillierte bibliografische Daten sind im Internet über http://dnb.ddb.de abrufbar.

1. Auflage Münster 2007

Umschlag: Lütke Fahle Seifert AGD, Münster
Druck: Rosch-Buch Druckerei GmbH, Scheßlitz
Gedruckt auf säurefreiem, alterungsbeständigem Papier
ISBN 3-89691-642-4
ISBN 978-3-89691-642-6

Inhalt

Vorwort

Dass die sozialen Grenzziehungen zwischen den Geschlechtern in den letzten Jahrzehnten durchlässiger geworden sind, gehört zum common sense moderner Sozialwissenschaften. Zugleich gilt jedoch, dass die Differenzierung nach Geschlecht immer noch ein wichtiger Ausgangs- und Bezugspunkt für eine Vielzahl sozialer Unterscheidungen ist und soziale Unterschiede schafft. Die Frage ist, in welchem Verhältnis die so konstatierten gegenläufigen Entwicklungen stehen.

In den Projekten des DFG - Forschungsschwerpunktprogramm „Professionalisierung, Organisation, Geschlecht. Zur Reproduktion und Veränderung von Geschlechterverhältnissen in Prozessen sozialen Wandels“ wurde diese grundlegende Frage am Beispiel eines gesellschaftlichen Teilbereichs ausbuchstabiert, in dem die Zweideutigkeit des Prozesses in besonderem Maße augenfällig geworden ist: der Erwerbstätigkeit von Frauen in professionalisierten Berufsfeldern und Organisationen.

Die vielfach konstatierte stärkere Durchlässigkeit von Geschlechtergrenzen bezog und bezieht sich in hohem Maße auf den enormen Anstieg der Bildungsbeteiligung von Mädchen und jungen Frauen, in deren Folge immer mehr junge Frauen für hochqualifizierte Berufe ausgebildet werden und diese auch ausüben wollen. Damit erschließen sich Frauen soziale Positionen, in denen Männer traditionell unter sich waren. Zugleich zeigt sich, dass ihre Integration nicht automatisch der Gleichstellungsmaxime folgt, sondern sich in Berufsfeldern und Organisationen Segregationstendenzen abzeichnen, in denen geschlechtshierarchische Arbeitsteilungen reproduziert werden.

Mit der in den 90er Jahren zu konstatierenden deutlichen Zunahme der Anzahl von Frauen in hochqualifizierten (professionalisierten) Berufsfeldern hat sich den Projekten des Forschungsschwerpunktprogramms die einmalige Chance geboten, sozusagen „in nuce“ die Wechselwirkung dieser Entwicklung mit anderen gesellschaftlichen Handlungsfeldern zu untersuchen. Eine der Ausgangsthesen des Rahmenantrages zum Forschungsschwerpunktprogramm war daher, dass von einer Erwerbstätigkeit von Frauen in diesem Bereich starke Veränderungsimpulse ausgehen, die nicht nur auf soziale Strukturen und Beziehungen in Arbeitsorganisationen wirken, sondern das gesamte Arrangement der Geschlechter im Kern berühren. Zu fragen war, ob und wie sich unter den genannten Vorzeichen geschlechterdifferenzierende Arbeitsteilungen verflüssigen oder wie sie u.U. neu geschaffen werden, ob und wie sich Normalitätsvorstellungen von „Männlichkeit“ und „Weiblichkeit“ verändern und ob und wie u.U. das soziale Konstrukt einer zweigeschlechtlichen sozialen Ordnung unterminiert wird.

Von Anfang an stand also die Frage „Erosion oder Reproduktion“ der Geschlechterdifferenzierung in den Projekten des Forschungsschwerpunktes Pate. Die in diesen Band einbezogenen Beiträge haben verschiedene Facetten dieses Fragekomplexes noch einmal explizit in den Mittelpunkt ihrer Ergebnisreflexion gestellt: Wie grundlegend hat sich das Verhältnis von Profession, Organisation und Geschlecht in den vergangenen Jahren verändert? In welcher Relation stehen geschlechtliche Differenzierungen und Prozesse der Hierarchiebildung? Worauf sind die großen Unterschiede zwischen verschiedenen Fächern, Berufen und Organisationsformen professioneller Arbeit zurückzuführen? Inwieweit sind sie eingebunden in den jeweils untersuchten organisationalen Rahmen und/oder verschränkt mit bereichsspezifisch je verschiedenen Professionalisierungsstrategien? Welches sind die sozialen Ebenen, auf denen sich Erosion und/oder Reproduktion geschlechtlicher Differenzierung(en) herstellen? In welcher Weise gehen Veränderungen in der Berufswelt mit Entwicklungen in außerberuflichen Bereichen einher? Gibt es Verwerfungen und gegenläufige Entwicklungen oder weisen soziale Deutungsmuster, interaktive Handlungsroutinen und institutionalisierte Formen der Geschlechterunterscheidung in eine ähnliche Richtung?

Mit diesen und ähnliche Fragen wird mit dem vorliegenden Band der konzeptionelle Ertrag des Schwerpunktprogramms insgesamt fokussiert. Das kann und soll nicht die Vielzahl von Einzelergebnissen aus den Projekten ersetzen, aber es kann und soll den Blick darauf lenken, dass die Frage nach der Grenzziehung zwischen den Geschlechtern immer noch einige grundsätzliche Implikationen für die Sozialwissenschaften bereithält.

Regine Gildemeister, Angelika Wetterer

Irene Dölling

'Geschlechter-Wissen' – ein nützlicher Begriff für die 'verstehende' Analyse von Vergeschlechtlichungsprozessen?[1]

Die Debatten in der sozialwissenschaftlichen Frauen- und Geschlechterforschung im deutschsprachigen Raum sind seit den 90er Jahren insbesondere durch zwei Themen- bzw. Problemfelder geprägt. Zum einen ist das die Diskussion um die Kategorie 'Geschlecht', die insbesondere mit der Rezeption diskursanalytischer, dekonstruktivistischer und ethnomethodologischer Ansätze in Gang kam, die zu struktur- und gesellschaftstheoretischen Konzepten ins Verhältnis gesetzt wurden (vgl. Gottschall, 1997). Stärker wurde fokussiert auf das (re/produzierende) Herstellen von 'Geschlecht' in der Interaktion bzw. im praktischen Handeln sozial positionierter AkteurInnen ('doing gender'), und mit der Zentrierung der Kategorien 'Praxis' bzw. 'Handeln' wurde das Geschlechtsrollenkonzept kritisiert und als unzureichend für die Analyse von Vergeschlechtlichungsprozessen aufgezeigt (vgl. Krais, 2001). 'Geschlecht' als Konstrukt zu begreifen, das seine soziale Mächtigkeit im konkreten Zusammenspiel von institutionalisierten Objektivierungen und interaktivem Herstellen im praktischen Handeln entfaltet, hat auch den Blick für Reifizierungen und implizite Biologismen im feministischen Denken geschärft und zu einer kritischeren Reflektion der eigenen Erkenntnismittel angeregt (vgl. Hark, 2005, bes. Kapitel 5).

Zum anderen ist im Anschluss an diese epistemologischen Debatten und in ihrer Verknüpfung mit Diagnosen aktueller Umbauprozesse moderner Gesellschaften die Frage kontrovers diskutiert worden, ob 'Geschlecht' in diesem Kontext als sozialer Ordnungs- und Differenzierungsfaktor an Bedeutung verliert. So sprachen die einen davon - um nur die am weitesten auseinanderliegenden Standpunkte in diesen Kontroversen zu charakterisieren -, dass mit dem 'Individualisierungsschub' eine „Auflösung der geschlechtsspezifischen Arbeitsteilung", die charakteristisch für die erste Moderne gewesen ist, einhergehe und dementsprechend eine „Geschlechterrevolution" zu „beobachten" sei (Beck, Bonß, Lau, 2001, 23) oder davon, dass damit eine 'De-Institutionalisierung' der Geschlechterdifferenz im Sinne einer Verschiebung ihrer Reproduktionsmechanismen verbunden sei (vgl. Heintz, 2001) bzw. die Semantik der Geschlechterdifferenz an Geltung verliere und durch die 'Semantik der Gleichheit' der Geschlechter ersetzt werde (vgl. Pasero, 1995). Dagegen betonten andere, dass 'Geschlecht' auch weiterhin eine Basisklassifikation sei (vgl. Lorber, 1999) und das Geschlechterverhältnis (und seine möglichen Veränderungen) aus dieser Perspektive nur in Zusammenhang mit Austausch- und Reproduktionsprozessen moderner Gesellschaften gesehen werden könne (vgl. Becker-Schmidt, 2001). Angelika Wetterer hat in einer kritischen Analyse dieser Kontroversen hervorgehoben, dass diese unterschiedlichen Positionen vor allem darauf verweisen, dass „(D)er soziale Wandel, die

Modernisierung des Geschlechterverhältnisses (...) gegenwärtig einen Stand erreicht (hat), der vor allem durch Widersprüche, Brüche und Ungleichzeitigkeiten gekennzeichnet ist“ (Wetterer, 2003, 288). Deshalb sei *empirisch* zu untersuchen, wo, in welchen Bereichen weshalb und in welchen konkreten Formen Modifizierungen in den Geschlechterbeziehungen und „rhetorische Modernisierung“ einerseits, das Geschlechterverhältnis als Strukturzusammenhang, seine Institutionalisierungen sowie Alltagsroutinen andererseits gleichzeitig-ungleichzeitig zusammenspielen (vgl. ebd.). Erst auf der Basis „empirisch fundierter Analysen“, so Wetterer, könne sich erweisen, ob die mitunter behauptete „radikale Modernisierung des Geschlechterverhältnisses, die 'Geschlechterrevolution'“ (a.a.O., 286) eine „ernst zu nehmende wissenschaftliche Hypothese“ (a.a.O., 287) oder eher Ausdruck des „Zeitgeist(es) der 80er und 90er Jahre“ bzw. „die Wunschvorstellung gebildeter Individuen“ (Jürgen Friedrichs, zitiert in Wetterer, a.a.O.) sei.

Die Einrichtung des DFG-Forschungsschwerpunktes „Professionalisierung, Organisation, Geschlecht“ 1998 zielte darauf, zur Beantwortung dieser Fragen beizutragen. Wie der Titel des Antrags bereits andeutet, sollte in Arbeitsorganisationen und mit Blick auf Professionalisierungen von Erwerbstätigkeiten empirisch untersucht werden, wie Vergeschlechtlichungen als Prozesse und im praktischen Handeln von AkteurInnen ablaufen. Durch historisch bzw. aktuell angelegte Studien sollten empirisch begründete Aussagen für die Beantwortung der im Projektantrag offen gehaltenen Frage geliefert werden, ob bzw. in welch widersprüchlichen Weisen gesellschaftliche Transformationen mit ihren direkten oder vermittelten Wirkungen auf die jeweiligen Untersuchungsfelder zu Verschiebungen oder Veränderungen in den Geschlechterarrangements bzw. grundsätzlicher im Geschlechterverhältnis führen. Angestrebt wurde auch, mit der Analyse konkreter Vergeschlechtlichungsprozesse das theoretische und methodische Werkzeug für solche Analysen zu qualifizieren oder, wie es im Antrag heißt, „die Entwicklung 'gendersensibler' analytischer Konzepte und Perspektiven zu befördern“ (Dölling et al., 1997, 15).

Den von uns in unserem Projekt entwickelten Begriff des Geschlechter-Wissens verstehen wir als einen Beitrag zur angestrebten Qualifizierung des Werkzeugs sozialwissenschaftlicher Frauen- und Geschlechterforschung[2]. In unserem Forschungsprojekt haben wir diesen Begriff als Resultat der beständigen 'Hin- und Herbewegung' (vgl. Kaufmann, 1999) zwischen theoriegeleiteten Hypothesen und empirischem Material ausgearbeitet und für die Interpretation unserer Interviewdaten methodisch eingesetzt, um Vergeschlechtlichungen 'verstehend' auf die Spur zu kommen. Mit dem Begriff Geschlechter-Wissen können – so ein Fazit unserer Forschungsarbeit – Elemente von Veränderungswissen bei den AkteurInnen sowie die Relation von Beharren und Verändern in ihren Subjektpositionen und – genereller – subjektive Dimensionen des Herstellens von Geschlecht (doing gender) im praktischen Handeln systematischer herausgearbeitet werden.

Ich werde zunächst (I) kurz unser Projekt vorstellen und skizzieren, welche Figuration zwischen unserer Forschungsfrage und dem erhobenen empirischen Material zur Herausarbeitung des Begriffs 'Geschlechter-Wissen' führte; ich werde anschließend (II) erläutern, was wir unter 'Geschlechter-Wissen' verstehen und in welcher Weise wir ihn als analytischen Begriff für die Untersuchung von Vergeschlechtlichungen in unserem Feld eingesetzt haben und abschließend (III) die Frage diskutieren, inwieweit er - über unseren konkreten Forschungszusammenhang hinaus - nützlich für die Analyse von Vergeschlechtlichungsprozessen sein und insofern einen Erkenntnisgewinn unseres Forschungsschwerpunktes darstellen könnte.

Zur Entwicklung des Begriffs 'Geschlechter-Wissen' in unserem konkreten Forschungszusammenhang

Die zentrale Frage unseres Projektes, das wir zwischen 2000 und 2004 in einem Bezirksamt in (Ost-)Berlin realisierten, war, ob die seit Beginn der 90er Jahre in Gang gekommene Verwaltungsreform zu einem Abbau von Geschlechterhierarchien beiträgt. Ausgangspunkt waren für uns zunächst die von SozialwissenschaftlerInnen geäußerten Hoffnungen bzw. Erwartungen, dass mit neuen Formen der Arbeitsorganisation (flache Hierarchien, Gruppenarbeit), mit einer Flexibilisierung von Arbeitszeiten und Karrierewegen und mit einem Personalentwicklungskonzept, das auf Förderung und Motivierung der MitarbeiterInnen setzt, bisherige Formen geschlechtsspezifischer Arbeitsteilungen tendenziell dysfunktional würden (vgl. Goldmann, 1995; 1997a, 1997b), sowie Gleichstellungspolitik zu einem „integralen Bestandteil der Verwaltungsmodernisierung" werden und als 'Unternehmensziel' bzw. als 'Gemeinschaftsaufgabe' verankert werden könnte (vgl. Krell/Leutner, 1998,38; Wiechmann/Kißler, 1997). Wir wollten in einer empirischen Studie untersuchen, ob diese Erwartungen berechtigt sind, ob sich mit der Modernisierung der öffentlichen Verwaltung, die wir als Teil der aktuellen gesellschaftlichen Umbauprozesse unter tendenziell neoliberalen Vorzeichen verstehen, die Chancen für Frauen in diesem Erwerbssektor und für eine erfolgreiche Gleichstellungspolitik erhöhen oder eventuell eher verringern. Wir wollten auch erkunden, ob mit den Veränderungen in Arbeitsorganisation und Führungskultur alte oder neue bzw. modifizierte Grenzziehungen, Ein- und Ausschlüsse verbunden sind, die geschlechtshierarchische Klassifikationen in alt/neuer Weise fortschreiben[3]. Bei der Entwicklung unseres Forschungsdesigns gingen wir grundsätzlich davon aus, dass die Umsetzung der Reformziele und der damit möglicherweise verknüpfte Abbau bestehender Geschlechterhierarchien *praktisch,* im Handeln der beteiligten AkteurInnen und unter konkreten Feldbedingungen entschieden wird. Unserer Studie legten wir daher die konzeptionellen Überlegungen zugrunde, *erstens* dass Organisationen vor allem im Handeln ihrer AkteurInnen beständig 'am Leben' gehalten und in ihren wesentlichen Zusammenhängen reproduziert werden. Organisationen sind deshalb als Arenen mikropolitischer Auseinandersetzungen (vgl. Ortmann et al., 2000) um die 'richtige' Umsetzung der Reform, um 'richtige', 'legitime' Klassifikationen und Bewertungen zu kennzeichnen, und 'unser' Bezirksamt ist dementsprechend als ein Feld relational aufeinander bezogener AkteurInnen zu verstehen. Deren habituelle Wahrnehmungs- und Deutungsmuster ermöglichen 'passende' Stellungnahmen durch Klassifikationen, die in der Organisation *common sense* sind, also mehr oder weniger 'Trümpfe' im Spiel um die Bewahrung bzw. Verbesserung der eigenen Position im Feld bei der Umsetzung der Reformziele darstellen. *Zweitens* arbeiteten wir im Anschluss an Joan Ackers Konzept der 'gendered organization' (vgl. Acker, 1991) mit einem mehrdimensionalen Begriff von Vergeschlechtlichung. Er umfasst sowohl Objektivierungen sozialer Praktiken, wie geschlechtsgebundene Arbeitsteilungen, sex composition oder das gender typing von Arbeitstätigkeiten, Leistungskriterien, Leitbildern etc., als auch das Klassifizieren im hierarchisierenden Modus der Zweigeschlechtlichkeit im alltäglichen Organisationshandeln von AkteurInnen.

Ein wichtiger Teil unserer Forschungsarbeit waren Interviews mit erfolgreichen und nicht erfolgreichen BewerberInnen um die Positionen der 1. Führungsebene in der öffentlichen Verwaltung, die im Zuge von Reform und der in Berlin 1999/2000 durchgeführten Fusion von Bezirken neu geschaffen worden war. In der Auswertung der Interviews ging es uns vor allem darum, zu analysieren, wie die AkteurInnen selbst im Sprechen über das Auswahlverfahren, dem sie sich unterziehen mussten, die Reform, insbesondere die neue Führungskultur, deren RepräsentantInnen sie ja gewissermaßen sind, wahrnehmen und bewerten. Diese angestrebte neue Führungskultur fordert stärker als bisher neben den fachlichen sogenannte außerfachliche, vor allem soziale Kompetenzen von Führungskräften. Wir wollten daher wissen, welche Sichtweisen der befragten Leitungskräfte auf 'ihre' Organisation, welche Vorstellungen darüber, was von ihnen in 'ihrer' Organisation als 'passend' und 'richtig' angesehen und konsensuell geteilt wird, durch die mit der Reform verbundenen neuen Ziele und Anforderungen in Frage gestellt werden. Also ob bisherige hierarchisierende Klassifikationen 'veralten' bzw. dysfunktional werden, ob sich Brüche oder grundlegende Nichtübereinstimmungen zwischen habituellen Klassifikationsmustern und neuen Anforderungen ausmachen lassen oder ob eher eine Umschrift tradierter vergeschlechtlichender Klassifikationen feststellbar ist. Entsprechend unserer Annahme, dass die Umsetzung der Reformziele und ihre Verknüpfung mit einem Abbau von Geschlechterhierarchien in der Organisation praktisch, d.h. abhängig von den AkteurInnen, ihren eingesetzten Wahrnehmungs- und Deutungsmustern entschieden wird, wollten wir herausfinden, ob 'unsere' Führungskräfte überhaupt einen 'Sinn' haben für Geschlechterhierarchien in 'ihrer' Organisation, ob sie in ihrem (leitenden) Organisationshandeln eine Verbindung zwischen den konkreten Schritten zur Verwaltungsmodernisierung und einer Veränderung bestehender geschlechterhierarchischer Arbeitsteilungen herstellen. Das führte uns u. a. zu der Frage, über welche *subjektiven Ressourcen* sie für eine solche Verknüpfung verfügen.

In einer ersten Durchsicht der Interviews stellten wir fest, dass die Befragten in den verschiedensten Zusammenhängen implizit und unbewusst, aber auch explizit[4] geschlechtshierarchisierende Klassifikationen ins Spiel brachten. Mit den ersten Interpretationsversuchen handelten wir uns methodisch die Schwierigkeiten ein, die empirisch arbeitenden SozialwissenschaftlerInnen allgemein bekannt sind und die dennoch immer als konkretes Problem und als eine immer erneut sich stellende Herausforderung an die Reflektionsarbeit im Forschungsprozess zu bewältigen sind. Vor allem mit zwei Problemen waren wir konfrontiert. Zum einen gerieten wir in Konflikte, das Wissen der Befragten und der InterviewerInnen, aber auch verschiedene Wissensformen klar auseinander zu halten. Etwa konstatierten wir bei uns selbst die Gefahr, die von den AkteurInnen vorgenommenen Klassifikationen mit unserem Experten-Wissen und unserem professionellen gender-geschärften Blick in einer bestimmten Weise als Vergeschlechtlichungen zu deuten und so unter der Hand nicht allein unsere Sicht zu verallgemeinern, sondern damit zugleich auch den Deutungsgehalt von Geschlechtsklassifikationen zu reifizieren. So machten zum Beispiel fast alle Befragten eine deutliche Unterscheidung und Rangfolge zwischen fachlichen und 'außerfachlichen', insbesondere sozialen Kompetenzen und zogen häufig hierarchisierende Klassifikationen (vorrangig-nachgeordnet, Kern- bzw. Zusatzkompetenzen, Primärkompetenzen-'Schmiermittel', hart-weich) zur Beschreibung im Sprechen heran. Konnten wir daraus schließen, dass sie dabei auch die in unserer Kultur homologe Klassifikation 'männlich-weiblich' assoziierten, also individuell implizite Vergeschlechtlichungen vornahmen, die uns als ExpertInnen 'logisch' naheliegend schienen? An einem Interviewausschnitt möchte ich das Problem noch einmal verdeutlichen[5]:

Frau X. ist eine von den (wenigen) interviewten BewerberInnen um eine Position der neu geschaffenen 1. Leitungsebene im Bezirksamt, die bei der Beschreibung ihrer Erfahrungen beim Auswahlverfahren[6] sowohl beim eignungsdiagnostischen Testverfahren als auch bei den gruppenbezogenen Übungen ambivalente Gefühle und kritische Einschätzungen hinsichtlich der dabei zugrunde gelegten Kriterien äußern. Sie findet es *merkwürdig,* wie die 'Testpersonen' auf der Grundlage bestimmter Vorstellungen etwa von 'Hartnäckigkeit' oder 'Flexibilität' *Charaktereigenschaften zugeschrieben bekommen* und stellt *amüsiert und auch verärgert* fest, dass sie - im Gegensatz zu ihrem Selbstbild und auch der Meinung ihres zuständigen Stadtrats - in der Auswertung des eignungsdiagnostischen Teils mitgeteilt bekommt, dass sie es an Hartnäckigkeit fehlen lasse. Im mehrmaligen Durchdenken der Situation kommt sie zu dem Ergebnis, dass sie unter 'Hartnäckigkeit' offenbar tendenziell etwas anderes versteht, als diejenigen, die den Test - der, so ein weiterer Kritikpunkt von ihrer Seite, nicht fachbezogen war - ausgearbeitet haben. Sie sagt im Interview: (im Test) *waren immer so Fragen zu beantworten, wie verhalte ich mich in welcher Situation, was weiß ich, ich bin Chemikerin und mir fliegt nach drei Jahren die Apparatur um die Ohren, wie mach ich weiter, schmeiß ich alles hin, mach ich weiter wie bisher, bau es neu auf, oder überleg ich, bin ich auf dem richtigen Weg. Da konnte man durchaus so mehrere ankreuzen (...) und ich hab oft bei solchen Sachen erst mal über-*

legt, bin ich noch auf dem richtigen Weg und (habe) *fast gleichrangig bewertet. (...) Das führte auch z.B. dazu, dass man nicht hartnäckig ist, wenn man sich zu oft die Frage stellt, bin ich noch auf dem richtigen Weg (...).*

Ihr wird gesagt, dass sie zu *zögerlich* ist, weil sie die Richtigkeit eines eingeschlagenen Weges zu oft in Frage stellt, sie hingegen findet, dass es ein Ausdruck von Hartnäckigkeit und eine Leistung sei, *dass ich mich inzwischen hinterfragen kann, stimmt das, wohin ich will, oder muss ich doch mal irgendwie die Route ändern. Also das fand ich dann erstaunlich, dass dieser Test mit solchen Fragen dazu führt 'hartnäckig' oder 'nicht hartnäckig' zu beurteilen. Da hat ich dann hinterher auch gedacht, dieser Test ist ja Asbach uralt (...) angeblich ein Wehrmachtstest, zumindest in den Anfängen, dass einfach Befehlsausführungen abgefragt wurde mit 'nem modernen Begriff. (...) Hartnäckig war immer der, der sagte, und jetzt weiter so.*

Frau X., die an anderer Stelle im Interview anmerkt, dass man bei vielen Testfragen *Ellenbogenmentalität an den Tag legen musste,* bringt bei der Darstellung ihrer Erfahrungen im Auswahlverfahren Deutungen ins Spiel, mit denen sie die dort zugrunde gelegten Kriterien für 'Hartnäckigkeit' verknüpft mit Bedeutungen wie 'veraltet' (Asbach uralt, Wehrmachtstest) und 'unmodern' (Befehlsausführung). Mit Formulierungen wie 'Wehrmachtstest' und 'Befehlsausführung' können aber auch z.B. 'Hierarchie', ein 'aggressives', nicht zu hinterfragendes Durchsetzen von Zielen assoziiert werden, zumal Militär und Befehl(sausführung) in besonderem Maße als 'männlich' konnotierte/s Feld bzw. Verhaltensweise gelten. Diese Homologien in den Klassifikationen sind uns als 'gendersensibilisierte' ExpertInnen geläufig und wir waren bei einer ersten Interpretation geneigt, hier von einer Vergeschlechtlichung zu sprechen. Woher aber wollten wir wissen, ob Frau X., da sie diese kulturell mögliche Homologie explizit nicht ins Spiel bringt, implizit eine solche Vergeschlechtlichung in ihrem Sprechen über das Auswahlverfahren und seine Eignungskriterien vorgenommen hat?

Standen wir also einerseits vor dem Problem, nicht zu wissen, ob die Vergeschlechtlichungen, die *wir* bei der Interpretation von Interviewpassagen quasi interaktiv 'herstellten', den impliziten Deutungen der Interviewten gerecht wurden, standen wir andererseits vor einem neuen Problem, wenn wir uns – um die Gefahr einer solchen 'Hineininterpretation' zu vermeiden – darauf konzentrierten, herauszufinden, wie die AkteurInnen kontext- und situationsabhängig Geschlechtsklassifikationen einsetzen, also Vergeschlechtlichungen im Handeln/Sprechen herstellen. Hier standen wir vor der Schwierigkeit, die *Logik* zu verstehen, nach der die individuellen AkteurInnen im Rückgriff auf kollektive Wahrnehmungs- und Deutungsmuster Geschlechtsklassifikationen ins Spiel brachten und die nicht allein aus dem jeweiligen Kontext bzw. der jeweiligen Situation rekonstruierbar war. Warum verwendeten die Interviewten welche vergeschlechtlichenden Klassifikationen, welche Metaphern, Bilder oder auch (alltags-)'theoretische' Begründungen der Geschlechterdifferenz, wenn sie über ihre Erfahrungen im Auswahlverfahren, über den Reformprozess in 'ihrem' Bezirksamt oder generell in Berlin, über Leistungskriterien oder Arbeitsabläufe im Bezirksamt sprachen? Weshalb beriefen sich die einen z.B. bei explizitem Nachfragen auf das Stereotyp von den spezifisch-weiblichen (naturgegebenen oder in der häuslichen Sphäre entwickelten) sozialen Kompetenzen, während andere solche Stereotypisierungen strikt zurückwiesen? Welchen individuellen 'Sinn' hatten diese Klassifikationen etc. für die Interviewten im jeweiligen Kontext, die für uns Interviewende Ähnlichkeiten mit kollektiven Deutungsmustern aufwiesen? Wie waren die feststellbaren Übereinstimmungen in Vergeschlechtlichungen seitens der AkteurInnen zu erklären, aber auch die ebenso ins Auge fallenden Unterschiede? Auffallendes Ergebnis unseres Hin- und Her- Bewegens zwischen theoretischem Wissen und empirischem Material in dieser Situation war, dass die Interviewten neben unbewusst eingesetzten Geschlechterstereotypen argumentative Begründungen für festgestellte Geschlechterdifferenzen bzw. -ungleichheiten ins Spiel brachten und dabei auf unterschiedliches *Wissen* zurückgriffen, das ihnen als eine individuelle Ressource zur Verfügung stand.

Um Vergeschlechtlichungen seitens der AkteurInnen angemessener auf die Spur kommen zu können und für die festgestellten methodischen Schwierigkeiten eine Lösung zu finden, entwickelten wir deshalb für die vertiefende Analyse der Interviews in theoretischer Reflektion der vielfältigen Weisen, in denen die Interviewten über 'Geschlecht' sprachen, den Begriff des 'Geschlechter-Wissens'. Dieser Begriff und seine theoretischen und methodischen Implikationen sollen nun im Folgenden genauer erläutert werden.

Theoretische und methodische Implikationen des Begriffs 'Geschlechter-Wissen'

In der Biografieforschung wird davon ausgegangen, dass Menschen im Laufe ihres Lebens einen Erfahrungs- und Wissensvorrat anlegen, der nicht „die schlichte Summe verschiedener Eindrücke" (Alheit/Hoerning, 1989, 9) darstellt, sondern sich durch eine „synthetische Qualität" (ebd.) auszeichnet. Diese 'synthetische Qualität' resultiert zum einen daraus, dass dieser Erfahrungs- und Wissensvorrat sich keineswegs nur aus Erfahrungen speist, die die einzelnen Individuen tatsächlich gemacht haben, sondern dass „er (...) auch auf Erfahrungsstrukturen zurück(greift), die längst vor unserer Zeit zustande gekommen sind" (ebd.). Zum anderen hat diese 'synthetische Qualität' ihren Grund in der „Besonderheit und Einzigartigkeit" (ebd.) der „biographischen Wissensbestände" (Hoerning, 1989, 148), die das (je vorläufige) Ergebnis der individuellen Konstruktionsarbeit sind, die weitere Lebensgeschichte „strukturieren" und „Ressourcen" (ebd.) für aktuelles und künftiges Handeln darstellen. Anknüpfend daran verstehen wir unter (individuellem) 'Geschlechter-Wissen' zunächst einmal ganz allgemein den biografisch aufgeschichteten, sich aus verschiedenen Wissensformen zusammensetzenden und strukturierten Vorrat an Deutungsmustern und an Fakten- und/oder Zusammenhangs-Wissen, mit dem die Geschlechterdifferenz wahrgenommen, bewertet, legitimiert, begründet bzw. als selbstverständliche, quasi 'natürliche' Tatsache genommen wird. Auf diesen Wissensvorrat greifen die Individuen zurück, wenn sie in konkreten Kontexten und Situationen 'Geschlecht' gemäß den Regeln des zweigeschlechtlichen Klassifizierens 'strategisch' (Bourdieu) einsetzen, um z.B. (alte und neue) Anforderungen an und Leistungskriterien für Verwaltungshandeln zu plausibilisieren, um eigene Ansprüche zu wahren und fremde abzuwehren oder die (unterlegene) Position in der hierarchischen Arbeitsorganisation als „normativ und sachlich korrekt" (Nollmann, 2003, 28) zu deuten. Eben weil dieser Vorrat nicht eine bloße Ansammlung von Erfahrungen und Wissensformen darstellt, sondern Resultat eines mehrfach vor-strukturierten individuellen Aneignungs- und Verarbeitungsprozesses ist, bedarf es der Verknüpfung mehrerer theoretisch-konzeptioneller Annahmen, in denen Subjektposition bzw. individuell-biografische Einzigartigkeit und Strukturzusammenhänge ins Verhältnis gesetzt werden. Erst dann kann der Begriff 'Geschlechter-Wissen' zu einem analytischen Instrument für die Untersuchung von Vergeschlechtlichungen im praktischen Handeln ausformuliert werden. Dies soll im Folgenden thesenhaft geschehen.

Erstens. Wir gehen davon aus, dass 'Wissen' plural ist (vgl. Burke, 2001), dass jede Kultur verschiedene Wissensformen aufweist, die auf je spezifische Weise 'Welt' auslegen und deuten. In epistemischer Hinsicht denken wir diese Wissensformen nicht in einem hierarchischen Verhältnis hinsichtlich ihres Erkenntnis- oder 'Wahrheits'-gehaltes, auch wenn wir analytisch in Rechnung stellen (müssen), dass es etwa in modernen Gesellschaften eine kulturell-normative Hierarchie von Wissensformen gibt. (Geschlechter-)'Wissen' ist dementsprechend in seiner objektivierten Gestalt nicht auf bestimmte Wissensformen zu beschränken und schließt in seiner subjektiv- individuellen Gestalt keineswegs nur oder primär Wissenselemente ein, die 'rational', 'bewusst' und 'reflektiert' eingesetzt werden, sondern vor allem bzw. zu einem großen Teil auch Wissenselemente, von denen die AkteurInnen nicht 'wissen', dass sie über sie verfügen, weil sie als quasi 'natürliche' Einstellungen im praktisch-alltäglichen Handeln unbewusst ins Spiel kommen[7].

Für moderne Gesellschaften sind nun zwei Momente kennzeichnend: Erstens, dass mit der Ausdifferenzierung von Teilsystemen an die Stelle einer allumfassenden Weltdeutung eine Vielzahl von sich widersprechenden oder sich wechselseitig bestätigenden Deutungsmustern tritt, die der Eigenlogik dieser Teilsysteme sowie der gesellschaftlichen Dynamik Rechnung tragen. Das impliziert, dass 'doxisches', d.h. selbstverständliches, unhinterfragtes Wissen, dessen Entstehungszusammenhänge kollektiv und individuell in Vergessenheit geraten sind, prinzipiell reflektiert, als historisch Gewordenes rekonstruiert, kritisch befragt, umgedeutet und modifiziert werden kann. Zweitens gilt gemäß dem universalen Anspruch moderner Gesellschaften, dass das, was gesellschaftlich jeweils als Wissen gilt, allen Individuen - zumindest formal - zugänglich ist. Zudem führen soziale Gruppen beständig in den verschiedenen Teilbereichen bzw. Praxisfeldern symbolische Kämpfe um die Legitimität bzw. Dominanz von Deutungen und Klassifizierungen sozialer Wirklichkeit, so dass die Verfügung über verschiedene Formen von (Geschlechter-)Wissen zu einer strategischen Ressource von kollektiven wie individuellen AkteurInnen dafür werden kann, politische, berufliche u.a. Positionen zu sichern bzw. zu verbessern[8].

Zweitens. Konzeptionell und analytisch unterscheiden wir zwischen objektiviertem, gesellschaftlichen bzw. kollektiven Geschlechter-Wissen und dem subjektiven Geschlechter-Wissen von AkteurInnen. In seiner objektivierten Dimension umfasst der Begriff 'Geschlechter-Wissen' verschiedene Wissensformen, die in einer Gesellschaft jeweils als kollektiver Wissensvorrat über den Geschlechterunterschied, die Begründungen seiner 'Selbstverständlichkeit' und Evidenz, über die (vor-) herrschenden normativen Vorstellungen von den 'richtigen' Beziehungen und Arbeitsteilungen zwischen Frauen und Männern existieren und als gesellschaftlicher Rahmen für die individuell-biografische Konstruktion von Geschlechter-Wissen wirksam sind. Grob lassen sich drei Wissensformen unterscheiden, die in der Wissenssoziologie oder auch in der Biografieforschung, wenn auch mit variierenden Termini, unterschieden werden und die auch wir unserem Verständnis von objektiviertem 'Geschlechter-Wissen' zugrunde legen:

- Das *Alltags- und Erfahrungswissen*, das durch Deutungsschemata, kulturelle Stereotype etc. dominiert wird, die „relativ selbständige, ereignisunabhängige Verarbeitungsformen sozialer Wirklichkeit" (Alheit, 1989, 142) darstellen, zugleich in der „alltagsweltlichen Deutungspraxis noch vergleichsweise nah an den konkreten Handlungsorientierungen der Individuen" (ebd.) sind und fraglos, ohne Auslegung, d.h. im Bourdieuschen Sinne unreflektiert- unbewusst eingesetzt werden[9]
- Das in speziellen *Institutionen hervorgebrachte Wissen* (Alheit spricht von „institutionalisierte(n) Deutungssysteme(n), die in den Religionen, in der Wissenschaft, im Recht hervorgebracht werden (a.a.O., 142). Dieses Wissen existiert in relativer Distanz zu praktischen Handlungsorientierungen der Individuen als Orthodoxie bzw. - exemplarisch in den Wissenschaften - als konkurrierendes *Expertenwissen*. 'Geschlecht' betreffend, liegen die Pole hier zwischen einem Wissen, das mit den nach den eigenen Regeln erzeugten Wissensbeständen die hierarchisierende Geschlechterkonstruktion als evidentes Wahrnehmungs- und Differenzierungsmuster affirmiert und einem Wissen, das diese Konstruktion - insbesondere seit dem Entstehen der Frauen- und Geschlechterforschung - kritisch reflektiert und Wissensbestände über die gesellschaftliche Verfasstheit und Strukturiertheit des Geschlechterverhältnisses, über Konstruktionsmodi und Reproduktionsmechanismen der Geschlechterdifferenz in der Einheit von Struktur und Handeln zur Verfügung stellt.
- Das in den Medien, im Feuilleton, in Ratgebern aber auch über Verbände, Parteien, soziale Bewegungen verbreitete und *popularisierte* (u.a. wissenschaftliche, rechtliche usw.) *Wissen.* Dieses existiert - wie Alheit es formuliert - in „organisierte(n) Deutungssysteme(n), die öffentlich-rechtlich und industriell (Massenmedien) oder

verbandlich Einfluss ausüben (Parteien, Gewerkschaften, Verbände)" (ebd.) als herrschendes Wissen mit einem Deutungsüberhang oder auch als „Gegenwissen" (a.a.O., 144) in einer Vielfalt von (konkurrierenden) Meinungen, Standpunkten, Interpretationen. Es stellt Deutungsangebote für Sinnproduktionen von Individuen oder sozialen Gruppen bereit und ist auch ein entscheidender Vermittler zwischen Alltags- und Expertenwissen.

Drittens. Obwohl in modernen Gesellschaften das plurale Wissen in seinen verschiedenen Formen prinzipiell allen zugänglich ist, heißt das nicht, dass sich alle Individuen dieses komplexe und in sich widersprüchliche Wissen auch tatsächlich aneignen (können). Als AkteurInnen sind sie im sozialen Raum moderner Gesellschaften und seinen Feldern unterschiedlich positioniert; die Ressourcen an Kapitalsorten, über die sie verfügen, eröffnen ihnen den Zugang zu bestimmten Feldern und schließen sie von anderen Feldern bzw. Positionen aus. Vermittels der Wahrnehmungs- und Deutungsmuster ihrer Habitus als „Inkorporierung der objektiven Strukturen des sozialen Raums" produzieren sie selbst ihren Sinn „für den eingenommenen Platz" (Bourdieu ,1985, 17) in diesen Strukturen. Dabei eignen sie sich in der Tendenz diejenigen Elemente aus den pluralen gesellschaftlichen Wissensbeständen an, die - abhängig von sozialer Positionierung und individuellem Sinn - zugänglich und handlungsrelevant sind/sein können. Zudem müssen die AkteurInnen in modernen Gesellschaften Habitus ausbilden und Kenntnisse erwerben, die ihnen ein erfolgreiches Handeln im beständigen Wechsel zwischen den verschiedenen, eigenlogischen Teilsystemen sowie die Bewältigung des Spannungsverhältnisses zwischen universalen Ansprüchen (Gleichheit) und konkreten Erfahrungen von Ungleichheiten, subtilen Ausschließungen bzw. Grenzziehungen u.ä. ermöglichen. Ihre Handlungskompetenzen zeichnen sich daher durch eine (formal-logisch nicht unbedingt 'stimmige') Koexistenz von Wahrnehmungs- und Deutungsmustern aus, die in der individuellen Aneignung und 'Verarbeitung' unterschiedlicher Wissensformen des historisch-gesellschaftlichen Wissens ausgebildet wurden.

Viertens. Individuelles Geschlechter-Wissen, präziser: das Geschlechter-Wissen von sozial positionierten AkteurInnen erschöpft sich nicht in 'doxischem' Wissen, d.h. in habitualisierten, inkorporierten, spontan- unbewusst eingesetzten Geschlechtsklassifikationen, die dem kollektiven Alltags- und Erfahrungswissen entstammen. Es weist in modernen Gesellschaften und in dem Maße, wie komplexes und sich schnell änderndes Wissen zunehmend lebensweltlich relevant wird, kognitive, reflektierte Elemente auf; wissenschaftliches und medial vermitteltes Wissen über die Geschlechterdifferenz und ihre Ursachen gehen in kollektives Alltags- und Erfahrungswissen und in die 'Alltagstheorien' ein, mit denen AkteurInnen praxis- und handlungsnah ihre Welt reflektieren und deuten. Dabei wird das Experten- oder popularisierte Wissen auch dem Alltagswissen bzw. den Alltags'theorien' angepasst, es hat dann eher die Gestalt von „vagen Vorstellungen" (Alheit/Hoerning, 1989, 10) als von 'tatsächlichem' Wissen, das sich auf Fakten und begründete Argumente stützt. Gegenüber den 'natürlichen Einstellungen' sind es aber auch gerade diese kognitiven und reflektierten Elemente im Geschlechter-Wissen von AkteurInnen, die unter entsprechenden Bedingungen zu einer Ressource für die Wahrnehmung von Geschlechterungleichheiten und für gendersensible, verändernde Handlungsorientierungen und praktische Veränderungen werden können. Angelika Wetterer hat auf eine aktuell zu beobachtende Ambivalenz im Geschlechter-Wissen hingewiesen. Sie unterscheidet zwischen diskursivem und inkorporiertem Wissen und macht darauf aufmerksam, dass gegenwärtig zwar eine Zunahme des diskursiven (Geschlechter-)Wissens auf individueller Ebene zu beobachten sei, „aber dass diesem neuen Wissen noch kein inkorporiertes Handlungskapital entspricht und keine Geschichte, in der mit neuen Gesten auch neue Geschlechterpositionen aufbewahrt wären" (Wetterer, 2003, 302). Insofern ist das praktische Veränderungspotential dieses diskursiven bzw. kognitiven Geschlechter-Wissens aktuell eher begrenzt, denn so Wetterer: „Die alten Verhältnisse stecken in den Individuen und in der Gesellschaft, gerade die Korrespondenz, auf die das eine im anderen trifft, macht ihre Persistenz aus" (ebd., 303)[10]. Indem mit dem Begriff 'Geschlechter-Wissen' das Spannungsverhältnis zwischen kognitiven (Wetterer: diskursiven) Elementen und 'natürlichen Einstellungen' (Wetterer: inkorporiertes Wissen) in den Blick genommen wird, kann er sich analytisch als Scharnierbegriff zwischen Beharrung und Veränderung(-spotenzialen) bewähren.

Fünftens. Welche Bestände aus den verschiedenen Wissensformen die AkteurInnen in ihr subjektives Geschlechter-Wissen integriert haben und welche dieser Formen sie in ihrem praktischen Handeln dominant einsetzen, hängt nicht nur davon ab, welche dieser Wissensformen ihnen tatsächlich zugänglich waren/sind und von ihnen biografisch aufgeschichtet und zu einem strukturierten Geschlechter-Wissen entwickelt werden konnten. Das hängt auch davon ab, welche Formen von Geschlechter-Wissen in welchen sozialen Feldern und entsprechend der eigenen Positionierung in ihnen, eine Bedeutung haben, einen 'Trumpf' im Spiel (vgl. Bourdieu/Wacquant, 1996, 127f) darstellen, gewinnbringend oder erfolgversprechend eingesetzt werden können. Ob z.B. AkteurInnen ein reflektiertes Wissen um bestehende Geschlechterungleichheiten und ihre strukturellen Ursachen einsetzen, um die Reformierung der Verwaltung in 'ihrem' Bezirksamt mit dem Abbau bestehender Geschlechterhierarchien in der Organisation zu verbinden und als eine Aufgabe zu formulieren, hängt auch wesentlich davon ab, welche Klassifikationen im Feld (in der Organisation) bislang dominieren und konsensuell akzeptiert werden und ob es für die AkteurInnen einen Gewinn für die eigene Positionierung verspricht, wenn sie diesen Konsens 'stören', in Frage stellen, neue Klassifikationen ins Spiel zu bringen versuchen, ob sie dabei auf Bündnispartner in der Organisation bzw. im Feld der Macht rechnen können usw.

Für die Analyse unseres empirischen Materials musste dieser von uns in der Zusammenführung mehrerer theoretischer Annahmen inhaltlich umrissene Begriff des Geschlechter-Wissens operationalisiert werden. Dabei war methodisch zweierlei zu berücksichtigen. Zum einen führten wir die Interviews zu einem Zeitpunkt durch, in dem das Feld (im Bezirksamt) umstrukturiert wurde, die Befragten sich in diesem Prozess selbst neu positionieren mussten, d.h. dass sie ihr Geschlechter-Wissen in einer konkreten Konstellation und aus der Perspektive von AkteurInnen in der Organisation 'kommunale Verwaltung' zum Einsatz brachten. Unsere Rekonstruktion ihres Geschlechter-Wissens war also von vornherein als eine *feldabhängige Momentaufnahme* zu denken, aus der keine vorschnell generalisierenden Schlüsse über einen grundlegenden Wandel etwa im institutionalisierten Geschlechterverhältnis oder seinen Reproduktionsmechanismen gezogen werden können. Auch jede Folgerung, dass damit das Geschlechter-Wissen der Befragten in seiner Komplexität und Widersprüchlichkeit hinreichend zu erfassen oder gar als ein gegebener, gewissermaßen 'geschlossener' Block zu 'verstehen' wäre, war von vornherein auszuschließen. Zum anderen war methodisch zu berücksichtigen, dass bei aller anzunehmenden 'Offenheit' und Veränderbarkeit des individuellen Geschlechter-Wissens dessen zeitliche, d.h. individualgeschichtliche, biografische Dimension in Rechnung zu stellen ist, die auf die Strukturiertheit und Logik des subjektiven 'Geschlechter-Wissens' als Ergebnis der Aufschichtung und Synthetisierung von lebensgeschichtlichen Erfahrungen in der Verarbeitung von und als Stellungnahme zu individuell relevanten sozialen Bedingungen, Feldern etc. verweisen. Um in der Auswertung der Interviews herauszuarbeiten, über welches Geschlechter-Wissen die befragten ReformakteurInnen verfügen und damit der Beantwortung der Frage näher zu kommen, ob dieses Wissen eine Ressource für den Abbau von Geschlechterhierarchien bei der praktischen Umsetzung der Verwaltungsmodernisierung darstellt bzw. darstellen könnte, gehen wir deshalb von einer 'doppelt gebrochenen Aneignung' des Geschlechter-Wissens durch die AkteurInnen aus und unterscheiden zwischen der *biografischen* und der *feldspezifischen* Aneignung bzw. Ausbildung und Anwendung von 'Geschlechter-Wissen'. Daraus folgen zwei zentrale Postulate, die für die empirisch-analytische Arbeit mit dem Begriff 'Geschlechter-Wissen' notwendig sind.

1. methodisches Postulat: Für die biografische Aneignung von Geschlechter-Wissen gehen wir von der Annahme aus, dass Biografie als „eine komplexe soziale Konstruktion im Spannungsfeld von Struktur und Handeln" (Dausien, 1998, 265) zu verstehen ist, die in ihrer „je individuellen biographischen Gestalt" zugleich einer „sozialen Logik" (ebd.) folgt. Entsprechend haben wir in *fallspezifischen Analysen* auf der Grundlage sozio-biografischer Daten, die mit Hilfe eines standardisierten Fragebogens erhoben worden waren, sowie der lebensgeschichtlichen Passagen in den Interviews wichtige Punkte der individuellen Geschichte in deren historisch-gesellschaftlichen Kontexten rekonstruiert. Letztere versuchten wir so weit zu erfassen, dass die lebensweltlichen Figurationen der individuellen Biografien, die konkreten Lebensbedingungen, die Positionierungen und praktizierten Arrangements als einem bestimmten sozialen Raum zugehörig[11] erkennbar wurden. Ein Schwerpunkt war dabei, das Geschlechterverhältnis gesellschaftstheoretisch zu bestimmen und in seinen strukturierenden Wirkungen, vermittelt über den Geschlechtervertrag und daraus folgenden Arbeitsteilungen, kulturellen Normen, sozial- politischen Strategien und Geschlechterarrangements sowie generationen- und geschlechtsabhängig als wahrscheinlichen Hintergrund bzw. vor-strukturierenden Rahmen biografischer Erfahrungen zu erfassen. Damit war es uns möglich, die biografischen Erfahrungen der Interviewten als (unter anderem geschlechtsgebundene) Stellungnahmen sozial unterschiedlich positionierter AkteurInnen zu rekonstruieren und ihr Geschlechter-Wissen (in der Kombination von Formen und in seiner Widersprüchlichkeit) als Ergebnis von und in seiner Relevanz für diese Stellungnahmen zu 'verstehen'. Diesem soziologischen 'Verstehen' sind wir vor allem dadurch näher gekommen, dass wir versucht haben, im Ergebnis unserer fallspezifischen Analyse die *'Lebensmaxime'* des/der Interviewten herauszuarbeiten. Darunter verstehen wir die relativ stabile, individuelle Selbst- und Weltsicht[12], die sich als „Inkorporierung der objektiven Strukturen des sozialen Raumes" und als „Sinn für die eigene Stellung im sozialen Raum" (Bourdieu,1985, 17) im Ergebnis biografischer Erfahrungen und Konstruktionsarbeit ausgebildet hat und die tendenziell vor-strukturiert, wie neue Erfahrungen wahrgenommen und gedeutet, den vertrauten Erfahrungen angepasst werden oder wie bzw. in welchem Maße unter dem Eindruck 'unvertrauter' Anforderungen und Bedingungen diese Selbst- und Weltsicht 'umgebaut', modifiziert werden kann. Die Rekonstruktion dieser 'Lebensmaxime' erwies sich als Schlüssel dafür, zu 'verstehen', nach welcher 'Logik' die Interviewten beim Sprechen über das Auswahlverfahren, über die Reformziele und die Probleme bei ihrer praktischen Umsetzung, über die Arbeitsabläufe in 'ihrer' Organisation oder über wichtige Stationen ihres Berufslebens und die praktizierten Geschlechterarrangements in der Familie vergeschlechtlichende und hierarchisierende Klassifikationen ins Spiel brachten, welchen individuellen 'Sinn' diese bezogen auf welche Situationen oder Zusammenhänge machten, welche geschlechtsgebundenen Verschiebungen in den Deutungen bei der Verwendung gleicher Klassifikationen, Metaphern etc. der befragten Frauen und Männer erkennbar wurden, warum welche Art von Geschlechter-Wissen in welchen Kontexten eingesetzt wurde usw..

2. methodisches Postulat: Erschloss sich uns mit der fallspezifischen Analyse, welches Geschlechter-Wissen sich die AkteurInnen biografisch angeeignet hatten, konnten wir uns erst mit einer *feldspezifischen Analyse*[13] erklären, warum bestimmte Dimensionen des Geschlechter-Wissens, die wir zumindest bei einigen, meist weiblichen Interviewten hinsichtlich eines gewissen 'Scharfblicks'[14] für Geschlechterungleichheiten und ihre Ursachen gefunden hatten, keine Rolle spielten oder sogar explizit in Frage gestellt wurden, wenn es um 'Geschlecht'/erhierarchien in 'ihrem' Bezirksamt oder auch in der Organisation 'öffentliche Verwaltung' ging. In einer feldbezogenen Analyse haben wir die 'objektiven' Strukturen des Feldes Bezirksamt im Verhältnis zum

Feld der Macht und im Kontext des aktuellen Umbaus des sozialen Raumes unter neoliberalen Vorzeichen rekonstruiert und ins Verhältnis gesetzt zu den Kriterien und Klassifikationen, nach denen die Interviewten 'ihre' Organisation/Verwaltung als effektiv, nach denen sie Arbeitsteilungen, Leistungsanforderungen und die Anerkennung individueller Leistung als gerecht und objektiv bewerten. Dabei konnten wir herausarbeiten, welche Klassifikationen konsensuell sind bzw. 'Trümpfe' im Spiel um Erhalt oder Verbesserung der jeweiligen Position darstellen, welche Art von Geschlechter-Wissen in diesem Kontext allgemein als legitim angesehen oder welches als der Organisation, ihren Zielen und ihrem Selbstverständnis fremd, unangemessen etc. wahrgenommen wird und deshalb geringe Chancen hat, anerkannt zu werden oder für die individuelle Selbst-Verortung und Handlungsorientierung in der Organisation nützlich zu sein.

In der *Verknüpfung von fall- und feldspezifischer Analyse* konnten wir eine Erklärung dafür finden, weshalb im Geschlechter-Wissen der ReformakteurInnen - über alle Differenzierungen nach Alter, Geschlecht, Ost-West-Herkunft oder Positionierung im Feld hinweg - der von uns so genannte „universalistische Code“[15] dominiert, d.h. ein Primat eines allgemeinen Mensch-Seins, demgegenüber Geschlechterunterschiede, wie immer sie im Einzelnen begründet werden und welches Wissen dazu herangezogen wird, stets als partikularistisch wahrgenommen und eine geschlechterspezifische bzw. eine gendersensible Perspektive als Verstoß gegen die dominierende Vorstellung von der Gleichheit aller Menschen 'als Menschen' gewertet wird[16]. Die Rekonstruktion des Geschlechter-Wissens von maßgeblichen AkteurInnen im Feld zeigte eine Dominanz des 'universalistischen Codes' mit einer - auf den ersten Blick irritierenden - Übereinstimmung mit tradierten hierarchisierenden Klassifizierungen[17], die auch durch die Leitbilder, die Kriterien der neuen Führungskultur oder neue Formen der Arbeitsorganisation, die mit den Zielen der Verwaltungsreform verknüpft sind, bestenfalls modifiziert, aber nicht grundsätzlich in Frage gestellt werden. Darauf gegründet konnten wir die empirisch begründete Schlussfolgerung ziehen, dass derzeit dieses dominierende Geschlechter-Wissen so gut wie keine subjektive Ressource dafür darstellt, dass bei der praktischen Umsetzung der Reformziele der Abbau bestehender Geschlechterhierarchien in der Organisation als eine relevante Aufgabe wahrgenommen und formuliert wird bzw. werden kann[18].

Für die Auswertung unserer Interviews und für die Beantwortung der zentralen Fragestellung unseres Projektes hat sich der Begriff 'Geschlechter-Wissen', wie wir ihn - angestoßen durch das empirische Material - in wesentlichen theoretischen Dimensionen formuliert und für die vertiefende Auslegung der empirischen Daten operationalisiert haben, als nützlich erwiesen. Insbesondere hat er uns ermöglicht, die Logik besser zu 'verstehen', nach der die AkteurInnen, abhängig vom konkreten Feld und den dort dominierenden Klassifikationen, Vergeschlechtlichungen vornahmen. Die 'eindeutige' Beantwortung der Frage, wie wir wissen können, ob die AkteurInnen implizite Vergeschlechtlichungen vornehmen, wenn sie im Sprechen Klassifikationen, Wendungen, Bilder verwenden, die kulturell eine (hierarchisierende) Konnotation 'männlich-weiblich' aufweisen, ist mit der Rekonstruktion des 'Geschlechter-Wissens' allerdings nicht möglich. Dies schon deshalb nicht, weil alle Klassifikationen 'überdeterminiert' sind, d.h. vielfältige Bedeutungen haben können, je nach Kontext, Situation und in Relation zu anderen Klassifikationen und diese spezifische Figuration in der Regel in der später erfolgenden Analyse nur noch bedingt reproduzierbar ist. Aber auch, weil das 'gendering' interaktiv erfolgt, also immer auch durch die Interviewenden, während des Interviews bzw. in der Analyse, in der Auseinandersetzung mit dem objektivierten/transkribierten Gesprochenen hergestellt wird. Mit der Rekonstruktion des Geschlechter-Wissens der Interviewten und der biografie- und feldabhängigen Logik ihres vergeschlechtlichenden Klassifizierens kann allerdings die Wahrscheinlichkeit einer angemessenen 'verstehenden' Interpretation qualifiziert werden.

Über unseren konkreten Forschungszusammenhang hinaus hat der Begriff des 'Geschlechter-Wissens' u.E. daher einen Wert als analytisches Instrument in der sozialwissenschaftlichen Frauen- und Geschlechterforschung, den ich abschließend kurz umreißen möchte.

'Geschlechter-Wissen' – ein nützlicher Begriff für die sozialwissenschaftliche Frauen- und Geschlechterforschung

Wie eingangs bereits erwähnt, sind in der sozialwissenschaftlichen Frauen- und Geschlechterforschung verstärkt empirische Untersuchungen notwendig, um den Veränderungspotenzialen wie den reproduzierend-institutionalisierten Bedingungen des Geschlechterverhältnisses, die Resultat und Element der sich aktuell vollziehenden grundlegenden Umbauprozesse moderner Gesellschaften sind, in ihrer gleichzeitig-ungleichzeitigen Existenz und Wirkung auf die Spur zu kommen. Unter der Voraussetzung, dass der Begriff 'Geschlechter-Wissen' theoretisch-konzeptionell angemessen komplex verstanden und für die konkreten Untersuchungsfelder operationalisiert wird, kann er u.E. ein nützliches analytisches Instrument bei der Erforschung von Vergeschlechtlichungen im spannungsreichen Kontext zu anderen Klassifizierungen und normierenden Deutungen sein.

Erstens. Indem mit dem Begriff Geschlechter-Wissen das subjektive Potenzial von AkteurInnen differenzierter in den Blick genommen und in seiner jeweiligen perspektivischen Offenheit zugleich in seiner biografie- und feldabhängigen Logik und Ambivalenz rekonstruiert werden kann, können analytisch genauer Handlungsorientierungen und -ressourcen ausgemacht werden, die in der praktischen Gestaltung dieser Umbauprozesse reproduzierend-stabilisierend oder modifizierend – verändernd wirksam werden (können). Die Kenntnis der Zusammensetzung des Geschlechter-Wissens von AkteurInnen in Relation zu den in den untersuchten Feldern dominierenden Klassifikationen kann erhellen, wie Frauen und Männer über ihre (differierenden) Erfahrungen sprechen können, was dabei ausgeschlossen bleibt bzw. bleiben muss, in welch widersprüchlichem Verhältnis habitualisierte, inkorporierte Wissensbestände zu kognitiven, diskursiven Wissensformen stehen. Sie kann insbesondere auch Homologien sichtbar machen zwischen dem Geschlechter-Wissen, das für die AkteurInnen in ihren jeweiligen Handlungsfeldern individuell Sinn macht und sich praktisch bewährt hat - wie etwa der „universalistische Code" - und aktuell dominant werdenden Klassifikationen, mit denen Modernisierungen in einzelnen Feldern bzw. der Umbau sozialer Systeme normiert und normalisiert werden und die sich gegenüber Klassifikationen durchsetzen, die in der industriegesellschaftlichen Moderne zur Lösung gesellschaftlicher Probleme und Risiken entwickelt wurden und die nun zunehmend 'veralten'. Gemeint sind hier Klassifikationen, die z.B. im Berufsfeld individuelle Leistung - abgetrennt von den nicht zuletzt geschlechtsgebundenen Voraussetzungen ihrer Erbringung - als einziges Kriterium für Chancengleichheit legitimieren bzw. felderübergreifend - im Kontext der Neudefinition von Staatsaufgaben und Wohlfahrtssystemen die Eigenverantwortung des/der Einzelnen für die Bewältigung der Risiken des Lebens in den Vordergrund rücken und mit dieser Individualisierung kollektive Ansätze, etwa den Abbau struktureller Diskriminierungen aber auch 'Gleichheit' als Wert und Deutungsmuster obsolet erscheinen lassen. Mit dem Aufdecken solcher Homologien zwischen dem Geschlechter-Wissen von AkteurInnen und alten bzw. neuen Klassifikationen, die in ihren Handlungsfeldern dominieren und von ihnen mehr oder weniger übernommen werden, lässt sich soziologisch 'verstehen', wie von AkteurInnen in ihrem praktischen Handeln unintendiert Entwicklungen mitgetragen werden - wie etwa die Durchsetzung betriebswirtschaftlicher Effektivitätsstandards oder individualisierender Formen der Personalführung in der öffentlichen Verwaltung -, in denen zugleich mit anderen Hierarchisierungen und Grenzziehungen auch das institutionalisierte Geschlechterverhältnis reproduziert wird, das durch Modifikationen/Veränderungen in konkreten Formen von Arbeitsteilungen, Arrangements etc. nicht unbedingt in Frage gestellt werden muss.

Zweitens. Zum einen ist der Begriff 'Geschlechter-Wissen' geeignet, in empirischen Untersuchungen das Ineinandergreifen von (vergeschlechtlichten) Organisationsstrukturen und der situativen und interaktiven Herstellung von Geschlecht in den Praxen der AkteurInnen genauer zu analysieren bzw. Inkongruenzen zwischen diesen beiden Dimensionen und daraus erwachsende mögliche Veränderungspotenziale sichtbar zu machen. Zum anderen trägt er auch dazu bei, Vergeschlechtlichungen seitens der AkteurInnen systematisch-konzeptionell differenzierter zu fassen. Mit der Rekonstruktion des biografie- und feldabhängigen Geschlechter-Wissens ist die individuelle *und* soziale Logik erschließbar, nach der AkteurInnen in konkreten Situationen Vergeschlechtlichungen interaktiv herstellen. Das doing gender in der interaktiven

Praxis wird für die Soziologie insofern 'verstehbarer', als 'gender' nicht eine abstrakte Größe bleibt, sondern als aus unterschiedlichen Wissensformen zusammengesetztes Geschlechter-Wissen in seiner individuell-einmaligen Gestalt wie in seiner sozialen Wahrscheinlichkeit der Analyse zugänglich wird. Damit kann auch die abstrakte Gegenüberstellung von De-Institutionalisierung der Geschlechterdifferenz und 'Geschlecht' als Basisklassifikation bzw. Strukturzusammenhang zugunsten einer feld- und zeitabhängigen Analyse der widersprüchlichen Verknüpfungen von Beharrung und Veränderung aufgegeben werden.

Drittens schließlich sei darauf verwiesen, dass gegenwärtig neue Berufsfelder entstehen, in denen wissenschaftliches Wissen transformiert und als Expertise-Wissen, in Form von Beratung und Moderierung in die Gestaltung von organisationalen Abläufen, von (kurzzeitigen) Projekten etc. eingeht (vgl. Bosch/Renn, 2003). Für die sozialwissenschaftliche Frauen- und Geschlechterforschung sind hier vor allem Professionalisierungstendenzen interessant, die sich im Kontext der Gender-Mainstreaming-Strategien als neuer Form von Gleichstellungspolitik abzeichnen. Gender-Trainings für Führungskräfte, die Vermittlung von Gender-Kompetenz bzw. die Beratung bei der Implementierung von Gender-Mainstreaming in Organisationen sind aktuell berufliche Tätigkeitsfelder mit Konjunktur. Nicht selten findet man gegenwärtig in Handbüchern, Trainingsprogrammen etc. den Terminus 'Geschlechter-Wissen', der in aller Regel inhaltlich-konzeptionell unreflektiert bleibt und zudem neben solchen Begriffen wie 'Gender-Kompetenz' suggeriert, dass dieses Wissen bzw. diese Kompetenz in mehrstündigen oder mehrtägigen Trainings quasi unabhängig von Feld- und Machtkonstellationen sowie von den Biografien der AkteurInnen 'erlernt' werden kann. Sozialwissenschaftliche Frauen- und Geschlechterforschung kann mit einem theoretisch elaborierten Begriff 'Geschlechter-Wissen' sowie mit seiner Hilfe erarbeiteten empirischen Befunden zum widersprüchlichen und ungleichzeitigen Geschlechter-Wissen von AkteurInnen einerseits zur Qualifizierung der in diesen neuen Tätigkeitsfeldern engagierten Frauen und Männer beitragen. Sie kann andererseits und zugleich das den Gender-Trainings zugrunde liegende Verständnis von Gender-Kompetenz und ihrer 'Erlernbarkeit' kritisch zu reflektieren bzw. auf Gefahren ihrer Vereinnahmung durch andere einflussreich(re) feld- und machtspezifische Konstellationen und Interessen aufmerksam machen.

Anmerkungen

1 Dieser Text schließt an konzeptionelle Überlegungen zum Begriff 'Geschlechter-Wissen' an, die im Rahmen eines von mir geleiteten Forschungsprojektes zum Thema „Vergeschlechtlichungsprozesse bei der Reform der kommunalen Verwaltung" ausgearbeitet wurden. An dem Projekt, das zwischen 2000 und 2004 realisiert und im Rahmen des DFG-Schwerpunktes „Professionalisierung, Organisation, Geschlecht" gefördert wurde, haben Sünne Andresen und Christoph Kimmerle mitgearbeitet. Ihnen beiden sowie Sabine Hark

und Susanne Völker danke ich für kritische Lektüre und anregende Diskussion verschiedener Textfassungen.

2 Der Begriff 'Geschlechter-Wissen' taucht bislang nur gelegentlich in theoretisch orientierten Publikationen der sozialwissenschaftlichen Frauen- und Geschlechterforschung auf - so spricht z.B. Angelika Wetterer (2003) von Differenz- oder Geschlechter-Wissen. Häufiger findet man ihn in popularisierenden Darstellungen des Gender-Mainstreaming-Konzeptes, in Berichten zur Implementierung von GM in (politischen) Organisationen bzw. in der öffentlichen Verwaltung (vgl. z.B. den „Zweiten Bericht über Gender Mainstreaming (einschließlich Gender Budgeting) in der Berliner Politik und Verwaltung, 2004) oder auch in soziologisch-empirischen Studien, die diesen Umsetzungsprozess begleitend erforschen (vgl. z.B. Peinl, Lohr, Jornitz, 2005). In diesen Texten ist in der Regel ein eher 'naiver Umgang' mit dem Wissens-Begriff und eine tendenziell reifizierende Verwendung der Kategorie 'Geschlecht' festzustellen; eine inhaltlich-konzeptionelle Ausgestaltung des Terminus 'Geschlechter-Wissen' ist bislang nur ansatzweise geschehen.

3 Die Ergebnisse der ersten Stufe unseres Forschungsprojektes, in der wir zwischen 2000 und 2002 in der Rekonstruktion des Auswahlverfahrens zur Besetzung der neu geschaffenen 1. Führungsebene in der öffentlichen Verwaltung vor allem analysierten, welche *habituellen Ressourcen* bei den neuen Führungskräften für eine Verknüpfung von Reformzielen und den konkreten Schritten ihrer Umsetzung mit einem Abbau von Geschlechterhierarchien vorhanden sind, sind ausführlich dargestellt in: Andresen/Dölling/Kimmerle (2003): Verwaltungsmodernisierung als soziale Praxis. Geschlechter-Wissen und Organisationsverständnis von Reformakteuren. Opladen:Leske+Budrich

4 Konzeptionell und methodisch ließen wir uns bei der Erarbeitung der Interviewleitfäden davon leiten, dass Geschlechtsklassifikationen habituell inkorporiert sind und beim deutenden/bewertenden Sprechen in aller Regel unbewusst eingesetzt werden und deshalb auch nicht explizit 'abgefragt' werden können. Wir hatten aber bewusst einen Fragenblock entworfen, in dem es explizit um 'Geschlecht' im Auswahlverfahren ging, um bei der Interviewauswertung habituell-unbewusst eingesetzte Deutungsmuster mit denen kontrastieren zu können, die im expliziten, reflexivem Sprechen eingesetzt werden. Auf dieser Grundlage haben wir später zwischen verschiedenen Formen individuellen 'Geschlechter-Wissens' unterschieden.

5 Alle in diesem Abschnitt kursiv gesetzten Formulierungen sind Zitate aus dem Interview mit Frau X.

6 Zum Auswahlverfahren siehe genauer: Andresen/Dölling/Kimmerle, 2003, Kapitel 4.

7 Die kulturell-normative Hierarchie von Wissensformen in der Moderne wird nicht selten auch von WissenschaftlerInnen reproduziert - ablesbar ist dies etwa an einer Abwertung von (subjektivem, individuellem) Alltags- und Erfahrungswissen, indem dieses generell als Un- oder Nicht-Wissen bezüglich gesellschaftlicher Strukturzusammenhänge (z.B. des Geschlechterverhältnisses) klassifiziert und damit implizit die wissenschaftliche Einsicht in solche Zusammenhänge als Voraussetzung für praktisches Handeln gesehen wird, das - um beim Beispiel zu bleiben - die (unreflektierte) Reproduktion von Geschlechterstereotypen überwindet. Abgesehen davon, dass eine solche polarisierende Denkweise die Reflexion auf die Regeln (und Grenzen) der Wissensproduktion im eigenen, wissenschaftlichen Feld vermissen lässt, regt sie auch kaum dazu an, den Eigentümlichkeiten, der Vielfalt und Komplexität von Alltags- und Erfahrungswissen genauer auf die Spur zu kommen, was aus

meiner Sicht weitgehend ein Desiderat nicht nur der sozialwissenschaftlichen Frauen- und Geschlechterforschung ist. Konzeptionell anregender als eine solche Sichtweise ist m.E. Bourdieus Habitus-Feld-Theorie. Zwar betont auch Bourdieu in seinem Habituskonzept - neben Routinen als einem Aspekt unbewusst-regelhaften Handelns - insbesondere die symbolische Gewalt der Verkennungseffekte, die mit dem System homologer Gegensätze/Klassifikationen verbunden sind, die inkorporiert/habitualisiert als quasi 'natürliche' Einstellungen soziale Teilungen bestätigen und re/produzieren (vg. Bourdieu/Wacquant, 1996; Bourdieu, 1997; Dölling, 2004). Er versteht diese Verkennungseffekte (z.B. von Geschlechterstereotypen) aber nicht als Ideologie ('falsches Bewusstsein'), sondern als Resultat des Zusammenspiels von (historisch gewachsenen) objektiven Feldbedingungen und subjektiven Stellungnahmen/Sinngebungen von AkteurInnen, die in diesen verschiedenen Feldern unterschiedlich positioniert sind. Es bedarf daher genauer Analysen des jeweiligen Feldes und seiner strukturellen Verknüpfung mit anderen Feldern, der (hierarchischen) Positionierung von AkteurInnen und der legitimen bzw. geforderten Klassifizierungen im Feld, um sozialwissenschaftlich begründete Aussagen darüber treffen zu können, welche Art von Wissen(-sformen) für die AkteurInnen 'nützlich', weil für ihre Positionierung sinngebend sind, in welchem ambivalenten/gleichzeitigen Verhältnis unbewusste und reflektierte Handlungsdimensionen stehen, ob und in welcher (dem Feld und den Habitus) angepassten Weise wissenschaftliches Wissen relevant ist usw.. Die hier dargestellten Überlegungen zum Begriff 'Geschlechter-Wissen' zielen auf eine solche historisch-sozial genaue Analyse.

8 So zeigt etwa Marianne Schmidbaur im Ergebnis eines europäischen Forschungsprojektes, dass gegenwärtig in vielen EU-Ländern die in Women's- und Gender-Studies angeeignete "'Gender-Expertise" für Akteurinnen in bestimmten Berufsfeldern zu einer Ressource werden kann. „Genderkompetenzen (werden) in Wechselwirkung mit individuellen Interessen und Erfahrungen zu 'Schlüsseln' für biographische Entwicklungen, für persönliche soziale Fähigkeiten und für gesellschaftspolitisches Engagement" (Schmidbaur, 2003,126).

9 In der soziologischen Literatur wird Erfahrungswissen auch differenziert in a) Kontext- und Anwendungswissen, das sich vor allem als „Wissen über konkrete Anwendungsbedingungen" kennzeichnen lässt (Böhle et al., 2004, 106); b) Know-how, also Wissen , das nur verbunden mit spezifischen Fähigkeiten zur Anwendung kommt; c) implizites Wissen, d.h. Wissen, „das in sinnlich-körperliche Erfahrung eingebunden ist" (a.a.O., 107), sprachlich schwer zugänglich ist und unbewusst aber geregelt im Handeln eingesetzt wird. Böhle et al. weisen darauf hin, dass in dem Maße, wie nichtwissenschaftliches Wissen (im Unterschied zur ersten, industriegesellschaftlichen Phase der Moderne) soziale Anerkennung gewinnt, das Problem der Abgrenzung von Wissen und Nicht-Wissen verschoben wird: es wird verlagert in das im praktischen Handeln erzeugte Erfahrungswissen, das nun z.B. im Wissensmanagement unterschieden wird in ein implizites, aber explizierbares, objektivierbares, rational begründbares Wissen und solches Wissen, das solchen Kriterien nicht genügt (vgl. a.a.O., 97).

10 L. Wacquant hat in seiner Studie über das Boxen (Wacquant, 2003), der teilnehmende Beobachtung und aktives Boxtraining in einem *gym* eines Chicagoer Schwarzen-Ghettos zugrunde liegen, diese Sportart als paradigmatisch für Inkorporierung charakterisiert. Als Resultat einer harten Arbeit am boxerischen Habitus ist es „der Körper des Boxers", der „für ihn denkt und kalkuliert, und zwar unmittelbar und ohne den Umweg (...) über abstraktes Denken, Vorüberlegungen und strategisches Kalkül" (a.a.O., 100). Wacquant spricht

in diesem Zusammenhang, vom „Wissen, das die Boxer über die Arbeitsweise ihrer Körper erwerben", das nicht auf „ein bewusstes Planen und systematisches Verfolgen des optimalen Weges hin(weist)" (ebd., 132). Wacquant bezeichnet dieses Wissen in Anlehnung an Lévi-Strauss als „eine Art 'konkreter Wissenschaft' des eigenen Körpers und seiner Möglichkeiten und Unzulänglichkeiten" (ebd.) und verweist damit noch einmal auf die Komplexität von Erfahrungswissen.

11 In unserem Falle bedeutete dies vor allem die Rekonstruktion des sozialen Raums der 'realsozialistischen DDR und der ostdeutschen Transformationsgesellschaft, da die große Mehrheit unserer InterviewpartnerInnen DDR-sozialisiert waren und überdies ein beträchtlicher Teil von ihnen schon vor 1989 in der kommunalen Verwaltung beschäftigt war (vgl. dazu ausführlich: Andresen/Dölling/Kimmerle, 2003, Kapitel 6; Dölling, 2003 a, 2003b).

12 Aus psychologischer Perspektive spricht z.B. Ernst Hoff von „Kontrollbewusstsein" und meint damit „umfassende Sichtweisen, in denen Menschen die Beziehung zwischen sich selbst und ihrer Umwelt deuten" (Hoff ,1992, 58). Er unterscheidet verschiedene Formen des Kontrollbewusstseins als „subjektive Paradigmen" (ebd.), die nach der Art und Weise differieren, wie Individuen sich als sozialen Bedingungen ausgeliefert, durch sie determiniert oder diese handelnd gestaltbar wahrnehmen. Das Kontrollbewusstsein kann „als paradigmatischer Kern einer einheitlichen individuellen Theorie gelten, aus dem sich alle anderen Vorstellungsmuster ableiten beziehungsweise unter das sich alle Muster subsumieren lassen" (a.a.O.: 125). Die Parallelen zu unserer Vorstellung einer 'Lebensmaxime', die hier ins Auge fallen, müssten weiter interdisziplinär und systematisch für eine konzeptionelle Differenzierung des Begriffs 'Geschlechter-Wissen' ausbuchstabiert werden, was hier nicht geschehen kann. Anregend könnte hier auch der Gedanken Hoffs sein, von einer „subjektiven Theorie" der Grundvorstellungen eines Individuums zu sprechen sowie seine Hervorhebung, dass „Reflexivität auch im Alltag" vorkommt: „Unterschiede zwischen mehr oder weniger reflexiven (oder 'naiven') Vorstellungsmustern gibt es nicht bloß zwischen Wissenschaft und Alltag, sondern auch innerhalb beider Bereiche" (ebd.).

13 Für unser Forschungsvorhaben hat sich die fall- und feldspezifische Analyse als unerlässlich für die Rekonstruktion des Geschlechter-Wissens der AkteurInnen herausgestellt. D.h. nicht, dass nicht für andere Forschungsfelder durchaus auch andere Analysedimensionen in den Vordergrund rücken können bzw. genereller die theoretischen und methodischen Ausformulierungen und Voraussetzungen des Begriffs nicht erweiterbar wären. So haben etwa Kloppetsch/Burkhart (1998) in ihrer Untersuchung zu familiären Geschlechterarrangements und den ihnen zu Grunde liegenden individuellen Geschlechternormen auf milieugebundene Differenzierungen aufmerksam gemacht, die wichtige Aufschlüsse über sozial höchst unterschiedliche Potenziale bei Frauen und Männern verschiedener sozialer Gruppen/Milieus für Veränderungswillen bzw. Beharrungsvermögen geben können.

14 Bourdieu spricht vom 'Scharfblick der Ausgeschlossenen', d.h. derjenigen, die durch die herrschenden (Geschlechts-)Klassifikationen als anders, abweichend wahrgenommen und bewertet werden und für die sich eine solche Klassifikation in sozialen Diskriminierungen und Benachteiligungen niederschlägt. Dieser 'Scharfblick' zeichnet sich durch eine Hellsichtigkeit für (Geschlechter-)Differenzen und die Spiele der Überlegenen (z.B. zur Behauptung ihrer 'Männlichkeit') aus. Zugleich macht Bourdieu darauf aufmerksam, dass dieser 'Scharfblick' ein Herrschaftseffekt geschlechtlicher Arbeitsteilungen, von untergeordneten Positionierungen und Abhängigkeiten ist (vgl. Bourdieu, 1997, 196ff).

15 Vgl. ausführlich dazu: Andresen/Dölling/Kimmerle, 2003, Kapitel 6.

16 So wurde für uns auch erklärbar, weshalb z.B. der gewisse 'Scharfblick', den einige weibliche Interviewte für Geschlechterhierarchien generell oder auch im Amt hatten, im Feld nicht relevant wurde/werden konnte: Die Dominanz und individuelle Akzeptanz von Gerechtigkeitsvorstellungen in der Organisation, wonach alle 'objektiv' am Maßstab ihrer Leistungen gemessen werden (sollen) und wonach Fragen nach den (geschlechtsgebundenen) Voraussetzungen ihrer Erbringung (z.B. durch familiäre Verpflichtungen) als illegitim angesehen, Teilzeitarbeit als karrierehemmend oder als mit den Anforderungen an eine effiziente Verwaltung nur schwer vereinbar bewertet werden, setzte diesen 'Scharfblick' außer Kraft, wenn es um das konkrete Tätigkeitsfeld ging.

17 So korrespondiert zum Beispiel die Vorstellung, dass Chancengleichheit gegeben ist, wenn alle gerecht nach ihrer individuellen Leistung bewertet und positioniert werden, mit der selbstverständlichen Annahme einer (naturgegebenen) Verantwortung von Frauen für reproduktive Aufgaben außerhalb der Organisation und dies wiederum ist verknüpft mit der Vorstellung von 'passenden' Orten von Frauen und Männern in der Organisation und der betrieblichen Arbeitsteilung. 'Universalismus' und Geschlechterdifferenzierung schließen sich nicht aus.

18 Erst nach Abschluss unserer Feldforschungen hat 'unser' Bezirksamt sich aktiv mit einigen Pilotprojekten an der Einführung von Gender Mainstreaming in die Berliner Verwaltung beteiligt. Es wäre interessant zu erforschen, ob und wie unter diesen veränderten Bedingungen kognitiv-reflektierende Elemente im Geschlechter-Wissen, die wir bei einigen der interviewten Führungskräfte feststellen konnten und die zum damaligen Zeitpunkt keinen 'Trumpf' in der Organisation darstellten, in dieser veränderten Konstellation zu einer subjektiven Ressource für ein 'gendersensibles' Organisationshandeln werden (können).

Literatur

Acker, Joan 1991: Jobs, Hierarchies, Bodies. A Theory of Gendered Organizations. In: Lorber, Judith/Farrell, Susan A. (Ed.): The Social Construction of Gender. Newbury Park, London, Neu Dehli, S. 162-179.

Alheit, Peter 1989: Erzählform und 'soziales Gedächtnis': Beispiel einer beginnenden Traditionsbildung im autobiographischen Erinnerungsprozess. In: Alheit, Peter/Hoerning, Erika M. (Hg.): Biographisches Wissen: Beiträge zu einer Theorie lebensgeschichtlicher Erfahrung. Frankfurt/Main, New York, S. 123-147.

-/Hoerning, Erika M. 1989: Biographie und Erfahrung: Eine Einleitung. In: Alheit, Peter/ Hoerning, Erika M. (Hg.): Biographisches Wissen: Beiträge zu einer Theorie lebensgeschichtlicher Erfahrung. Frankfurt/Main, New York, S. 8-23.

Andresen, Sünne/Dölling, Irene/Kimmerle, Christoph 2003: Verwaltungsmodernisierung als soziale Praxis. Geschlechter-Wissen und Organisationsverständnis von Reformakteuren. Opladen: Leske+Budrich.

Beck, Ulrich/Bonß, Wolfgang/Lau, Christoph 2001: Theorien reflexiver Modernisierung. Fragestellungen, Hypothesen, Forschungsstrategien. In: Beck, Ulrich/Bonß, Wolfgang (Hg.): Die Modernisierung der Moderne. Frankfurt/Main, S. 11-59.

Becker-Schmidt, Regina 2001: Was mit Macht getrennt wird, gehört gesellschaftlich zusammen. Zur Dialektik von Umverteilung und Anerkennung in Phänomenen sozialer Ungleichheit. In: Knapp, Gudrun-Axeli/Wetterer, Angelika (Hg.): Soziale Verortung der Geschlechter. Gesellschaftstheorie und feministische Kritik. Münster, S. 91-132.

Böhle, Fritz/Bolte, Annegret/Dunkel, Wolfgang/Pfeiffer, Sabine/Porschen, Stephanie/Sevsay-Tegethoff, Nese 2004: Der gesellschaftliche Umgang mit Erfahrungswissen: Von der Ausgrenzung zu neuen Grenzziehungen. In: Beck, Ulrich/Lau, Christoph (Hg.): Was ist neu an der Theorie reflexiver Modernisierung? Frankfurt/Main, S. 95-124.

Bosch, Aida/Renn, Joachim 2003: Wissenskontexte und Wissenstransfer: Übersetzen zwischen Praxisfeldern in der 'Wissensgesellschaft. In: Franz, Hans-Werner/Howaldt, Jürgen/Jabobsen, Heike/Kopp, Rolf (Hg.): Forschen - lernen - beraten. Der Wandel von Wissensproduktion und -transfer in den Sozialwissenschaften. Berlin, S. 53-70.

Bourdieu, Pierre 1985: Sozialer Raum und 'Klassen'. Lecon sur la lecon.- Zwei Vorlesungen. Frankfurt/Main : Suhrkamp.

-/Wacquant, Loic J.D. 1996: Reflexive Anthropologie. Frankfurt/Main : Suhrkamp.

Burke, Peter 2001: Papier und Marktgeschrei. Die Geburt der Wissensgesellschaft. Berlin: Wagenbach.

Dausien, Bettina 1998: Die biographische Konstruktion von Geschlecht. In: Schneider, Notker/Mall, Ram Adhar/Lohmar, Dieter (Hg.): Einheit und Vielfalt. Das Verstehen der Kulturen. Amsterdam, S. 257-277.

Dölling, Irene/Gildemeister, Regine/Krais, Beate/Rudolph, Hedwig/Wetterer, Angelika 1997: Professionalisierung, Organisation, Geschlecht. Zur Reproduktion und Veränderung von Geschlechterverhältnissen in Prozessen sozialen Wandels. Antrag an die deutsche Forschungsgemeinschaft zur Errichtung eines Forschungsschwerpunktes. Berlin, Darmstadt, Tübingen, Bochum.

Goldmann, Monika 1995: Industrielle Rationalisierung als Geschlechterpolitik. In: Aulenbacher, Brigitte/Siegel, Tilla (Hg.): Diese Welt wird völlig anders sein. Denkmuster der Rationalisierung. Pfaffenweiler, S. 209 -230.

- 1997a: Globale Konkurrenz at Home: Umbrüche im Geschlechterverhältnis bei der Organisation der Dienstleistungsarbeit. In: Hradil, Stefan (Hg.): Differenz und Integration. Die Zukunft moderner Gesellschaften. Verhandlungen des 28. Kongresses der Deutschen Gesellschaft für Soziologie, Dresden 1996. Frankfurt/Main, New York 1997, S. 764-778.

- 1997b: Globalisierungsprozesse und die Arbeit von Frauen im Dienstleistungsbereich. In: Altvater, Elmar/Haug, Frigga/Negt, Oskar u.a.: Turbokapitalismus. Gesellschaft im Übergang ins 21. Jahrhundert. Hamburg 1997, S. 155-170.

Gottschall, Karin 1997: Zum Erkenntnispotential sozialkonstruktivistischer Perspektiven für die Analyse von sozialer Ungleichheit und Geschlecht. In: Hradil, Stefan (Hg.): Differenz und Integration. Die Zukunft moderner Gesellschaften. Verhandlungen des 28. Kongresses der DGS in Dresden 1996. Frankfurt/Main, New York, S. 479-498.

Hark, Sabine 2005: Dissidente Partizipation. Eine Diskursgeschichte des Feminismus. Frankfurt/Main: Suhrkamp.

Heintz, Bettina 2001: Geschlecht als (Un-)Ordnungsprinzip. Entwicklungen und Perspektiven der Geschlechtersoziologie. In: Heintz, Bettina (Hg.): Geschlechtersoziologie. Sonderheft 41/2001 der Kölner Zeitschrift für Soziologie und Sozialpsychologie. Opladen, S. 9-29.

Hoerning, Erika M. 1989: Erfahrungen als biographische Ressourcen. In: Alheit, Peter/Hoerning, Erika M. (Hg.): Biographisches Wissen: Beiträge zu einer Theorie lebensgeschichtlicher Erfahrung. Frankfurt/Main, New York, S. 148-163.

Hoff, Ernst-H. 1992: Arbeit, Freizeit und Persönlichkeit. Wissenschaftliche und alltägliche Vorstellungsmuster. 2., überarb. und aktual. Aufl., Heidelberg: Ansanger.

Kaufmann, Claude 1999: Das verstehende Interview. Konstanz: Universitätsverlag.

Koppetsch, Cornelia/Burkhart, Günter 1998: Die Illusion der Emanzipation. Zur Wirksamkeit latenter Geschlechternormen im Milieuvergleich. Konstanz: Universitätsverlag.

Krais, Beate 2001: Die feministische Debatte und die Soziologie Pierre Bourdieus: eine Wahlverwandtschaft. In: Gudrun-Axeli/Wetterer, Angelika (Hg.): Soziale Verortung der Geschlechter. Gesellschaftstheorie und feministische Kritik. Münster, S. 317-338.

Krell, Gertraude/Leutner, Barbara 1998: Kommunale Verwaltungsmodernisierung und Gleichstellungspolitik. In: Krell, Gertraude (Hg.): Chancengleichheit durch Personalpolitik. Gleichstellung von Frauen und Männern in Unternehmen und Verwaltungen. Rechtliche Regelungen - Problemanalysen - Lösungen. 2., aktualisierte und erw. Aufl. Wiesbaden, S. 37-46.

Lorber, Judith 1999 [1994]: Gender Paradoxien. Opladen: Leske+Budrich.

Nollmann, Gerd 2003: Die neue Kultur sozialer Ungleichheit. In: Mittelweg 36, H. 5/2003, S. 12-33.

Ortmann, Günther/Windeler, Arnold/Becker, Albrecht/Schulz, Hans-Joachim 2000: Computer und Macht in Organisationen. Mikropolitische Analysen. Opladen: Leske+Budrich.

Pasero, Ursula 1995: Dethematisierung von Geschlecht. In: Pasero, Ursula/Braun, Friederika (Hg.): Konstruktion von Geschlecht. Pfaffenweiler, S. 50-66.

Peinl, Iris/Lohr, Karin/Jornitz, Kristiane 2005: Organisations- und Geschlechtersoziologie: theoretische Brücken und empirische Einsichten zur Einführung von Gender-Mainstreaming in die Verwaltung. Berlin: Karl Dietz Verlag.

Schmidbaur, Marianne 2003 Schlüsselqualifikationen durch Gender Studies. Ergebnisse der Studie: Employment and Women's Studies. In: Zentrum für transdisziplinäre Geschlechterstudien an der Humboldt-Universität zu Berlin (Hg.): Geschlechterstudien im deutschsprachigen Raum. Studiengänge, Erfahrungen, Herausforderungen. Berlin, S. 121-127.

Wacquant, Loic 2003: Leben für den Ring. Boxen im amerikanischen Ghetto. Konstanz: Universitätsverlag.

Wetterer, Angelika 2003: Rhetorische Modernisierung: Das Verschwinden der Ungleichheit aus dem zeitgenössischen Differenzwissen. In: Gudrun-Axeli/Wetterer, Angelika (Hg.): Achsen der Differenz. Gesellschaftstheorie und feministische Kritik II. Münster, S. 286-319.

Wiechmann, Elke/Kißler, Leo 1997: Frauenförderung zwischen Integration und Isolation. Gleichstellungspolitik im kommunalen Modernisierungsprozess. Berlin: edition sigma.

Ursula Müller/Waltraud Müller-Franke/Patricia Pfeil/Sylvia Wilz

Zwischen De-Thematisierung und Vergewisserung
Geschlechterkonstruktionen im Organisationswandel am Beispiel Polizei

Der Beitrag berichtet über einige Ergebnisse des Projekts „Geschlechterkonstruktionen im Organisationswandel am Beispiel Polizei" und kontextualisiert sie in aktuellen geschlechter- und organisationstheoretischen Diskursen. Unser spezieller Fokus ist es, im Unterschied zu Ansätzen, die Organisationskultur oder auch -kulturen als das wesentliche Element von Geschlechterkonstruktion in Organisationen begreifen (wie z.B. Behr, 2002), die Bedeutung von Organisationsstrukturen und -prozessen als Kontext für die Thematisierung von Geschlechterdifferenz und -gleichheit hervorzuheben. Gleichwohl betrachten wir die diskursive Ebene in Organisationen als bedeutsam für (De- und Re-)Thematisierungen von Geschlecht, richten unser Augenmerk jedoch nicht auf sie allein, sondern auf ihr Zusammenspiel, ihr Vorangehen, Hinterherhinken, Verdecken oder Hervorheben bezogen auf organisationelle Strukturen und Praxen. Insgesamt unterstützen die Ergebnisse den Befund auch anderer Projekte des DFG-Schwerpunkts, dass heute nicht mehr so sehr davon gesprochen werden kann, „Geschlecht" habe immer noch grundlegend Bedeutung oder aber an Bedeutung verloren, sondern eher die Rede davon sein sollte, dass es unter Bedingungen, die genauer zu klären sind, bedeutsam gemacht werden kann - oder eben auch nicht. Damit bestätigte sich auch die Ausgangsannahme des Projekts, dass Geschlecht in seiner Wirkung nicht (oder nicht mehr) eindeutig, sondern mehrdeutig ist. Kontingente Kopplungen (Wilz, 2004) sind möglich in dem Sinne, dass sich „Geschlecht" mit anderen strukturbildenden Elementen in Organisationen verbindet; Ungleichheit ist jedoch nicht ausschließlich auf den Geschlechterbezug angewiesen. Damit ist die Frage des „Wie?" der Geschlechterdifferenz, nämlich, wie, warum, mit welchen Mitteln und zu welchem Zweck Geschlecht in Organisationen thematisiert oder dethematisiert ist, offen für Überraschungen in die eine oder andere empirische und theoretische Richtung.

Die Organisation Polizei kann heute auf mehr als zwei Jahrzehnte zurückblicken, in denen sie weitgehend, bis auf wenige Bereiche wie die Spezialeinsatzkommandos, keine homosoziale Organisation mehr ist, und dies hat die Modi der Geschlechterkonstruktionen nicht unbeeinflusst gelassen. Der Weg dorthin war lang, und seine Verlaufsformen sind, wie sich herausstellt, auch für heutige Diskurse über Gleichheit und Differenz in der Polizei noch bedeutsam. Wir zeichnen daher zunächst die Geschichte der Thematisierungen von Geschlecht in der Polizei im Zusammenhang mit der vorfindbaren Praxis nach, gehen auf das heutige Verhältnis von Strukturen und Diskursen ein, fragen anhand der Beispielfelder „Körperlichkeit", „Teilzeitarbeit" und

„sexuelle Belästigung“ nach (De- und Re-)Thematisierungsweisen von Geschlecht und diskutieren abschließend unsere Befunde in Kontext aktueller Debatten zu „Organisation“ und „Geschlecht“.[1]

1. Geschlecht und Polizei: Zur Historie von Differenz und Gleichheit

Geschlechterkonstruktionen in der Polizei weisen eine wechselvolle Geschichte auf. In den ersten ca. 100 Jahren des Einbezugs von Frauen in die Polizei dominiert die Differenz sowohl auf der Ebene der organisationellen Strukturen wie auf der der Diskurse (vgl. Pfeil, 2005). Mit der Einstellung der ersten Polizeiassistentinnen wie Henriette Arendt 1903 in Stuttgart (Maier, 1998) oder der Fürsorgedame Margarete Dittmar 1910 in Berlin (Wieking, 1958) und der Schaffung spezieller Frauenaufgaben- und Fähigkeitsbereiche wurde eine klare Grenzziehung zur „richtigen“ Polizeiarbeit vorgenommen, die ausschließlich männlichen Polizisten vorbehalten war. Bei den Polizeifürsorgerinnen lag die Betonung auf der fürsorgerischen, nicht auf der polizeilichen Tätigkeit. Der Diskurs der ersten Jahrzehnte des 20. Jahrhunderts spiegelt die Geschlechtsrollenvorstellungen der Zeit wieder: die Naturhaftigkeit der Frau, ihre Befähigung zur Fürsorge. Diese Aufgabenzuweisung wurde später ausgedehnt auf Fürsorge und Prävention in einem breiteren Sinne, auch auf Streifendienst und die Vernehmung von Kindern, Jugendlichen und Frauen. Zugleich öffnete sich jedoch der bislang originär männliche Bereich der Polizei, indem ihm ein Zuständigkeitsbereich entzogen und explizit Frauen übertragen wurde. Über die Herstellung von Differenz vollzog sich also ein Schritt in Richtung auf Gleichheit. Darüber hinaus zeigt sich schon früh die Uneinheitlichkeit der Konstruktion einer weiblichen Assistenzpolizei: Während die Münchner, Stuttgarter oder Berliner Polizeifürsorgerinnen zumeist waffenlos waren, wurde die Frauenpolizei der Stadt Dresden den allgemeinen Schutzmannschaften angegliedert und mit Schlagring, Gummiknüppel und Waffe ausgestattet.[2]

Das Nebeneinander von gleichheits- und differenzorientierten Vorstellungen.[3] zeigt sich in der Fixierung auf die Zuständigkeit für ein „weibliches“ Spektrum bei gleichzeitiger Betonung der Erfüllung polizeilicher Aufgaben auch durch Frauen: „bei der Einstellung von Frauen in die Polizei-Exekutive (handelt es sich) um eine weibliche Polizei ..., die sich grundsätzlich in nichts von der männlichen Polizei unterscheidet...“ (Reichsinnenminister Severing in einem Schreiben vom 22.2.26, zitiert nach Wieking, 1958, 148 f.).

Die Wahrnehmung schutz- und kriminalpolizeilicher Aufgaben durch weibliche Bedienstete mit Blick auf spezielle Zuständigkeiten blieb auch im Dritten Reich (mit der Zuständigkeit für Jugendkriminalität und dem Einsatz in „Jugendschutzlagern“) der Fall (trotz der faktischen Aufhebung von Unterschieden männlicher und weiblicher Polizei im Nationalsozialismus bei zeitgleicher Betonung der Geschlechterdifferenz) und wurde nach dem Zweiten Weltkrieg in der Weiblichen Kriminalpolizei (WKP) fortgesetzt. Weiterhin waren Frauen zuständig in der Strafermittlung und Vernehmung von Kindern, Jugendlichen und Frauen; die mancherorts noch bestehende uniformierte weibliche Polizei wurde wieder aufgelöst. Mit einem sehr geringen Anteil an Bediensteten insgesamt (1% bis 2%) war die WKP in den fünfziger bis siebziger Jahren ein reiner Frauenbereich innerhalb eines Männerumfeldes mit speziell definierten Aufgaben- und Tätigkeitsbereichen. Der Diskurs in den Jahren nach Gründung der Bundesrepublik und dem Neuaufbau der Weiblichen Kriminalpolizei (WKP) verlief relativ einheitlich; er setzte an der differenzorientierten Ausrichtung der frühen Jahre an und schuf so abermals die Möglichkeit, Frauen in der Polizei zu beschäftigen und sie zugleich auf ein enges Spektrum zu begrenzen.

Ende der siebziger, Anfang der achtziger Jahre wurde die WKP aufgelöst. Damit verbreiterten sich allmählich die Aufgabengebiete der Kriminalbeamtinnen. Die Diskurse, die diesen Prozess begleiteten, behandelten erstmals nicht mehr die Geschlechterdifferenz, sondern die Frage, ob die im Laufe der Jahre von der WKP übernommenen Aufgaben nicht einer spezifischen polizeilichen Qualifikation bedürften - unabhängig vom Geschlecht der Ausführenden (Lehr, 1971). Mit diesem Diskurs begann eine bemerkenswerte Veränderung der Konstruktion von „Frauen in der Polizei", die geschlechtsneutral die Thematik „Qualifikation und Professionalisierung" ins Zentrum rückte, zugleich aber die Möglichkeit bereitete, generell nach der Relevanz von Frauen im Polizeidienst zu fragen: Wenn Frauen nicht qua Geschlechtszugehörigkeit als „besonders" geeignet für manche Aufgaben gelten, sind sie dann überhaupt für die Polizeiorganisation nötig und wenn ja, in welchem Ausmaß? Diese Frage tritt zum Zeitpunkt unserer Untersuchung als Frage danach, wie viele Frauen die Polizei „verträgt", wieder in Erscheinung (vgl. Müller et al., 2004; Müller, 2004).

Mit der generellen, wenn auch zunächst zögernden Öffnung aller Bereiche der Polizei für Frauen vollzog sich zu Beginn der 80er Jahre die strukturelle De-Institutionalisierung der Geschlechterdifferenz in der Polizei. Die Integration von Frauen nahm zunächst weiter den Weg über institutionelle Differenz-Konstruktionen. Für sie wurden (je nach Bundesland unterschiedlich) besondere Eingangsbedingungen geschaffen, indem die ersten weiblichen Kandidaten ein höheres Alter oder bessere Schulnoten als männliche aufweisen mussten oder von Männer und Frauen unterschiedliche sportliche Eignungstests gefordert wurden. Auch verzichteten einzelne Bundesländer auf den (eigentlich obligatorischen) Einsatz von Frauen in geschlossenen Verbänden und integrierten Frauen sofort in den Einzeldienst. Damit sollten zeitnah Erfahrungswerte gewonnen werden, ob sich die Frauen „bewährten" (Würz, 1993). Diese organisationsseitig hergestellte Differenz bildete für die Akzeptanz der Polizeibeamtinnen im Alltag keine einfache Voraussetzung.[4] Dennoch ist die Polizei heute keine homosoziale Organisation mehr, wenn auch die Frauenanteile in den unterschiedlichen Bereichen sehr stark variieren (siehe hierzu unten, 2.1) und die aktuellen

Modi der Geschlechterkonstruktionen von dieser Vorgeschichte beeinflusst sind (vgl. unten 3.).

Während sich die Integration von Frauen in die Polizei seit Beginn des letzten Jahrhunderts als wechselhafte Geschichte einer ausgeprägten Segregation zwischen Männern und Frauen beschreiben lässt, die zunehmend von Gleichheitsdiskursen begleitet wurde, welche dem Differenzansatz geschuldet sind, zeigt sich die Forschung insgesamt weniger differenziert. Es stellt sich heraus, dass der größere Teil der bisherigen Forschung zu Polizei und Geschlecht mit den Kategorien „Weiblichkeit" und „Männlichkeit" als feststehenden Bedeutungsverdichtungen arbeitet. Das mag damit zusammenhängen, dass diese Forschungen teilweise aus anderen Bezugsdisziplinen stammen, die zwar sozialwissenschaftliche Bereiche tangieren, aber nicht in deren Kern fallen. Dies gilt insbesondere für die Sozialpsychologie und Psychologie, aber auch für die Pädagogik und in der englischsprachigen Literatur für Forschungen in der Management-Paradigmatik, deren Forschung häufig ein Konglomerat wirtschafts- und sozialwissenschaftlicher sowie psychologischer Konzepte zugrunde liegt.

Geschlechtsdifferenzen werden weitgehend nicht nur vorausgesetzt, sondern sind zentraler Bezugspunkt in der Diskussion um Frauen in der Polizei. Liegt der Fokus früherer Arbeiten auf der unterschiedlichen Persönlichkeit von Männern und Frauen (Kennedy/Homant, 1981; Hunt, 1984), bleiben auch jüngere Arbeiten wie von Franzke (1997), Behr (2000) oder Rustemeyer/Tank (2001) einer differenztheoretischen Argumentation verhaftet. Sie kommen zu dem Schluss, dass die Polizei eine männlich konnotierte Welt sei, die die Eingliederung von Frauen schwer mache. Akzeptanz und gleichwertige Berufsausübung könnten nur erreicht werden, wenn geschlechtsstereotype Eigenschaften und Kompetenzzuschreibungen überwunden würden. Gleichzeitig aber verfolgen sie eine Argumentationslinie, die mit stereotypen Zuschreibungen - Frauen wirken aggressionshemmend, sind sozial und kommunikativ kompetent - die Daseinsberechtigung von Frauen in der Polizei, geschlechtsspezifische Segregation als auch horizontale Differenzierung begründet. Die Diskrepanz zwischen Polizeiorganisation und -führung einerseits und Polizisten andererseits wird öfter zum Thema; insbesondere Behr (2000) stellt mit seiner recht bekannt gewordenen Unterscheidung zwischen Polizei- und Polizistenkultur darauf ab. Die vorherrschende Polizistenkultur sei geprägt von der subkulturellen Vorstellung einer ungezähmten Männlichkeit, welche als hegemoniales Muster auch die kollegiale Interaktion präge. Frauen seien in den Schilderungen männlicher Polizisten das „prinzipiell Andere" Behr (2000, 11). Ein weiblicher Gegenentwurf zum männlichkeitszentrierten Polizistenbild sei nicht zu erkennen.

Andere Studien betrachten empirische Geschlechterdifferenzen, ohne aber differenztheoretisch begründet zu sein. Sie stellen ein hohes Maß an Segregation und unterschiedlicher Aufgabenverteilung in der Polizei fest (Holdaway/Parker, 1998; Lewis-Horne, 2001). Kernbereiche polizeilicher Arbeit - Verbrechensbekämpfung und -

verfolgung - würden überwiegend von Polizisten wahrgenommen, während Frauen eher mit Routineaufgaben bzw. dem Umgang mit Opfern von Sexualdelikten, Familienstreitigkeiten und Kindern betraut würden, obwohl Polizistinnen im gleichen Maß wie ihre männlichen Kollegen schwerpunktmäßig Interesse an Verbrechensbekämpfung zeigten. Mit der Aufgabenteilung einher gehe oftmals eine geschlechtsspezifisch differenzierte Positionierung; Männer nähmen höhere, Frauen niedrigere Positionen in der Polizeihierarchie ein. Die Feststellung einer geschlechtsspezifischen Aufgabenverteilung in der Polizei weisen mit wenigen Ausnahmen bislang alle Untersuchungen nach, wenngleich in jüngerer Zeit eine Ausdifferenzierung und Relativierung erfolgt. So stellt Westmarland (2001) für Großbritannien fest, dass die Polizei horizontal segregierte Bereiche aufweist, Frauen aber auch in den polizeilichen „Kernbereichen“ aktiv sind und etwa der Streifendienst von Männern und Frauen gleichermaßen wahrgenommen wird, ein Ergebnis, das auch Müller et al. (2002, 2004) und Pfeil (2005) für deutsche Polizeiorganisationen feststellen.[5]

Insgesamt zeigt sich, dass vorliegende Forschungen, von ihrer weitgehend problematischen geschlechtertheoretischen Fundierung einmal abgesehen, zu kurz greifen, wenn sie nationale Pfade der historischen Entwicklung von Polizei und organisationale Strukturen und Prozesse nicht beachten. Zwar lassen sich dann durchaus vergleichende Untersuchungen zur horizontalen und vertikalen Segregation in verschiedenen Arbeitsorganisationen durchführen (vgl. Benschop et al, 2001), von denen Polizei eine unter mehreren darstellt; über eine Typisierung dieser Organisationen als mehr oder weniger „gendered“ gelangen solche Untersuchungen aber nicht hinaus. Demgegenüber versuchen wir, der Bedeutung von Geschlecht im Kontext von Wandel und Unbeweglichkeit der Organisation selbst auf die Spur zu kommen. So betrachten wir im Folgenden zwar auch Segregation, aber in ihrem Spannungsfeld zu den Diskursen über sie.

2. Organisationsstrukturen und -prozesse als Kontext von Differenz und Gleichheit

In der Polizei können wir De-Institutionalisierung und Re-Institutionalisierung von Geschlecht auf verschiedenen Ebenen beobachten. Bereits auf der Ebene der strukturellen Aspekte der Organisation zeigt sich ein Bild, das sich in den anderen Analysedimensionen wiederholt: Es finden sich Tendenzen der De-Institutionalisierung von Geschlechterdifferenz, begleitet von kontinuierlicher geschlechtskonnotierter Exklusion. Dies findet sich auf der Ebene der Diskurse über Strukturen wieder.

2.1 Organisationale De-Institutionalisierung trotz Segregation

Als Kernpunkt der De-Institutionalisierung von Geschlechterdifferenz ist die formale Öffnung aller Bereiche der Polizei für Frauen seit Beginn der 80er Jahre zu sehen, die in den Bundesländern Baden-Württemberg 1987 und Bayern 1989 ihren Abschluss fand.[6] Obwohl dieser Prozess nicht ohne Betonung von Unterschieden auskam und diese, wie gezeigt, organisationell hergestellt wurden, wohnt ihm doch eine egalitäre Tendenz inne. Diese hat sich im Laufe der Jahre dadurch verstärkt, dass sich die zunächst klein gehaltenen Einstellungsmargen für Frauen sukzessive vergrößerten. Zu Beginn unserer Untersuchung waren in Nordrhein-Westfalen bereits 40 % aller neu Eingestellten Bewerberinnen und Bewerber für den Polizeidienst weiblich; ein Anteil, der inzwischen auch in Baden-Württemberg erreicht wird. Dies führt jedoch insgesamt noch nicht zu einer zahlenmäßigen Präsenz von Frauen im Polizeidienst, die über die „critical mass" von 15 % hinausginge.[7]

Nach wie vor ist die Polizei eine stark vertikal nach Geschlecht segregierte Organisation. Betrachtet man die Verteilung der Bediensteten nach Laufbahnen, lässt sich ein großes Gefälle zwischen männlichen und weiblichen Beschäftigten feststellen. Die weiblichen Beamten sind überwiegend in den Eingangsämtern der mittleren[8], zunehmend auch der gehobenen Laufbahn vertreten; die männlichen Beamten dagegen sind - relativ betrachtet - dienstälter und entsprechend eher in Endämtern oder der nächst höheren Laufbahn zu finden. Diese quantitativen Unterschiede lassen sich in den verschiedenen Polizeiorganisationen und -einheiten feststellen, relativieren sich aber ansatzweise, differenziert man nach Bundesland und Einstellungsjahr.[9] Männer und Frauen werden zumindest zu Beginn ihrer beruflichen Laufbahn nicht wesentlich schneller oder langsamer befördert, die Aufstiegswege sind formalisiert und normiert. Zeigt sich Geschlecht einmal als hochrelevant - in der mangelnden Beteiligung von Frauen an Führungspositionen und ihrem marginalen Anteil in entsprechend hohen Besoldungsstufen - wirkt es andererseits im Hinblick auf den allgemeinen Berufsverlauf und die Zeiten der Beförderung als unerheblich, so dass von einem durchgehenden vergeschlechtlichten Muster zumindest in den ersten Berufsjahren nicht gesprochen werden kann.[10]

Mit diesen Ergebnissen korrespondieren vordergründig Aussagen der Polizeiführung, dass es eine Frage der Zeit sei, bis Frauen und Männer gleiche Positionen einnehmen und Männer wie Frauen in gleicher Weise Karriere machen.[11] Allerdings widerspricht dieser These die Entwicklung in der Kriminalpolizei, in der Frauen schon seit Jahrzehnten Dienst tun. Weder stieg der Anteil an Frauen kontinuierlich, noch treten Frauen häufig in leitenden Funktionen in Erscheinung. Vielmehr nahm in Nordrhein-Westfalen der Frauenanteil in der Kriminalpolizei zunächst zu und erreichte 1982 einen Anteil von 13,7 Prozent. In der Folge jedoch sank er sukzessive bis auf unter 10 Prozent im Jahr 2000.

Dieses Beispiel verweist auf die Diskrepanz zwischen Fakten und Diskursen. Es wird betont, dass Geschlechterunterschiede in der Polizei in absehbarer Zeit völlig nivelliert sein werden und insbesondere die Kriminalpolizei für Frauen und Männer gleichermaßen geeignet sei - weshalb hier eine Differenzierung oder Beschränkung des Frauenanteils wenig sinnvoll sei, im Unterschied zur Schutzpolizei. Die zahlenmäßige Beteiligung von Frauen und Männern setzt jedoch ein anderes Signal: Der Anteil von Frauen bleibt begrenzt.

Ungeachtet der Fakten - geringe Frauenanteile einerseits, formalisierte Aufstiegswege und Bedingungen andererseits - gehen die Bediensteten davon aus, dass das jeweils andere Geschlecht im Hinblick auf die anstehenden Karriereschritte bevorzugt werde. Deutlich wird dies, betrachtet man die diskursive Koppelung von Themen wie „Teilzeitarbeit", „Ausfallzeiten" oder „Direkteinstieg" mit „Geschlecht". So gestaltet sich etwa die Verschränkung von Geschlecht mit dem „Direkteinsteiger-Status" als problematisch. Eine Reihe von Frauen (und Männern) sind über ein Fachhochschulstudium und nicht über den klassischen, polizeiinternen Aufstieg „von unten" zu ihrer heutigen Position und Vorgesetztenrolle gelangt. Ihnen wird ein Überfliegerstatus bei gleichzeitiger Praxisferne zugesprochen, den sie selbst allerdings weit von sich weisen. Beförderte Polizistinnen sehen ihren Berufsweg als Ausdruck ihrer Leistung, von männlichen Kollegen wird er jedoch oftmals als ungerechtfertigter Geschlechterbonus kommentiert. Bei Männern mit dem gleichen Werdegang unterbleibt die Verknüpfung mit ihrer Geschlechtszugehörigkeit. Geschlecht gilt also einerseits als karrierefördernd oder -behindernd, während andererseits - zumeist unter dem Leitmotiv der „gleichen Chancen" - die Irrelevanz von Geschlecht für Laufbahnentwicklung und Aufstieg betont wird.

2.2 Konkurrenz: Andockstelle für Re-Institutionalisierung?

Den Ausdrucksformen organisationaler De-Institutionalisierungspraxis, die in vielfältige, teils auch widersprüchliche Diskurse eingebettet sind, stehen andere Prozesse gegenüber, die in die Richtung einer Re-Institutionalisierung von Geschlechterdifferenz weisen. Hierzu gehört die Unangetastetheit hochsegregierter Bereiche, beispielsweise bei der Kriminalpolizei (wie den weitgehend „frauenfreien" Kommissariaten für Organisierte Kriminalität) oder den Spezialeinsatzkommandos (SEK). Das SEK gilt als „Elitetruppe" der Polizei, ausgebildet und trainiert für höchst anspruchsvolle Einsatzgebiete wie etwa Geiselnahmen, Banküberfälle etc.. Die Anforderungen an die Bewerber/innen sind hoch, so wird durchgängig betont, und für Männer und Frauen identisch. Dennoch finden sich Frauen nur in Ausnahmefällen dort, da sie diese Anforderungen nur selten erfüllen und sich auch nur selten für dieses Einsatzgebiet bewerben - ein Umstand, der den meisten Befragten zwar als bemerkenswert, aber nicht als legitimationsbedürftig erscheint: Wenn auch die meisten männlichen Bewerber scheitern, kann das Nichtvorhandensein von Frauen im SEK keine geschlechterbezogene Diskriminierung sein.

Doch auch jenseits hochsegregierter Bereiche finden sich Widersprüche: Ist im polizeilichen Alltag Geschlecht de-thematisiert, stehen dieser faktischen Ent-Vergeschlechtlichung zwei widersprüchliche Thematisierungen entgegen: Einerseits wird betont, dass es keine geschlechtstypisch abweichenden Arbeitspraxen, typisch männliche oder weibliche Verhaltensweisen und Kompetenzen bei der Arbeit gebe; Männer und Frauen könnten und täten das Gleiche, und unterschiedliche Neigungen, Fähigkeiten und Leistungen seien individuelle Unterschiede (siehe herzu ausführlicher Müller et al., 2004). Auf der anderen Seite wird gerade die Geschlechterdifferenz benannt und funktional legitimiert. Die Aufgabenverteilung in der alltäglichen Arbeitspraxis, die Zuweisung von spezifischen Aufgabenfeldern an Männer oder Frauen, die Auswahl von Kolleg/innen als Einsatzpartner knüpfen an geschlechtsdifferenzierte Zuschreibungen an -sind aber nicht durchgängig vorhanden.

Ein Beispiel hierfür ist das Thema Streifendienst (vgl. ausführlich Müller, 2004, Müller et al., 2004). Gemischte Streifen als optimale Lösung sind weitestgehend konsensfähig, mit unterschiedlichen Begründungen: Reflexionen auf das Verhältnis von Polizei und ihrer „Umwelt" („wir repräsentieren das Leben in seiner ganzen Breite", in vielen Einsatzsituationen ist Vielfalt in der eingreifenden Polizei von Vorteil) finden sich als Diskurselemente ebenso wie differenzbezogene Begründungen („Frauen haben einen anderen Blickwinkel und sehen manchmal mehr als Männer", sind aber nicht selten „körperlich unterlegen" etc.). Frauenstreifen besser zu finden als Männerstreifen oder gemischte Streifen, scheint noch nicht im Rahmen der diskursiven Möglichkeiten zu liegen - obwohl es durchaus Anzeichen gibt, dass Polizistinnen auch Vorstellungen „weiblicher Überlegenheit" hegen. So fährt eine Polizeiobermeisterin „lieber mit einer Kollegin als mit einem Kollegen, dem ich das Funkgerät um den Hals binden muss, damit er nicht verloren geht". Männerstreifen besser zu finden, gilt hingegen (noch) nicht als illegitim. Einige männliche Bedienstete und auch Vorgesetzte machen deutlich, dass reine Männerstreifen grundsätzlich mit allem gut zurecht kämen, im Unterschied zu Frauenstreifen. Darin drückt sich aus: Männer sind für den Polizeidienst in seiner ganzen Breite geeignet, Frauen haben ganz besondere Fähigkeiten. Von daher verwundert es nicht, dass es eine hohe Variationsbreite in der Einschätzung des optimalen Frauenanteils für die Polizei gibt; die Spanne reicht von 15 bis 50 Prozent.[12] Der in unseren Interviews zum Vorschein kommende Konsens der Geschlechter, der Dienstgrade und der Polizeibereiche, gemischte Streifen seien optimal, erweist sich als durchsichtiger Mantel, der manchmal noch recht große Unterschiede in der Einschätzung verschleiert.

Welche Auswirkungen diese Zuschreibungen von Eignung, Neigung und Leistung auf die Karriereentwicklung haben, lässt sich nicht eindeutig entscheiden. Deutlich wird jedoch, dass sowohl die Egalität und als auch Differenz der Geschlechter gleichzeitig und einander widersprechend thematisiert werden - und zwar von Frauen wie Männern wie auch von allen Statusgruppen.

Die teilweise gegenläufigen Argumentationslinien im Geschlechterdiskurs der Polizei - „Frauen werden bevorzugt", „Frauen werden benachteiligt", „Geschlecht spielt keine

Rolle" - weisen auf unterschiedliche Aspekte des gleichen Themas hin: Konkurrenz. Die Konkurrenz in der Polizei ist groß und die Möglichkeiten, höhere Positionen zu erreichen sind entsprechend begrenzt.[13] Der Anteil von Beschäftigten im höheren Dienst beträgt im Jahr 2000 1,35 Prozent in NRW; 1,61 Prozent Baden-Württemberg; im gehobenen Dienst sind die prestige- und einkommensrelevanten Stellen ebenfalls limitiert. Entscheidend scheint die Frage zu werden, welche Faktoren und Merkmale aufstiegsrelevant sind und wie sie wirksam gemacht werden: Männer wie Frauen müssen Leistung erbringen, Leistung zeigen und ihre Motivation betonen. Zugleich ist es organisationale Praxis, bei Männern wie Frauen eine hohe Bereitschaft zu Leistung, Flexibilität und Mobilität zu fordern: Das Fachhochschulstudium, grundsätzlich die Voraussetzung zum Aufstieg in den gehobenen Polizeivollzugsdienst, verläuft zentral und nicht wohnortnah; Aufstiegskandidat/innen müssen sich im ganzen Land versetzen lassen; die Lehrgänge für den höheren Dienst finden bundeseinheitlich statt. Damit ist aus organisationaler Sicht eine Nivellierung der Geschlechterdifferenz gegeben. Dass die Wirkung dieser Anforderung für Männer und Frauen unterschiedlicher Natur sind, wird nicht thematisiert. Insbesondere der Wunsch nach oder das Vorhandensein einer Familie stellen sich einer gleichen Beantwortung organisational geschlechtsneutral angelegter Vorgaben entgegen. Auch die in Expertengesprächen betonte Darstellungsfähigkeit von Leistung als bedeutsamem Faktor steht im Widerspruch zu einem scheinbar so objektiven Kriterium wie Leistung. Durch die Kopplung formaler Aspekte (wie ist Leistung definiert?) mit subjektiven Kriterien (was gilt als Leistung?) erweisen sich letztere durchaus als bedeutsam; in dieser Kopplung kann Geschlecht Relevanz zeigen.

Die Bewertung von Leistung bezieht somit die Frage danach ein, welche Rolle Geschlecht in der alltäglichen Polizeiarbeit spielt. Gibt es Aufgaben, die eher von Frauen oder von Männern übernommen werden? Gibt es Aufgaben, die eher Männern als Frauen (oder umgekehrt) zugetraut werden? Angedeutet haben wir bereits, dass gerade in der Frage um die ideale Streifenbesetzung Männern im Unterschied zu Frauen zugeschrieben wird, alle Aufgaben bewältigen zu können. Welche Aufgaben werden wie bewertet? Gibt es Aufgaben, die anders bewertet werden, wenn Männer oder Frauen sie erfüllen? Wie werden die Lebensumstände von Beschäftigten berücksichtigt? Wird eine hohe Leistungsbereitschaft immer dann angenommen, wenn sich Beschäftigte zu jeder Zeit für jeden Einsatz bereit erklären? Wird berücksichtigt, dass manche Beschäftigte diese Form der Leistungsbereitschaft nicht erbringen können (oder wollen), ohne grundsätzlich weniger leistungswillig zu sein? Was bedeutet es für die Bewertung, wenn (männliche) Beamte einen „Widerstand" positiv bewältigen, während ihre (weibliche) Kollegin keinen einzigen Vorfall dieser Art vorzuweisen hat, weil er vielleicht im Vorfeld vermieden wurde?

Geschlecht spielt also eine Rolle - nicht systematisch, nicht immer, aber doch. Eine zentrale Bedeutung dafür, ob Geschlecht geltend gemacht wird oder nicht, hat der oder die Vorgesetzte. Sein/ihr Verhalten kann - in Abhängigkeit von den Anforderungen, die gestellt werden - Egalität wie Differenz herstellen; gleiches gilt für den Prozess der Bewertung tatsächlicher und dargestellter Leistungen (vgl. Müller et al., 2004).

3. Thematisierungsweisen von Geschlecht

Nachdem wir einige Befunde zur strukturellen De-Institutionalisierung und diskursiven De- und Re-Thematisierung bezogen auf Geschlecht vorgestellt haben, gehen wir im folgenden anhand von drei Beispielfeldern detaillierter auf das Spannungsfeld von Fakten und Diskursen ein.

3.1 Polizeiinterne Alltagstheorien von Geschlecht am Beispiel „Körperlichkeit"

Beim Nachdenken über das Thema „Geschlecht und Polizei" wird früher oder später deutlich, dass wir es mit theoretischen Aktivitäten auf unterschiedlichen Ebenen (Cicourel, 1970) zu tun haben. Auch common-sense-Annahmen können als theoretische Aktivitäten, allerdings auf niedrigem Abstraktionsniveau, aufgefasst werden[14]. Im Feld Polizei begegnen wir solchen Alltagstheorien in der Polizeiforschung (siehe 1.), aber auch in der Polizei selbst[15]. Wir treffen sie an im polizeilichen Alltag, auf der polizeilichen Führungsebene sowie auch auf der Ebene der Aufsichtsbehörde, in der Regel der Innenministerien. So begleiteten beispielsweise innenministerielle Stellungnahmen, wonach Frauen sozial kompetenter, fleißiger und einsatzfreudiger und darüber hinaus höher gebildet seien als Männer, woraus die Forderung nach der flächendeckenden Öffnung des Polizeidienstes für Frauen als sinnvoll abgeleitet wurde, den Prozess der Inklusion von Frauen seit Ende der siebziger Jahre (Murck/Werdes 1996).

Geschlechterbezogene Alltagstheorien in der Polizei finden sich jedoch nur selten als explizite Naturalisierung, die im Gewand der Akzeptanz körperlicher Unterschiede argumentativ die mangelnde Eignung von Frauen unterstreicht, wie z.B. die folgende:

> „Wenn ich...als Problem empfinde, dass Frauen körperlich schwächer sind, dann habe ich ein Problem. Wenn ich es aber im Prinzip als wirklich als naturgegeben akzeptiere, ...habe ich keine Probleme damit. Ich muss es einfach nur wissen und akzeptieren" (Hauptkommissar Hillenbrandt).

Innerpolizeiliche Diskurse bezogen auf die Körperlichkeit von Polizistinnen und Polizisten können wir als eine alltagstheoretische Version dessen auffassen, was Nicholson (1994) als „biologische Fundierung" auch in konstruktivistischen Ansätzen der feministischen Theoriebildung kritisiert hat. Zwar, so meint sie, wissen alle TheoretikerInnen aus der konstruktivistischen Perspektive, dass es keinen biologischen Determinismus gibt; viele denken aber, „dass körperliche Unterscheidungsmerkmale über große historische Zeiträume hinweg konstant bleiben und sich dazu eignen, kulturübergreifende Gemeinsamkeiten in der Persönlichkeit zu begründen oder zu erklären" (Nicholson, 1994, 190). Dies bezeichnet sie als „biologische Fundierung". Kulturelle Konstruktionen des Körpers werden gedacht als über eine große Spanne der Menschheitsgeschichte unveränderliche Variable (a.a.O., 208), die „in Verbindung mit anderen, relativ statischen Aspekten der Kultur, bestimmte, geschichtsübergreifende Gemeinsamkeiten in der Persönlichkeit schafft" (ebd.). Zum kulturellen Kontext einer solchen Forschung gehöre auch „ein kulturelles Verständnis von der Bedeutung des Körpers und seiner Beziehung zu Kultur, das die Generalisierung erst ermöglicht. Demnach wird der Körper immer auf bestimmte Weise konstruiert und wird folglich zu einer ganz bestimmten Beschreibung der Charakterentwicklung oder der gesellschaftlichen Reaktion" (Nicholson, 1994, 210). Diese „biologische Fundierung" einer Theorie grenzt sie ab vom „biologischen Determinismus", der Verhaltensweisen und Orientierungen direkt aus einer geschlechtsdifferenten Körperlichkeit herleitet. Übertragen in die alltagstheoretischen Versionen der Polizei lässt sich feststellen, dass biologischer Determinismus in einigen Fällen konstatiert werden kann, die überwiegende Perspektive jedoch die einer konstruktivistischen Perspektive mit biologischer Fundierung ist. Die diskursiv teils bedeutsame, teils jedoch durch Individualisierungsstrategien oder Professionsdiskurse in ihrer Bedeutung relativierte Körperlichkeit von Frauen und Männern ist das Feld, in dem diese Alltagstheorien am deutlichsten studierbar sind (vgl. ausführlicher Müller, 2004).

3.2 Kontrafaktische diskursive Dramatisierung: Das Beispiel Teilzeitarbeit

Zur Organisationsebene gehört der Umgang mit reduzierten Arbeitszeiten, Fehlzeiten und Kompensationen. Personalausfälle über flexible Arbeitszeitregelungen sind ein Problem jeder Organisation. Es gibt verschiedene Möglichkeiten, damit umzugehen. Zugespitzt steht der Möglichkeit, die Ausfälle dezentral durch Arbeitsumverteilung zwischen den verbliebenen Beschäftigten bearbeiten zu lassen, die Andere gegenüber, durch zusätzliche Personalmittel den Ausgleich der Ausfälle zu erleichtern. Hier erweist sich die Polizei als flexibel auf der Ebene des Wandels von Strukturelementen; die Implementierung neuer Strukturelemente als handlungsverändernd ist offenbar schwieriger, und es zeigt sich eine interessante Diskrepanz zwischen Fakten und Diskursen (vgl. Müller-Franke, 2005). Die grundlegenden Rechte aus der Gesetzgebung bezogen auf Teilzeitarbeit für Beschäftigte mit versorgungsbedürftigen Angehörigen gelten für Frauen wie für Männer in der Polizei gleichermaßen. De facto zeigt sich am Beispiel Nordrhein-Westfalens, dass der Anteil männlicher Beschäftigter in Teilzeit an allen Männern in der Polizei unter einem Prozent liegt und der

Anteil der weiblichen Beschäftigten an allen Frauen der Polizei knapp unter zehn Prozent. Ein Wechsel der Rechnungsperspektive bringt jedoch ein überraschendes Resultat: Bezogen auf die Anteile an der Teilzeit selbst zeigt sich, dass 40 bis 50 Prozent aller Teilzeitarbeitenden in der Polizei Männer sind. Diese tendenzielle Egalität in der Präsenz von Teilzeitarbeitenden beiderlei Geschlechts wird aber durch eine deutliche Differenz begleitet: Über 70 Prozent der Männer sind in Altersteilzeit beschäftigt, während über 70 Prozent der Frauen in erziehungsbezogener Teilzeit arbeiten (vgl. Müller et al., 2004).

Am Beispiel der Teilzeitarbeit zeigt sich auch, wie auf der Ebene der Diskurse über die Alltagspraxis in der Polizei De- und Re-Institutionalisierungsprozesse von Geschlecht auf der alltäglichen Ebene als sichtbar behandelt werden oder nicht. Indem Teilzeitarbeit so gut wie ausschließlich als Schwangerschaftsfolge thematisiert wird, kommt es zu einer „diskursiven Dramatisierung" von Geschlecht. Die Dramatisierung wird u.a. deutlich an der Verwendung von Begriffen wie „Zeitbombe" (als Bezeichnung einer größeren Anzahl junger Frauen im gebärfähigen Alter, die eingestellt wurden) und „Damoklesschwert" (das über der Dienststelle hängt, wenn sie eine Reihe junger Frauen im gebärfähigen Alter beschäftigt), die der polizei- sprachlichen Wirklichkeitsbearbeitung entnommen sind.

Auch Ausfälle werden fast automatisch mit Schwangerschaft und Erziehungsurlaub in Verbindung gebracht; dabei betrug die Erziehungsurlaubs- bzw. Elternzeitquote z.B. 2001 in Baden-Württemberg 1 Prozent der Beschäftigten (262 Frauen und 5 Männer); auch in Nordrhein-Westfalen lag die Quote mit 0,9 Prozent nicht höher, obwohl hier die Polizei bereits sieben Jahre früher Frauen aufgenommen hat. Von den 267 Erziehungsurlaubenden in Baden Württemberg arbeiteten 30 Prozent in Teilzeit während des Erziehungsurlaubs weiter mit durchschnittlich ca. 40 Prozent einer Vollzeitstelle. Als Ausgleich für die restlichen 70 Prozent in Erziehungsurlaub Befindlichen war es zumindest prinzipiell möglich, auf der Planstelle zusätzlich eine sogenannte beamtete Hilfskraft[16] zu führen - eine strukturelle Maßnahme, die eine große Neuerung darstellt, aber in den Interviews keinerlei Erwähnung findet. Hier dominiert vielmehr die erwähnte diskursive Dramatisierung, und zwar aus verschiedenen Perspektiven. Es zeigt sich eine Geschlechterdifferenz in der Thematisierung von Teilzeit, die sich aber weniger aus sachlicher Nichtübereinstimmung als vielmehr aus der unterschiedlichen Positionierung aufgrund des Geschlechts ergibt. Männliche wie weibliche Polizisten sind sich der Problematik der sogenannten „eingeschränkten Verwendungsfähigkeit" im Falle von Schwangerschaft und Elternzeit bewusst; männliche Polizisten sind jedoch eher in der Position der sachlichen Problembenennung, während Frauen zusätzlich in der Position der potentiellen Verursacherinnen dieses Problems sind.

„Das ist eigentlich auch das, was man auch ständig vorgeworfen bekommen hat, dass die Frauen da ja mitlaufen auf der Schichtstärke, und dann halt, das ist eigentlich die größte

Angst der Kollegen, ... wenn die schwanger wird und so, ...Das war jetzt auch hier bei der Übernahme bei der Kripo eigentlich die größte unterschwellige Angst" (KOM'in Schmidt).

Dass Teilzeit in der Alltagspraxis auch zur Exklusion im Sinne geschlechtsbezogen segregierter Arbeitsverteilung führen kann, haben manche der weiblichen Befragten erlebt: „Was schrecklich war, der Dienststellenleiter war der Meinung, dass man als Teilzeitarbeitskraft keine Probleme bearbeiten kann, nicht an Untersuchungen teilnimmt, sondern nur noch am Computer sitzen kann, um irgendwelche Statistiken auszuführen." (KHK'in Albrecht)

Führungskräfte sind bezogen auf die Teilbarkeit ihrer Stellen unterschiedlicher Meinung. Während einige es sich vorstellen können, beharren andere auf der Unmöglichkeit, Verantwortung zu teilen, und legitimieren Teilzeitarbeit als Exklusionskriterium im Führungsbereich. Aber auch hier findet sich die Tendenz, den „offiziellen" Diskurs zu berücksichtigen: „Wenn man das aufteilen würde, ich denke, das wäre schwer. Nicht auszuschließen, sicherlich ist es denkbar" (POR Stahl).

Dass der Nexus von Teilzeitarbeit und Exklusion aus der Führungsetage jedoch eine geschlechterbezogene Diskriminierung sei, wird mit dem Verweis auf gleiche Betroffenheit von Männern in Teilzeit abgelehnt - gerade auch von Frauen: „Ich bin der festen Überzeugung, das das was mit der Teilzeit zu tun hat. Weil die sind dann Kommissionsleiter oder könnten Dienststellenleiter werden, also wenn die nicht polizeipräsent sind, dann kriegen die den Job nicht." (KHK'in Dobs). Gerade dieses Beispiel - auch teilzeitarbeitende Männer werden benachteiligt -kann jedoch auch dazu dienen, Geschlecht als relevantes Kriterium zu relativieren. Niemand ist gegen Frauen, aber viele sind gegen das, was mit den Frauen in die Organisation kommt. Damit wird auf legitim thematisierbare Organisationsprobleme verwiesen, für die Frauen der Anlass sind. Obwohl sie nicht als Schuldige benannt werden können, bleibt mit ihnen vorerst konnotiert, dass aufgrund ihrer Präsenz Probleme entstehen, die es angeblich vorher nicht gab.

Heute gibt es durchaus in der Polizei Revierleiterinnen, die auf einer Teilzeitstelle arbeiten, weil sie ein kleines Kind haben. Diese (wenigen) Frauen kennt jeder und jede in der Polizei. Sie haben einen Token-Status, wie in Kanter (1977) genannt hat: Sie genießen hohe Sichtbarkeit und stehen prototypisch als Anlass für Verallgemeinerungen positiver und negativer Tendenzen. Durch ihr Beispiel gelten sie als Ermutigung für strukturell ähnlich Betroffene, weshalb ihre Sichtbarkeit eine Ressource organisationellen Wandels sein kann; sie sind aber auch deutbar als Beweis für die fehlende Notwendigkeit weiteren Wandels, denn sie belegen ja bereits durch ihr persönliches Beispiel das flexible Potential der Organisation Polizei.

Dies ist jedoch nicht das ganze Bild. Die Gleichzeitigkeit von Gleichheit und Differenz, die an verschiedenen Stellen unserer bisherigen Auswertung zum Vorschein kommt, zeigt sich in dem Gewand diskursiver Kontroversen auch bezogen auf das Thema Teilzeit. Beispiele für die Verallgemeinerung negativer Folgen ebenso wie für die Verallgemeinerung positiver Einzelfälle zu prinzipiellen Vorteilen von Teilzeitarbeit für die Organisation werden von weiblichen wie von männlichen Beschäftigen genannt. Stellt man Diskurs- und strukturelle Ebene gegenüber, lässt sich noch einmal feststellen, dass die formalen Voraussetzungen hinsichtlich des Aufstiegs in der Polizei grundsätzlich für Männer und Frauen gleich sind. Es kommt vor und kann als Beleg für diese Gleichheit gewertet werden, dass Frauen im Erziehungsurlaub befördert werden. Damit ist deutlich, dass dieser formal den Frauen nicht zum Nachteil gereicht. Im Diskurs über diese Vorgänge stufen allerdings Männer dieses Verfahren als eine Bevorzugung der Frauen ein.

Damit lassen sich mindestens drei Diskursstränge aufzeigen: Teilzeitarbeit als gravierendes Problem, Teilzeitarbeit als lösbares Problem und Teilzeitarbeit als Fakt, den es organisational und strukturell zu berücksichtigen gilt. Der erste Diskursstrang sieht Teilzeitarbeit als gravierendes Problem, worauf Bilder wie „ungeliebtes Kind" oder „Damoklesschwert" (das über einer Dienststelle hängt, die mehrere Frauen im „gebärfähigen Alter" beschäftigt) hindeuten. Andererseits wird in diesem Zusammenhang aber auch auf die „tickende biologische Uhr" verwiesen, was unterstreicht, dass Frauen im Polizeidienst eine Art Zwangsläufigkeit bezogen auf das Schwangerwerden unterstellt wird. Im Diskursstrang „Teilzeit als gravierendes Problem" konnten wir divergierende Perspektiven von Männern und Frauen herausarbeiten bei gemeinsam geteilter Problemdiagnose. Eine geschlechterbezogene Diskriminierung wird in diesem Diskurs tendenziell verneint, da auch Männer in familienbedingter Teilzeit Karrierenachteile haben können. Der zweite Diskursstrang lässt Teilzeitarbeit als Problem (lösbar) erscheinen. Hier sind geglückte job-sharing-Versuche und entgegen der Erwartung begeisterte Vorgesetzte im Gespräch sowie zufriedene männliche Kollegen, die durch die Teilzeitbeschäftigung von Müttern nachts und am Wochenende zu besseren Ausruhzeiten kommen. Der dritte Diskursstrang ist der einer legitimen Anforderung an die Organisation Polizei, den verschiedenartigen Lebensbedürfnissen der Beschäftigten Rechnung zu tragen. Diese Position wird von den Personalräten und den Frauen- bzw. Gleichstellungsbeauftragten starkgemacht. Flexiblere Arbeitszeitgestaltung, so die diskursive Diskussion, schaffe eine „win-win"-Situation für alle Beteiligten.

Je nach Bundesland werden strukturell die Antworten auf dieses Problem unterschiedlich formuliert. Organisationsseitig sind in Baden-Württemberg in unserem Untersuchungszeitraum 200 Stellen im Rahmen von Terrorismusbekämpfung und Kompensation für Erziehungsurlaub bzw. Elternzeit zugewiesen worden[17] Der organisationelle Umgang mit der Verteilung dieser Stellen ist jedoch so erfolgt, dass in unseren Interviews kein einziger Befragter und keine einzige Befragte davon Kenntnis hatte. Ein Teil dieser Zuweisung scheint durch gleichzeitige Verlängerung der Regelarbeitszeit aufgezehrt worden zu sein; ein anderer Teil wurde über Personalschlüsselberechnungen anteilig zugewiesen und war auf der Ebene der einzelnen Dienststelle, wo eine „ganze" Polizistin fehlte, nicht mehr spürbar. Dabei hätte es für die „betroffenen" Polizistinnen sicher einen großen Unterschied gemacht, von dieser Maßnahme zu wissen; grundsätzlich wäre sie geeignet, den gesamten hier aufgezeigten Diskurs in seiner Kopplung mit Geschlecht zu konterkarieren und Geschlecht als diskursive Trennungslinie zu minimieren. Wir kommen in Teil 4 auf dieses Thema zurück.

3.3 Diskursive Enteignung: Das Thema „sexuelle Belästigung"

Ein weiteres zentrales Feld ist der Diskurs um sexuelle Belästigung. Sexuelle Belästigung als organisationsinternes Thema ist in der Polizei als Organisation - nach längerer Abwehr - angekommen. Dies dokumentiert die 1998 vom Ministerium für Inneres und Justiz des Landes Nordrhein-Westfalen der Öffentlichkeit vorgestellte Untersuchung zur sexuellen Belästigung im Polizeidienst, die vom Innenminister zum Anlass genommen wurde, das Thema sexuelle Belästigung/Mobbing in verpflichtende Fort- und Weiterbildungen, in Führungskräfteschulungen, in Vorgesetztengespräche etc. aufzunehmen. Nicht mehr eine einzelne Betroffene oder eine einzelne Frauenbeauftragte muss sich nun, zumindest auf der Ebene der Organisationsstruktur, um das Thema bemühen - der zuständige Minister hat es selbst als existent benannt und formal in organisationelle Routinen übersetzen lassen. Damit hat „Geschlecht" als Thema, für das sich die Organisation zuständig fühlt oder nicht, eine neue Qualität erreicht. Gleichwohl findet sich in den Äußerungen von Polizeibeamtinnen ein Widerschein dessen, was die bundesweite Untersuchung zur sexuellen Belästigung am Arbeitsplatz von 1991 zutage förderte (BMJFG 1991); dort hatte sich herausgestellt, dass Polizistinnen zu der belastetsten Berufsgruppe bezogen auf sexuelle Belästigung gehören, die zugleich am seltensten darüber Beschwerde einlegt. Die seither veränderte Rechtslage ist bei den Polizistinnen bekannt; die Bereitschaft, organisational bereit gestellte Wege im Falle einer Belästigungserfahrung zu beschreiten, bricht sich jedoch nicht mehr nur wie früher an dem Bemühen, am Arbeitsplatz Polizei auf jeden Fall zurecht kommen zu wollen, sondern auch an der Norm guten kollegialen Einvernehmens: „Ich hatte das auch schon, dass mich ein Kollege angegrabscht hat. Und er hat nicht aufgehört. Aber ich bin dann nicht zum Chef gegangen. Ich weiß auch nicht. Ich hätte es vielleicht machen sollen. Ja. Aber ich war dann auch zu gehemmt, ganz einfach. Weil, das ist dann halt auch wieder so eine Sache, das bringt Streit ins Revier. Und das ist dann auch recht schwer." (POM'in Herrmann).

Aus der Zeuginnenperspektive wird diese Befürchtung eher noch diskursiv verstärkt: „Wir hatten hier den Fall einer Kollegin. Die hat sich beim Revierführer beschwert wegen sexueller Belästigung am Arbeitsplatz. Die ist sofort aus der Dienstgruppe heraus genommen worden. Die Dienstgruppe ist aufgelöst worden, vorübergehend... Zwei Leute sind vom Dienst erst einmal...zwangsbeurlaubt worden. Aber im Prinzip ist es so, die Kollegin hat für sich bestimmt den richtigen Weg gewählt.

Aber die hat verschissen. Die braucht da nie wieder herkommen. Wenn der ihr Name fällt, oh Gott, ..." (POM'in Schimmel).

Und ein männlicher Kollege fügt hinzu: „Der oder die hat einen Kollegen verbrannt. Die soll sich doch nicht so haben, die hat es doch gern gehabt. Und so weiter. Im Vordergrund gibt es schon Hilfe. Aber ich meine halt, im Nachhinein ist das Opfer der Täter." (PK Welchert).

Das strukturelle Ernstnehmen von sexueller Belästigung durch die Organisation Polizei erscheint als eine Art Danaergeschenk: Seine Existenz ist wichtig, aber die Inanspruchnahme erscheint als so risikoreich, dass von ihr abgeraten wird. Hinzu kommt, dass im öffentlichen Raum die mögliche Instrumentalisierung des Vorwurfs von sexueller Belästigung die Einschränkung ihrer Thematisierbarkeit mit sich gebracht hat (vgl. Müller, 1998). Je nach organisationellem Setting kann sexuelle Belästigung als Vorwurf eine Konkurrenz entscheiden, zur Anfechtung einer schlechten Beurteilung dienen etc. In einem Kontext, den eine „asymmetrische Geschlechterkultur" (Müller, 1998) kennzeichnet, kann ein inhärent geschlechterkonfliktives Thema wie sexuelle Belästigung nicht von Repräsentantinnen der hauptsächlichen Betroffenengruppe angesprochen werden ohne ein Bewusstsein von dieser Konfliktstruktur und davon, dass diese unverträglich ist mit der Norm der Gleichheit und des kooperativ-kollegialen Zusammenhalts.

In früherer Zeit konnte eine diskursive Enteignung von (potentiell oder faktisch) Betroffenen daran erkannt werden, dass weibliche Bedienstete lieber geschlechterproblematische Themen nicht oder wenn, dann zusammen mit problematischen Strategien von Frauen ansprachen, um Verhaltensweisen von Männern rhetorisch zu kompensieren. Nach der erfolgreichen Enttabuisierung des Themas, die mit seiner Verrechtlichung einherging[18], ist heute eine Vervielfältigung von Diskursen zum Thema zu beobachten. Eine mögliche Antwort auf den Vorwurf sexueller Belästigung besteht in dem Gegenvorwurf des gezielten Einsatzes „weiblicher Reize" mit dem Ziel ungerechtfertigter beruflicher Bevorzugung oder des gezielten Einsatzes des Vorwurfs der sexuellen Belästigung zur Benachteilung männlicher Kollegen. Die Befürchtung des Vorwurfs ungerechtfertigter Bevorzugung aufgrund des Geschlechts kann heute zwar noch dazu führen, sich vehement von „anderen" Polizistinnen abzugrenzen, die ihre Weiblichkeit „ausspielen" und dem Vorurteil des „Busenbonus" Vorschub leisten; es kann aber auch zu einer offensiven Wendung kommen: „Also ich muss ganz ehrlich sagen, dass ich denke, das gleicht sich aus, weil man hat ja auch Nachteile dadurch.... 1000 Vorurteile, mit denen man als Frau kämpft" (PHK'in Schwarzkopf)

Auch die Gruppe der Männer erweist sich als differenziert in diesem Punkt: „...da gibt es schon Fälle, wo eine Kollegin, die halt gut ausgekommen ist mit dem Schichtführer, die halt eine gute Beurteilung hat. Aber ob das jetzt nur so ist, weil sie eine Frau ist? Das könnte sein. Genau so gut werden auch viele Frauen benachteiligt durch das, dass sie halt Frauen sind" (KOM Hauscher).

3.4 Personalisierung als Individualisierung

Als generelles Artikulationsmuster bezogen auf mögliche, wenn auch „illegitime" Auswirkungen von Geschlecht auf die Arbeitssituation findet sich die Strategie der diskursiven Individualisierung als durchgehendes Muster.[19] Diese ist ein Vorgang, der sich in den Alltagsdiskursen der Polizei überall findet.[20] Die uns interessierende Frage ist: Warum nimmt der Diskurs über Geschlecht zunächst eine personalisierende Form an? Welche Funktion hat diese Strategie, auf welche Fragen soll sie eine Antwort geben, auf welche Probleme die Lösung darstellen?

Eine wichtige Funktion dieser Strategie liegt in der Offenhaltung von Räumen für deviante Meinungen. Sie ermöglicht es männlichen Polizisten, auch wenn sie gegen die vollständige Inklusion von Frauen in die Polizei sind, ihre Vorbehalte in nicht legitimationsbedürftiger Form auszudrücken: Anhand von eigenen oder fremden „Erfahrungen" können Bedenken gegen die Inklusion von Frauen (z.B. beim Thema „"Sollte es reine Frauenstreifen geben?") artikuliert und zugleich als „Einzelfälle" relativiert werden, denen problematische - einzelne - Männer gegenübergestellt werden, die es ja auch gebe. Somit wird über die diskursive Individualisierung eine (relativierbare) Generalisierung vorgenommen, die es erlaubt, Frauen qua Geschlecht anzuzweifeln und „Ausnahmen" hiervon zuzulassen, während männliche Polizisten generelle Eignung besitzen und dem widersprechende Momente als individuelle Ausfälle zugegeben werden können - und dies alles, ohne sich mit generalisierenden Aussagen über die Männer oder die Frauen angreifbar machen zu müssen.

Andererseits ermöglicht diese Strategie Polizistinnen, sich prinzipiell als Frauen akzeptiert zu fühlen und verbleibende Probleme auf persönliche Unverträglichkeiten zurück zu führen, z.B. auf Probleme, die ein ganz bestimmter Kollege per se mit Frauen hat. Allerdings wird damit eine Aussage wie „das ist mir passiert, weil ich eine Frau bin", die in manchen Fällen Aspekte eines Sachverhalts angemessen bezeichnen mag, innerhalb der herrschenden Organisationskultur zu einer legitimationsbedürftigen Aussage. Anders ausgedrückt: Die De-Legitimierung für traditionelle Männer, prinzipiell gegen Frauen im Polizeidienst zu sein, findet ihr Komplement in der De-Legitimierung für Frauen, ihre Geschlechtszugehörigkeit als Ursache, Anlass oder hinreichenden Grund für Diskriminierung zu benennen.[21]

Ferner zeigte sich, dass Gleichheit und Differenz der Geschlechter stets gemeinsam artikuliert werden; ein Mittel, diese Widersprüchlichkeit aufzulösen, kann die diskursive Strategie der Personalisierung sein. Anders als in der systemtheoretischen Perspektive, die Attribution an die Person als Erklärungsmuster dafür anbietet, dass Geschlecht in Organisationen noch einen Unterschied macht, obwohl die Geschlechtsunterscheidung selbst dysfunktional und auf der Systemebene unerheblich ist, findet laut unseren Befunden Personalisierung als Individualisierung und darüber als Versuch des de-gendering statt.

4. Partielle Entkopplung von Struktur- und Handlungsebene

Es bleibt jedoch das Rätsel, wieso die Polizei als Organisation strukturelle Innovationen implementiert, die potentiell „ent-geschlechtlichend“ wirken können - wie z.B. Gleichstellungsmaßnahmen, Kompensationsstellen familienbedingter Ausfälle, Routinen zum Umgang mit sexueller Belästigung und Mobbing - und diese Implementation so gestaltet, dass sie auf der Handlungsebene eine andere Gestalt annimmt und diskursiv sogar teilweise unsichtbar bleibt. Zum Verhältnis von Strukturen, Praxen und den Diskursen in der Organisation Polizei lässt sich anhand unserer Beispiele festhalten, dass erstens die Organisation Maßnahmen ergreift, die auf der Alltagsebene unsichtbar bleiben und Diskurse nicht verändern. Dies haben wir dargestellt am Beispiel der zusätzlichen Stellen zur Kompensation von Ausfällen bei Erziehungsurlaub/Elternzeit. Zweitens ergreift die Organisation Maßnahmen, die sichtbar sind und auch Diskurse verändern, aber mächtigen anderen Diskursen erst allmählich einen Teil ihrer Wirksamkeit nehmen können. Diese Möglichkeit haben die am Beispiel von sexueller Belästigung diskutiert.

Eine Möglichkeit der Lösung des Rätsels besteht darin, die Polizei mit Meyer/Rowan (1992) als eine Organisation zu betrachten, in der Strukturen und Aktivitäten partiell oder sogar weitgehend entkoppelt sind. Bezogen auf die Antworten, die die Organisation auf Veränderungen ihrer Umwelten finden muss, unterscheiden Meyer/Rowan zwischen „Inkorporation“ und „Integration“. Eine Reihe von Veränderungen von Seiten der Umwelt können inkorporiert werden, wenn es zu kostenreich wird, dies zu verweigern - z.B. Öko-Auditing, Öffnung für Frauen und Gleichstellungsprogramme und anderes mehr. Integration wird jedoch vermieden, um die routinisierten internen Abläufe nicht zu irritieren.[22]

So minimieren sich Auseinandersetzungen und Konflikte, und eine Organisation kann Unterstützung aus einer größeren externen Bandbreite mobilisieren. Das Entkoppeln von Strukturen und Aktivitäten ermöglicht, dass Organisationen standardisierte, legitimierende Formalstrukturen beibehalten, während ihre Aktivitäten je nach praktischen Erwägungen variieren. Dies kann eine kluge Strategie im Umgang mit einer widersprüchlichen Umwelt sein, wie sie ja bei der Polizei gegeben ist: Zwar gilt insgesamt die „Gleichheitsnorm“ (Gildemeister et al., 2003), Abweichungen werden aber, je nach Kontext unterschiedlich, toleriert, legitimiert, als situationsspezifisch funktional bezeichnet oder sogar als Element aktiver Professionalisierung präsentiert (Müller et al. 2004).

Um Konflikte und Inkonsistenzen zu bewältigen, die aus dieser Situation entstehen, bietet es sich an, Einheiten voneinander abzuschotten. Wenn Differenzierung von Isoliertheit und Autonomie der Untereinheiten begleitet wird, statt von Interdependenz und Koordination, werden rechtliche Auseinandersetzungen oder Inkompatibilitäten zwischen inkonsistenten Programmen vermieden. Es können inkonsistente rituelle Elemente inkorporiert und Unterstützung aus größeren und vielfältigeren

Umwelten gewonnen werden. (Meyer/Rowan 1992, 89f). Zusammen mit der Strategie der Personalisierung ergibt sich daher aus einer „inkompletten" Implementierung von Gleichstellungsmaßnahmen (oder einer De-Institutionalisierung von Geschlechterdifferenz, die immer noch die Chance der Vergewisserung offen hält, dass Geschlecht doch einen Unterschied macht) die Möglichkeit, nicht nur differente externe, sondern auch differente interne Öffentlichkeiten mit guten Chancen der Gesichtswahrung zu versehen.

5. Inklusion von Frauen als Ressource organisationalen Wandels?

Der Umgang mit Geschlecht in der Organisation Polizei ist ebenso wie seine Thematisierungsweisen von Geschlecht vielschichtig und widersprüchlich. Aspekte von Gleichheit und Differenz sind oft gleichzeitig gegeben. Geschlecht kann de- und rethematisiert werden. Strukturen und Diskurse passen nicht unbedingt zusammen. Wir nehmen abschließend die Perspektive ein, die dargestellten Befunde nicht als Problem, sondern als Lösungsversuch zu interpretieren und interessieren uns dafür, welche impliziten, aber auch expliziten Rationalitäten dann erkennbar werden. Auf welche organisationale Frage soll die Inklusion von Frauen eine Antwort darstellen?[23]

Mit der Öffnung für Frauen hat sich die Polizei eine relevante Ressource für organisationalen Wandel erschlossen. Einige Aspekte dieses Wandels haben wir diskutiert; Legitimitätsfragen durch veränderte Umweltanforderungen gehören hier ebenso dazu wie die Notwendigkeit, der hochgradigen Differenzierung der Gesellschaft mit entsprechender Binnendifferenzierung begegnen zu können und das organisationale Wahrnehmungspotential zu vergrößern. Hier nur angedeutet, aber ebenfalls sehr bedeutsam ist ferner, dass die Polizei als öffentlicher Dienst den dort geltenden Gleichheitsnormen formal genügen muss

Über die Inklusion von Frauen werden ferner Themen adressierbar, die latent schon immer vorhanden, aber nicht ansprechbar waren. Auffällig ist dabei die Erosion traditioneller Männlichkeit. Zwar finden sich immer noch Polizeibeamte, die diesem Bild entsprechen; entgegen Behrs These von der „cop culture" (2000) halten wir es jedoch bei weitem nicht mehr für hegemonial. Vielmehr ist die Polizei offen für ehedem „deviante" Männlichkeiten geworden.[24] Auch dies trägt zur von uns konstatierten diskursiven Individualisierung bei. Vor der Inklusion von Frauen erschien ferner Teilzeitarbeit in der Schutzpolizei undenkbar; heute beobachten wir die Organisation beim Aushandlungsprozess um den Grad der Ver- oder Entgeschlechtlichung, der der Teilzeitarbeit zugeschrieben werden soll.

Neben dieser Schärfung organisationaler Selbstbeobachtung soll der bedeutsame Strukturwandel der Polizei in den letzten 20 Jahren genannt werden.[25] In diesem zeigt sich ein starkes Bemühen um Professionalisierung und insbesondere um Höherqualifizierung. Nordrhein-Westfalen hat jüngst das Abitur zur Regelvoraussetzung für die Zulassung gemacht; das Fachhochschulstudium wird zur Norm. In diesem Prozess erscheint die Inklusion von (im Durchschnitt zunächst höher qualifizierten) Frauen als Vorgriff auf die Gestalt, die die Polizei sich selbst geben will, und zugleich als Garant der Qualitätssicherung des angestrebten Wandlungsprozesses. Die Inklusion von Frauen geht dabei jedoch einher mit der Exklusion von KandidatInnen aus der Arbeiterschicht - ein unerwartetes Revival der Thematik „Klasse und Geschlecht".

Anmerkungen

1 Dabei streifen wir auch die Frage, ob die Polizei eine Profession ist oder nicht; eine ausführlichere Diskussion muss jedoch an dieser Stelle aus Platzgründen unterbleiben und wird in der Buchveröffentlichung vorgestellt (Müller et al., 2006).

2 In Dresden fand sich die stärkste Ähnlichkeit zum Modell der weiblichen Polizei in England. Bis 1928 waren die sächsischen Beamtinnen Polizeivollzugsbeamtinnen, für die die Dienstvorschriften der staatlichen Ordnungspolizei galten (Nienhaus, 1992, 251).

3 Die Richtungskämpfe und Zielsetzungen spiegeln sich in den verschiedenen Ausführungsbestimmungen und örtlich differenten Modellen, die Mitte/Ende der zwanziger Jahre entstanden und bis in die dreissiger Jahre Fortbestand hatten. Die Unterschiede zwischen den einzelnen Einrichtungen der WKP formuliert Nienhaus (1992) in einer Auseinandersetzung mit Erika S. Fairchild (1988).

4 Diese Historie verbindet sich mit heutigen Diskurselementen zur angeblichen Bevorzugung von Frauen und deren Amalgamierung mit der Praxisferne von „Seiteneinsteigern", die je nach Gesprächskontext noch abrufbar sind (vgl. hierzu Müller et al., 2004 sowie Pfeil, 2005)

5 Einige Arbeiten gehen über die Aspekte von Eignung, Neigung und Aufgabenverteilung hinaus. Fleming/Lafferty (2001) diskutieren die Entwicklung der Beschäftigung von Frauen als Anlass zu Reorganisation in zwei australischen Polizeibehörden, eine weitergehende Analyse um Geschlecht und Organisation nehmen sie jedoch nicht vor. Mit den Arbeiten von McElhinny (1994), Martin/Jurik (1996), Holdaway/Parker (1998), Martin (1999), Brown/Heidensohn (2000), Westmarland (2001), Müller et al (2002, 2004), Pfeil (2005), Wilz (2005a, 2005b) wird Geschlecht in der Polizei schließlich zur relevanten Bezugskategorie; die Geschlecht aus dem Kontext des Differenzansatzes löst.

6 In diesen beiden Bundesländern wurden ungefähr zeitgleich zur Öffnung des Polizeidienstes für Frauen rudimentäre Gleichstellungsrichtlinien erlassen; auch hiermit stellten beide das „Schlusslicht" unter den Bundesländern dar. Die Koinzidenz verschaffte jedoch den neu in die Polizei eintretenden Frauen große öffentliche Sichtbarkeit und den „Rückenwind" einer gewandelten Geschlechterpolitik - durchaus im Unterschied zu den Vorreiterinnen in Hamburg, Berlin oder Nordrhein-Westfalen zehn Jahre zuvor.

7 Der Frauenanteil in den Polizeiorganisationen steigt trotz hoher Einstellungszahlen von Frauen nur langsam. Grund hierfür ist, dass die Einstellung von Frauen (mit Ausnahme von wenigen Juristinnen oder Psychologinnen als Quereinsteigerinnen) nur als Anwärterinnen erfolgt, ein Ausscheiden in der Regel erst durch das Erreichen des Pensionsalters erfolgt, so dass sich der Frauenanteil insgesamt nur sukzessive erhöhen kann.

8 In NRW wurde der mittlere Dienst abgeschafft, so dass hier kein Eingangspunkt mehr besteht. Zugleich wurde das Abitur Regelvoraussetzung für die Zulassung. Siehe hierzu Abschnitt 5.

9 Die Ergebnisse unserer Kohortenanalyse als auch die Analyse der Strukturdaten der untersuchten Polizeiorganisationen weisen darauf hin, dass sich die Berufsverläufe von Polizisten und Polizistinnen nicht signifikant nach Geschlecht unterscheiden; intervenierende Faktoren für das berufliche Fortkommen sind vielmehr der Zeitpunkt der Einstellung und das Bundesland. Einschränkend muss hier angefügt werden, dass die im Projekt vorgenommene Verlaufsstudie explorativen Charakter hat. Die Fallzahlen beruhen auf der Untersuchung von jeweils drei Einstellungsjahrgängen eines Präsidiums- bzw. Landespolizeibereichs. Die mitgeteilten Ergebnisse geben zwar relevante Hinweise, können aber ohne Analyse weiterer und breiter gestreuter Kohortendaten nicht verallgemeinert werden.

10 Ein empirisch überraschendes Ergebnis ist hier, dass die ausgeprägte vertikale Segregation offenbar keine Basis in einer ihr in Ausmaß und Qualität vergleichbaren horizontalen Segregation hat. Die Konsequenzen hieraus für segregationstheoretische Annahmen werden an anderer Stelle zu diskutieren sein.

11 Exklusion und Inklusion sind keine „Frage der Zeit", wie auch Untersuchungen in anderen Feldern zeigen (z.B. Wimbauer, 1999). Wegen des basso ostinato-Charakters dieses Diskurselements in der Polizei haben wir es zum Titel unserer Projektveröffentlichung gemacht, die primär an die polizeiinterne Diskussion adressiert ist (Müller et al., 2004).

12 Ein großer Unterschied besteht zwischen der Einschätzung des idealen Frauenanteils für Kriminal- und Schutzpolizei. Der Kriminalpolizei wird fast durchgängig ein höherer Frauenanteil zugestanden; Grund hierfür dürfte nicht zuletzt die unterschiedliche Bewertung schutz- und kriminalpolizeilicher Arbeit sein (vgl. Pfeil 2005). In jedem Fall ist deutlich, dass eine Reihe von Bediensteten das offizielle Gleichstellungsziel nicht teilen, wenn auch mit unterschiedlichen Begründungen (siehe Müller et al., 2004).

13 Hinzu kommt, dass viele BeamtInnen zertifizierte Qualifikationen haben, für die sich im „Stellenkegel" des Öffentlichen Dienstes keine adäquaten Positionen finden. Dieser mangelnden Entsprechung von Qualifizierung und Stelle, die nicht selten zu „unterwertiger" Eingruppierung führt, versucht z.B. das Land Nordrhein-Westfalen durch eine grundlegende Reform der Stellen- und Qualifikationsbeschreibungen entgegen zu wirken, die die Genehmigung von Fort- und Weiterbildung eng an das Profil der mittelfristig zu besetzenden Positionen knüpft und insofern das Recht der Bediensteten auf weitere Qualifizierung beschneidet, um keine unerfüllbaren Ansprüche auf angemessenen Einsatz aufzubauen (Quelle: Herr Barsch, Arbeitsgruppe Organisationsentwicklung NRW).

14 Eine andere Möglichkeit wäre hier ein wissenssoziologischer Zugang: Welche Arten von „Gender Wissen" sind in der Polizei vorhanden? Wie legitimieren sie sich, in welchen Kontexten werden welche Arten von Wissen relevant? Wären einige der spannenden Fragen, die hier nicht ausgeführt werden können.

15 Alltagstheorien finden wir ferner über die Polizei (z.B. „dein Freund und Helfer"), die noch dazu von der Polizei als Organisation aktiv mitgestaltet werden.

16 Es handelt sich dann um ein/n Polizeimeister/in oder Polizeikommissar/in z.A. (zur Anstellung, also in der Vorbereitung auf die Verbeamtung).

17 Diese Information erhielten wir weder in unseren Interviews mit Polizeibediensteten, noch mit Vorgesetzten, noch mit VertreterInnen des Innenministeriums. Sie wurde uns vielmehr bei unserem Workshop zur Rückkopplung und kommunikativen Validierung der Forschungsergebnisse an der Fachhochschule Villingen-Schwenningen/Hochschule für Polizei mitgeteilt.

18 Wobei früh darauf hingewiesen wurde, dass die Verrechtlichung durchaus ambivalent zu beurteilen ist, vgl. BMJFFG 1991.

19 Diese Strategie hat vordergründig Ähnlichkeiten mit dem, was die systemtheoretische Hinwendung zu Geschlechterfragen die „Attribution an die Person" nennt (Weinbach/Stichwch 2001)

20 Die Übernahme dieser Sichtweise als Grundlage der Erklärung, wieso es trotz fast vollständiger Inklusion und Institutionalisierung von Geschlechterdifferenz zu Segregation, asymmetrischer Geschlechterkultur und diskursiver Enteignung kommt, würde bedeuten, die „Evidenzregeln der Handelnden" (Cicourel 1970, 81) zur Grundlage der eigenen theoretischen Bemühungen zu machen.

21 Vor einem anderen theoretischen Hintergrund, dem von Pierre Bourdieu, könnten wir hier auch eine Art „symbolische Gewalt" am Werke sehen.

22 Damit zeigt sich eine gewisse Ähnlichkeit zur These der „exkludierenden Inklusion" von (Wetterer 2002),wobei diese sich auf die Inklusion von Frauen in männerdominierte Professionen (und auch Organisationen) bezog, während es hier um die „exkludierende Inklusion" neuer geschlechterrelevanter Strukturelemente geht.

23 Alvesson/Billing (1997)unterscheiden vier Hauptargumente, die laut Forschungsliteratur homosoziale Organisationen dazu bringen können, sich für Frauen zu öffnen, u.a. Gerechtigkeitspostulate, brachliegende Ressourcen, erwarteter spezieller Beitrag von Frauen etc.. Darum geht es uns hier nicht, sondern um die retrospektive Rekonstruktion des objektivierbaren Sinns.

24 Hierfür ist die Selbstorganisation von Schwulen und Lesben sowie die Institutionalisierung von Beauftragten für gleichgeschlechtliche Lebensweisen in der Polizei ein Zeichen; diese kam im Zuge der Öffnung für Frauen zustande.

25 Diesen können wir hier nicht ausführlich behandeln, sondern greifen einen Aspekt heraus.

Literatur

Alvesson, Mats/Billing, Yvonne Due (1997): Understanding Gender and Organizations. London/ Thousand Oaks/New Delhi

Behr, Rafael (2000): Cop Culture - Der Alltag des Gewaltmonopols: Männlichkeit, Handlungsmuster und Kultur in der Polizei. Opladen.

Benschop, Yvonne/Halselma, Lilian/Schreurs, Petra (2001): The Division of Labour and Inequalities between the Sexes: An Ideological Dilemma. In: Gender, Work and Organization 1, 8-18.

BMJFFG (Bundesministerium für Jugend, Familie, Frauen und Gesundheit) (1991) (Hg.): Sexuelle Belästigung am Arbeitsplatz. Stuttgart/Berlin/Köln/Mainz.

Brown, Jennifer/Heidensohn, Frances (2000): Gender and Policing. Comparative Perspectives. Houndsmills.

Cicourel, Aaron V. (1970): Methode und Messung in der Soziologie. Frankfurt a. M.

Fairchild, Erika S. (1988): German Police Ideals and Reality in the Post-War Years, Springfield (Illinois).

Fleming, J./Lafferty, G. (2001): Police unions, industrial strategies and political influence. In: International Journal of Employment Studies 2, 131-140.

Franzke, Bettina (1997): Was Polizisten über Polizistinnen denken: Ein Beitrag zur geschlechtsspezifischen Polizeiforschung, Bielefeld.

Gildemeister, Regine/Maiwald, Kai-Olaf/Seyfarth-Konau, Elisabeth (2003): Geschlechterdifferenzierungen im Berufsfeld Familienrecht. In: Zeitschrift für Soziologie 32, 5, 396-417.

Holdaway, Simon/Parker, Sharon W. (1998): Policing Women Police. Uniform Patrol, Promotion and Representation in the CID. In: British Journal of Criminology 1, 40-60.

Hunt, Jennifer (1984): The Development of Rapport through the Negotiation of Gender in Field Work among Police. In: Human Organization 4, 283-296.

Kanter, Rosabeth Moss (1977): Men and Women of the Corporation, New York.

Kennedy, Daniel B./Homant, Robert, J. (1981): Nontraditional Role Assumption and the Personality of the Policewoman. In: Journal of Police Science and Administration 3, 346-355.

Lehr, Ursula (1971): Die Berufsproblematik der Frau bei der WKP - sozialpsychologische Aspekte. In: Polizei-Institut Hiltrup (Hrsg.): Die WKP in einer modernen Kriminalpolizei, Münster, 39-69.

Lewis-Horne, Nancy (2001): Connecting the gender division of labour in policing to the construction of femininity by women engaged in police work. Ottawa.

Maier, Heike (1998): „Taktlos, unweiblich und preussisch". Henriette Arendt, die erste Polizeiassistentin Stuttgarts (1903-1908) - eine Mikrostudie, Stuttgart.

Martin, Susan Ehrlich (1999): Police Force or Police Service? Gender and Emotional Labor. In: The Annals of the American Academy of Political and Social Science 561, 111-126.

-/Jurik, Nancy C. (1996): Doing Justice, Doing Gender. Women in Law and Criminal Justice Occupations. Thousand Oaks und London.

McElhinny, Bonnie (1994): An Economy of Affect: Objectivity, Masculinity and the Gendering of Police Work. In: Cornwall, Andrea; Lindisfarne, Nancy (Hg.): Dislocating Masculinity: Comparative Ethnographics, London und New York, 159-171.

Meyer, John. W./Rowan, Brian (1992): Institutionalized Organizations. Formal Structure as Myth and Ceremony. In: dies. (Hg.): Organizational Environments. Ritual and Rationality. Newbury Park/London/New Delhi, 21-44.

Ministerium für Inneres und Justiz des Landes NRW (1998): Sexuelle Belästigung am Arbeitsplatz. Eine Untersuchung bei der Polizei in Nordrhein-Westfalen. Düsseldorf.

Müller, Ursula (1998): Asymmetrische Geschlechterkultur in Organisationen - mit Beispielen in Betrieben und der Universität. In: Zeitschrift für Personalforschung 2, 123-142.

-/Müller-Franke, Waltraud/Pfeil, Patricia/Wilz, Sylvia (2002): Polizei und Gender - Genese, Stand und Perspektiven des DFG-Forschungsprojekts „Geschlechterkonstruktionen im Organisationswandel am Beispiel der Polizei". In: Polizei-Führungsakademie (Hrsg.): Frauen in der Polizei, Münster, 42-72.

-/-/-/- (2004): Alles eine Frage der Zeit? Zur Situation von Frauen und Männern in der Polizei. Villingen-Schwenningen.

- (2004): Gestaltbarkeit und Grenzziehungen. Körper und Körperlichkeit im polizeilichen Diskurs. In: IFF-Info, 21, 28, 23-35

-/Müller-Franke, Waltraud/Pfeil, Patricia/Wilz, Sylvia M.: „Integration unter Vorbehalt. Geschlechterkonstruktionen im Organisationswandel am Beispiel Polizei. [Erscheint voraussichtlich: Herbst 2006]

Müller-Franke, Waltraud (2005): Familienarbeit und Berufstätigkeit in der Polizei. In: Kümmel, Gerhard (Hg.): Diener zweier Herren. Soldaten zwischen Bundeswehr und Familie. Frankfurt/M., 33-52.

Murck, Manfred/Werdes, Bärbel (1996): Veränderungen in der Personalstruktur der Polizei. Altersaufbau, Frauenanteil, ethnische Minderheiten. In: Handbuch für Führungskräfte der Polizei. Essen, 1255-1302

Nicholson, Linda (1994): Was heißt „Gender"? In: IFS Institut für Sozialforschung Frankfurt (Hg.), Geschlechterverhältnisse und Politik, Frankfurt a.M., 188-220.

Nienhaus, Ursula (1992): Einsatz für die „Sittlichkeit": Die Anfänge der weiblichen Polizei im Wilhelminischen Kaiserreich und in der Weimarer Republik. In: Lüdtke, Alf (Hg.): „Sicherheit" und Wohlfahrt. Polizei, Gesellschaft und Herrschaft im 19. und 20. Jahrhundert. Frankfurt a.M., 243 -268.

Pfeil, Patricia (2005): Geschlecht und Polizei. Eine empirische Untersuchung. Dissertation Bielefeld 2006

Rustemeyer, Ruth/Tank, Christina (2000): Akzeptanz von Frauen im Polizeiberuf. In: Polizei & Wissenschaft 3, 3-14.

Weinbach, Christine/Stichweh, Rudolf (2001): Die Geschlechterdifferenz in der funktional differenzierten Gesellschaft. In: Heintz, Bettina (Hg.): Geschlechtersoziologie. Opladen, 30-52.

Westmarland, Louise (2001): Gender and policing. Sex, power and police culture, Cullompton.

Wetterer, Angelika (2002): Arbeitsteilung und Geschlechterkonstruktion. „Gender at work" in theoretischer und historischer Perspektive. Konstanz.

Wieking, Friederike (1958): Die Weibliche Kriminalpolizei. Lübeck.

Wilz, Sylvia M. (2004): „Relevanz, Kontext und Kontingenz: zur neuen Unübersichtlichkeit in der ‚gendered organization'". In: Pasero, Ursula, Birger Priddat (Hg.): Organisationen & Netzwerke: Der Fall Gender. Wiesbaden, 227-258

- (2005a): „'Nicht genügend kann davor gewarnt werden ...' - Männer und Frauen bei der Polizei: Fakten und Diskurse." In: Ahrens, Jens-Rainer/Apelt, Maja/Bender, Christiane (Hg.): Frauen im Militär. Empirische Befunde und Perspektiven zur Integration von Frauen in die Streitkräfte. Wiesbaden, 156-172

- (2005b): „Wissen, Kompetenz und Geschlechterdifferenz: aktuelle Befunde aus Polizei und Versicherungswirtschaft." In: Funder, Maria et al. (Hg.): Jenseits der Geschlechterdifferenz. Geschlechterverhältnisse in der Informations- und Wissensgesellschaft. Wiesbaden, 199-218

Wimbauer, Christine (1999): Organisation, Geschlecht, Karriere. Fallstudien in einem Forschungsinstitut, Opladen.

Würz, Jochen (1993): Frauen im Vollzugsdienst der Schutzpolizei. Frankfurt a.M.

Kai-Olaf Maiwald/Regine Gildemeister

Die Gleichzeitigkeit von Gleichheitsnorm und Geschlechterdifferenzierungen im Berufsfeld Familienrecht: Zur Bedeutung lebenspraktischer Entscheidungen

1. Einleitung

„Wir sind uns sicher schnell einig, ob Männlein oder Weiblein auf der Richterbank, wenn es 'ne Persönlichkeit ist, die mit sachlicher und fachlicher Kompetenz und Persönlichkeit die Dinge im Griff hat, dann is es meine ich gleichgültig, wer vorne sitzt." So äußerte sich ein Familienrechtsanwalt im Rahmen einer Gruppendiskussion, die mit Kolleginnen und Kollegen von ihm geführt wurde.[1] Er brachte damit eine Erwartungshaltung zum Ausdruck, die kennzeichnend für modernes Berufshandeln ist[2]: Das Berufshandeln ist grundsätzlich durch erworbene Fachkompetenz geprägt, nicht durch zugeschriebene personale Qualitäten, wie etwa solche, die mit der Geschlechtszugehörigkeit verbunden werden. Es setzt sich mit rein „sachlogisch" bestimmten Anforderungen auseinander, d.h. mit Anforderungen, die von den jeweils zu bearbeitenden Problemen und den je innerberuflich geltenden Standards ihrer Bearbeitung konstituiert sind. Dementsprechend sind sachlich relevante Differenzen im Handeln der Juristen, die auf Geschlechterdifferenzen zurückzuführen seien, nicht erwartbar. Dieser Haltung entsprechend führt auch die Geschlechtszugehörigkeit der Mandanten nicht zu Ungleichheiten im „Ergebnis" des Berufshandelns. So eine Kollegin des Sprechers: „Wenn man als Anwalt tätig ist, muss mer in der Lage sein, Fraueninteressen und Männerinteressen wahrzunehmen."

Es bleibt jedoch nicht bei dieser Einschätzung. Sie wird in der gleichen Diskussion konterkariert durch Ansichten, nach denen das Geschlecht durchaus eine Rolle spielt. So sagt der Anwalt, von dem das Zitat stammt, an anderer Stelle „Frau sieht anders als Mann, des is für mich ein Ausgangspunkt." Auch wenn nicht alle Teilnehmer die Differenzen wie der Sprecher auf Wahrnehmungen im Kontext der heterosexuellen Paarbeziehung zurückführen („des hab ich in meiner, an meiner Frau gemerkt, die sieht des selbe Problem völlig anders"), so sind sich alle doch weitgehend einig, dass es Geschlechterdifferenzen im anwaltlichen und richterlichen Handeln im Familienrecht gibt. Es sind in den Handlungen der professionellen Akteure unterschiedliche Perspektiven erwartbar, und es gibt der Einschätzung nach auch - zumindest teilweise - im Ergebnis des Verfahrens Unterschiede, die an die Geschlechterdifferenz der Mandanten anknüpfen.

In den Alltagstheorien von Professionsangehörigen, wie sie hier skizziert wurden, ist eine Widersprüchlichkeit thematisch, die die soziologische Geschlechterforschung derzeit zentral beschäftigt. Wir wollen im Folgenden am Beispiel des Berufsfeldes Familienrecht einen material-theoretischen Beitrag zur Klärung des Problems der Gleichzeitigkeit von Gleichheitsnorm und Geschlechterdifferenzierung[3] leisten. Dazu wird zunächst (2.) die Fragestellung im Hinblick auf die Gleichzeitigkeit von universalistischer Orientierung und Persistenz des Geschlechterpartikularismus in modernen, insbesondere professionellen Berufsfeldern präzisiert und eine erste „Suchhypothese" formuliert. Anschließend (3.) wird im Durchgang durch einige Befunde eines Projekts zu Geschlechterdifferenzierungen im Berufsfeld Familienrecht dieser Zusammenhang exemplarisch beleuchtet. Schließlich wird (4.) in einer theoretischen Zuspitzung der Befunde eine Hypothese zur Persistenz von Geschlechterdifferenzierungen in Berufsfeldern entwickelt.

2. Die Gleichzeitigkeit von Gleichheit und Differenzierung, von Universalismus und Partikularismus

Wie schon die einleitenden Zitate zeigen, „passen" Geschlechterdifferenzierungen nicht zu beruflichem Handeln in der Moderne. Im Anschluss an Talcott Parsons' „pattern variables" kann man den Grund dafür in einer für die Moderne typischen Erwartungsstruktur sehen: berufliches Handeln operiert universalistisch, funktional spezifisch, leistungsbezogen und affektiv neutral (Parsons, 1951; auch Schimank, 1996, 86f.).[4] Es gilt die Erwartung, dass Berufshandeln ohne Ansehen der Person rein sachlichen Kriterien folgt, d.h. die Person soll hinsichtlich askriptiv ihr zugerechneter Merkmale keine Rolle spielen. Diese Erwartungshaltung ist nicht Ausdruck einer von Außen an das Handeln herangetragenen Werthaltung, sondern als integraler Bestandteil des Berufshandelns institutionalisiert. Man kann die Institutionalisierung des Universalismus[5] als Kennzeichen funktionaler Differenzierung verstehen. Dieser Zusammenhang lässt sich etwa daran ablesen, dass ein universalistisch ausgerichtetes Berufshandeln nicht etwa als Ausdruck einer je persönlichen, dem Gleichheitsgedanken verpflichteten Gesinnung angesehen wird, sondern als ein wie selbstverständlicher Teil der fachlichen Kompetenz. Vielmehr sind es die *Abweichungen* davon, die als ein auf persönliche Idiosynkrasien zurückgehendes unsachliches oder unprofessionelles Verhalten kritisiert werden. Der Universalismus ist damit keine Werthaltung, die die Akteure individuell zu vertreten haben, sondern Teil der geltenden Situationsdefinition.

In die Theorie funktionaler Differenzierung ist der mit den „pattern variables" markierte Zusammenhang im Hinblick auf die universalistische Inklusion von Leistungs- und Publikumsrollen in Funktionssysteme eingegangen (Stichweh, 1988, 262). Diese stellt gewissermaßen die Kehrseite der Konzentration auf systemspezifische Sachlogiken dar. Bezogen auf das jeweilige Funktionsproblem erscheinen die je konkreten individuellen und zugeschriebenen Attribute der Personen historisch zunehmend als irrelevant. Oder: „Charakteristisch für eine funktional differenzierte Gesellschaft ist, dass differentielle Inklusion nur nach funktionseigenen Gesichtspunkten zulässig ist." (Weinbach/Stichweh, 2001, 34) Der Idee funktionaler Differenzierung nach basieren die Ungleichheitsstrukturen, die in Berufsfeldern[6] und ihren Organisationen entstehen, dementsprechend auf rein sachlogischen Leistungskriterien. Andere Ungleichheiten, die an die askriptiven Kriterien der Geschlechterdifferenz (oder etwa sozialer Herkunft) anknüpfen, sind als „Restbestände" vormoderner Differenzierungsformen anzusehen.[7]

Die Professionen[8] teilen den Universalismus modernen Berufshandelns. Mehr noch: Er ist nicht nur „Nebenprodukt" einer historisch zunehmenden Konzentration auf Sachlogiken, sondern genuiner Bestandteil der Handlungsanforderungen.[9] An dieser Stelle sei nur auf zwei Aspekte hingewiesen: Da ist zunächst die Bedeutung der Anbindung an die Wissenschaft, die über die akademische Ausbildung vermittelt ist. Der damit verbundene Rekurs auf allgemeine Geltung beanspruchende Wissensbestände oder auf generalisierte Normen ist die Voraussetzung für eine Wissensanwendung ohne Ansehen der Person. Er ermöglicht erst eine distanzierte Perspektive auf eine problematisch gewordene Lebenspraxis. Die in der Wissenschaft geltende universalistische Logik des besseren Arguments prägt auch in der Binnenbeziehung der Professionsangehörigen eine entsprechende, quer zu innerprofessionellen Hierarchien stehende Kollegialität. Eine besondere Bedeutung des Universalismus - und vor allem auch: seine besondere *Präsenz* in der Handlungsorientierung - ergibt sich jedoch aus zwei miteinander verbundenen Gründen. Zum einen ist das professionelle Handeln im Unterschied zum „normalen" Berufshandeln nicht eindeutig auf Universalismus bzw. den gesamten Variablenkomplex festgeschrieben. Für die Professionellen/Klienten - Interaktion ist vielmehr eine Spannung zu den jeweils konträren Polen des Partikularismus, der Affektivität, der Zuschreibung, der Diffusivität konstitutiv (Wernet, 2003, 105ff.). Diese Spannung muss gewissermaßen unter Federführung des Universalismus (der affektiven Neutralität, der Leistungsbezogenheit, der funktionalen Spezifizität) laufend bearbeitet werden ohne sie jedoch in diese Richtung eindeutig aufzulösen.[10] Zum anderen ergibt sich eine besondere Bedeutung des Universalismus professionellen Handelns über seine Kollektivitätsorientierung. An dieser Stelle soll nur auf die „Außenseite" dieser Orientierung[11] hingewiesen werden, d.h. das Verhältnis von Profession und Gesellschaft. In diesem Zusammenhang wird die universalistische Orientierung in professionsethischen Stellungnahmen explizit gemacht; sie erhält so den öffentlich verpflichtenden Charakter, der insbesondere für das juristische und ärztliche Handeln kennzeichnend ist.

Der strukturellen Verankerung des Universalismus im professionellen Handeln soll an dieser Stelle nicht weiter theoretisch nachgegangen werden. Vielmehr soll dieser Zusammenhang kurz am Beispiel der Rechtsprechung - und damit im Hinblick auf das im Folgenden interessierende Berufsfeld - empirisch beleuchtet werden. Die besondere Bedeutung des Universalismus kommt hier darin zum Ausdruck, dass die

Recht*sprechung* schon auf eine solche Orientierung verpflichtet war, lange bevor die Idee der Gleichheit zum grundlegenden Prinzip der Recht*setzung* avancierte und individuelle Rechtsansprüche von sozialen Statuszuschreibungen abgekoppelt wurden. Historische Richtereide sind geeignet, dies zu verdeutlichen.[12] Kodifizierte Richtereide finden sich schon für das Spätmittelalter und sind in der Folge wie selbstverständlicher Bestandteil der Gesetzbücher der deutschen Territorialstaaten und freien Städte der frühen Neuzeit. Im Vergleich zu den modernen, abstrakt und knapp gehaltenen Richtereiden[13] sind die alten Eide umfangreicher und detaillierter. Man muss berücksichtigen, dass zu dieser Zeit generell für den Antritt öffentlicher Ämter ein Eid vorgesehen war, der dann jeweils inhaltlich auf die spezifischen Anforderungen des Amtes ausgerichtet war. Aufgrund dieser Bezugnahme auf die Handlungsanforderungen stellen sie beredte Zeugnisse der je geltenden Konzeption richterlichen Handelns dar. Die angesprochene Außendimension der Kollektivitätsorientierung ergibt sich schon von der Pragmatik der Eidesleistung her: Stellt der Eid doch eine öffentliche Selbstverpflichtung gegenüber dem Landesherrn und darüber hinaus gegenüber der politischen Gemeinschaft/Rechtsgemeinschaft dar.

Im typischen Richtereid der frühen Neuzeit folgte auf die für alle Diensteide kennzeichnenden Elemente des Untertaneneides und einer Verpflichtung auf fleißige Berufsausübung sowie einer Formel zur Bindung an die Gesetze ein Passus, der in besonderer Weise auf die Rechtsprechung Bezug nahm. Mit ihm wurden die Richter, wie etwa in der Constitutio Criminalis Carolina von 1532, verpflichtet „... recht ergehen lassen, richten vnnd vrtheylen, dem armen als dem reichen...“. Umfassender noch formulierte es beispielsweise die Gerichtsordnung des Fürstentums Ober- und Niederbayern von 1520, die den Richter sprechen ließ, dass er „...dem hohen vnd Nydern/ Gasst vnd Lanndtmann/Armen vnd Reychen/yedem nach seiner pessten verstenntnuss/ gleich richten wöll/...“. In solchen Formulierungen kommt eine umfassende universalistische Orientierung der Rechtsprechung „ohne Ansehen der Person“ zum Ausdruck, die zwar noch nicht abstrakt gefasst werden konnte, aber - und darum noch deutlicher, greifbarer - die als relevant erachteten Dimensionen sozialer Ungleichheit aufzählend in Stabreimform benannte: Stand, Vermögen, Zugehörigkeit/Nichtzugehörigkeit zur politischen Gemeinschaft (bzw. Bekanntheit/Fremdheit[14]). Dieser Universalismus ist auffällig für eine ständisch gegliederte Gesellschaft, in der die gesetzlichen Grundlagen des richterlichen Handelns noch längst nicht nach dem Leitprinzip der Gleichheit entworfen waren. Die „Gleichheit vor dem Richter“ ging der „Gleichheit vor dem Gesetz“ voraus.

Verdeutlicht dieser kurze Ausflug in die Rechtsgeschichte, dass das richterliche Handeln also gleichsam von Anfang an auf eine universalistische Orientierung festgeschrieben war, so folgt daraus natürlich nicht, dass Partikularismen im Recht faktisch keine Rolle spielten. Natürlich gab es auf der Ebene des Gesetzes ständisch abgestufte Rechte und natürlich gab es geschlechtsbezogene Ungleichheiten. Auch in dieser Hinsicht kann man die historischen Richtereide als Datum heranziehen: Obwohl so umfassend auf Ungleichheitsdimensionen Bezug genommen wurde, fehlte doch die Dimension Geschlecht. Uns ist kein Richtereid bekannt, in dem etwa davon die Rede wäre, „Männern wie Frauen" gleiches Recht zu sprechen. Es gibt grundsätzlich zwei Erklärungsoptionen für dieses Fehlen: Entweder wurde die Geschlechterdifferenz nicht benannt, weil sie nicht als eine Ungleichheiten begründende Dimension angesehen wurde oder diese Dimension galt als so selbstverständlich, dass sie auch im Kontext der Rechtsprechung nicht benannt werden konnte. Die erste Option ist auszuschließen. Die Geschlechterdifferenz wird vielmehr als so grundlegend verstanden worden sein, dass sie auch als „Gegenstand" der universalistischen Orientierung der Rechtsprechung noch nicht in den Blick kam.[15] Dass dies auch für die Binnenorientierung der Profession gilt, ist bekannt: Frauen war in Deutschland bis zum Beginn des 20. Jahrhunderts der Kollegenstatus verwehrt. Ab 1900 waren sie zum Jurastudium zugelassen, aber erst 1920 wurde der Zugang von Frauen zu allen juristischen Berufen gesetzlich ermöglicht. Auch die Rechtsprechung war offenbar dem bürgerlichen Männlichkeitsmodell unterworfen, in dem die Trennung von Arbeit und Person - und damit die Verfolgung einer universalistischen Orientierung - als ausschließliche Domäne der Männer galt.[16] Während des Nationalsozialismus wurden die universalistischen Zugangskriterien dann stufenweise aufgehoben; ab 1936 konnten Juristinnen nicht mehr Richterin werden oder als Anwältin zugelassen werden. Nachdem nach Kriegsende die vorherige rechtliche Situation wieder hergestellt war, stieg der Frauenanteil in den Rechtsberufen zuerst zögerlich, dann im Gefolge der Bildungsexpansion stärker an. Diese Entwicklung war von einem normativen Wandel begleitet, der nun die stärkere Partizipation von Frauen als „Normalität" erscheinen lässt. So äußerte sich ein Anwalt im Rahmen der einleitend angesprochenen Gruppendiskussion: „Ich mein des is einfach 'ne gesellschaftliche Selbstverständlichkeit. Es is doch einfach 'n Witz warum mer vor zwanzig Jahren noch drei oder vier Prozent Frauenanteil unter Anwälten gehabt hat..."

Die Bedeutung des Universalismus im modernen Berufshandeln sowie die fortschreitende Durchsetzung des Gleichheitsgedankens auf der Ebene gesellschaftlicher Normalitätserwartungen sprechen zwar - ganz im Sinne der „Deinstitutionalisierungsthese" (Heintz/Nadai, 1998) - dafür, dass Partikularismen wie Geschlechterdifferenzierungen immer weniger einen institutionellen Rückhalt beanspruchen können. Das heißt jedoch nicht, dass sie auch empirisch aus dem Berufshandeln verschwunden sind. Nicht zuletzt das DFG-Schwerpunktprogramm „Profession - Organisation - Geschlecht" hat eine Fülle von empirischen Evidenzen für die Persistenz von Geschlechterdifferenzierungen vorgelegt. Vor dem Hintergrund der vorstehenden Überlegungen wird diese Persistenz jedoch auf eine Weise erklärungsbedürftig, die spezifische Ansprüche an die theoretische und methodische Konzeptionierung von Such- und Erklärungshypothesen stellt. In diesem Zusammenhang ist eine Auseinandersetzung mit der Analyse von

Christine Weinbach und Rudolf Stichweh (Weinbach/Stichweh, 2001) instruktiv. Die Autoren postulieren darin ein „Entropie-Gesetz" der Geschlechterdifferenzierung: Die universalistische Ausrichtung der Funktionssysteme führe zu einem fortschreitenden Rückgang der mit ihr verbundenen Ungleichheitsstrukturen. Darin ist ihnen im Sinne der Formulierung einer Entwicklungstendenz zwar zuzustimmen. Man muss jedoch gleichzeitig festhalten, dass es sich dabei nicht um einen Automatismus handelte. Auch wenn der Partikularismus geschlechtsbezogener Ungleichheitsstrukturen nicht zum beruflichen Handeln und beruflichen Organisationen „passt", stellte er offenkundig lange Zeit kein „Problem" für sie dar, selbst für professionelle Berufsfelder nicht. Gerade mit Blick auf die Rechtsprechung spricht einiges dafür, dass bei der Analyse des Praktisch-Werdens des Universalismus die historische Durchsetzung des Gleichheitsgedankens als eigenständige Größe, als politische und zivilrechtliche Forderung, die an Berufsfelder herangetragen wurde, berücksichtigt werden muss.[17] Die „Frauenemanzipation" wurde zu einem Gradmesser demokratischer Verhältnisse, wobei dieser Prozess gerade auf Seiten der Frauenbewegungen (Gerhard, 1995) nie widerspruchsfrei war, sondern in einem grundsätzlichen Sinn paradox (Scott, 1996): „Gleichheit" soll hergestellt werden bei „Anerkennung der Differenz".[18]

Die normative Institutionalisierung des Gleichheitsgedankens ist ein ausgesprochen neues Phänomen, und die flächendeckende praktische Realisierung in Berufsfeldern ist bekanntlich noch nicht abgeschlossen. Gleichwohl ist sie gegenwärtig so weit fortgeschritten, dass die Persistenz von Geschlechterdifferenzierungen als erklärungsbedürftiges Phänomen erscheint - denn angesichts der Gleichheitsnorm können berufliche und organisationelle Entscheidungen nicht mehr durch Annahmen über die Verschiedenheit der Geschlechter bestimmt und begründet werden. Wie kann es also zu Geschlechterdifferenzierungen kommen, wenn sie a) nicht zum Universalismus beruflichen Handelns passen und b) ein expliziter Rekurs auf Differenzannahmen normativ nicht mehr zur Verfügung steht? Weinbach und Stichweh haben diesbezüglich einen instruktiven Vorschlag gemacht. Er lässt sich - in einer etwas anderen Terminologie - wie folgt formulieren: Von der Sachlogik beruflichen Handelns, d.h. von seiner (universalistischen, leistungsbezogenen, funktional spezifischen und affektiv neutralen) Konzentration auf rein sachliche Handlungsanforderungen her gesehen muss die Persistenz von Geschlechterdifferenzierungen auf so etwas wie eine „Infizierung" zurückgehen, d.h. Funktionssysteme „infizieren" sich mit sachfremden, von außen kommenden Differenzannahmen. Weiterhin wird angenommen, dass dies mit der Kategorie der „Person" zu tun hat, die für Systeme in verschiedener Hinsicht eine relevante „Systemumwelt" darstellt, und an die entsprechende Differenzannahmen anknüpfen können. Über „Personen" werden „Geschlechterdifferenzen, die in einem System relevant sind, in andere Systeme transferiert" (Weinbach/Stichweh, 2001, 35). Entsprechend finden die Autoren im Durchgang durch die verschiedenen theoretisch ausgewiesenen Systembildungsebenen (Gesellschaft, Organisation, Interaktion und

Bewusstsein) verschiedene „personale" Momente, über die Geschlechterdifferenzen wirksam werden. Das Fazit ist jedoch, dass alle diese „Infizierungen" im Grunde nicht (mehr) als besonders relevant angesehen werden und der Prognose nach sukzessive weiter an Bedeutung verlieren werden. Eine Ausnahme bildet dabei das Familiensystem, das in diesem Zusammenhang als eines von zwei für die Gesellschaft „repräsentativen" (sic) Funktionssystemen betrachtet wird. Hier konzedieren Weinbach und Stichweh eine Dauerhaftigkeit verbürgende „Robustheit geschlechtstypisierter Verhaltensstile", die sie vor allem auf zwei Faktoren zurückführen: Es sind, erstens, sozialisatorisch erworbene geschlechtstypische Verhaltensmuster, die zunächst durch die „später im Lebenslauf gelernte Semantik der Partnerschaft in zweigeschlechtlichen Beziehungen überlagert", jedoch im Anschluss an eine Familiengründung „abgerufen" werden, wobei, zweitens, insbesondere Schwangerschaft, Geburt und Kinderbetreuung eine Differenzen betonende Rolle zugeschrieben wird (Weinbach/Stichweh, 2001, 40).[19]

Die Pointe der Analyse von Weinbach und Stichweh besteht vor allem in der klaren Herausarbeitung des Erklärungsproblems. In ihrer Zuspitzung der Deinstitutionalisierungstheorie erscheint die Persistenz von Geschlechterdifferenzierungen in Berufsfeldern nicht als eine - historisch oder konstitutionstheoretisch begründete - Selbstverständlichkeit, sondern im Gegenteil als erklärungsbedürftig. Unseres Erachtens gehen die Autoren ihrer Fragestellung jedoch nicht konsequent genug nach, da sie letztlich auf Restbestände *expliziter* Geschlechterdifferenzierungen rekurrieren, wie etwa das spezifisch „weibliche Arbeitsvermögen" (Weinbach/Stichweh, 2001, 42). Sicherlich gibt es derartige „Überbleibsel" einer traditionalen Orientierung noch, aber Teil der Ausgangsannahme war ja, dass sie vor dem Hintergrund der Gleichheitsnorm (und nicht zuletzt dank der stärkeren Partizipation von Frauen auch an solchen beruflichen Milieus, die vormals als „Männerdomänen" galten) nicht mehr explizit in Anspruch genommen werden kann. Interessanter im Hinblick auf die Beantwortung der Frage nach der Persistenz geschlechtlicher Kategorisierung werden damit „unauffälligere" Strukturierungselemente, die ohne diese Explizitheit auskommen, die jenseits der Ebene bewusster Deutungen operieren, und denen deshalb eine besondere Beharrungskraft zukommt. Danach muss man suchen. Es ist fraglich, ob derartige latente Geschlechterdifferenzierungen methodisch und theoretisch im Begriffsrahmen der Systemtheorie in den Blick kommen können. Das betrifft auch die Frage einer „genetischen" Erklärung. Zwar erscheint es plausibel, dass die Familie den herausgehobenen gesellschaftlichen Ort der Reproduktion von Geschlechterdifferenzierungen darstellt, von dem aus - wenn man Weinbach und Stichweh so verstehen kann - sie in Berufsfelder „eindringen" können. Damit sind jedoch noch nicht die Mechanismen benannt, mit denen dies vonstatten geht. In diesem Zusammenhang scheint die systemtheoretisch ausgesprochen kompliziert konzeptualisierte Kategorie der „Person" nicht weiter zu führen. Bevor wir uns diesem Erklärungsproblem zuwenden, soll zunächst im folgenden Kapitel dargelegt werden, was man sich unter

Geschlechterdifferenzierungen, die jenseits einer expliziten traditionalen Orientierung operieren, vorstellen kann.

3. Projektbefunde zu diesem Komplex

In dem angesprochenen Familienrechtsprojekt haben wir unterschiedliche Datentypen und methodische Zugänge kombiniert und sind dabei in verschiedener Hinsicht auf Phänomene gestoßen, die der vorstehend skizzierten Suchhypothese entsprechen. Es wurden untersucht:

a) Geschlechterdifferenzierungen auf der Ebene von Verteilungen (berufsfeldbezogene Statistiken)
b) Geschlechterdifferenzierungen, die in der Deutung der wahrgenommenen Segregation von Professionsangehörigen vorgenommen werden (Daten aus Gruppendiskussion und Experteninterviews)
c) Geschlechterdifferenzierungen, die sich über die beruflichen Werdegänge und auf der Ebene der biografischen Bedeutung des Berufs ausmachen lassen (Daten aus berufsbiografischen Interviews) sowie
d) Geschlechterdifferenzierungen, die im beruflichen Handeln erfolgen (Daten aus Falldarstellungen).

Zu den Ergebnissen im Einzelnen: Auf der Ebene der Verteilungen (a) zeigt unsere Datenlage einen differenzierten Befund: Wir finden in der Justiz (dem Richteramt) mit 43,8 % einen nur geringfügig erhöhten Anteil von Frauen im Familienrecht gegenüber dem Gesamtanteil von Frauen in der Richterschaft von 35,8 % (allerdings bei erheblicher Heterogenität im Vergleich der Bundesländer).[20] In der Anwaltschaft beträgt der Anteil der Familienrechtsanwältinnen dagegen über die Hälfte bei einem Frauenanteil von etwa einem Viertel in der Gesamtanwaltschaft. Wir vermuten, dass in der Justiz - also im öffentlichen Dienst - die Gleichstellungsgesetze greifen und die Laufbahnnormen dem nicht entgegenstehen. In der Anwaltschaft dagegen geht man davon aus (b), dass es bei familienrechtlichen Konflikten eine Nachfrage nach weiblichen Anwälten gibt, insbesondere - aber nicht nur - von Seiten der Mandantinnen. Darauf stellen sich die Kanzleien ein. Die Geschlechterdifferenz wird hier nicht als interne Zuschreibung expliziert, sondern als externes „Nachfragemodell". Bei der Rekrutierung von Personal scheint sich die Anwaltschaft vor allem über diesen auf den „Marktbezug" von Anwaltsbüros sich gründenden Effekt von der Justiz zu unterscheiden. Die unternehmerische Perspektive verstärkt sich noch in den sogenannten „Frauenkanzleien": Hier wird argumentiert, dass Familienrechtsmandate wenig arbeitsteilig seien und eine flexible Arbeitszeitgestaltung ermöglichen, dass Mandantinnen Familienpflichten von Frauen tolerieren, Kinderbetreuung „unter Frauen" eher geregelt werden könne. Auch hier kommt es also weniger zu einer Inanspruchnahme traditioneller Zuschreibungen als vielmehr zu praktisch-organisatorischen Begründungen.

Während es bei den Interviews mit Richtern und Richterinnen wenig Anhaltspunkte dafür gibt, dass die berufliche Tätigkeit auf die eigene Geschlechtszugehörigkeit bezogen wird, sieht das bei den Anwälten/Anwältinnen etwas anders aus: Der Nachfrageeffekt reproduziert stereotype Vorstellungen wie Beratung, Empathie, zuhören können, emotionale Ansprechbarkeit etc. als „weibliche Kompetenz". Dabei können aber die einzelnen Professionellen dem sehr distanziert gegenüber stehen und diese Zuschreibungen als unzutreffend ansehen: Das Muster „Eignung von Frauen für das Familienrecht" ist aber in der Anwaltschaft davon weitgehend unabhängig, es hat sich verselbständigt. In der Justiz dagegen ist die Ansicht des „Geschlecht spielt keine Rolle" eher verbreitet.

c) Die Analyse berufsbiografischer Verläufe zeigt, dass die Geschlechtszugehörigkeit an den verschiedenen biografischen Stationen eine jeweils unterschiedliche Bedeutung spielt und keine einfache „unabhängige" Variable darstellt - so wird bei Studienfachwahl und Studienabschluss faktisch nicht auf Geschlechtszugehörigkeit rekurriert, diese wird erst bei Berufseintritt und der Spezialisierung relevant und dies vor allem - fast ausschließlich - in der Anwaltschaft. Bei der Analyse wird auch deutlich, dass es *die* Juristinnen im Familienrecht so nicht gibt, es ist vielmehr von generationstypisch unterschiedlichen Erwartungen und Normen bezüglich der eigenen Berufsorientierung und Berufstätigkeit auszugehen. Dabei ist einerseits eine zunehmende Normalisierung (und Normativierung) einer anspruchsvollen Berufsausbildung und Berufsausübung zu konstatieren, andererseits bleibt die familiale Reproduktion in geschlechterdifferenzierender Weise in der Verantwortung von Frauen und tritt in eine Spannung zu dem Anspruch an eine professionelle Karriere. Für die jüngste Generation der Anfang 30-jährigen konstatierten wir ein „Modell der befristeten Normalität": Es bedarf keiner besonderen Begründung, keiner besonderen Motive, keines besonderen familiären oder biographischen Hintergrundes, Jura als Studienfach zu wählen und nach dem Examen eine Berufstätigkeit und eine Karriere anzustreben. Nach Familiengründung gefragt, werden in den Interviews jedoch Begrenzungen sichtbar, die auf nach wie vor asymmetrische Geschlechterverhältnisse verweisen: Die mit der spezifischen Form der familialen Reproduktion gekoppelten differenten Vorgaben für die Lebensläufe von Männern und Frauen sind nach wie vor eine wichtige Ressource in der Reproduktion normativer, an die Geschlechtszugehörigkeit gebundener Erwartungen auch und gerade auf der Ebene der Biografie. In der biografischen Dimension können wir zwar durchweg eine „Dethematisierung" von Geschlecht feststellen, d.h. in der expliziten Selbstthematisierung wird Geschlecht nicht an dafür zentraler Stelle relevant gemacht. Dennoch kommt der Geschlechterdifferenz über die Zuständigkeit für die familiale Reproduktion in den Formen und Modi biografischer Selbstreferenz eine erhebliche Bedeutung zu. Diese in der biografischen Dimension bestehende Gleichzeitigkeit von „Gleichheit und Differenz" gilt institutionenunabhängig für den Richter- und den Anwaltsberuf.

d) In den Interviews wurden die Interviewten gebeten, Fälle aus ihrer beruflichen Praxis zu schildern. Dabei wurde in der Regel auf die Entwicklung des Falls, die einzelnen Arbeitsschritte und vor allem auch auf den eigenen Abwägensprozess eingegangen, der dazu geführt hat, so und nicht anders zu handeln bzw. so und nicht anders zu entscheiden. Ein wichtiges Ergebnis der Analyse dieser Fallerzählungen ist zunächst, dass mit sehr wenigen Ausnahmen die Professionellen den Universalismus richterlichen und anwaltlichen Handelns herausstellen: Die Partikularität von Geschlechtszugehörigkeit spiele keine Rolle, Frauen und Männer kommen in vollem Umfang, geschlechtsindifferent zu ihrem Recht, so wie das Gesetz es vorsieht. Im Rückbezug auf den Rechtsuniversalismus sehen sich die Professionellen davor gefeit, Stereotypen und Vorurteilen zu erliegen. Das bedeutet, dass aus den Analysen der Erzählungen trotz eines für Differenzen hochsensiblen und aufwendigen Verfahrens keine Indikatoren für geschlechterdifferente Zugänge zur Berufspraxis finden ließen. Und dennoch ist die Kategorie Geschlecht in der beruflichen Praxis des Familienrechts nicht bedeutungslos. Auf der Ebene der Fallbearbeitung hat man es in dieser spezifischen beruflichen Praxis ja mit empirisch geschlechterdifferenten und -differenzierten Verhältnissen (eben der Familie) zu tun; was sich daher sehr wohl findet, sind sich in der Fallbearbeitung realisierende Differenzierungen nach Geschlecht, die sich nicht ohne weiteres mit dem Universalismuspostulat in Einklang bringen lassen. Vielmehr kann in der Analyse der Fallerzählungen, in denen die Professionellen die Entscheidungssituation und den Entscheidungsprozess rekonstruieren und selbst evaluativ reflektieren, aufgewiesen werden, dass und wie der Anspruch einer geschlechtsunabhängigen Prüfung der Lebensumstände auf der expliziten Ebene konterkariert wird durch dualistische, geschlechterdifferenzierende und bezüglich der Geschlechtszugehörigkeit auch hoch sensibilisierte Denk- und Wahrnehmungsmuster. Über die Sequenzanalysen der Fallschilderung wurden vier Mustervarianten rekonstruiert, die wir hier nur schlagwortartig aufrufen[21]:

- das „Mutterprimat“: Die Bindung von Mutter und Kind hat a priori ein größeres Gewicht, ohne dass dies argumentativ hergeleitet werden müsste;
- das „Frauenemanzipationsmuster“: Paarbeziehungen sind in zentraler Hinsicht ein Ort des Machtkampfes, in dem Frauen tendenziell die Rolle eines Opfers innehaben. Scheidung dient der Autonomisierung von Frauen, die entstandenen Nachteile müssen ausgeglichen werden;
- Das „Männerschutzmuster“: Im Geschlechterkampf sind Männer in Familienrechtsprozessen (insbesondere in Unterhaltsfragen) in der Defensive, ihnen müssen Perspektiven für eine offene und eine aussichtsreiche Zukunft angeboten werden;
- Das „Väterempathiemuster“: Das Leiden der Väter unter der Trennung von den Kindern wird in der gerichtlichen Auseinandersetzung um Geld nicht genügend berücksichtigt.

Statt geschlechter*differenter* Berufspraxis geriet damit eine geschlechter*differenzierende* professionelle Perspektive in den Blick. Und diese ist nicht geschlechtsexklusiv, d.h. wir fanden sie bei Juristinnen wie Juristen. Anders als inhaltlich benennbare Differenzkonzeptionen, die dann auch kritisierbar sind, treten solche geschlechterdifferenzierenden Denk- und Wahrnehmungsmuster nicht offen zu Tage. Die Mustervarianten beziehen sich erkennbar auf in das Rechtssystem eingelassene Regulierungen der Geschlechterverhältnisse: Sie finden sich vor allem im Kontext von Unterhalts- und Sorgerechtsfragen. Ihre Bedeutsamkeit liegt darin, dass diese Muster eine je spezifische Perspektive in Bezug auf konkrete Fälle und Fallkonstellationen nahelegen. Die bewussten/reflektierenden Ansichten der von uns interviewten Professionsangehörigen lagen teilweise konträr zu den Mustern, so dass es den Interviewten selbst nicht klar war, dass ihr berufliches Handeln in ihrer Fallerzählung unterschwellig von eben solchen Ansichten geprägt war. Diese Muster sind einer gezielten und bewussten Reflektion offenbar nicht ohne weiteres zugänglich.[22] Auf das Problem der „Latenz" werden wir im Folgenden noch zu sprechen kommen.

4. Schluss: Sachlogik versus lebenspraktische Entscheidungen

Die vorstehend skizzierten Projektbefunde verdeutlichen, was mit der Rede von der „Gleichzeitigkeit von Universalismus und Geschlechterpartikularismus" gemeint ist. Auf der einen Seite finden sich verschiedene Indikatoren für die Wirksamkeit der Gleichheitsnorm hinsichtlich der Berufstätigkeit von Frauen und Männern sowie der universalistischen professionellen Sachlogik: der deutlich steigende Frauenanteil, sei er nun Ausdruck von Gleichstellungsbemühungen oder einer sich durchsetzenden kollegialen Anerkennung der Frauen; die Angleichung der beruflichen Lebensentwürfe und -verläufe bis zu einem gewissen Punkt; das weitgehende Fehlen expliziter geschlechtsdifferenzierender Zuschreibungen; die Unterstellung der geschlechtsindifferenten Wirksamkeit fachlicher Kompetenz und (soweit auf der Basis unserer Daten rekonstruierbar) die tatsächliche universalistisch gerichtete Praxis. Gleichwohl lassen sich auf den unterschiedlichen Ebenen sozialer Realität auch geschlechtsbezogene Ungleichheitsstrukturen feststellen: Segregationseffekte, insbesondere in der Anwaltschaft; berufsbiografische Differenzen; latente Geschlechterdifferenzierungen im Berufshandeln.

Lässt man nun die verschiedenen Aspekte Revue passieren, in denen Ungleichheit erzeugende Geschlechterdifferenzierungen zum Ausdruck kommen, so zeigt sich eine Gemeinsamkeit, die im Hinblick auf einen theoretischen Zugang zur Erklärung des Persistenzproblems instruktiv ist: „Negativ" bestimmt geht es in allen Fällen um solche Phänomene, in denen die juristische Sachlogik (und die Gleichheitsnorm) nicht primär bedeutsam wird. So kann man etwa sehen, dass bei der familienrechtlichen Spezialisierung im Anwaltsberuf weniger die juristische Fachkompetenz eine Rolle spielt, sondern vor allem wirtschaftliche Überlegungen hinsichtlich der Überlebensbedingungen von Kanzleien. Diese „andere Seite" der freiberuflichen Tätigkeit kommt in Gestalt der Wahrnehmung einer Nachfrage nach Anwältinnen auf der Mandantenseite zum tragen. Auch ist die Gestaltung der jeweiligen praktisch-organisatorischen Arrangements der Berufstätigkeit (in was für einer Kanzlei arbeite ich, in welchem Fachgebiet, in welchem Umfang etc.) keine Frage, die sich auf Basis der Kompetenz für die rechtliche Konfliktbearbeitung beantworten ließe, sondern erfordert ein Tun und eine mindestens implizite Entscheidung im Horizont der je eigenen Lebenssituation und Lebensplanung. Ähnlich im Hinblick auf die Berufsbiografie. Die geltende Gleichheitsnorm eröffnet Frauen die Möglichkeit einer Berufsausbildung und -ausübung und mutet sie ihnen zugleich zu. Die Gleichheitsnorm regelt jedoch nicht den konkreten Umgang mit dieser Anforderung, weder auf der individuellen Ebene noch auf derjenigen organisational-interaktiver Prozesse der Personalrekrutierung. Individuell stellen sich Fragen wie: „Welches Fachgebiet wähle ich?", „Welche Funktion und Position soll ich bekleiden?", „Wie verhalte ich mich zur Frage des beruflichen Aufstiegs?" oder „Welche Person sollen wir für welche Funktion einstellen?" Derartige Fragen machen faktisch Entscheidungen erforderlich, in denen die juristische Sachlogik zwar über die Frage, ob man in der Selbst- und Fremdwahrnehmung von seinem fachlichen Können her dafür geeignet scheint oder nicht, eine Rolle spielt. Aber auch im Fall einer positiven Beantwortung sind im Hinblick auf die tatsächliche Realisierung von Optionen eben noch andere als sachliche Kriterien von Bedeutung. Und diese Kriterien lassen sich heutzutage eben nicht mehr eindimensional als solche einer Selbst- oder Fremd-Diskriminierung begreifen.

Dass derartige Anforderungen zwar zum Berufsleben gehören, aber nichts mit der konkreten beruflichen Sachlogik zu tun haben, mag offenkundig sein. Dass sie gleichwohl gerade deshalb, weil dies so ist, relevant für die Persistenz von Geschlechterdifferenzierungen in Berufsfeldern sein können, weniger. In der Systemtheorie kommt dieser Zusammenhang aufgrund ihrer Fokussierung der Autonomie von Funktionssystemen und der kehrseitigen Vernachlässigung der Kategorie des „Berufs", die Gesellschaft, Individuum und Funktion übergreift, nicht in den Blick. Wenn Berufsfelder auch im Kern durch eine universalistische Sachlogik gekennzeichnet sind - oder in der systemtheoretischen Terminologie: auch wenn im Kern von Funktionssystemen universalistisch operierende Leistungsrollen stehen -, so geht das praktische Handeln darin nicht auf. Ein Teil dieser Anforderungen betrifft die Karriere bzw. die Berufsbiografie. Hier müssen „lebenspraktische" Entscheidungen getroffen werden.[23] Gemeint sind damit generell Entscheidungen im eigentlichen Wortsinn: Es geht weder um eine Wahl zwischen Handlungsoptionen nach abstrakten Rationalitätskriterien noch um eine bloße Applikation von Fachwissen, das einem die Wahl zwischen den Optionen per se abnimmt, sondern es geht um eine zukunftsoffene Situation, in der grundsätzlich alle gegebenen Alternativen möglich sind. Ihre Füllung, d.h. die Entscheidung für oder gegen eine Option ist dabei für die Akteure existenziell (materiell wie biografisch) bedeutsam, sie muss unter Zeitdruck und gewissermaßen mit den eigenen „Bordmitteln" getroffen werden. Für ihre „Richtigkeit" und „Stimmigkeit", die sich auch an der je eigenen Lebensgeschichte und dem je eigenen Lebensentwurf bemessen, steht man grundsätzlich selbst ein. Das heißt nun nicht, dass die Akteure ihre Handlungen auch immer als Entscheidungen erleben, dass ihnen die Entscheidungssituation oder gar die Gründe ihrer Entscheidung bewusst sind. Im Gegenteil werden die meisten Entscheidungen „wie selbstverständlich" getroffen, indem Gelegenheitsoptionen genutzt werden. Bewusst werden sie vor allem dort, wo die Entscheidungssituation als solche gesellschaftlich institutionalisiert ist (wie im Fall der Berufswahl) oder wo sie situativ als besonders krisenhaft erfahren wird.

Die These ist nun, dass über solche lebenspraktischen Entscheidungen Geschlechterdifferenzierungen in Berufsfelder eindringen. Und zwar nicht allein indem durch sie Makro-Struktureffekte (Segregation) erzeugt oder indirekt Vorstellungen von Geschlechterdifferenzen in der beruflichen Praxis befördert werden, wie sich im Fall der Anwaltschaft im Familienrecht andeutet. Sondern sie können der Möglichkeit nach auch das berufliche Handeln selbst „infizieren". Man muss berücksichtigen, dass man dafür im Unterschied zu Karriereentscheidungen im weitesten Sinne eine besondere Argumentation braucht: Es geht um die Erklärung von „blinden Flecken" in der Sachlogik beruflichen Handelns, die eine lebenspraktische Entscheidung nahelegen. Das betrifft auch die von uns rekonstruierten latenten Geschlechterdifferenzierungen im familienrechtlichen Berufshandeln, die als exemplarisch für derartige „Infizierungen" gelten können. Denn die von uns gefundenen Muster sind eigentlich erklärungsbedürftig. Die Annahme war ja, dass die beruflichen Sachlogiken universalistisch operieren. Und in der Tat sind die Muster nicht ubiquitär. Sie kennzeichnen zwar die Herangehensweise der Juristinnen und Juristen, jedoch nicht „in toto". Man muss vielmehr auf der Basis unserer Daten sagen, dass sie prinzipiell - in spezifisch professioneller Weise - universalistisch, d.h. ohne Ansehen der Person bzw. ihr zugeschriebener Eigenschaften vorgehen. Es wurde schon angesprochen, dass sich die Muster vor allem im Kontext von Fragen des Unterhalts- und Sorgerechts finden ließen. Eine Erklärung kann nun an die Besonderheit dieser Rechtsgebiete anknüpfen. Denn insbesondere das Sorgerecht ist von der juristischen Sachlogik gewissermaßen unterbestimmt. Sorgerechtskonflikte sind nur begrenzt gesetzlichen Tatbeständen subsumierbar. Ihre Entscheidung gründet sich letztlich auf einer lebenspraktischen Einschätzung der je fallspezifischen Lebensverhältnisse. Darüber *können* sich dann tiefsitzende geschlechterdifferenzierende Annahmen praktisch auswirken.[24] Vielleicht kann man sagen, dass das Familienrecht generell, als ein Rechtsgebiet, das in der Nachkriegszeit häufigen und tiefgreifenden Änderungen unterworfen war, eine besondere Affinität für das Praktisch-Werden derartiger tiefsitzender Annahmen aufweist, denn es scheint in besonderer Weise Ausdruck und Katalysator sozialen Wandels zu sein; es reagiert auf im Fluss befindliche gesellschaftliche Deutungsmuster von Partner- und Familienbeziehungen und prägt sie in der Folge mit. Generalisiert formuliert: Dort, wo in die beruflichen Anforderungen selbst lebenspraktische Entscheidungen eingelagert sind, können „gender status beliefs" in das berufliche Handeln eindringen.

Diese Konzeption erfüllt die Kriterien der herausgearbeiteten Suchhypothese: Es handelt sich um Geschlechterdifferenzierungen, die keine Überbleibsel expliziter Differenzannahmen darstellen, sondern ob ihrer Latenz unauffällig wirksam sind. *Dass* sie latent sind, wurde vor allem im Fall der geschlechterdifferenzierenden Muster beruflichen Handelns deutlich, die teilweise den expliziten Orientierungen regelrecht widersprachen. Die Akteure hatten auch in reflexiver Einstellung keinen Zugang zur Selektivität ihrer Entscheidungen. Aber *warum* sind sie latent, obwohl es sich nicht nur um implizite, sondern zum Teil auch um ausdrückliche, d.h. von den Akteuren bewusst realisierte Entscheidungssituationen handelt? Eine Vermutung könnte dahin gehen: Man rechnet sich die Entscheidungen situativ selbst als einzigartig zu und subsumiert sich dabei *nicht* unter allgemeine Muster. Als Beispiel dafür kann eine Rechtsanwältin gelten, die „wegen zweier Kinder" in eine kleine Kanzlei wechselt, jetzt schwerpunktmäßig Familienrecht macht, die Arbeitszeit reduziert, aber all diese Entscheidungen nicht mit der Geschlechtszugehörigkeit in einen Zusammenhang bringt. Auf den Einwand, dass dies doch vielleicht „spezifisch weiblich sein könnte" antwortet sie: „ja nee, ich hätt es nich sein müssen, ich hätt genausogut weitermachen können mit entsprechend einer Vorstellung". (Gildemeister/Maiwald/Scheid/Seyfarth-Konau, 2003, 69). Denkbar wäre auch, dass die geltende Gleichheitsnorm und das Deutungsmuster des „modernen Individualismus" - man *ist* heutzutage einfach vorurteilsfrei und reflektiert - eine reflexive Durchdringung der Selektivität der eigenen Entscheidungen eher erschwert (vgl. dazu auch Wetterer, 2003).

Vor dem Hintergrund der hier vorgetragenen Überlegungen lässt sich das „oder" der Themenstellung des vorliegenden Sammelbandes in ein differenziertes „und" überführen: Am Beispiel des Berufsfeldes Familienrecht kann man zeigen, wie geschlechtliche Differenzierungen gleichzeitig erodieren *und* sich reproduzieren. Gewissermaßen unterhalb des zunehmenden Praktisch-Werdens der Gleichheitsnorm gibt es weiterhin Geschlechterdifferenzierungen, die einen Unterschied machen, die soziale Ungleichheiten erzeugen. Die Betonung der Relevanz lebenspraktischer Entscheidungen für diese Persistenz heißt nun nicht, den Individuen die Verantwortung für die Reproduktion damit verbundener Ungleichheitsstrukturen zuzuweisen. Damit ist vielmehr eine Strukturstelle für die angesprochene „Infizierung" benannt. Man darf in diesem Zusammenhang auch nicht den Fehler der Individualisierungstheorie begehen und annehmen, dass lebenspraktische Entscheidungen vollständig in „Eigenkreation" getroffen werden und damit auch von ihrem Ergebnis her einzigartig sind. Man muss vielmehr zum einen berücksichtigen, dass Lebenspraxis sich *nicht* im luftleeren Raum vollzieht und lebenspraktische Entscheidungen auch nicht in „Einsamkeit und Freiheit" getroffen werden. Das betrifft nicht allein die institutionellen Rahmenbedingungen, die berufsbiografische und berufliche Entscheidungssituationen erst ausweisen, sondern auch diejenigen außerberuflichen institutionellen Arrangements, die als gesellschaftliche Vorgaben für die Füllung der Entscheidungsstellen verstanden werden können. Diese Vorgaben werden auch ohne die expliziten Differenzannahmen wirksam, die den Hintergrund ihrer Entstehung abgaben. Zu nennen sind hier etwa die Öffnungszeiten von Kindergärten und Schulen, Arbeitszeitmodelle, das Grundmodell des kontinuierlich Vollzeiterwerbstätigen bis hin zu Arztterminen, Lehrersprechstunden und anderen Regelungen. Zum anderen muss man berücksichtigen, dass die Akteure in ihrer Entscheidungsfindung auf „Ressourcen" zurückgreifen, die - und hier schließen wir uns der Vermutung von Weinbach und Stichweh hinsichtlich der besonderen Bedeutung der Familie an - in ihrem eigenen Bildungsprozess verankert sind: in die Identität eingeschriebene Geschlechterdifferenzierungen, tiefsitzende habituelle Dispositionen (wie dies etwa Jean-Claude Kaufmann (1994) bezüglich der häuslichen Arbeitsteilung gezeigt hat). Über beides - institutionelle Rahmenbedingungen und individuelle Ressourcen - schließen lebenspraktische Entscheidungen an gesellschaftliche Strukturbildungen an. Auch wenn man davon ausgeht, dass durch berufliche Sachlogik und gesellschaftliche Gleichheitsnorm explizite traditionelle Annahmen zurückgedrängt werden, wird man also weiterhin mit einem „Restbestand" von Geschlechterdifferenzierungen rechnen müssen. Über die „Infizierungsstelle" lebenspraktischer Entscheidungen, die im Berufsleben und im beruflichen Handeln relevant werden, werden sich gesellschaftliche Strukturbildungen halten und reproduzieren können.

Anmerkungen

1 Die Daten stammen aus dem von der DFG geförderten Projekt „Geschlechtsbezogene Arbeitsteilung und deren Implikationen für professionelle Definitionen des Arbeitsgegenstandes „Familie" am Beispiel von Familienrecht und Mediation", das von den Autoren sowie Claudia Scheid und Elisabeth Seyfarth-Konau 1998-2001 durchgeführt wurde (Gildemeister/Maiwald/Scheid/Seyfarth-Konau, 2003). Auf Befunde dieses Projektes wird vor allem im Kapitel 3 Bezug genommen.

2 Dass es sich um eine allgemein geteilte Erwartungshaltung handelt, zeigt sich auch im Zitat in dem „wir sind uns sicher schnell einig". Der Anwalt geht davon aus, dass er auf eine Selbstverständlichkeit rekurriert.

3 Angesprochen sind damit immer solche Differenzierungen, die im Sinne sozialer Ungleichheit einen Unterschied machen, indem sie den Akteuren geschlechtsbezogen Positionen in Berufspraxis, Karriere und Rechtsverfahren zuweisen, mit denen unterschiedliche Chancen verbunden sind.

4 Wir gehen davon aus, dass dies, trotz verschiedentlich zu beobachtender Entdifferenzierungstendenzen, grundsätzlich auch für die „zweite Moderne" gilt.

5 Im vorliegenden Zusammenhang steht der Aspekt sozialer Ungleichheit und damit das Thema Universalismus resp. Partikularismus der Handlungsorientierung im Vordergrund. Dabei muss man die anderen Variablen-„Ausprägungen“ Leistungsbezogenheit, funktionale Spezifizität und affektive Neutralität mitdenken. Sie bilden zusammen einen Komplex, der kennzeichnend für das moderne Berufssystem ist.

6 Wir sprechen dort von „Funktionssystemen, wo wir auf die allgemeinste theoretische Ebene der untersuchten Differenzierungsprozesse zu sprechen kommen. Den Begriff „Berufsfelder“ verwenden wir dann, wenn wir auf die empirische Analyse beruflichen Handelns verweisen. Er ist offener, d.h. er kann auf abgegrenzte Bereiche - wie das Familienrecht, den Städtebau, die EDV, die Schule etc. - verweisen, ohne dass sich gleich das Sonderproblem der Zuordnung zu einem bestimmten Funktionssystem stellt. Schließlich lassen sich manche Berufsfelder nicht bruchlos *einem* Funktionssystem zurechnen. So kann man etwa mit guten Gründen behaupten, dass das Familienrecht nicht allein dem Rechtssystem angehört, sondern über gewisse Kontrollanforderungen auch dem politischen System sowie über gewisse quasi-therapeutische Anforderungen dem Bereich der Therapie (vgl. Maiwald, 2004, 106f.).

7 Diese Annahme der Theorie funktionaler Differenzierung hat Rudolf Stichweh jüngst in einem Vortrag (auf dem Soziologiekongress in München 2004) prononciert vertreten. Zwar konzediert er „Effektkumulationen“, die bei der empirisch ungleichen Verteilung von beruflichem Prestige entsprechend dem „Matthäus-Prinzip“ (wer hat, dem wird gegeben) eine Rolle spielen - Grund dafür seien knappe Ressourcen bei der Beobachtung und Netzwerkeffekte. Aber auch diese Ungleichheiten würden letztlich an sachlogisch begründete Leistungsdifferenzen anknüpfen.

8 Bekanntermaßen wird der Professionsbegriff höchst unterschiedlich verwendet (vgl. für eine Übersicht z.B. Pfadenhauer, 2003; Maiwald, 2004). Wir orientieren uns an Theorieentwürfen, die - das ist vor allem für die Professionssoziologie im deutschsprachigen Raum kennzeichnend - strukturelle Aspekte des professionellen *Handelns* in den Vordergrund rücken (z.B. Oevermann, 1996, 1999; Schütze, 2000, 1992; Stichweh, 1994). Es ist hier nicht notwendig, diese Konzeptionen über die nachfolgend im Anschluss an Parsons formulierten Kennzeichnungen hinaus im Detail zu erläutern, weil mit der Fokussierung des Begriffspaares Universalismus/Partikularismus im Zusammenhang von Geschlechterdifferenzierungen die Professionen gewissermaßen in das moderne Berufshandeln „eingereiht“ werden. Die besonderen Eigenschaften des professionellen Handelns spielen hier nur im Hinblick auf die besondere Bedeutung des Universalismus eine Rolle.

9 Zur besonderen Bedeutung des Universalismus im professionellen Handeln Talcott Parsons, 1951, 454ff.; 1954, 41f.; 1979, 408ff.

10 Die für das professionelle Handeln konstitutive Bedeutung unauflöslicher Widersprüche oder Spannungsmomente hat insbesondere die deutschsprachige Professionssoziologie der letzten Jahre herausgestellt. Im vorliegenden Zusammenhang stehen jedoch nicht diese Spannungen, sondern die „Federführung“ des Universalismus im Vordergrund (vgl. Fn 7).

11 Zur Binnendimension der Kollektivitätsorientierung vgl. Parsons 1979.

12 Die folgenden Überlegungen basieren auf professionalisierungstheoretischen Studien zu Richtereiden, in deren Zusammenhang ca. 40 historische Eide gesammelt wurden (Maiwald, 1995).

13 So der in § 38 (1) des Deutschen Richtergesetzes von 1972 festgelegte Richtereid: „Ich schwöre, das Richteramt getreu dem Grundgesetz für die Bundesrepublik Deutschland und getreu dem Gesetz auszuüben, nach bestem Wissen und Gewissen ohne Ansehen der Person zu urteilen und nur der Wahrheit und Gerechtigkeit zu dienen, so wahr mir Gott helfe."

14 Im Zwickauer Rechtsbuch von 1348 heißt es „vrunde und vremde", die Überlinger Eidesformel von 1560 spricht von „dem burger als dem gast". Der Eid des Rechtswahrers im norwegischen Gefolgschaftsrecht („Hirdstorà") von ca. 1273 fügt der Dimension arm/reich noch jung/alt und Freund/Feind hinzu.

15 Als Beispiel für diese Selbstverständlichkeit kann der aus den Bauernkriegen überlieferte Satz „Als Adam grub und Eva spann, wo war da der Edelmann" gelten: Ständische Ungleichheiten konnten mit Verweis auf eine biblisch-historisch begründete Ausgangsituation kritisiert werden, nicht jedoch geschlechtsbezogene Ungleichheiten, weil sie in diese Ausgangssituation selbst als selbstverständlich eingelagert waren. Im bürgerlichen Zeitalter konnte die Legitimation geschlechtsbezogener Ungleichheiten die aufklärerischen Begründungen von Gleichheit dann unterlaufen, indem sie selbst als „Natur" gefasst wurden (Hausen, 1978).

16 Die „Trennung von Amt und Person" kann vor dem Hintergrund der geschlechterdifferenzierenden Arbeitsteilung selbst als ein zentraler Bestandteil der Konstruktion des „Männlichen" angesehen werden. Mit der Abtrennung der berufsförmig organisierten Erwerbsarbeit von dem Bereich privaten Haushaltens ist die Vorstellung verbunden, dass in der Erwerbsarbeit der organisationsspezifische Zweckbezug dominant wird und die Person - bildlich gesprochen - hinter die Berufsrolle tritt. Diese Kompetenz zur Differenzierung von „Arbeit und Person" gilt in der Folge als „typisch männlich". Im Kontrast dazu wird in der privaten Haus- und Familienarbeit Person und Arbeit tendenziell identifiziert, die Tätigkeit von Frauen mithin nicht als kompetenzbasierte Arbeit verstanden, sondern als das, „was Frauen sind", als Ausdruck ihrer „Natur" (ausführlich: Gildemeister/Robert, 1999).

17 Weinbach und Stichweh dazu eher lakonisch: „Die Semantik der modernen Gesellschaft kreist um Begriffe wie Freiheit und Gleichheit..." (Weinbach/Stichweh, 2001, 34).

18 „This paradox - the need both to accept *and* refuse 'sexual difference' - was the constitutive condition of feminism as a political movement throughout its history" (Scott, 1996, 3f).

19 Dass mit diesen Differenzen - auch auf der Ebene der Familie selbst - soziale Ungleichheiten (asymmetrische Verteilungen der Arbeitslast und ungleich verteilte Chancen der Partizipation am Beruf) verbunden sind, ist in dieser Analyse allerdings kein Thema.

20 Man kann gegen diese Einschätzung mit einem gewissen Recht einwenden, dass eine Abweichung von 8 % gegenüber dem Durchschnittswert durchaus erheblich sei. Allerdings haben wir uns dem Familienrecht mit der der Literatur entnommenen Vorannahme zugewendet, es handele sich um ein zunehmend „feminisiertes" Berufsfeld (Hassels/Hommerich, 1993; Böge, 1994, 1995; Costas, 1992, 1995; Wetterer, 1993, 1999). Vor *diesem* Hintergrund war ein deutlich höherer Frauenanteil erwartbar.

21 Vgl. Gildemeister/Maiwald/Scheid/Seyfarth-Konau 2003, S. 151ff.

22 Ein Grund dafür dürfte darin liegen, dass sich die gefundenen Varianten an die empirischen Verhältnisse anlehnen. So korrespondiert das Frauenemanzipationsmuster dem Männerschutzmuster, das Mutterprimatsmuster dem Väterempathiemuster. Ein „Männeremanzipationsmuster" ist vor dem Hintergrund der entsprechenden Regulierungen und Institutionalisierungen nicht ohne weiteres vorstellbar, genauso wenig wie ein Muster, in

dem impliziert ist, dass Frauen in vergleichbarer Weise in Unterhaltsprozessen mit dem Rücken zur Wand stehen. Auch ein Väterprimatsmuster lässt sich nicht ohne weiteres denken, es wäre so auffällig, dass es die Latenz des Musters bedrohen würde. Und eine Fokussierung auf das Leiden der Mütter bei einer Trennung von den Kindern steht ebenfalls in Spannung zu den empirischen Verhältnissen, in denen es eher die Ausnahme ist, dass Kinder bei den Vätern verbleiben. Die gefundenen Mustervarianten können demgegenüber durch ihre Anbindung an die empirischen Gegebenheiten ihre Implizitheit, ihre „Latenz" bewahren: Sie erscheinen als „normal".

23 Wir beziehen uns hier auf das Lebenspraxis-Konzept, wie es von Oevermann im Anschluss v.a. an Mead entwickelt wurde (Oevermann, 1991, 297ff.).

24 Das ist zu betonen: Es ist nicht zwingend; es ließen sich auch Fälle geschlechtsindifferenten Entscheidens solcher Konflikte finden. In diesen Fällen sind Geschlechterdifferenzen - als Bestandteil der Lebenswelt - im professionellen Handeln *Thema*, werden aber gewissermaßen nicht *agiert* (Gildemeister/Maiwald/Scheid/Seyfarth-Konau, 2003, 174ff.).

Literatur

Böge, Sybille (1994): Ungleiche Chancen, gleiches Recht zu vertreten. In: Stein, Ruth/Wetterer, Angelika (Hg.): Studierende und studierte Frauen. Ein ost-west-deutscher Vergleich. Wissenschaft ist Frauensache. Kassel, 77-114.

- (1995): Geschlecht, Prestige und 'horizontale' Segmentierung in der juristischen Profession. In: Wetterer, Angelika (Hg.): Die soziale Konstruktion von Geschlecht in Professionalisierungsprozessen. Frankfurt a. M., 139-154.

Costas, Ilse (1992): Das Verhältnis von Profession, Professionalisierung und Geschlecht. Die juristische Profession im deutsch-französischen Vergleich. In: Wetterer, Angelika (Hg.): Profession und Geschlecht. Über die Marginalität von Frauen in hochqualifizierten Berufen. Frankfurt a. M., 51-82.

- (1995): Gesellschaftliche Umbrüche und das Verhältnis von Profession und Geschlecht. In: Wetterer, Angelika (Hg.): Die soziale Konstruktion von Geschlecht in Professionalisierungsprozessen. Frankfurt a. M., 121-138.

Gerhard, U. (1995): Die „langen Wellen" der Frauenbewegung - Traditionslinien und unerledigte Anliegen. In: Becker-Schmidt, Regina/Knapp Gudrun-Axeli (Hg.): Das Geschlechterverhältnis als Gegenstand der Sozialwissenschaften. Frankfurt a. M., 247-79.

Gildemeister, Regine/Maiwald, Kai-Olaf/Scheid, Claudia/Seyfarth-Konau, Elisabeth (2003): Geschlechterdifferenzierungen im Horizont der Gleichheit. Exemplarische Analysen zu Berufskarrieren und zur beruflichen Praxis im Familienrecht. Wiesbaden

-/Robert, Günther (1999): Vergeschlechtlichung - Entgrenzung - Revergeschlechtlichung. In: Honegger, Claudia/Hradil, Stefan/Traxler, Franz (Hg.): Grenzenlose Gesellschaft? Verhandlungsband des 29. Kongresses der Deutschen Gesellschaft für Soziologie, des 16. Kongresses der Österreichischen Gesellschaft für Soziologie und des 11. Kongresses der Schweizerischen Gesellschaft für Soziologie. Opladen, 110-126.

Hassels, Angela/Hommerich, Christoph (1993): Frauen in der Justiz: Eine empirische Analyse der Berufssituation, Karriereverläufe und Karrierechancen von Richterinnen, Staatsanwältinnen und Rechtspflegerinnen. Köln

Heintz, Bettina/Nadai, Eva (1998): Geschlecht und Kontext. De-Institutionalisierungsprozesse und geschlechtliche Differenzierung. In: Zeitschrift für Soziologie 27, 2, 75-93.

Kaufmann, Jean-Claude (1994): Schmutzige Wäsche. Zur ehelichen Konstruktion von Alltag. Konstanz

Maiwald, Kai-Olaf (2004): Professionalisierung im modernen Berufssystem. Das Beispiel der Familienmediation. Wiesbaden

- (1995): Historische Richtereide in professionalisierungstheoretischer Perspektive. Tübingen (unveröff. Ms.)

Oevermann, Ulrich (1999): Der professionalisierungstheoretische Ansatz des Teilprojekts "Struktur und Genese professionalisierter Praxis als Ortes der stellvertretenden Krisenbewältigung", seine Stellung im Rahmenthema des Forschungskollegs und sein Verhältnis zur historischen Forschung über die Entstehung der Professionen im 19. und 20. Jahrhundert. Frankfurt a. M. (unveröff. Ms.)

- (1996): Theoretische Skizze einer revidierten Theorie professionalisierten Handelns. In: Combe, Arno/Helsper, Werner (Hg.): Pädagogische Professionalität: Untersuchungen zum Typus pädagogischen Handelns. Frankfurt a. M., 70-182.

- (1991): Genetischer Strukturalismus und das sozialwissenschaftliche Problem der Erklärung der Entstehung des Neuen. In: Müller-Doohm, Stefan (Hg.): Jenseits der Utopie. Frankfurt a. M., 267-336.

Parsons, Talcott (1951): The Social System. Glencoe

- (1954): The Professions and Social Structure. In: ders., Essays in Sociological Theory. Glencoe, 34-49.

- (1979): Einige theoretische Betrachtungen zum Bereich der Medizinsoziologie. In: ders.: Sozialstruktur und Persönlichkeit. Frankfurt a. M., 408-449.

Pfadenhauer, Michaela (2003): Professionalität. Eine wissenssoziologische Rekonstruktion institutionalisierter Kompetenzdarstellungskompetenz. Opladen

Schimank, Uwe (1996): Theorien gesellschaftlicher Differenzierung. Opladen

Schütze, Fritz (2000): Schwierigkeiten bei der Arbeit und Paradoxien des professionellen Handelns. Ein grundlagentheoretischer Aufriß. In: Zeitschrift für qualitative Bildungs-, Beratungs- und Sozialforschung, 1, 49-96.

- (1992): Sozialarbeit als „bescheidene" Profession. In: Dewe, Bernd/Ferchhoff, Wilfried/Radtke, Frank-Olaf (Hg.): Erziehen als Profession: Zur Logik professionellen Handelns in pädagogischen Feldern. Opladen, 132-170.

Scott, Joan W. (1996): Only paradoxes to offer. French feminists and the rights of man. Cambridge, MA

Stichweh, Rudolf (1988): Inklusion in Funktionssysteme der modernen Gesellschaft. In: Mayntz, Renate et al.: Differenzierung und Verselbständigung. Zur Entwicklung gesellschaftlicher Teilsysteme. Frankfurt a. M., 261-293.

- (1994): Wissenschaft, Universität, Professionen: Soziologische Analysen. Frankfurt a. M.

Weinbach, Christine/Stichweh, Rudolf (2001): Die Geschlechterdifferenz in der funktional differenzierten Gesellschaft. In: Heintz, Bettina (Hg.): Geschlechtersoziologie. (41. Sonderheft der Kölner Zeitschrift für Soziologie und Sozialpsychologie) Wiesbaden, 30-52.

Wernet, Andreas (2003): Pädagogische Permissivität. Schulische Sozialisation und pädagogisches Handeln jenseits der Professionalisierungsfrage. Opladen

Wetterer, Angelika (2003): Rhetorische Modernisierung. Das Verschwinden der Ungleichheit aus dem zeitgenössischen Differenzwissen. In: Knapp, Gudrun-Axeli/Wetterer, Angelika (Hg.): Achsen der Differenz. Gesellschaftstheorie und feministische Kritik Bd 2. Münster, 287-319.

- (1999): Ausschließende Einschließung - marginalisierende Integration. Geschlechterkonstruktion in Professionalisierungsprozessen. In: Neusel, Ayla/Wetterer, Angelika (Hg.): Vielfältige Verschiedenheiten. Geschlechterverhältnisse in Studium, Hochschule und Beruf. Frankfurt a. M., 223-253.

- (1993): Professionalisierung und Geschlechterhierarchie: vom kollektiven Frauenausschluss zur Integration mit beschränkten Möglichkeiten. Kassel

Sandra Beaufaÿs/Beate Krais

Wissenschaftliche Leistung, Universalismus und Objektivität

Professionelles Selbstverständnis und die Kategorie Geschlecht im sozialen Feld Wissenschaft

1. Einleitung

Es ist nicht ganz einfach zu erklären, wie es kommt, dass Frauen in den Spitzenpositionen der Wissenschaft bis heute stark unterrepräsentiert sind. Die Feststellung von der Wissenschaft als einer Männerwelt bezieht sich keineswegs nur auf Deutschland, hier ist die Unterrepräsentanz von Frauen allerdings nach wie vor besonders ausgeprägt: Zwar hat sich der Frauenanteil bei den Professuren im Zeitraum von 1980 bis 2005 verdoppelt, liegt mit rund 14 % jedoch immer noch deutlich niedriger als etwa in Frankreich oder in den Vereinigten Staaten (Statistisches Bundesamt 2005). Wie kann das sein, wo doch die Gleichheitsnorm - in Gestalt der Universalismus-Norm als dem Prinzip der Herstellung von wissenschaftlichen Erkenntnissen unter Absehung von persönlichen Merkmalen der wissenschaftlichen Akteure - im Selbstverständnis der Wissenschaftlerinnen und Wissenschaftler fest verankert ist?

Die Erklärung des weitgehenden Ausschlusses von Frauen aus der Wissenschaft durch generell niedrigere wissenschaftliche Leistungen ist, wie eine Reihe von internationalen Studien zeigen, nicht stichhaltig (vgl. dazu die Diskussion bei Heintz u.a. 2004, S. 59 ff.). Auch die sog. „Pool"- und die Schwellen-Hypothese, die häufig zur Erklärung herangezogen werden, überzeugen nicht: Mit der „Pool"-Hypothese ist gemeint, dass bereits in der Eingangsstufe für eine wissenschaftliche Karriere die Zahl der Frauen zu niedrig ist, um überhaupt noch eine an der wissenschaftlichen Leistung orientierte Auswahl zu treffen. Diese Hypothese enthält eine Reihe von Annahmen, die völlig ungeklärt sind, so unterstellt sie z.B., dass der Prozentsatz an leistungsstarken Individuen in jeder Gruppe gleich hoch ist, gleichgültig, wie groß diese Gruppe ist, und sie unterstellt, dass die Selektionsprozesse bei Männern und Frauen gleich verlaufen. Die Schwellenhypothese geht davon aus, dass nach Überschreiten einer bestimmten Eingangsschwelle die Karrieren von Männern und Frauen in gleicher Weise fortschreiten; dies ist empirisch falsch (vgl. Krais 2000 und BLK 2005): Der Frauenanteil in der Wissenschaft wird von Karrierestufe zu Karrierestufe geringer. Es gibt dagegen eine Fülle von Hinweisen in der Literatur, dass Frauen mit besonderen Barrieren und Hindernissen zu kämpfen haben (vgl. Bochow/Joas 1987, Epstein 1991, Goyder 1992, Hochschild 1975, Hausen/Nowotny 1986, Matthies u.a. 2001, Wenneras/Wold 2000, Wimbauer 1999).

Die Untersuchung, die wir im Rahmen des DFG-Schwerpunktprogramms „Professionalisierung, Organisation, Geschlecht“ zum Zusammenhang von Wissenschaftskultur, Geschlecht und Karriere durchgeführt haben, galt diesen Barrieren und Hindernissen. Unsere leitende Frage war, welche Aspekte der wissenschaftlichen Praxis dazu führen, dass Frauen auf dem Weg zur Spitze immer seltener werden; dabei richtete sich der Blick insbesondere auf den wissenschaftlichen Nachwuchs. Im Mittelpunkt der Untersuchung standen jene Prozesse, in denen eine junge Frau oder ein junger Mann vom studierten Menschen zum Wissenschaftler wird, d.h. im wissenschaftlichen Feld als Kollege, als Konkurrent, als gleichwertige(r) „Mitspielerin“ bzw. „Mitspieler“ anerkannt wird.

Im Verlaufe der Untersuchung stießen wir immer wieder auf Probleme, die Anlass gaben, die impliziten Vorannahmen unserer Fragestellung neu zu überdenken. So waren wir gezwungen, uns mit der Frage auseinander zu setzen, was denn nun eine wissenschaftliche Leistung ist und wie sie festgestellt wird, und ebenso schien es uns notwendig, die in der Wissenschaftssoziologie zentrale Vorstellung vom Universalismus als konstitutives Element der Wissenschaft erneut zu diskutieren und insgesamt der Rolle und Funktionsweise der Scientific Community besondere Aufmerksamkeit zu schenken. Vor allem diese Fragen und unsere Überlegungen dazu sollen hier erörtert werden. Zunächst wollen wir jedoch die Studie und ihre wichtigsten Ergebnisse kurz vorstellen (vgl. dazu ausführlich Beaufaÿs 2003, Beaufaÿs/Krais 2005).

2. Wissenschaftskultur, Geschlecht und Karriere: die Untersuchung und ihre Ergebnisse

Zur Methode

Die Untersuchung umfasst vier Fallstudien zu kompletten Arbeitseinheiten (Institute, Arbeitsgruppen, Fakultäten, je nach der im konkreten Fall anzutreffenden Organisation der Arbeitszusammenhänge) an deutschen Universitäten. Ausgewählt wurden die Fächer Biochemie und Geschichtswissenschaft an drei verschiedenen Universitäten. In allen Arbeitseinheiten wurden Interviews mit allen am Arbeitsprozess Beteiligten durchgeführt, vom Hochschullehrer bzw. der Hochschullehrerin bis zur Sekretärin und Bibliothekarin und zum Mitarbeiter im Bereich des technischen Personals. Wissenschaftlerinnen und Wissenschaftler wurden meist mehrfach interviewt.[1] Zur Datenerhebung wurden vorwiegend ethnographische Verfahren eingesetzt, insbesondere Interviews, teilnehmende Beobachtung, Tagesablaufprotokolle der Interviewten für den Zeitraum einer Woche, Fotografien u. ä. Wir haben auch auf Materialien der Hochschulen und Institute zurückgegriffen wie z.B. Organigramme und Jahresberichte und auf veröffentlichte Interviews und Biographien von Wissenschaftlerinnen und Wissenschaftlern. Personalstatistiken der Hochschulen, aber auch Daten der amtlichen Statistik ergänzten das Auswertungsmaterial.

Die illusio des wissenschaftlichen Feldes: Wissenschaft als Lebensform

Die Vorstellung von Wissenschaft als einer Lebensform, die kein anderes Engagement neben sich duldet, ist ein Kernelement des Glaubens, der die wissenschaftliche Arbeit trägt und stabilisiert (vgl. dazu z.B. Mittelstraß 1982, Weber 1919). Dies zeigen die Interviews mit den Professoren und Professorinnen, aber auch die Interviews mit dem wissenschaftlichen Nachwuchs, ebenso wie autobiographische Dokumente, Wissenschaftlerbiographien und ähnliches Material. Alle anderen Bezüge fallen als sekundäre Prinzipien unter den Tisch, gehören nicht in das ganzheitliche Lebensmodell der Wissenschaft - und zwar über alle untersuchten Fächer hinweg.

Für den wissenschaftlichen Nachwuchs geht es darum, einen Habitus als Wissenschaftler auszubilden - und das heißt nichts anderes, als eine Entwicklung zu durchlaufen, in deren Verlauf sichtbar wird, dass die eigene Person durch und durch von der Wissenschaft geprägt ist. Diese Entwicklung ist verbunden mit einer intensiven Arbeit an der eigenen Person, die in den Interviews mit den Doktorandinnen und Doktoranden, Wissenschaftlichen Mitarbeiterinnen und Mitarbeitern, Habilitandinnen und Habilitanden nachdrücklich geschildert wird. Die Interviews dokumentieren den mühsamen Prozess des Selbstverständlich-Werdens, ja der Einkörperung von Arbeitsformen und Zeitstrukturen; sie belegen nachdrücklich, wie die jungen Leute sich einen Habitus an-arbeiten, der sie zum wissenschaftlichen Nachwuchs macht, d.h. aber zu Individuen mit einer wissenschaftlichen Zukunft. Allerdings fällt dieser Prozess der Entstehung eines Wissenschaftler-Habitus dem Vergessen anheim: Mit dem Selbstverständlich-Werden von bestimmten Arbeitsformen und Zeitstrukturen geht die Erinnerung an die mühsame Arbeit an der eigenen Person verloren.

Von herausragender Bedeutung bei der Transformation vom studierten Menschen zum Wissenschaftler ist der Umgang mit der Zeit, der differenziert erfasst worden ist, in ausführlichen Interviews ebenso wie mit Hilfe von Tagesprotokollen. Zum einen befördert die geringe äußere Strukturierung der Zeit in der Wissenschaft den besonderen „internen Druck, möglichst immer mehr zu arbeiten“, wie es in einem Interview formuliert wurde. Zum anderen erkennen die Professoren in erster Linie an der Zeitinvestition, ob bei ihren jungen Leuten eine echte Berufung zum Wissenschaftler vorliegt. Das folgende Zitat aus dem Interview mit einem Professor der Biochemie macht dies deutlich:

> „Denn es ist eindeutig so, dass die Leute, die sich fokussieren auf den Fluchtpunkt Professor (...), für die ist am Sonntag die Erholung zu Hause eben, dass sie 'Nature' lesen oder irgend so was, nicht? Während die Leute, die sagen, ich will hier einen qualifizierten Abschluss, einen qualifizierten Titel haben und gehe dann also als Post-Doc und suche mir einen guten Job aus, ne, die bestehen mehr darauf am Freitagabend: es ist weekend, ne? (...) Das muss man, glaube ich, unterscheiden. Es gibt unterschiedliche Berufsziele“

Dabei ist letztlich nicht entscheidend, wie viele Stunden in der Woche die jungen Wissenschaftlerinnen und Wissenschaftler arbeiten, sondern ob sie in der Lage sind, überzeugend den Eindruck zu vermitteln, dass ihnen Wissenschaft der wichtigste Lebensinhalt ist: Sich am Wochenende oder bis zehn Uhr abends im Labor zu zeigen, sich am Freitagnachmittag oder -abend zu Meetings zu verabreden und nach dem Meeting noch Geselligkeit mit anderen Wissenschaftlern und damit wichtige Netzwerke in der Kneipe zu pflegen, dies alles sind in erster Linie symbolische Praktiken, denen sich zu unterwerfen hat, wer dazu gehören möchte. Ihre Sinnhaftigkeit ergibt sich keineswegs aus rein funktionalen Notwendigkeiten im wissenschaftlichen Arbeitsablauf, etwa aus dem Verlauf eines Experiments. Die von vielen Interviewpartnern geschilderten symbolischen Praktiken lassen erkennen, dass nicht allein die Bearbeitung eines Problems, sondern vor allem die damit einher gehende - durchaus auch körperliche - Unterwerfung unter den Rhythmus der Forschung erst den Wissenschaftler ausmacht. Je nach Fach können diese Praktiken verschiedene Formen annehmen, immer sind sie jedoch Zeit raubend und vor allem distinguierend gegenüber anderen Lebensformen.

Die Zugehörigkeit für Frauen nun ist von vornherein - ganz gleich, ob sie in der Lage und willens sind, diese symbolische Ebene ebenso gut zu bedienen wie ihre Kollegen - in Frage gestellt, da man in ihnen ein anderes Prinzip als das der Wissenschaft als Lebensform verkörpert sieht. Wie ein Schatten liegt über den jungen Wissenschaftlerinnen ihre Gebärfähigkeit und damit die objektive Wahrscheinlichkeit eines ernsthaften Engagements in einer anderen Sache als der der Wissenschaft, eines Engagements, das den Exklusivitätsanspruch von Wissenschaft als Lebensform bedroht. Paradoxerweise ist die Möglichkeit der Mutterschaft für die Anerkennung als Wissenschaftlerin problematischer als die realisierte Mutterschaft: Hat sich eine Wissenschaftlerin tatsächlich um eine Familie zu kümmern, zeigt sich im Arbeitsalltag, wie dies ihre wissenschaftliche Arbeit beeinträchtigt oder auch nicht. Der Mythenbildung um Familienaufgaben und Mutterschaft als Störfaktoren für wissenschaftliche Leistung sind damit Grenzen gesetzt.[2] Und noch ein weiteres Paradox ist hier zu vermerken: Es ist gerade ihr Glaube an das Feld, der Nachwuchswissenschaftlerinnen dazu bringt, das Projekt einer wissenschaftlichen Karriere aufzugeben. Die Vorstellung von Wissenschaft als einer Lebensform, die jedes andere ernsthafte Engagement ausschließt, ist ihnen so selbstverständlich geworden, dass ihnen ein pragmatischer Umgang damit, auch die Wahrnehmung der dieses Prinzip durchbrechenden Elemente in der Realität, unmöglich geworden ist. So führt gerade die erfolgreiche Sozialisation in das wissenschaftliche Feld dazu, dass sich vielen jungen Wissenschaftlerinnen eine Karriere in der Wissenschaft und eine Familie zu haben als vollkommen konträre und unvereinbare Optionen im Lebensentwurf darstellen.

Das Konzept der wissenschaftlichen Leistung und die „Bestenauslese"

Die Professoren, die wir im Verlauf unserer Untersuchung interviewt haben, äußerten übereinstimmend und mit tiefer Überzeugung, dass Individuen, bei denen eine Neigung oder Begabung zum wissenschaftlichen Arbeiten vorausgesetzt wird, durch „beste" wissenschaftliche Leistungen zu Wissenschaftlern werden und Erfolg haben. Diese Vorstellung gehört zu den Grundelementen des Selbstverständnisses von Wissenschaftlern: Die Leistung gilt als objektives Kriterium dafür, ob jemand zur Scientific Community gehört oder nicht. Exemplarisch sei hier die Aussage von Professor C., einem Historiker, angeführt:

„Sie haben immer typischerweise eine Verteilung, eine Normalverteilung in der Figur der gaußschen Kurve. Sie haben einen breiten Mittelteil von ...etwas unscheinbar grauen Mäusen, dann haben Sie einen kleinen Schwanz von exzellenten Leuten, die Rechtsverteilung, und dann haben Sie eben leider Gottes auch einen deutlich größeren linken Schwanz von absoluten Versagern, die total falsch am Platz (sind), (...). So sieht das, so sieht jedes Seminar aus. Und es sind diese Leute der rechtsverteilten gaußschen Kurve, aus denen die Doktoranden und Habilitanden kommen. (...) Und was macht die aus? Das können Sie an einer ganzen Reihe von Indikatoren sehen: Die schreiben einfach die besten Texte, die geben die besten Diskussionsbeiträge in der besten Sprache, die können reden, frei, druckreif, ja? Also da könnte ich Ihnen, das sind die Punkte, schon allein an diesen so genannten Schlüsselqualifikationen (...) merken Sie, das sind sie, ja?"

Die Vorstellung, die Leistungen von Studierenden und dann auch von Angehörigen des wissenschaftlichen Nachwuchses ließen sich in Form einer steilen Normalverteilungs-Kurve beschreiben, gilt den meisten Hochschullehrern und Hochschullehrerinnen als empirische Tatsache, auch wenn die wenigsten dies so deutlich aussprechen. Sie erkennen die „exzellenten Leute" an ganz bestimmten Indikatoren. Diese betreffen einerseits die äußere Form einer Leistung, andererseits sind sie gebunden an ein ganz bestimmtes Instrument, in dem hier zitierten Beispiel das der Sprache. In der Geschichtswissenschaft ist die Sprache nicht nur ein Mittel der Kommunikation, das es erlaubt, anderen Wissenschaftlern von neuen Entdeckungen zu berichten. Es ist ein Werkzeug, das bei fachgerechter Handhabung aus dem bearbeiteten Quellenmaterial erst Bedeutungen hervorbringt, die nur durch saubere argumentative Schritte herausgearbeitet werden können. Die Leistungen selbst hingegen werden nicht näher bezeichnet, werden zumindest nicht an ausgewiesenen Qualitätskriterien festgemacht. Sie sind einfach im Vergleich zu den von anderen erbrachten Leistungen „am besten". Es sind, wie Professor C. sagt, „Schlüsselqualifikationen". Diese bilden eine Art Erkennungszeichen; er drückt das sehr deutlich aus in dem Wort „merken": An den von ihm genannten Ausdrucksformen - hier der Sprache - „merkt" er, „das sind sie". Darin liegt zweierlei: Erstens hat er eine untrügliche intuitive Ahnung, die auf Erfahrung beruht, und zweitens geht es bei dem Erahnten nicht um *Können*, sondern um *Sein*.

Damit soll nicht unterstellt werden, dass Professor C., den wir hier zitiert haben, keine Kriterien hat, anhand derer er die Leistungen der Studierenden misst. Es ist jedoch offenkundig schwierig, diese Kriterien zu objektivieren und zu explizieren, und dies ist ein allgemeines Ergebnis unserer Untersuchung. Unter den Kriterien, die Hochschullehrerinnen und -lehrer in den Interviews angeben, wenn sie sich zu den

Merkmalen viel versprechender junger Wissenschaftlerinnen und Wissenschaftler äußern, finden sich keine expliziten Beschreibungen dazu, was eigentlich eine wissenschaftliche Leistung ausmacht. Während die einen überhaupt nicht von wissenschaftlicher Leistung sprechen, sondern diese stillschweigend voraussetzen, sind andere davon überzeugt, dass es sich bei ihrem eigenen Urteil über Kandidaten grundsätzlich um „Bestenauslese" handele. Dies erweckt den Eindruck, als spielten Hochschullehrer und Mentoren bei diesem Ausleseprozess eine ganz unbedeutende Rolle - die „Besten" offenbaren sich sozusagen ganz von allein. Neben fachlichen Voraussetzungen - wie z.B. einem Dissertations- bzw. Habilitationsthema, mit dem man sich im Fach positioniert - und fachspezifischen Schlüsselkompetenzen wird jedoch ein bestimmtes Persönlichkeitsprofil beschrieben, das sich von Fach zu Fach kaum unterscheidet. Es werden Indikatoren genannt, die für *Leistungsfähigkeit* sprechen, also für ein *Potenzial* an künftig erwartbarer Leistung; sie können nicht als Belege für bereits erbrachte Leistungen gelten.[3] In der Tat ist das Problem der „Bestenauslese" beim wissenschaftlichen Nachwuchs noch etwas komplizierter als sonst, da es in diesem Falle darum geht, Personen zu identifizieren, deren wissenschaftliche Leistungen im wesentlichen in der Zukunft liegen.

Die in den Interviews genannten Indikatoren für Leistungsfähigkeit zeichnen ein Bild vom Wissenschaftler, das völlig geschlechtsindifferent zu sein scheint. Ausdauer, Disziplin, Einsatzbereitschaft und Frustrationstoleranz könnten ebenso gut von einer Wissenschaftlerin verkörpert werden wie von einem Wissenschaftler. Mentoren müssten demnach diese Eigenschaften an ihren Doktorandinnen und Doktoranden gleich häufig entdecken. An den Aussagen einer Reihe von interviewten Professoren lässt sich jedoch nachweisen, dass die genannten Eigenschaften geschlechtsspezifisch unterschiedlich zugeschrieben werden. So können Frauen mit Kindern angeblich keine wirklich kreative Wissenschaft betreiben, weil ihnen dazu die nötige Zeit fehle; Durchhaltevermögen wird als männliche Potenz beschrieben, die bereits bei der Stellensuche sichtbar wird; und was die Leidenschaft und Leidensbereitschaft für den Beruf angeht, wird Frauen diese eher abgesprochen, weil man immer andere Prioritäten in ihrem Leben vermutet. Es stellt sich heraus, dass Frauen gegenüber ein wesentlich größeres Misstrauen darüber besteht, ob sie den Anstrengungen und Widrigkeiten, aber auch den Herausforderungen einer wissenschaftlichen Karriere überhaupt gewachsen seien. Die Zugehörigkeit zum weiblichen Geschlecht funktioniert faktisch als Herabstufungsmodus bei der Wahrnehmung der Leistungsfähigkeit von Nachwuchswissenschaftlerinnen.

Die Rolle der wissenschaftlichen Mentoren

Gerade in Deutschland kommt den Professoren - wir haben sie hier im Hinblick auf ihre Beziehung zum wissenschaftlichen Nachwuchs Mentoren genannt - eine entscheidende Rolle bei der Integration des Nachwuchses in das wissenschaftliche Feld und damit für deren Karriere zu. Zu fragen ist also nach den besonderen Konstellationen und Bedingungen, unter denen ein Hochschullehrer oder eine Hochschullehrerin zu der Einschätzung kommt, jemand sei zu beachtlichen wissenschaftlichen Leistungen fähig, und sie bzw. ihn dann auch in der wissenschaftlichen Karriere unterstützt.

In der Untersuchung sind sehr unterschiedliche Muster der Beziehung zwischen Hochschullehrern und ihrem wissenschaftlichen Nachwuchs zutage getreten. So gibt es ein Muster, in dem die akademische Welt als eine Art asketischer Mönchsorden mit einem dichten, genau zu befolgenden Regelwerk gezeichnet wird; hier sieht der Hochschullehrer seine Aufgabe darin, „seinen" jungen Mann zur Askese anzuhalten, ihn mit dem engmaschigen Netz der Regeln und Vorschriften vertraut zu machen und durch die Orientierung an den großen Persönlichkeiten des Fachs sicher durch die akademische Welt zu geleiten. Ein anderes Muster, das nicht die Zweier-Beziehung Mentor - Schüler betont, sondern den Hochschullehrer als Zentrum einer in sich differenzierten Gruppe von Wissenschaftlern und Wissenschaftlerinnen sieht, ist am Modell der Familie und ihren auf die ganze Person gerichteten Beziehungen und Ansprüchen orientiert, auch was die zeitlichen Belastungen angeht. Hier findet sich oft eine eindrucksvolle Warmherzigkeit im Umgang miteinander, die jedoch kaum eine Distanzierung ermöglicht.

Jenseits aller Unterschiede in diesen Mustern hat sich gezeigt, dass die Basis der Möglichkeit einer positiven Bewertung der wissenschaftlichen Leistungsfähigkeit bei jungen Wissenschaftlerinnen und Wissenschaftlern eine gewisse Gleichgestimmtheit im Selbstverständnis als Wissenschaftler ist (vgl. dazu ausführlich Beaufaÿs 2003, S. 198 ff.). Diese ist weder an den Qualitätsstandards der Scientific Community noch an allgemeinen oder fachspezifischen Vorstellungen davon festzumachen, welche Eigenschaften einen guten Wissenschaftler ausmachen, und es ist auch nicht die schematische Befolgung der häufig genannten Regeln für eine erfolgreiche wissenschaftliche Karriere, die den Akteuren ihren Weg ins wissenschaftliche Feld bahnt. Vielmehr liegt die Grundlage dafür, dass Professoren - dies gilt für Professorinnen in gleicher Weise - Leistungen als solche überhaupt bei bestimmten Personen wahrnehmen können und Leistungsfähigkeit als solche interpretieren, auf einer vorsprachlichen und vorbewussten Ebene: Sie „erkennen" in der Habitus-Matrix des jungen Wissenschaftlers, der jungen Wissenschaftlerin Züge ihres eigenen Wissenschaftler-Habitus. Die leistungsfähigsten Wissenschaftler, „die Besten", werden immer von denen gesehen, die in ihnen Qualitäten erkennen können, die in ihren Augen den „herausragenden Wissenschaftler" oder die „herausragende Wissenschaftlerin" ausmachen.

Die im Habitus verankerten gleichen oder ähnlichen Wahrnehmungs- und Handlungsschemata sorgen dafür, wie Ludwik Fleck (1935) dies formuliert hat, dass eine neutrale „Stimmung" entsteht, in der lediglich „die Sache" zählt. Wird diese „Stimmung" durch bemerkbare und damit nicht mehr neutral erlebte andere „Stimmungen" gestört, so richtet sich der Blick der Akteure nicht mehr auf „die Sache", sondern auf die Störung. Als „Störvariablen" werden solche Eigenschaften wahrgenommen, die sich unterscheiden und daher nicht selbstverständlich sind. Das Merkmal „weiblich" nun fungiert offensichtlich im wissenschaftlichen Feld überwiegend als eine solche „Störvariable" bei der Wahrnehmung von Leistungsfähigkeit: In der Wissenschaftlerin wird die Frau erkannt, und dieses Erkennen schiebt sich vor die Wahrnehmung der Indikatoren, an denen man unter Kollegen gemeinhin Leistungsfähigkeit erkennt.

Schlussfolgerungen und neue Fragen

Indem sie den Blick auf die alltägliche Praxis der Wissenschaft richtete, hat die Untersuchung in einigen Aspekten sichtbar gemacht, wie der Ausschluss von Frauen aus der Wissenschaft von statten geht. Dabei handelt es sich um einen komplexen, vielschichtigen Vorgang, bei dem *gender in the making* und *science in the making* Hand in Hand gehen - wobei, was gerne übersehen wird, das *gender in the making* sich durchaus auch auf Männer bezieht. Insgesamt fügen sich diese Ergebnisse in das zuerst von Etzkowitz u. a. 1992 gezeichnete Bild der Akkumulation einer Vielfalt von wenig spektakulären Hürden und Benachteiligungen ein, die schließlich in eine eklatante Chancen-Ungleichheit von Männern und Frauen münden.

Dass es solche sozialen, nicht durch objektivierbare wissenschaftliche Leistungsdifferenzen vermittelte Ausschlussprozesse gibt, über die sich im wissenschaftlichen Feld eine asymmetrische Geschlechterordnung geltend macht, wird in der Literatur im allgemeinen als hoch problematischer Verstoß nicht nur gegen die Gleichheitsnormen unserer Gesellschaft, sondern auch gegen die Universalismus-Norm und damit gegen eine zentrale Bedingung der Produktivität wissenschaftlicher Arbeit diskutiert. Die Universalismus-Norm ist im Kontext der um 1940 herum begründeten strukturfunktionalistischen Wissenschaftssoziologie formuliert worden, die sich vor allem mit dem Namen von Robert K. Merton verbindet. Merton beschäftigt sich in einem zuerst 1942 erschienenen Aufsatz mit dem Ethos der Wissenschaft. In offener Anspielung auf die im nationalsozialistischen Deutschland zu beobachtenden Eingriffe in die Wissenschaft insistiert er darauf, dass die moderne Wissenschaft spezifischer sozialer Strukturen bedarf, insbesondere der institutionalisierten Autonomie. Diese wiederum wird gestützt durch ein besonderes Ethos, d.h. durch „einen Komplex kultureller Werte und Verhaltensmaßregeln, denen die als wissenschaftlich bezeichneten Aktivitäten genügen müssen" (Merton 1985, S. 87). Zu diesen Verhaltensmaßregeln gehört die Universalismus-Norm[4], die sich auf die Verfahrensregeln bei der Herstellung wissenschaftlicher „Wahrheit" bezieht. Sie besagt, dass die Kriterien, nach denen eine Aussage als „wahr" gelten kann, objektiv sein müssen, und dies bedeutet insbesondere, dass das Urteil unter Absehung von persönlichen Merkmalen des wissenschaftlichen Akteurs zustande kommt: Wahrheitsansprüche müssen „vorab aufgestellten, unpersönlichen Kriterien unterworfen werden (...) Die Annahme oder Zurückweisung von

Behauptungen, die auf dem Turnierplatz der Wissenschaft um ihre Anerkennung ringen, hängt nicht von den individuellen oder sozialen Merkmalen ihrer Verfechter ab (...).Objektivität schließt jeden Partikularismus aus." (Merton 1985, S. 90) Und Merton betont, dass die Universalismus-Norm „im unpersönlichen Charakter von Wissenschaft fest verankert" sei (S. 90).

Auch wenn er konzediert, dass es immer wieder Verstöße gegen diese Norm gibt, auch von den Wissenschaftlern selbst, erhält sie bei Merton doch den Status eines zum Wesen der Wissenschaft gehörenden Prinzips. Auch für die Wissenschaftlerinnen und Wissenschaftler, die wir interviewt haben, ist das Objektivitätsideal und die Idee der universalen Wissenschaftsgemeinschaft konstitutiv für die Wissenschaft überhaupt. Zwar sind nur wenige unter ihnen der Meinung, allein die Leistung führe zum Erfolg und damit zur Professur, doch sind sie sich einig, dass im Grunde alle, die guten Willens sind, auch die gleichen Chancen haben. Um so problematischer, und um so schwieriger zu erklären, erscheint dann die Tatsache, dass Wissenschaft nahezu ausschließlich von Männern betrieben wird. So schreibt Bettina Heintz: „Die Institutionalisierung des Prinzips, Wissen ausschließlich nach sachlichen Gesichtspunkten zu beurteilen und von den persönlichen Merkmalen der Wissensproduzenten zu abstrahieren, führt dazu, dass eine unterschiedliche Behandlung von Männern und Frauen in der Wissenschaft noch illegitimer ist als in anderen Berufsfeldern." (Heintz u. a. 2004, S. 68) Wir meinen jedoch, dass der Ausschluss von Frauen aus der Wissenschaft im Bezugsrahmen einer Debatte um die Gültigkeit der Universalismus-Norm nicht hinreichend erklärt werden kann.

3. Ein Problem und seine Lösung: Wie stellt man fest, was eine wissenschaftliche Leistung[5] ist?

Angesichts der für die Wissenschaft - im Unterschied zu vielen anderen Bereichen gesellschaftlicher Tätigkeit - hoch abgesicherten Standards der Objektivierung und methodischen Sicherung könnte man annehmen, dass die Urteile darüber, was als wissenschaftliche Leistung anzuerkennen ist, relativ unproblematisch sind, weitgehend objektiv und unstrittig, zumal in den Naturwissenschaften. Immerhin gibt es eigens eingerichtete Beurteilungsorgane wie Gutachtergremien, geregelte Peer Review-Verfahren bei wissenschaftlichen Zeitschriften, das Nobelpreiskomitee usw. Bei genauer Betrachtung ist auch hier die Sache jedoch nicht so einfach. Das soll an einem Beispiel illustriert werden.

Über die Schwierigkeiten bei der Feststellung, dass ein Ergebnis wissenschaftlicher Arbeit eine wissenschaftliche Leistung ist: ein Fallbeispiel

„Ignoriert, bekämpft, verhöhnt ... und jetzt gefeiert", so überschrieb die *Zeit* ihren Bericht über den Nobelpreisträger des Jahres 2000, Günter Blobel. Der Bericht liest sich wie ein modernes Heldenepos: Früh entwickelt dieser Wissenschaftler die bahnbrechende Idee, für die ihm dann der Nobelpreis zuerkannt wird, doch muss er auf diese Anerkennung fast drei Jahrzehnte warten. In diesen langen Jahren hat er mit enormen Widerständen zu kämpfen: Das wissenschaftliche Establishment ignoriert ihn; er hat Konkurrenten, die Gegenthesen entwickeln und seine Idee in den zentralen Arenen des wissenschaftlichen Disputs - in den Publikationsorganen *Nature* und *Science* - bekämpfen; die Institutionen der Forschungsförderung verweigern ihm immer wieder die Forschungsmittel. Und vielleicht das Schlimmste, was einem Wissenschaftler widerfahren kann: Er muss sich nicht nur mit dem Hohn und der Missachtung auseinander setzen, die ihm von außen, von Gegnern und Konkurrenten, zuteil werden, er hat auch lange Zeit keine überzeugenden experimentellen Beweise für seine Idee in der Hand und kommt immer wieder in Beweisnöte, sowie er ein Problem gelöst hat. Schließlich, nach Jahrzehnten „penibler Laborarbeit", in denen er sich nicht hat abbringen lassen von seiner Idee, ist der Durchbruch da. Endlich wird er in der Scientific Community und auch in der breiten Öffentlichkeit anerkannt: Er veröffentlicht in *Nature* und *Science*; er erhält im Alter von 63 Jahren den Nobelpreis, und zwar allein, ohne ihn mit anderen teilen zu müssen.

Auch wenn die Zeitungs-Berichterstattung, der dieses Beispiel entnommen ist, die realen Verhältnisse und vor allem die Widerstände gegen die Arbeit des späteren Nobelpreisträgers dramatisieren mag, so steht fest, dass die Entstehung einer wissenschaftlichen Leistung ein komplexer und lange Zeit auch abseits der Aufmerksamkeit der Scientific Community verlaufender Prozess sein kann. Der hier geschilderte Fall ist keineswegs selten, und durchaus nicht immer gibt es ein Happy End.[6] Je mehr man sich in ihn vertieft, desto mehr Fragen tauchen auf: Warum wurde die Leistung von Günter Blobel nicht früher anerkannt? Andererseits: Kann man es Gutachtern verdenken, wenn sie Forschungsanträge ablehnen, die sich jenseits des aktuell als gesichert geltenden Wissens bewegen? Und ab wann muss ein Wissenschaftler als exzellenter Wissenschaftler gelten: Vom Moment der mit dem Nobelpreis ausgesprochenen öffentlichen Anerkennung, also vom Jahr 1999 an? Müsste er nicht schon von 1971 an als herausragender Wissenschaftler anerkannt werden, als er seine bahnbrechende Idee veröffentlichte? Was wäre gewesen, wenn ihn ein früher Tod dahin gerafft und andere mit seinen Ideen weiter gearbeitet hätten oder aber diese in der Schublade gelandet wären? Die Unsicherheiten bei der Bewertung wissenschaftlicher Leistungen sind tatsächlich hoch: Die Nobelpreise beispielsweise wurden ursprünglich für die beste wissenschaftliche Leistung des vorhergehenden Jahres verliehen; das Nobelkomitee hat diese Regelung jedoch fallen gelassen und vergibt den Preis inzwischen immer seltener für eine einzelne Entdeckung oder Erfindung und häufiger für ein ganzes Forschungsprogramm oder gar Lebenswerk, d.h. dann, wenn die Bedeutung einer Leistung im Kontext einer ganzen Entwicklung eines Forschungsstranges einigermaßen zuverlässig einzuschätzen ist.

Die Frage nach den Kriterien, an Hand derer sich bestimmen lässt, was eine wissenschaftliche Leistung ist, ist also keineswegs trivial. Eine Besonderheit von Forschung ist, dass sich zwar - in gewissen Grenzen - angeben lässt, welche Regeln zu befolgen sind, will man zu einer neuen wissenschaftlichen Erkenntnis gelangen, dass jedoch aus der Befolgung dieser Regeln keineswegs zwingend eine neue Erkenntnis folgt. Es geht ja gerade nicht um die Wiederholung des Bekannten, sondern um das Fortschreiten der Erkenntnis im Territorium des noch nicht Bekannten, um die Entdeckung des Neuen, um die Einsicht in bisher so nicht gesehene Zusammenhänge, und die „gesicherten Kenntnisse" sind selbst in den Disziplinen, wo es sie gibt, oft nur für kurze Zeit gesichert oder bekommen unter dem Blickwinkel neuer Erkenntnisse einen anderen Stellenwert. Es kommt hinzu, dass oft gerade bei revolutionären wissenschaftlichen Neuerungen bewährte Regeln und Verfahren außer Acht gelassen werden (müssen), d.h. zur neuen Erkenntnis gehören auch neue Methoden und technische Verfahren. Man kann also im besten Falle klären, ob ein Forschungsergebnis nach den Regeln der Wissenschaft zu Stande gekommen ist. Wie viel es wert ist, ob es neue Einsichten bringt, ob es der Forschung möglicherweise sogar einen völlig neuen Zugang zu den Phänomenen der Welt schafft, ist allerdings nicht mittels eines objektiven Prüfverfahrens oder an Hand einer Check-Liste standardisierter Kriterien fest zu stellen. Die Diskussion um die Quantenphysik ist nur eines von vielen Beispielen aus der Wissenschaftsgeschichte, die über Jahrzehnte hinweg strittig blieben.

Die Lösung des Problems: seine Verschiebung auf eine andere Ebene

„Die Wissenschaft" hat für dieses Problem eine Lösung gefunden, die lautet: Was Wissenschaft ist, welche Methode wissenschaftlich ist und was ein wissenschaftliches Ergebnis ist, bestimmen die am wissenschaftlichen Diskurs Beteiligten - niemand sonst. Die Lösung des Problems ist also, wenigstens zum Teil, auf eine andere Ebene verlagert worden, auf die der gesellschaftlichen Institutionalisierung wissenschaftlicher Arbeit. Wissenschaftler haben das Prinzip der Autonomie der Wissenschaft, seit die Universität im Europa des Mittelalters als Ort der Wissenschaft entstanden ist (vgl. Podlech 2002), durch die Jahrhunderte hindurch gegen Übergriffe staatlicher und religiöser Mächte verteidigt; es war eine zentrale Voraussetzung für die Entwicklung der modernen Wissenschaften. Damit aber rückt die Scientific Community, die Gemeinschaft der Wissenschaftler, ins Zentrum des Geschehens um die Herstellung wissenschaftlicher Leistungen: Was ein wichtiges Forschungsergebnis, eine bahnbrechende neue Erkenntnis ist, bestimmt nicht eine oberste Wissenschaftsbehörde oder ein Rat der Priester und der Frommen und nicht einmal der Vorstand der Deutschen Bank, sondern die Scientific Community. Genauer gesagt: Eine wissenschaftliche Leistung muss von Wissenschaftlern und Wissenschaftlerinnen als solche anerkannt werden. Damit kommt neben der epistemischen Ebene wissenschaftlicher Arbeit eine zweite, soziale Ebene in den Blick, und damit tauchen weitere Fragen auf: Wie geht die Anerkennung einer wissenschaftlichen Leistung in der relevanten Scientific Community vor sich? Und was ist eigentlich die Scientific Community, wie lässt sie sich soziologisch fassen?

4. Die Scientific Community, ihre Akteure und die Anerkennung einer wissenschaftlichen Leistung

Der struktur-funktionalistische Blick auf Wissenschaft als Profession

In einem frühen, zuerst 1939 veröffentlichten Aufsatz diskutiert Talcott Parsons (1964) die Charakteristika wissenschaftlicher Arbeit im Kontext seiner Überlegungen zur Profession.[7] In seinem Beitrag zum Stichwort „profession" in der *Encyclopedia of the Social Sciences* führt er diese Überlegungen weiter, indem er differenziert auf die Rolle der Universität für die Entstehung und Stabilisierung der Professionen eingeht (Parsons 1968). Der Wissenschaftler gilt ihm als paradigmatischer Fall des *professional man*. Zentrale Aspekte wissenschaftlicher Berufstätigkeit haben auch für andere Formen wissensbasierter Arbeit Gültigkeit: die spezialisierte akademische Ausbildung; eine berufliche Tätigkeit, die durch den kompetenten Umgang mit Wissen gekennzeichnet ist, das unter dem Primat kognitiver Rationalität steht; das Prinzip, gesellschaftliche Kontrolle über berufliche Tätigkeiten in Form einer Kontrolle durch die *peers* zu institutionalisieren. Den Berufsverbänden - autonomen Organisationen der einzelnen Professionen - kommt es zu, die Standards professioneller Berufsausübung festzulegen und deren Einhaltung zu gewährleisten. Diese Standards und ein damit verbundenes Berufsethos sind in Parsons' Konzeption des *professional* von großer Bedeutung, da sichergestellt werden muss, dass die professionellen Kompetenzen sozial verantwortlich eingesetzt werden.[8] Merton hat diese Überlegungen, wie oben skizziert, in seinen Arbeiten zum Ethos der Wissenschaft aufgegriffen und weiter entwickelt.

Die struktur-funktionalistische Wissenschaftssoziologie hat also zunächst einmal das große Verdienst, dass sie den Blick auf die Scientific Community lenkt, d.h. auf die soziale Dimension des Geschehens in der Wissenschaft. Insbesondere thematisiert sie explizit die Autonomie des Wissenschaftssystems, ein Element der Funktionsweise von Wissenschaft, das auch für die später entwickelte Konzeption Bourdieus vom sozialen Feld Wissenschaft konstitutiv ist. Vom theoretischen Fundament des Struktur-Funktionalismus her richtet sich der soziologische Blick jedoch nicht auf das tatsächliche Geschehen in der Scientific Community, nicht auf die realen Interaktionen, auf die Praxis der Wissenschaftler und Wissenschaftlerinnen, sondern auf deren Normen und Werte. Man kann dann feststellen, wie Parsons und Merton dies auch tun, dass diese Normen immer wieder verletzt werden, dass es auch in der Wissenschaft „abweichendes Verhalten" gibt. In dem hier interessierenden Fall, dem weitgehenden Ausschluss von Frauen aus der Wissenschaft, ist man damit konfrontiert, dass die Universalismus-Norm in der Tat in großem Stile verletzt wird, dass es jeden Tag eine Vielzahl von Verstößen gegen diese Norm gibt, wenn auch überwiegend hinter dem Rücken der Akteure und oft gegen ihre bewussten Intentionen. Welchen Stellenwert für die soziologische Analyse hat aber eine Norm, die vor allem als hehres Ideal das Selbstverständnis der Wissenschaftler prägt, in der alltäglichen Praxis aber faktisch keine Gültigkeit hat? Und was bedeutet es für die Wahrheitsansprüche wissenschaftlicher Erkenntnisse, wenn sie gerade nicht unter Absehung von persönlichen Merkmalen der wissenschaftlichen Akteure, hier des Merkmals Geschlecht, zustande kommen? Müssen dann Aussagen, die nur von Männern aufgestellt und diskutiert werden, grundsätzlich als „falsch" angesehen werden? Dies anzunehmen wäre offensichtlich absurd. Gleichwohl verweisen diese Fragen darauf, dass der strukturfunktionalistische Rahmen der Wissenschaftssoziologie mit seiner Aufmerksamkeit für Normen und Werte das reale Geschehen in der Scientific Community nicht hinreichend erklären kann. Aufschlüsse über die soziale Praxis der Anerkennung einer wissenschaftlichen Leistung - und eines wissenschaftlichen Akteurs - sind in dieser theoretischen Perspektive kaum zu gewinnen.

Wissenschaft als soziale Praxis: Die Beobachtung der Akteure bei der Herstellung von Erkenntnissen

Antworten auf die Frage nach den Anerkennungsprozessen der Scientific Community sind eher von jenen Arbeiten zu erwarten, die sich der Praxis der Wissenschaft zuwenden; das sind in erster Linie die Studien in der Tradition der konstruktivistischen Wissenschaftsforschung. Die antipositivistische Wende in der Wissenschaftsphilosophie, die sich mit den Namen von Gaston Bachelard, Thomas S. Kuhn und Paul Feyerabend verbindet, hat den Blick geöffnet für Elemente der sozialen Konstruktion bei der Herstellung wissenschaftlicher Erkenntnisse und damit die Sicht auf die Wissenschaft revolutioniert. So gibt es mittlerweile eine ganze Reihe von Untersuchungen, die sich mit der Praxis der Wissenschaft, mit der Rolle von Bildern und Metaphern im wissenschaftlichen Diskurs und mit den Aushandlungsprozessen bei der Interpretation von technisch produzierten Daten beschäftigen.

Für unsere Problematik sind jene soziologischen Arbeiten von besonderem Interesse, die mit den Mitteln der empirischen Sozialforschung den Prozess der Konstruktion von Erkenntnis in der Praxis der Wissenschaftler untersuchen. Herausragende Beispiele hierfür sind vor allem die konsequent und präzise argumentierenden Studien von Knorr-Cetina (1981, 1999) über die Forschung in der Molekularbiologie und in der Physik und die Studie von Bettina Heintz über die Mathematik (2000). Beide arbeiten mit klassischen Methoden der empirischen Sozialforschung wie Interviews und teilnehmenden Beobachtungen, und sie können zeigen, dass es sich beim Erkenntnisprozess um ein konstruktives Geschehen handelt, das ohne Akteure und ohne soziales Handeln nicht auskommt. Diese Untersuchungen sind bei der Analyse der Prozesse, in denen Erkenntnis in der Praxis der Wissenschaft hergestellt wird, inzwischen sehr weit gekommen. In ihren neuesten Arbeiten hat Knorr-Cetina (2002) den analytischen Rahmen, der zunächst auf das konkrete Forschungshandeln im Labor gerichtet war, erweitert, indem sie den Begriff der Kultur einführte. Diese versteht sie als die den Handlungen zugrunde liegende symbolische Strukturierung. Ihr Praxisbegriff ist damit ein Begriff von Praktiken, die in einen kulturellen Kontext eingebunden sind und auch aus diesem hervorgehen.

Den Zusammenhang von Kontext und *Akteuren*, die darin agieren, arbeitet Knorr-Cetina jedoch nicht heraus. Dies lässt sich an der Art und Weise erkennen, wie sie die Frage nach den Erkenntnis*subjekten* und ihrer Konstitution behandelt. Den Prozess des Wissenschaftlerwerdens in der von ihr untersuchten Molekularbiologie schildert sie folgendermaßen: „Ebenso wie Naturobjekte im Labor in Bilder, Extrakte und eine Vielzahl anderer Elemente transformiert werden, so werden Wissenschaftlerinnen und Wissenschaftler zu spezifischen epistemischen Subjekten transformiert." (2002, 51/52) An dieser Sichtweise ist zweierlei problematisch: Erstens scheint zwischen sozialen Akteuren und epistemischen Objekten kein Unterschied zu bestehen. Obzwar durch ihr eigenes Forschungshandeln transformieren sie sich quasi wie *Naturobjekte* in einen anderen Aggregatzustand. Es lässt sich so wohl erklären, wie Wissenschaftler als „verkörperte Instrumente" hergestellt werden, als soziale Akteure der Wissenschaft bleiben sie jedoch leer, undefiniert; sie sind gewissermaßen „unbeschriebene Blätter". Zweitens tauchen andere Akteure, d.h. aber auch die Scientific Community, erst gar nicht auf. Die sozialen Prozesse der Anerkennung einer wissenschaftlichen Leistung, die konstitutiv sind für die Produktion wissenschaftlicher Erkenntnisse, werden daher ebenso wie das zugrunde liegende Prinzip der Autonomie der Wissenschaft nicht explizit thematisiert. Sie werden vielmehr als selbstverständlich vorausgesetzt.

Denkkollektive und das soziale Feld Wissenschaft: Die wissenschaftlichen Akteure betreten die Bühne

Die Gemeinschaft der Wissenschaftler kommt in einer wichtigen älteren Untersuchung in den Blick, die schon die konstruktivistische Wissenschaftsforschung stark beeinflusst hat: Ludwik Flecks Arbeit über die „Entstehung und Entwicklung einer wissenschaftlichen Tatsache" von 1935. Fleck war Mediziner, und seine wissenschaftshistorische Arbeit über die Entstehung des modernen Verständnisses von der „Syphilis" genannten Krankheit richtet sich direkt gegen die Wissenschaftsauffassung des Wiener Kreises. Es geht ihm darum zu klären, wie wissenschaftliche Tatsachen als solche überhaupt zu Stande kommen, d.h. es geht um den Prozess, der vor der selbstverständlichen Hinnahme einer wissenschaftlichen Tatsache als objektiv gegeben liegt. Er hebt hervor, dass Ideen im „Denkverkehr eines Wissenschaftlerkollektivs" (Schäfer/Schnelle 1980, S. XXXIV) entstehen und erst im Nachhinein einzelnen Forschern zugeschrieben werden. Bezugspunkt der Erkenntnis ist daher das Wissenschaftlerkollektiv, das zusammengehalten wird durch einen gemeinsamen Denkstil.

Erst dieser Denkstil ermöglicht es der Gemeinschaft, zu kommunizieren und überhaupt Erkenntnisse zu gewinnen: Es gibt „eine Wechselwirkung zwischen Erkanntem und dem Erkennen: bereits Erkanntes beeinflusst die Art und Weise neuen Erkennens, das Erkennen erweitert, erneuert, gibt frischen Sinn dem Erkannten. Deshalb ist das Erkennen kein individueller Prozess eines theoretischen 'Bewusstseins überhaupt'; es ist Ergebnis sozialer Tätigkeit, da der jeweilige Erkenntnisbestand die dem Individuum gezogenen Grenzen überschreitet." (Fleck 1980, S. 54.) In dieser Passage wird ein weiterer Aspekt von Flecks Wissenschaftsauffassung deutlich: Er beschäftigt sich zwar ausdrücklich mit dem *Denken* und dem *Denk*verkehr von Wissenschaftlern, doch gilt ihm das Denkkollektiv nicht als abstrakter Platzhalter des objektiven Geistes, sondern als eine Gemeinschaft von konkreten Individuen.

Mit dem Konstrukt des sozialen Feldes hat Bourdieu ein analytisches Konzept entwickelt, das es erlaubt, das „Denkkollektiv" Flecks soziologisch genauer zu fassen und einer differenzierten Analyse zugänglich zu machen (vgl. dazu Bourdieu 1998a, 1999, Krais 2000, Beaufaÿs 2003, S. 52 ff). Das Problem, auf das Bourdieu mit diesem „Erkenntniswerkzeug" zielt, ist die relative Autonomie der Bereiche kultureller Produktion, und das heißt, die Herstellung von kulturellen Objekten, z.B. von wissenschaftlichen Erkenntnissen, als etwas Soziales zu begreifen, ohne dieses auf den bloßen Einfluss von Macht und Geld zu reduzieren, und gleichwohl der inneren Logik der wissenschaftlichen Produktion Rechnung zu tragen. Entscheidend für Bourdieus Konstruktion des sozialen Feldes Wissenschaft sind zwei Elemente: Zum Einen ist die Praxis, um die es geht, die Praxis der konkret im Feld vorfindlichen Individuen, und zum Zweiten betrachtet er Wissenschaft als Arbeit (entsprechendes gilt für die anderen Felder kultureller Produktion). So sind für ihn „die mathematischen Wahrheiten keine fix und fertig dem Hirn des Menschen entsprungenen ewigen Weisheiten (...), sondern historische Produkte einer bestimmten Art von historischer Arbeit, die nach den spezifischen Regeln und Regularitäten jener besonderen sozialen Welt geleistet wurde, die das wissenschaftliche Feld darstellt". (Bourdieu 1998b, S. 59)

Das Feld konstituiert sich über das Miteinander und Gegeneinander von Akteuren, die sich wechselseitig als Mitspieler und Konkurrenten anerkennen. Die Akteure nun sind keine blassen Schemen, Träger vorgefertigter sozialer Rollen, sondern Menschen aus Fleisch und Blut, und das, wofür sie stehen, verkörpern sie, und zwar in einem ganz wörtlichen Sinne. Sie haben einen Habitus ausgebildet, der sie dazu befähigt, sich genau in diesem Feld, dem wissenschaftlichen Feld, zu bewegen, ihre Mitspieler und Konkurrenten in der Wissenschaft zu suchen, ihre Person an die Sache der Wissenschaft zu knüpfen. Sie sind, wie Bourdieu schreibt, Personifizierungen, Verkörperungen der Anforderungen des wissenschaftlichen Feldes. Diese Personifizierung der Strukturen und Anforderungen der Wissenschaft in den Akteuren ist als Phänomen in der Literatur immer wieder beschrieben worden, wenn auch nicht in dem systematischen theoretischen Kontext, wie ihn Bourdieu mit seiner Vorstellung vom wissenschaftlichen Feld entwickelt hat. Einige Hinweise mögen an dieser Stelle genügen: So zeigen die Studien zu den Kulturen der Fächer, wie die jeweilige Fachkultur gewissermaßen die ganze Person des Wissenschaftlers durchdringt und auch ihre außerwissenschaftlichen Aktivitäten, ihre Art des Umgangs mit Menschen und Dingen prägt (vgl. z.B. Becher 1989, Geertz 1983, Gerholm 1990). Auch die Genealogie des wissenschaftlichen Habitus, die Elisabeth List (1986) mit den Mitteln der Philosophie entwickelt, geht auf diese die ganze Person ergreifende Formung des Wissenschaftlers durch seine Tätigkeit ein, und schließlich sollte nicht unerwähnt bleiben, dass die Arbeit von Lorraine Daston (2003), die sich in wissenschaftshistorischer Perspektive mit der Herausbildung der wissenschaftlichen Persona beschäftigt, ebenfalls auf diesen Sachverhalt zielt.[9]

Die Akteure des wissenschaftlichen Feldes als Verkörperungen der Anforderungen des Feldes zu sehen, hat jedoch noch eine andere Konsequenz: Die Individuen, die, wenn man Flecks Begrifflichkeit wieder aufnimmt, untereinander im „Denkverkehr" stehen, sind dabei auch körperlich präsent - gewiss nicht immer, wenn sie sich aufeinander beziehen, aber auf jeden Fall im unmittelbaren Arbeitskontext, bei Tagungen, und nicht zuletzt existieren sie als reale Personen in der Vorstellung, in Bildern, in Erzählungen. Ihr Handeln ist immer auch körperliches Handeln, und so ist auch das Soziale in der körperlichen Interaktion wahrnehmbar, ist im eigentlichen Sinne erfahrbar, nämlich mit den Sinnen. Die Welt, auch die Welt der Wissenschaft, ist nach dem Verständnis Bourdieus voller sozial bedeutsamer Bilder, Laute, Gerüche, Tastempfindungen (vgl. dazu weiterführend Gebauer/Wulf 1998). Und nicht nur die Eleganz eines Menschen machen wir an seinem Erscheinungsbild fest, das wir mit den Augen erfassen, auch das Vertrauen, das wir ihm als Wissenschaftler entgegen bringen, stützt sich - unter anderem - auf die Art, wie er spricht, auf die Ernsthaftigkeit seines Auftretens, kurzum, auf seinen Habitus als Wissenschaftler. Um die Professorinnen und Professoren zu zitieren, die sich in unserer Untersuchung zur „Bestenauslese" geäußert haben: Wissenschaftler „merken" daran, wie jemand ist und wie er auftritt, ob jemand ein Wissenschaftler, und womöglich sogar, ob er ein guter Wissenschaftler ist.

Wenn man sich die Praxis der Anerkennung einer wissenschaftlichen Leistung ansieht, dann ist verständlich, dass gerade bei innovativen Erkenntnissen die Unsicherheit darüber, was sie bedeuten, wie relevant und wie umwälzend sie sind, besonders groß sein muss, verstoßen sie doch oft gegen das „gesicherte Wissen" einer Disziplin. Es bedarf eines neuen Konsenses, der nicht nur die alten „Tatsachen" ihrer Bedeutung beraubt, sondern auch die Relationen zwischen den sozialen Positionen im wissenschaftlichen Feld verschiebt: Wer bislang im Zentrum des Geschehens stand, findet sich plötzlich am Rande des Feldes wieder. Das „debating one against the other", wie Rom Harré (1990) einmal diese Seite der wissenschaftlichen Arbeit beschrieben hat, den Diskurs um die Anerkennung in der Scientific Community, hat nicht nur

Konsequenzen für die Wissensbestände einer Disziplin, sondern auch für das soziale Gefüge, für die Machtverhältnisse unter Wissenschaftlern.[10]

5. Anerkennungsprozesse in der Scientific Community, das Geschlecht des Wissenschaftlers und die Universalismus-Norm

Die Forschung zur Frage, wie die Unterrepräsentanz der Frauen in der Wissenschaft zu erklären ist, richtet den Blick inzwischen immer stärker auf das Funktionieren der Wissenschaft selbst. Es wird die Frage gestellt, ob es etwas an der Wissenschaft gibt, das Frauen in ihren Karrieren behindert. Nicht mehr die besonderen Merkmale der Frauen, ihre Sozialisation oder spezifisch weibliche Prozesse der Identitätsbildung stehen im Vordergrund, wie noch in der älteren Literatur, sondern die Strukturen und Organisationsformen und zunehmend auch epistemische Aspekte der Wissenschaft. In diesen neueren Diskussionszusammenhang gehört unsere eigene Untersuchung (Beaufaÿs 2003) ebenso wie die etwas spätere Studie von Heintz/Merz/Schumacher (2004), die - von anderen theoretischen Prämissen her und mit stärkerer Akzentuierung disziplinärer Differenzen - Geschlecht als Dimension der Grenzziehung in der Wissenschaft thematisiert.

Wenn man das Phänomen des faktischen Ausschlusses von Frauen aus der Wissenschaft in dieser Form als ein Problem der Vergeschlechtlichung von Wissenschaft reformuliert, sieht man sich gezwungen, eine Reihe von Vorannahmen über das Funktionieren von Wissenschaft zu überdenken. So stößt man darauf, dass das wissenschaftliche Ethos, zu dem auch die Universalismus-Norm gehört, im Selbstverständnis von Wissenschaftlerinnen und Wissenschaftlern fest verankert ist und als konstitutiv für die wissenschaftliche Arbeit angesehen wird - obwohl sie sich keinen Illusionen über die Befolgung dieser Normen in der alltäglichen Praxis der Wissenschaft hingeben, gerade wenn es um die Unterrepräsentanz von Frauen geht.

Wir haben in unserer Untersuchung gesehen, dass das Merkmal „weiblich“ als Herabstufungsmodus bei der Wahrnehmung der Leistungsfähigkeit des wissenschaftlichen Nachwuchses wirkt. Dies geschieht keineswegs ohne das Zutun der wissenschaftlichen Akteure: In der alltäglichen Interaktion sind Wissenschaftlerinnen mit einer Vielzahl von Akten symbolischer Gewalt konfrontiert (vgl. dazu ausführlicher Krais 2000, Krais/Krumpeter 1997, zum Konzept der symbolischen Gewalt vgl. Bourdieu 1971). So machen junge (und auch ältere) Wissenschaftlerinnen die Erfahrung, dass ihr Wort nicht das gleiche Gewicht hat wie das ihrer männlichen Kollegen. Ihre Redebeiträge werden nicht beachtet, beiseite geschoben; Frauen werden häufiger unterbrochen, ihre Leistungen werden angezweifelt, nicht aufgenommen in den Kreis der „wirklich substanziellen“ Arbeiten des Instituts, auf die man sich dann bezieht. In einem Interview hat die Nobelpreisträgerin Christiane Nüsslein-Volhard diese Erfahrung einmal mit den Worten beschreiben, sie habe häufig „unter dem Gefühl, nicht ernst genommen zu werden, gelitten" (MPG-Spiegel 3/1991, S. 34). Mit diesen subtilen und oft durchaus auch weniger subtilen Akten der Missachtung wird den Frauen klar gemacht, dass sie Frauen sind und als solche keinen Platz in der Wissenschaft, genauer: in leitenden Positionen der Wissenschaft, haben. Die symbolische Gewalt, die darin steckt, führt bei den jungen Frauen zur Entmutigung und zum *cooling out* ihrer Erwartungen, in der Wissenschaft Karriere zu machen.

Wie kann das sein, dass alle diese Verstöße gegen die Universalismus-Norm nicht wirklich als Problem, bestenfalls als „leises Knirschen von Sand im Wissenschaftsgetriebe" wahrgenommen werden, wie Elisabeth List schreibt? Wenn man die Universalismus-Norm nicht einfach als eine abstrakte Norm hinnimmt, sondern in den Kontext der Problematik der Anerkennung einer wissenschaftlichen Leistung stellt, in dem sie formuliert worden ist, dann zeigt sich, dass dieser Kontext als rein epistemischer Kontext nicht hinreichend beschrieben ist. Die Universalismus-Norm bezieht sich, in der Formulierung von Robert K. Merton, auf Wahrheitsansprüche, sie ist eine der Bedingungen, die gegeben sein müssen, wenn eine wissenschaftliche Aussage als wahr, eine wissenschaftliche Erkenntnis als richtig gelten soll. Es geht aber nicht darum, dass sie von irgendjemandem als wahr anerkannt wird. Eine wissenschaftliche Leistung muss als solche von der relevanten Scientific Community anerkannt werden, und diese Anerkennung ist Ergebnis von sozialen Prozessen in dieser Community. Der Gegenstand der Betrachtung verändert sich also: Die Anerkennung einer wissenschaftlichen Leistung ist nicht mehr nur eine Frage von Wahrheit, vielmehr kommt dabei, in Gestalt der Praxis der wissenschaftlichen Akteure, die soziale Ebene von Wissenschaft ins Spiel. Das aber bedeutet, dass die Universalismus-Norm gar nicht verletzt werden muss, wenn man eine Wissenschaftlerin nicht ernst nimmt: Ihre Ergebnisse, ihre Methoden mögen als richtig anerkannt sein - es reicht, wenn man auf diese Ergebnisse nicht weiter eingeht, sie nicht zitiert, die Wissenschaftlerin nicht zu Tagungen einlädt, sie nicht einbezieht in die Ausarbeitung von neuen Projekten usw., kurzum, wenn man die Wissenschaftlerin nicht als ernsthafte Kollegin und Konkurrentin anerkennt.

Die Anerkennung der jungen Wissenschaftler als Kollegen im wissenschaftlichen Feld - und die häufigere Nicht-Anerkennung der jungen Wissenschaftlerinnen - stellt sich, wie unsere Untersuchung ergeben hat, in einem komplexen Zusammenspiel zwischen wissenschaftlicher Leistung, Verkörperung des wissenschaftlichen Habitus und Antizipation der Zukunft her. Es fällt den etablierten Akteuren des Feldes offensichtlich schwer, Vertrauen in die jungen Frauen zu fassen. Auch wenn sie sehen, dass diese gute oder „beste" Forschungsergebnisse erzielen, so erkennen sie in ihnen seltener den Habitus derjenigen, die eine wissenschaftliche Zukunft haben.

Es ist vielfach gezeigt worden, dass sich mit der historischen Entwicklung des wissenschaftlichen Feldes, wie auch bei anderen Professionen, zugleich ein eigener, männlich geprägter Habitus entwickelt hat (vgl. z.B. Daston 2003, Hausen/Nowotny

1986). In unserer Untersuchung haben wir uns darauf konzentriert, die Bedeutung heraus zu arbeiten, die dem Habitus der Akteure, d.h. der Verkörperung der Anforderungen des wissenschaftlichen Feldes in den Individuen, und den Anerkennungsprozessen in diesem Feld für den Ausschluss der Frauen aus der Wissenschaft zukommt. Wir haben dabei die epistemische Seite von Wissenschaft bewusst außer Acht gelassen. Gleichwohl ist zu fragen, ob es nicht auf der epistemischen Ebene wissenschaftlicher Arbeit, also bei der Art der Herstellung wissenschaftlicher Objekte, ebenfalls Bedingungen und Konstellationen gibt, die das Geschlecht der Akteure zu einem weniger relevanten Element bei der Anerkennung als Wissenschaftler machen.

Diese Frage stellt auch Bettina Heintz (2003), und sie formuliert die These, dass bestimmte epistemische Faktoren die Spielräume für eine Leistungsbeurteilung nach partikularistischen Kriterien, damit auch nach dem Geschlecht, einschränken. Zu diesen Faktoren gehören ein hoher kognitiver Konsens in einer Disziplin und ein hoher Standardisierungsgrad der wissenschaftlichen Verfahren; demnach müssten, so schließt sie, Frauen in den „harten" Disziplinen der Naturwissenschaften und der Mathematik bessere Karrierechancen haben (S. 224 ff.). Sie bewegt sich damit im Rahmen der Mertonschen Argumentation zur Universalismus-Norm, die, wie wir gezeigt haben, das Problem der Anerkennung einer Leistung in der Scientific Community nicht berücksichtigt. Vielleicht sind jedoch die genannten Faktoren gar nicht vollständig auf der epistemischen Ebene zu lokalisieren: Die Institutionalisierung des wissenschaftlichen Feldes als eines relativ autonomen Bereichs gesellschaftlicher Arbeit, auch die innere Differenzierung dieses Feldes nach Disziplinen und Forschungs-Spezialisierungen, die jeweils wieder eigenständige Felder bilden, war kein Prozess, der sich ohne Akteure vollzog. Vielmehr wurde diese Entwicklung getragen von Individuen, die Wissenschaft zu ihrem Lebensinhalt gemacht haben, und mit der Institutionalisierung des Feldes bildete sich auch, in der Terminologie von Daston (2003), die wissenschaftliche Persona heraus, differenziert nach Disziplinen und Fachgebieten. Der hohe kognitive Konsens, den Heintz für die Naturwissenschaften feststellt, ebenso der hohe Standardisierungsgrad und die Notwendigkeit zur Kooperation in diesen Fächern gehen nun mit einer ständigen intensiven Kommunikation - Tagungen, Workshops, gemeinsame Forschungsanträge und kooperative Forschungsprojekte, ein dichtes Geflecht von peer review-Verfahren - unter den Akteuren einher. Es gibt also eine ständige, intensive Arbeit am kognitiven Konsens in den so genannten „harten" Fächern, die wohl zugleich eine wesentliche Bedingung für das Zustandekommen und die Erhaltung dieser Charakteristika ist, und offenkundig werden dabei auch in besonderer Weise Geselligkeiten und persönliche Freundschaften gepflegt. Darüber hinaus ist anzunehmen, dass sich in diesem Kontext ein Wissenschaftler-Habitus ausprägt, der durch weitgehende Übereinstimmungen gekennzeichnet ist. Frauen, die als Kolleginnen anerkannt werden wollen, müssen in diesem Kontext dann als besonders exotische Wesen erscheinen, deren Habitus kaum zu „lesen" ist.

Anmerkungen

1 Insgesamt waren 47 Wissenschaftlerinnen und Wissenschaftler in die Studie einbezogen; darunter waren 21 Frauen, auch drei Hochschullehrerinnen. In der Biochemie waren unter den Wissenschaftlern neun Frauen und fünfzehn Männer, in der Geschichte zwölf Frauen und elf Männer.

2 Untersuchungen vor allem US-amerikanischer Provenienz zur Produktivität von Wissenschaftlerinnen in Abhängigkeit von Mutterschaft und Familienarbeit kommen zu einander widersprechenden Ergebnissen (vgl. Cole/Zuckerman, 1991). Die Studie von Bochow/Joas (1987) über den akademischen Mittelbau zeigte für Männer einen engen Zusammenhang von Vaterschaft und Publikationshäufigkeit (Väter publizieren mehr); bei Frauen ließ sich ein Zusammenhang von Mutterschaft und Publikationshäufigkeit nicht feststellen.

3 An erster Stelle steht eine hohe Frustrationstoleranz, auch Ausdauer und Belastbarkeit sind wichtig und Leistungs- und Einsatzwilligkeit.

4 Neben dem Universalismus, der in unserem Zusammenhang relevant ist, nennt Merton die Normen des Kommunismus (gemeint ist: wissenschaftliche Erkenntnisse müssen allen zugänglich sein), der Uneigennützigkeit und des organisierten Skeptizismus.

5 Es soll nicht unerwähnt bleiben, dass die Rede von der wissenschaftlichen Leistung durchaus partikularistisch ist: Dieser im deutschen Sprachgebrauch geläufige Terminus ist zugleich eine Besonderheit des deutschen Diskurses und verweist auf eine spezifisch deutsche Begriffstradition (vgl. dazu Gebauer 1973). Er lässt sich nicht ohne weiteres in die internationale Wissenschaftssprache Englisch übersetzen, ebenso wenig ins Französische.

6 So kann die unterschiedliche Anerkennung von Charles Darwin (1809-1882) und Alfred Russel Wallace (1823-1913) als ein typisches Zuschreibungsbeispiel aus der Wissenschaft gelten. Wallace war durch eigene Felduntersuchungen zu den gleichen Ergebnissen gekommen wie Darwin, der von Wallace ein Manuskript über seine Theorie erhielt, mit der beigefügten Bitte um Veröffentlichung. Darwin erkannte, dass er nun seine eigenen Ergebnisse schnell selbst publizieren musste, damit der vermutete Ruhm für die bahnbrechende Erkenntnis nicht an ihm vorbeiging. Er sollte Recht behalten, denn bis heute ist die Evolutionstheorie mit dem Namen Darwins verknüpft, von Wallace hat hingegen kaum jemand gehört (genau dokumentiert auf der Homepage der Linnean Society of London: http://www.linnean.org).

7 Parsons geht es hier darum zu zeigen, dass wesentliche Aspekte der als Professionen zu kennzeichnenden Berufe nicht auf diese beschränkt sind, sondern auch in anderen Berufsbereichen Geltung haben, vor allem in der Wirtschaft und in der staatlichen Verwaltung. Er kritisiert die überkommenen Denktraditionen mit ihrer falschen Dichotomie von egoistischen und altruistischen Motiven, wodurch die vielen Berufen gemeinsamen Elemente der Rationalität, der funktionalen Spezifizierung und des Universalismus übersehen würden (S. 48). Diese gemeinsamen strukturellen Elemente beruflicher Tätigkeit, nicht eine spezifische Motivation, betrachtet er als charakteristisch für Berufstätigkeit in der modernen Gesellschaft; er nimmt damit einen großen Teil späterer arbeitssoziologischer Einsichten vorweg.

8 Parsons hebt diesen Aspekt ausdrücklich hervor: „(...) a full-fledged profession must have some institutional means of making sure that such competence will be put to socially responsible uses.“ (1968, S. 536)

9 Mit der wissenschaftlichen Persona ist eine spezifische Wissenschaftler-Identität gemeint, die ausdrücklich auch körperliche Fähigkeiten und Dispositionen einbezieht, vgl. Daston 2003, S. 110.

10 Dies gilt im Übrigen auch umgekehrt: Wer in der Wissenschaft über Macht und Einfluss verfügt, hat auch Einfluss auf die Herstellung von Erkenntnissen: auf die Gewichtung von Themen und Forschungsrichtungen, auf die Definition der angemessenen Methoden usw. Hier werden dann auch die Außengrenzen der Wissenschaft durchlässig gegenüber Einflüssen aus der Wirtschaft und der Politik.

Literatur

Beaufaÿs, Sandra (2003): Wie werden Wissenschaftler gemacht? Beobachtungen zur wechselseitigen Konstitution von Geschlecht und Wissenschaft. Bielefeld: Transcript.

-/Krais, Beate (2005): Doing Science - Doing Gender. Die Produktion von WissenschaftlerInnen und die Reproduktion von Machtverhältnissen im wissenschaftlichen Feld. In: Feministische Studien 23, 1, 82-99.

Becher, Tony (1989): Academic Tribes and Territories: Intellectual Enquiry and the Cultures of the Disciplines. Milton Keynes: Open University Press.

Bochow, Michael/Joas, Hans (1987): Wissenschaft und Karriere. Der berufliche Verbleib des akademischen Mittelbaus. Frankfurt a. M./New York: Campus.

Bourdieu, Pierre (1976): Entwurf einer Theorie der Praxis auf der Grundlage der kabylischen Gesellschaft. Frankfurt a. M.: Suhrkamp.

- (1998a): Vom Gebrauch der Wissenschaft. Konstanz: UVK.

- (1998b): Praktische Vernunft. Zur Theorie des Handelns. Frankfurt a. M.: Suhrkamp.

- (1999): Die Regeln der Kunst. Frankfurt a. M.: Suhrkamp.

-/Passeron, Jean-Claude (1973): Grundlagen einer Theorie der symbolischen Gewalt. Frankfurt a. M.: Suhrkamp.

Bund-Länder-Kommission für Bildungsplanung und Forschungsförderung (BLK) (2005): Frauen in Führungspositionen an Hochschulen und außerhochschulischen Forschungseinrichtungen. Neunte Fortschreibung des Datenmaterials, Heft 129. Bonn.

Cole, Jonathan R./Zuckerman, Harriet (1991): Marriage, motherhood and research performance in science. In: Zuckerman, Harriet et al. (Hg.): The outer circle. Women in the scientific community. New York/London: Norton, S.157-170.

Daston, Lorraine (2003): Die wissenschaftliche Persona. Arbeit und Berufung. In: Wobbe, Theresa (Hg.): Zwischen Vorderbühne und Hinterbühne. Beiträge zum Wandel der Geschlechterbeziehungen in der Wissenschaft vom 17. Jahrhundert bis zur Gegenwart. Bielefeld: Transcript, S. 109-136.

Engler, Steffani (2001): „In Einsamkeit und Freiheit"? Zur Konstruktion der wissenschaftlichen Persönlichkeit auf dem Weg zur Professur. Konstanz: UVK.

Epstein, Cynthia Fuchs (1991): Constraints on excellence: structural and cultural barriers to the recognition and demonstration of achievement. In: Zuckerman, Harriet u. a. (Hrsg.): The outer circle. Women in the scientific community. New York, London: Norton, S. 239-258.

Etzkowitz, Henry/Kemelgor, Carol/Neuschatz, Michael/Uzzi, Brian (1992): Athena Unbound. Barriers to Women in Science and Engineering, in: Science and Public Policy 19, Heft 3, S. 157-179.

Fleck, Ludwik 1980 [1935]: Entstehung und Entwicklung einer wissenschaftlichen Tatsache: Einführung in die Lehre vom Denkstil und Denkkollektiv. Frankfurt a. M.: Suhrkamp.

Gebauer, Gunter (1973): 'Leistung' als Aktion und Präsentation. In: Lenk, Hans u. a. (Hrsg.): Philosophie des Sports. Schorndorf: Hofmann, S. 42-66.

-/Wulf, Christoph (1998): Spiel - Ritual - Geste. Das Mimetische in der sozialen Welt. Reinbek: Rowohlt.

Geertz, Clifford (1983): Local knowledge. New York: Basic Books.

Gerholm, Tomas (1990): On tacit knowledge in academia. In: European Journal of Education 25, S. 263-271.

Goyder, John (1992): Gender inequalities in academic rank. In: Canadian Journal of Sociology 17, 3, S. 333-343.

Harré, Rom (1990): Some narrative conventions of scientific discourse. In: Nash, Christopher (Hg.): Narrative in culture. The uses of storytelling in the sciences, philosophy, and literature. London/New York: Routledge, S. 81-101.

Hausen, Karin/Nowotny, Helga, Hrsg. (1986): Wie männlich ist die Wissenschaft? Frankfurt a. M.: Suhrkamp.

Heintz, Bettina (2000): Die Innenwelt der Mathematik. Zur Kultur und Praxis einer beweisenden Disziplin. Wien/New York: Springer.

- (2003): Die Objektivität der Wissenschaft und die Partikularität des Geschlechts. Geschlechterunterschiede im disziplinären Bereich. In: Wobbe, Theresa (Hg.): Zwischen Vorderbühne und Hinterbühne. Beiträge zum Wandel der Geschlechterbeziehungen in der Wissenschaft vom 17. Jahrhundert bis zur Gegenwart. Bielefeld: Transcript, S. 211-237.

-/Merz, Martina/Schumacher, Christina (2004): Wissenschaft, die Grenzen schafft. Geschlechterkonstellationen im disziplinären Vergleich. Bielefeld: Transcript.

Hochschild, Arlie Russell (1975): Inside the clockwork of male carreers. In: Howe, Florence (Hrsg.): Women and the power of change. New York, S. 47-80.

Knorr-Cetina, Karin (1984): Die Fabrikation von Erkenntnis: Zur Anthropologie der Naturwissenschaft. Frankfurt a. M.: Suhrkamp.

- (2002): Wissenskulturen. Ein Vergleich naturwissenschaftlicher Wissensformen. Frankfurt a. M.: Suhrkamp.

Krais, Beate (1993): Geschlechterverhältnis und symbolische Gewalt. In: Gebauer, Gunter/ Wulf, Christoph (Hg.): Praxis und Ästhetik. Neue Perspektiven im Denken Pierre Bourdieus. Frankfurt a. M.: Suhrkamp, S. 208-250.

- (2000): Das soziale Feld Wissenschaft und die Geschlechterverhältnisse. In: Krais, Beate (Hg.): Wissenschaftskultur und Geschlechterordnung. Über die verborgenen Mechanismen männlicher Dominanz in der akademischen Welt. Frankfurt a. M./New York: Campus, S. 31-54.

Lang, Frieder R./Neyer, Franz J. (2004): Kooperationsnetzwerke und Karrieren an deutschen Hochschulen - Der Weg zur Professur am Beispiel des Faches Psychologie. In: Kölner Zeitschrift für Soziologie und Sozialpsychologie 56, 3, 520-538.

List, Elisabeth (1986): Der asketische Eros. Über Geschichte und Struktur des wissenschaftlichen Habitus. In: Andreas-Grisebach, Manon/Weißhaupt, Brigitte (Hrsg.): Was Philosophinnen denken, Bd. II. Zürich: Ammann.

Matthies, Hildegard/Kuhlmann, Ellen/Oppen, Maria/Simon, Dagmar (2001): Karrieren und Barrieren im Wissenschaftsbetrieb. Geschlechterdifferente Teilhabechancen in außeruniversitären Forschungseinrichtungen, Berlin: edition sigma.

Merton, Robert K. (1942): Science and technology in a democratic order. In: Journal of Legal and Political Sociology 1, 115-126.

Mittelstraß, Jürgen (1982): Wissenschaft als Lebensform. Frankfurt a. M.: Suhrkamp.

Parsons, Talcott 1964 [1939]: The professions and social structure. In: Parsons, Talcott: Essays in sociological theory. New York: Free Press, S. 34-49.

- (1968): Professions. In: Encyclopedia of the Social Sciences, vol. 12. New York: Macmillan, Free Press, S. 536-547.

Podlech, Adalbert (2002): Organisationsformen gesellschaftlicher Wahrheitssuche. Hohe Schulen im arabischen und lateinischen Mittelalter. In: Faber, Heiko/Frank, Götz (Hrsg.), Demokratie in Staat und Wirtschaft. Tübingen: Mohr Siebeck, S. 297-308.

Schäfer, Lothar/Schnelle, Thomas (1980): Ludwik Flecks Begründung der soziologischen Betrachtungsweise in der Wissenschaftstheorie. In: Fleck, Ludwik: Entstehung und Entwicklung einer wissenschaftlichen Tatsache. Frankfurt a. M.: Suhrkamp, S. VII-XLIX.

Weber, Max 1985 [1919]: Wissenschaft als Beruf. In: Weber, Max: Gesammelte Aufsätze zur Wissenschaftslehre, 6. Aufl. Tübingen: J. C. B. Mohr (Paul Siebeck), S. 582-613.

Wenneras, Christine/Wold, Agnes (2000): Vetternwirtschaft und Sexismus im Gutachterwesen. In: Krais, Beate (Hrsg.): Wissenschaftskultur und Geschlechterordnung. Über die verborgenen Mechanismen männlicher Dominanz in der akademischen Welt. Frankfurt a. M./New York: Campus, S. 107-120.

Wimbauer, Christine (1999): Organisation, Geschlecht, Karriere: Fallstudien aus einem Forschungsinstitut. Opladen: Leske & Budrich.

Hedwig Rudolph

Unternehmensberatungen als männliche Eliteorganisationen[1]

1. Einleitung

Die geschlechterbezogenen Ziele des bildungspolitischen Aufbruchs Mitte der 1960er Jahre sind inzwischen weitgehend erfüllt. Stand damals die „katholische Arbeitertochter vom Land" als Synonym für die markantesten Facetten schulischer Benachteiligung, so stellen Frauen seit 1995 mehr als die Hälfte der Schulabgänger mit Hochschulreife (BMBF, 2004, 93). Die weiter reichende Absicht, über expansive Bildungspolitik Gesellschaftspolitik zu befördern, konnte jedoch nur bedingt eingelöst werden: Nicht umstandslos schuf das erweiterte Angebot Qualifizierter sich die entsprechende Nachfrage am Arbeitsmarkt - und noch weniger wenn es sich um Frauen handelte. Dies spiegelt sich u.a. in der Diskrepanz zwischen den Prozentsätzen der Studentinnen bestimmter Fächer einerseits und dem weiblichen Beschäftigtenanteil in den korrespondierenden Berufsbereichen andererseits. Ein eklatantes Beispiel ist die Branche Unternehmensberatung, in der die Frauenquote bei etwa 25 Prozent stagniert, während sich der Frauenanteil unter den Studierenden der Wirtschaftswissenschaften, dem wichtigsten „Rekrutierungs"-Feld der Beratungsunternehmen, der 50 Prozentmarke nähert.[2] Staute (1996, 92) charakterisierte die Situation in der Branche Mitte der 1990er Jahre lapidar: „Der Berater ist männlich. Die Beraterin ist die Ausnahme."

Da die Unternehmensberatung Ende des letzten Jahrhunderts eine stark expandierende Branche war und mit großem Aufwand und mit finanziell wie auch aufstiegsbezogen attraktiven Angeboten um Hochschulabsolventinnen warb, stellte sich die Frage, inwieweit auch Frauen von diesem Aufwind profitierten. Falls dies nicht der Fall war, galt es zu klären, welche Faktoren zum Überdauern der „Ausnahmesituation" von Beraterinnen beitragen und was dies für die beruflichen Handlungs- und Entwicklungsmöglichkeiten der Beraterinnen impliziert. Diese Fragen bildeten den Fokus einer Studie zu Unternehmensberatungen in Deutschland, die im Zeitraum 2000-2003 durchgeführt wurde. Als analytischer Rahmen zur Untersuchung der in der Branchenstatistik dokumentierten Segregationen wurden organisationssoziologische Ansätze und Professionskonzepte verbunden. Mit dem erstgenannten Zugang sollen die organisationsbezogenen Voraussetzungen der Segregation aufgezeigt werden; der zweite soll plausibel machen, warum bestimmte Instrumente und Modalitäten der Segregation von den Unternehmen genutzt werden.

Ausgangspunkt ist die These, dass wichtige Ansatzpunkte zur Konstruktion, Reproduktion und Legitimation asymmetrischer beruflicher Chancen von Frauen in den Arbeitsstrukturen und in den kulturellen Praktiken der Beschäftigungsorganisation angelegt sind; die Branche spezifiziert hauptsächlich die „nahe liegenden“ Ansatzpunkte für die Segregation.

Der vorliegende Beitrag ist in vier (ungleichgewichtige) Abschnitte strukturiert. Zunächst wird der konzeptionelle Rahmen dargelegt (2), anschließend die methodischen Zugänge skizziert (3). Im vierten Kapitel, dem Schwerpunkt des Beitrags, werden die empirischen Befunde dokumentiert und diskutiert. Die Bündelung der Erträge und die Reflexion im Blick auf die zentrale Frage der Entwicklung des Geschlechterverhältnisses sind Gegenstand des abschließenden fünften Kapitels.

2. Konzeptioneller Rahmen: Geschlecht – Organisation – Profession

Für die Entwicklung beruflicher Einsatzbedingungen und Karrierechancen haben Strukturen, Prozesse und dominante Entscheidungslogiken von Beschäftigungsorganisationen ein großes Gewicht. Mithin sind organisationstheoretische Konzepte notwendige Komponenten eines Analyserahmens für asymmetrische geschlechterbezogene Partizipationsmuster in bestimmten Berufsfeldern (2.1). Solche Ansätze sind auch für professionelle (oder professions-ähnliche) Tätigkeiten relevant, da - wie argumentiert wird - auch diese besondere Klasse von Berufen heute überwiegend in Organisationen (und zwar von zunehmender Größe) ausgeübt wird. Die selbständige Tätigkeit als so genannte Freiberufler ist dagegen eher zur Ausnahme geworden. Die Strategien und Praktiken, mit denen professionelle Akteure versuchen, ungleiche Zugangs- und Entwicklungschancen für neue gesellschaftliche Gruppen zu etablieren und zu legitimieren, bilden die zweite Komponente des konzeptionellen Rahmens (2.2).

2.1 Markierungspunkte feministischer Organisationsforschung

Das Verhältnis von Organisation und Geschlecht hat in der feministischen Forschung (auch) in Deutschland eine lange Tradition (vgl. den Überblick in Achatz et al., 2002; Kanter, 1977; Mills, 1988; Wharton, 2002; Wilz, 2002). Im Fokus der Untersuchungen standen insbesondere Organisationen des (Aus-)Bildungssystems und des Arbeitsmarkts, zentrale Arenen für die Verteilung gesellschaftlicher Teilhabechancen (Heintz, 2001). Beide (vor allem in Deutschland) strukturell relativ eng verbundenen gesellschaftlichen Subsysteme stehen im Zusammenhang mit den sehr ungleichen Mustern der Erwerbsfelder und Berufsverläufen von Frauen und Männern (Krüger, 1995, 1996). In einer Vielzahl empirischer Studien ist die asymmetrische Repräsentation von Männern und Frauen in verschiedenen Tätigkeitsfeldern dokumentiert (vgl. den Überblick in Allmendinger/Podsiadlowski, 2001; Gottschall, 2000). Die dabei aufscheinenden Konturen „getrennter Welten“ der Geschlechter wurden zunächst als

Ergebnis von Passungsprozessen interpretiert zwischen den spezifischen quasi naturwüchsigen Eignungen und Neigungen[3] von Frauen und Männern auf der einen Seite und den Anforderungen bestimmter Bildungswege und Erwerbsarbeiten auf der anderen (Beck-Gernsheim/Ostner, 1978).

In kritischer Auseinandersetzung mit diesem differenztheoretischen Konzept wurde der Ansatz der geschlechtshierarchischen Arbeitsteilung entwickelt. Dabei wird Geschlecht als Strukturkategorie verstanden und aufgezeigt, dass und wie die berufliche Arbeitsteilung zwischen den Geschlechtern als Legitimation asymmetrischer gesellschaftlicher Teilhabechancen zu Lasten von Frauen genutzt wird (vgl. auch zum Folgenden Wetterer, 1999). Mit dem Konzept der sozialen Konstruktion von Geschlecht wird die Abgrenzung zwischen „Männer“- und „Frauen“-Berufen dagegen als geschlechterkonstituierende Arbeitsteilung gefasst (Gildemeister/Wetterer, 1992). Die sozialen Konstruktionsprozesse - so das Argument - entfalten Wirkungen in zwei Richtungen: Zum einen kommt die Arbeitsteilung für die Geschlechterkonstruktion zur Geltung, zum anderen wird Geschlecht zur hierarchischen Strukturierung der Berufswelt genutzt.

Der Ansatz *doing gender while doing work* (West/Zimmermann, 1987) differenziert den analytischen Zugang speziell bezüglich des Spannungsfelds von Organisation und Geschlecht. Ausgangspunkt ist die Annahme, dass gesellschaftliche Arbeit notwendig mit Vergeschlechtlichungsprozessen verbunden ist, die im Regelfall dazu beitragen, etablierte, asymmetrische Geschlechterverhältnisse zu stabilisieren und zu rechtfertigen. Den spezifischen Stellenwert von Organisationen in diesen Prozessen beleuchtet Acker (1990, 1998) mit dem Konzept der *gendered organization*. Im Zentrum stehen dabei die Zusammenhänge zwischen (veränderten) Organisationsstrukturen und -praktiken einerseits und der Geschlechtersegregation andererseits. Die Perspektive der sozialen Konstruktion von Geschlecht ist - so Ackers Argument - nicht nur auf das Handeln in Organisationen anzuwenden, sondern auch auf die Organisationsstrukturen selbst. In ihren Studien zu Organisationen des Erwerbssystems verdeutlicht sie, dass betriebliche Organisationen *gendered,* d.h. geschlechtlich geprägt sind. Jenseits der scheinbar geschlechtsblinden offiziellen Strukturen existieren *gendered substructures*; diese funktionieren nach Normen und Regeln, die einseitig an den Lebensmustern von Männern ausgerichtet sind (ebenda).

Aus sozialkonstruktivistischer Perspektive besteht jedoch zwischen den Organisationsstrukturen und dem Verhalten der Akteure kein Kausalzusammenhang. In den Strukturen sind vielmehr Potentiale angelegt, die je nach den Umständen und Interessenlagen aktiviert werden können - oder auch nicht (Wilz, 2002, 179). Als besonders markante organisatorische Faktoren, die die Spielräume für geschlechtstypische Zuschreibungen und Inszenierungen beeinflussen, identifizierte die Forscherinnengruppe um Bettina Heintz - allerdings bezogen auf Wissenschaftsdisziplinen - drei Modalitäten (Heintz et al., 2004, 279-281):

- den Grad der Formalisierung, z.B. professionsspezifische Verfahren,
- Formen der Inklusion, etwa die Verwischung der Grenze zwischen Beruf und Persönlichem, sowie
- das Ausmaß der Notwendigkeit zur Kooperation i.S.v. *mutual dependence*.

Es wird zu prüfen sein, inwieweit diese Faktoren auch für die Analyse der geschlechterhierarchischen Arbeitsteilung in der wissensintensive Branche Unternehmensberatung hilfreich sind.

2.2 Professionalisierung und Geschlechterverhältnis

Eine besondere Bedeutung haben Organisationsbedingungen, wenn es sich um professionelle Berufsfelder handelt. Professionen sind Berufe mit einer üblicherweise gehobenen sozialen Position und sie sind mit dem ökonomischen Privileg eines Marktmonopols verknüpft (Freidson, 1994; Johnson, 1972).[4] Dieses Monopol beinhaltet die Alleinzuständigkeit für die Lösung einer bestimmten Klasse gesellschaftlicher Probleme (z.B. Gesundheitsbeschwerden, Rechtsstreitigkeiten). Abbott (1988) betont in seinem Konzept des *system of professions* den Prozesscharakter der Professionalisierung. Er kennzeichnet diesen als ergebnisoffen und von den jeweils konkreten gesellschaftlichen Umständen abhängig (ebenda, 30). Veränderte Kontextbedingungen können Dynamiken auslösen nicht nur zwischen Professionen, sondern auch innerhalb von Professionen. Als Auslöser kommen beispielsweise in Betracht: Veränderungen des institutionellen Rahmens, das Auftreten neuer Akteure oder die Bedeutungsverschiebung von Arenen. Während Professionen in der Vergangenheit z.B. stärker die Homogenität der sozialen Herkunft der Mitglieder zur Geltung brachten, hat sich die Legitimitätsgrundlage im 20. Jahrhundert zu Effizienz als Gütekriterium verschoben (ebenda, 195). Der Bedeutungsgewinn von Effizienz als Maßstab hat den Wettbewerb zwischen Professionen vom Konflikt über gesellschaftliche Werte hin zu einem Konflikt über die Messbarkeit der Ergebnisse verschoben.

Der Arbeitsplatz ist (neben Öffentlichkeit und Rechtssystem) nach Abbott eine der drei zentralen Arenen für die Durchsetzung von Professionalisierungsprojekten. Professionelle Arbeit ist zunehmend durch Bürokratisierung gekennzeichnet, denn immer mehr Angehörige der hier in Frage stehenden Berufsgruppen sind nicht mehr als Selbstständige (so genannte Freiberufler), sondern als Angestellte in Unternehmen tätig. Auch die berufliche Qualifizierung wird nun primär von den Unternehmen und nur nachrangig von den professionellen Standesverbänden oder öffentlichen Instanzen organisiert. Der Zusammenschluss zu immer größeren Dienstleistungsunternehmen (z.B. Anwaltskanzleien, Wirtschaftsprüfungsgesellschaften) begünstigt auch das Entstehen intraprofessioneller Bürokratien. Unternehmensgröße, Organisationsform und Unternehmensreputation verdrängen somit zunehmend individuelle Kompetenz und Ansehen als Wettbewerbsparameter innerhalb der Professionen (ebenda, 152-153).

Im Rahmen von Professionalisierungsprozessen - so Abbott - differenziert sich die Struktur der Profession aus und es kommt i.d.R. zur Herausbildung einer internen Hierarchie von Teil-Professionen. Deren jeweiliger Status wird konstruiert entlang von Kriterienpaaren wie Theorie versus Praxis, Konzeption versus Implementation, global versus national oder Kundensegment mit hohem versus niedrigem Prestige. Damit sind Ansatzpunkte geschaffen, die aktiviert werden können, wenn neuen Gruppen der Zugang zum Berufsfeld nur selektiv ermöglicht werden soll.[5] Solche Strategien der sozialen Schließung speziell gegenüber Frauen sind für eine Vielzahl von Professionen sowohl historisch als auch aktuell und im internationalen Vergleich empirisch belegt (Wetterer, 1992, 1993, 1995; Witz, 1992; Costas, 1992, 1995a, 1995b).

Wenn wir im Folgenden Konzepte der Professionalisierung heranziehen, um Strukturen und Dynamiken des Berufs Unternehmensberater zu analysieren, so ist dies begründungsbedürftig, handelt es sich doch bei der Unternehmensberatung eindeutig nicht um eine Profession: Es gibt keine institutionalisierten Qualifikationsvoraussetzungen oder Zulassungsregeln für die Tätigkeit und auch ethische Standards der Berufsausübung sind nicht kodifiziert[6] (Sperling/Ittermann, 1998, 48). Das Fehlen des Professionsstatus impliziert zudem, dass eine Alleinzuständigkeit für die Lösung eines bestimmten gesellschaftlichen Problems nicht reklamiert werden kann. Das dokumentiert sich darin, dass die Unternehmensberater (vor allem) mit den „verwandten“ Berufsgruppen der Wirtschaftsjuristen und Wirtschaftsprüfer um Aufträge (z.T. auch um qualifizierten Nachwuchs) in Konkurrenz stehen, die als etablierte Professionen einen weit besseren Stand haben. Da diese drei Berufsgruppen somit ein gemeinsames Organisationsfeld bilden, kommt es zu den von DiMaggio und Powell (1991) beschriebenen Phänomenen des Isomorphismus. Gemeint sind damit Veränderungsprozesse, als deren Ergebnis Organisationen einander ähnlicher werden - und zwar hier durch Anpassung des statusschwächeren Segments, der Unternehmensberater. Mit anderen Worten, wir gehen davon aus, dass die Strategien und Politiken der Unternehmensberatungen als Imitationen von Professionalisierungsprozessen interpretierbar sind. Die Imitation professioneller Strukturen und Standards ist für Unternehmensberatungen auch deshalb attraktiv, weil es sich bei ihrer Dienstleistung um ein so genanntes Kontraktgut handelt, d.h., seine Güte ist vorab für die Kunden kaum einzuschätzen. Daher sind überzeugende Signale für Fähigkeiten und Reputation des Unternehmens bedeutsam.

Es ist allerdings zu vermuten, dass die Möglichkeit, sich funktionale Äquivalente für den fehlenden Professionsstatus zu schaffen, an erhebliche Ressourcen und damit an bestimmte Organisationsgrößen gebunden ist. Daher sind professionsähnliche Bedingungen hauptsächlich bei den großen und sehr großen Beratungshäusern zu erwarten. Die Teilhabe von Personen an den besonderen professionellen Handlungs- und Entwicklungschancen wären damit an den Zugang zu diesem Branchensegment gebunden, nicht an den Beruf bzw. die Branche insgesamt. Und es wären -

bezogen auf unser Erkenntnisinteresse - die Strategien und Politiken speziell dieser großen Organisationen, die mit den beruflichen Chancen von Frauen zu vermitteln wären.

Studien - vor allem aus dem anglo-amerikanischen Raum - zu Frauen in mit Unternehmensberatungen „verwandten" Professionen dokumentieren, dass die Möglichkeiten zur Etablierung asymmetrischer beruflicher Chancen von den Unternehmen in diesen Berufsfeldern genutzt wurden: Frauen erlangten höhere Führungspositionen typischerweise eher in kleineren Unternehmen bzw. sie waren als Unternehmerinnen freiberuflich tätig (Villinger, 1994 für die Schweiz). Für die USA zeigen Studien im Bereich der Wirtschaftsprüfung, dass Frauen niedrigere Gehälter erhielten, hauptsächlich in den weniger gut zahlenden Unternehmen arbeiteten und geringere Aufstiegsmöglichkeiten hatten als ihre männlichen Kollegen (Schaefer/Zimmer, 1995). Insgesamt waren Frauen (und ethnische Minderheiten) in den *Big Eight* der Wirtschaftsprüfer unterrepräsentiert trotz ihrer verstärkten Rekrutierung (Knapp/Kwon, 1991).

Sowohl für den Bereich der Wirtschaftsprüfer (in den USA, ebenda) als auch für andere professionelle Bereiche wird darauf verwiesen, dass Frauen zwar Zugang zu höher qualifizierten Tätigkeiten erhalten, aber selten den Status als Partnerin erreichen bzw. nicht ins höhere Management aufsteigen (McDowell, 1997 für das Vereinigte Königreich; Quack, 1997, 1999). Die Studie von Kay und Hagan (1998) erhellt am Beispiel großer US-amerikanischer Anwaltsfirmen Prozesse der Geschlechterstratifikation. Fokussiert auf die Frage, unter welchen Bedingungen Frauen das Angebot einer Partnerschaft in großen Kanzleien erhalten, verdeutlichen sie die zentrale Rolle des bei Frauen und Männern jeweils unterstellten sozialen und kulturellen Kapitals. Männer - so ihr Ergebnis - werden für konformes Verhalten (*corporate family images*) geschätzt, Frauen dagegen für das Brechen von Konventionen belohnt. Außerdem müssen Frauen eine außergewöhnliche Identifikation mit ihrer Arbeit nachweisen und Leistungen erbringen, die die üblichen Erwartungen an Anwärter auf Partnerschaft übertreffen; Durchschnittlichkeit wird bei Frauen nicht toleriert.

3. Empirische Zugänge

Um empirische Einblicke in Strukturen und Logiken der Branche Unternehmensberatung zu gewinnen, wurden in der Studie vier Zugänge kombiniert:

- eine branchenbezogene Auswertung der Daten des Mikrozensus für die Jahre 1995-1997[7],
- eine Fragebogenerhebung (teilweise WWW-gestützt) bei 112 Beratungsunternehmen in den neuen und den alten Bundesländern,
- leitfadengestützte Expertengespräche mit 40 Führungskräften in den deutschen Büros von Beratungsunternehmen aller Größenklassen[8] sowie

- leitfadengestützte Interviews mit Researchern in drei großen, international tätigen Beratungsunternehmen, die im Rahmen einer weiteren Studie im Frühjahr 2005 durchgeführt wurden.

Der Mikrozensus vermittelte ein Bild der demographischen Struktur der Beschäftigten auf Branchenebene (allerdings mit gewissen Unschärfen, da nicht nur Unternehmensberater, sondern auch z.B. Finanzberater in einer Berufsgruppe zusammengefasst sind). Die Fragebogenerhebung und die Interviews zielten dagegen auf Informationen zu Strukturen und Prozessen im Zusammenhang mit Wettbewerb und Personalpolitik auf der Meso-Ebene der Beschäftigungsorganisationen. Die (überwiegend persönlich und nur ausnahmsweise telefonisch geführten) Interviews dienten der Vertiefung und Differenzierung der Informationsbasis aus der Erhebung und sie umfassten auch Fragen nach dem Warum. Gesprächspartner waren ganz überwiegend die Geschäftsleitung bzw. *senior partner*. Frauen stellten etwa ein Viertel der Interviewten. Die Interviews von ein bis zwei Stunden Dauer wurden i.d.R. auf Band aufgezeichnet, vollständig transkribiert und mithilfe des Datenverarbeitungsprogramms AskSam ausgewertet. Um die Plausibilität der qualitativen Daten zu überprüfen, wurde eine Triangulation mit den Befunden des Mikrozensus und Aussagen der Verbandsvertreter vorgenommen.

4. Tätigkeitsfelder und Entwicklungsperspektiven von Unternehmensberaterinnen: segregierte Integration

Die oben referierte Feststellung von Staute (1996, 92), der Unternehmensberater sei männlich, Frauen bildeten die Ausnahme, lässt offen, ob Beraterinnen prinzipiell eine Minorität sind. Ihr niedriger durchschnittlicher Beschäftigtenanteil könnte auch die Resultante aus einem großen Spektrum unterschiedlicher Quoten sein. Im ersten Fall wären branchenweite Barrieren zu vermuten, im zweiten wäre von Filtern auf der Ebene der Beschäftigungsorganisationen auszugehen. Daher ist eine Skizze der Ökologie der Branche und der geschlechterbezogenen Beschäftigungsstrukturen als Einstieg wichtig (4.1). In einem zweiten Schritt werden - entsprechend dem konzeptionellen Rahmen - kulturelle Leitbilder und strukturelle Merkmale von Unternehmensberatungen als mögliche „Andockstellen" für die Etablierung asymmetrischer geschlechterbezogener Berufschancen in den Blick genommen (4.2).

4.1 *Zur Ökologie der Beratungsbranche und ihren Beschäftigungsmustern*

Brancheninterne Schätzungen gehen für das Jahr 2004 von 14.340 Beratungsunternehmen mit insgesamt 67.300 Beraterinnen und Beratern in Deutschland aus (BDU, 2005, 8). Die Branche ist durch eine polarisierte Unternehmensstruktur gekennzeichnet, wie Tabelle 1 verdeutlicht: Die 40 größten Beratungshäuser teilen die Hälfte des Marktes unter sich auf und führen gut ein Drittel des gesamten Beratungspersonals auf ihren Gehaltslisten.

Tabelle 1: Kennzahlen zu den Größensegmenten der Beratungsbranche (in Prozent) 2004

	TOP 40	Mittlere Unternehmen[a]	Kleine Unternehmen[b]
Marktanteil	49,4	35,0	15,6
Unternehmen	0,3	30,7	69,0
Berater	34,2	42,8	23,0

[a] € 0,5 Mio. bis ca. € 20 Mio. Umsatz.

[b] Bis € 0,5 Mio. Umsatz.

Quelle: BDU, 2005, 8.

Das starke Umsatzwachstum im Beratungsgeschäft bis etwa Mitte 2001 war von anhaltenden Marktkonzentrationsprozessen vor allem bei den TOP 40 Beratungs-unternehmen begleitet. Die zwischenzeitliche Krise traf Unternehmen aller Größenklassen (Rudolph/Okech, 2004, 40-42). Das leichte Umsatzwachstum seit 2004 geht hauptsächlich auf das Konto der mittelgroßen Gesellschaften (BDU, 2005, 8). Die Beschäftigungsstrukturen sind die Resultante dieser betrieblichen Politiken und der Bedingungen an den jeweils relevanten Arbeitsmärkten. Die Beratungsunternehmen der drei Größenklassen haben offensichtlich unterschiedliche strategische und operative Möglichkeiten, sich mit Veränderungen am Markt auseinander zu setzen. Diese Unterschiede beziehen sich auch auf die Personalpolitik als wichtigem Aktionsparameter der Unternehmen.

Betrachtet man die Beschäftigungsstruktur der Unternehmensberatung in Deutschland Ende der 1990er Jahre durch die Linse des Mikrozensus[9] für die Jahre 1995-1997, so ist zunächst die Unterrepräsentation von Frauen (22% in den alten Bundesländern, 27% in den neuen Bundesländern) auffällig. Allerdings werden hinsichtlich der soziodemographischen und beruflichen Merkmale von Männern und Frauen einerseits weit reichende Parallelen, andererseits deutliche Differenzen sichtbar (Rudolph, 2004, 5-7):

- Bei beiden Geschlechtern überwiegt die Altersgruppe der 35-45-Jährigen,
- ihr Bildungsniveau ist weit überdurchschnittlich (unter den Hochschulabschlüssen dominieren die Wirtschaftswissenschaften) und
- mehr als die Hälfte ist selbstständig tätig.

Die markantesten Unterschiede beziehen sich auf:

- die Dominanz der Frauen unter dem Teilzeit arbeitenden Beratungspersonal (ca. 20% versus 5% bei den Männern),
- die stärkere Konzentration von Beraterinnen in der Einkommensgruppe unter 2.500 Euro: 72% der Frauen gegenüber 50% der Männer ordnen sich hier zu sowie
- den deutlich niedrigeren Anteil verheirateter Frauen (55% verglichen mit 70% der Männer).

Diese Befunde korrespondieren mit Ergebnissen aus anderen anspruchsvollen Berufsfeldern:
- Arbeitszeitreduktion als coping-Strategie wählen Frauen häufiger als Männer.
- Vergleichbar hohe Bildungsinvestitionen zahlen sich für Frauen deutlich weniger in Einkommenssteigerungen (und Aufstiegschancen) aus als für ihre männlichen Kollegen (Valian, 1999).
- Der Verzicht auf Ehe und Familie ist für Frauen (mutmaßlich) der Preis für berufliche Karriere (bezogen auf Professor/innen vgl. Krimmer et al., 2004).

Die Asymmetrie des Einkommensspektrums bei (Vollzeit beschäftigten) Beraterinnen gegenüber Beratern verweist darauf, dass mit dem Minderheitenstatus der Frauen vermutlich strukturelle und qualitative Differenzen ihrer beruflichen Bedingungen verbunden sind. Die erheblichen Unterschiede auch innerhalb der Gruppe der Beraterinnen stützten die Vermutung, dass markante Ansatzpunkte für eine segregierte Integration von Frauen auf der Ebene der Beschäftigungsorganisationen, nicht dagegen auf der Branchenebene liegen.

Unsere Fragebogenerhebung bei Führungskräften der Beratungsbranche - der zweite empirische Zugang der Studie - zeigt die strukturierende Rolle des Faktors Unternehmensgröße auf. Zwar ist - in absoluten Zahlen - etwa die Hälfte der Frauen (und Männer) in großen Beratungsunternehmen tätig, aber der Frauenanteil von einem Drittel in kleinen Firmen (1-5 Berater) ist damit deutlich höher als in mittleren und großen Firmen, wo er jeweils nur etwa 20 Prozent beträgt. Allerdings beschäftigen knapp 40 Prozent der Beratungshäuser überhaupt keine Fachfrauen.

Tabelle 2 lässt erkennen, dass die Beschäftigung von Beraterinnen in den neuen Bundesländern stärker polarisiert ist als in den alten: 48 Prozent der Unternehmen in den neuen Bundesländern beschäftigen keine qualifizierten Frauen; in den alten Bundesländern sind es dagegen nur 36 Prozent. Mit steigender Unternehmensgröße sinkt der Anteil der Firmen, die keine Beraterinnen beschäftigen. Bei mittleren und großen Beratungshäusern sind Frauenanteile zwischen 20 und 50 Prozent am häufigsten.

Noch stärker fragmentiert wird das Bild, wenn es um Leitungspositionen geht. Ohne Frauen in Führungspositionen kommen in den neues Bundesländern etwa ein Viertel der Beratungsunternehmen aus, in den alten Bundesländern ist es sogar gut die Hälfte. Der Frauenanteil sinkt mit steigender Hierarchie-Ebene. Mit der Größenklasse der Beratungsunternehmen vermindert sich der Anteil der Partnerinnen. Die

Tabelle 2: Anteil an Beraterinnen differenziert nach Größenklassen und Standorten der Unternehmensberatungen (N = 112)

	Kleine Unter-nehmen	Mittlere Unter-nehmen	Große Unter-nehmen	Neue Bundes-länder	Alte Bundes-länder	Durchschnitt (D)
Unternehmen ohne Frauen	51%	23%	8%	48%	36%	38%
< 10% Frauen	-	10%	15%	5%	4%	5%
10 - < 20% Frauen	-	20%	31%	-	11%	9%
20 - < 50% Frauen	16%	40%	46%	14%	29%	26%
> 50% Frauen	33%	7%	-	33%	20%	22%
Σ	100%	100%	100%	100%	100%	100%

Die Prozentangaben beziehen sich auf die Quote der Unternehmen.
Quelle: Eigene Erhebung.

deutlich günstigere Bilanz im Hinblick auf Frauenquoten - auch unter den Führungskräften - in den neuen Bundesländern verdankt sich vermutlich der weiter wirkenden Prägung von Lebensentwürfen und Geschlechterarrangements aus der DDR-Zeit (Dölling, 2003); sie spiegelt aber wohl auch die desolate Situation des Arbeitsmarkts und die Dominanz der Kleinbetriebe als Ausdruck der Aufbauphase in den neuen Bundesländern.

Auch geschlechtstypische Abschottungen der beruflichen Handlungs- und Entwicklungsmöglichkeiten im Sinne horizontaler Segegration sind unverkennbar. Im prestigereichsten Tätigkeitsfeld, der Strategieberatung, sind Frauen - wenn überhaupt vertreten - eine sehr kleine Minderheit und zwar in allen Betriebsgrößen. Den Gegenpol bildet das Feld der Personalberatung, das offenbar mit Weiblichkeit konnotiert ist und entsprechend Frauen auch Zugang zu Aufstiegspositionen ermöglicht. Die internen Arbeitsmärkte großer Beratungsunternehmen sind nicht nur nach Beratungsfeldern untergliedert[10], sondern auch nach Kern- und Randaufgaben. Bei letzteren, dem sog. *Support*-Personal, bilden Frauen die ganz überwiegende Mehrheit (Rudolph/Okech, 2004, 102). Die damit etablierte geschlechtshierarchische Arbeitsteilung ist auch durch unterschiedliche Governanceformen gekennzeichnet „... with males disproportionately concentrated in zones of loyalty, women disproportionately subject to drive or task controls“ (Tilly, 1998, 136).

Das *Support*-Personal wurde im Kontext des Ausbaus von Wissensmanagement aufgestockt und damit die Arbeitsteilung in Beratungsprojekten vertieft. Zwischen den Beschäftigungssegmenten der Berater/innen und der Researcher gibt es in einigen großen Unternehmen allerdings gewisse Durchlässigkeiten, wie unsere laufende Studie aufzeigt: Bei einem *Global Player* kann ein/e Berater/in im Research anfangen und sich „entwickeln"; in einem anderen dieser Unternehmen ist ein Wechsel nur in umgekehrter Richtung möglich, d.h., die Researcher rekrutieren sich hauptsächlich aus ehemaligen Beratern, mehrheitlich Beraterinnen. In beiden Unternehmen ist klar, dass diese Aufgabenveränderungen einen „Klassenwechsel" implizieren. Damit korrespondiert die Initiative des Bundesverbands der Wirtschaftsberater, der zwei Ausbildungsgänge mit der Zielgruppe Frauen entwickelt hat.[11] Die Ausbildungen zur Management-Assistentin und zur Wirtschaftsberaterin sollen auf unterstützende Funktionen für die Leitungsebene von Beratungsunternehmen vorbereiten (ebenda, 133). Die skizzierten Unternehmens- und Verbandsaktivitäten entsprechen professionspolitischen Schutzmaßnahmen beim Zugang neuer sozialer Gruppen: „The only defence in such conditions is rapid and effective creation of subordinate groups to handle the business (...)." (Abbott, 1988, 84).

Somit ist die Gleichzeitigkeit ungleicher Bedingungen für Frauen in der Unternehmensberatung zu konstatieren: Einerseits eröffnet ihnen die Branche lukrative Beschäftigungschancen, andererseits sind je nach Unternehmensgröße unterschiedliche Barrieren in den internen Arbeitsmärkten eingelassen, die ihre beruflichen Entwicklungswege enger strukturieren als die ihrer männlichen Kollegen. Die Besonderheiten der beruflichen Bedingungen von Beraterinnen in den neuen Bundesländern sind die Resultante aus politischen und biographischen Prägungen, der Dominanz kleinbetrieblicher Strukturen und der allgemeinen Arbeitsmarktsituation.

Wie die Unternehmensberatungen diese geschlechterhierarchische Arbeitsteilung produzieren, wird im Folgenden als Facetten von Professionalisierungsstrategien dokumentiert und analysiert.

4.2 Professionalisierungsstrategien von Beratungsunternehmen

Die oben dargelegte leitende Annahme der Studie, die Strategien der Beratungsunternehmen ließen sich als Suche nach funktionalen Äquivalenten für den fehlenden Professionsstatus interpretieren, wird im folgenden in zwei Dimensionen operationalisiert. Zum einen wird der Aufbau und die Zelebrierung einer Kultur des Elitismus in Beziehung gesetzt zum branchentypischen Mangel allgemein anerkannter Wissensbestände und Qualifikationsnachweise beim Zugang zum Beruf. Zum anderen werden die spezifischen Karrieremuster der Branche in den Zusammenhang mit fehlenden verbindlichen Qualitätsstandards für die Dienstleistung gestellt.

Kultur des Elitismus

Wenn im Folgenden von „Kultur" die Rede ist, so sind damit Orientierungen und Leitbilder gemeint, die in Strukturen und Prozessen der Organisationen sedimentiert sind. Vor allem die großen Beratungshäuser und die *Global Player* setzen auf ein Image des Exklusivität der Elite. Entsprechend sind die Anforderungen an das Qualifikationsniveau des Nachwuchses sehr hoch. Das spiegeln auch die Daten des Mikrozensus: 61 Prozent des Beratungspersonals verfügen über einen Fachhochschul- oder Hochschulabschluss (Mikrozensus, 1997), d.h., das Ausbildungsniveau liegt weit über dem Bundesdurchschnitt. Mit vielfältigen PR-Maßnahmen versuchen die großen Unternehmensberatungen, möglichst zahlreiche Bewerbungen zu erreichen. Damit sollen einerseits die Auswahlmöglichkeiten verbessert werden, andererseits aber auch niedrige Erfolgsraten ausgewiesen werden, die als Signal für Bestenauslese gelten. Je größer das Beratungsunternehmen, desto härter sind die Einstellungskriterien (Trees, 2003, 65ff.), das bestätigen ebenfalls die Ergebnisse unserer Expertengespräche in Unternehmensberatungen (vgl. Tabelle 3).

*Tabelle 3: Auswahlkriterien für den Beratungsnachwuchs, differenziert nach Größenklassen der Unternehmen (N = 39)**

	Kleine Unternehmen	*Mittlere Unternehmen*	*Große Unternehmen*	*global players*
Hochschul-abschluss	55%	85%	100%	100%
Überdurch-schnittliche Studienleistungen	15%	50%	65%	85%
Praxiserfahrung	60%	85%**	35%	20%
Fachwissen	80%	70%	65%	75%
Zusatz-qualifikationen	Sozialkompetenz, Akquisepotenzial	Sozialkompetenz, Akquisepotenzial, Fremdsprachen	Fremdsprachen	Zweiter akademischer Abschluss, Fremdsprachen

* Die Prozentangaben entsprechen dem Anteil der Unternehmen, die das jeweilige Auswahlkriterium anführten.

** Der hohe Prozentsatz ist auf eine große Anzahl von Personalberatungen innerhalb dieser Gruppe zurückzuführen.

Quelle: Eigene Erhebung.

Bemerkenswert ist die Bandbreite der Relevanz verschiedener Qualifikationskriterien je nach Unternehmensgröße. Das gegenläufige Muster der beiden Kriterien überdurchschnittliche Studienleistungen und Praxiserfahrung spiegelt nicht nur die Implikationen der unterschiedlichen Anforderungen und Arbeitsorganisationen für Berufseinsteiger in Beratungsunternehmen verschiedener Größenklassen, sondern auch deren Politik der Image-Bildung.

Das Selbstverständnis als exklusive Gruppe wird auch gestützt durch die Anforderungen sehr langer Arbeitszeiten und häufiger Reisen. Vom Beratungspersonal wird erwartet, zeitlich schier grenzenlos disponibel zu sein - angeblich weil die Kunden dies fordern. Daran orientiert sich auch die branchentypische Organisationsform der Arbeit in Projekten, bei denen die Teams oft wochen- oder monatelang in fremden Städten zusammenarbeiten und -leben. Diese Arbeitsbedingungen werden in den medialen Selbstdarstellungen der Unternehmensberatungen eigens hervorgehoben. Mit diesen Informationen wird eine spezifische Zielgruppe angesprochen, deren Arbeitshaltung den Vorstellungen der Unternehmen vom Typus des ständig abrufbaren, extrem belastbaren Personals korrespondiert. Geeignet als Mitglied des Elitezirkels ist nur, wer eine hohe Arbeitsmotivation und weit überdurchschnittliches Engagement mitbringt - so die Botschaft der (vorwiegend großen) Unternehmensberatungen mit Blick auf den Aufbau bzw. die Sicherung einer Kultur des Elitismus.

Die durch die langen Arbeitszeiten und intensiven Reiseaktivitäten bedingten Zeitzwänge wurden in den Expertengesprächen facettenreich beschrieben. Vor allem bei den großen und sehr großen Beratungshäusern wurden diese Herausforderungen als häufigstes und härtestes Hindernis für „Frauenkarrieren" angeführt, da sie kaum mit Familienaufgaben kompatibel seien. Spielräume für andere Gestaltung wurden unternehmensseitig weitgehend ausgeschlossen.[12] Gleichstellungsprogramme bei der Einstellungspraxis und in der Personalentwicklungspolitik erwähnte keines der Unternehmen im *Sample*. Einen Ausweg aus den Zeitzwängen bietet - wie oben angemerkt - ein *Global Player* durch die Möglichkeit des Wechsels in die Researchabteilung an. Die geregelteren Arbeitszeiten und die geringen Reiseaktivitäten bilden die Vorzüge dieser Tätigkeit, allerdings um den Preis eines niedrigeren Gehalts, beschränkter Karrierechancen und geminderten Prestiges. Es überrascht kaum, dass vorrangig Mütter diese Option wahrgenommen haben - eine Art *mummy track* also.

Management by Objectives (i.w.S.)

Unter diesem „Etikett" werden im Folgenden spezifische Strukturen und Prozesse in großen Beratungsunternehmen zusammenfassend skizziert, die als Ersatz für fehlende objektivierte Gütestandards der angebotenen Dienstleistungen angesehen werden können. Es handelt sich um Komponenten der für das obere Segment der Branche typischen Karrieremuster: das Partnerschaftsmodell, die Zeitvorgaben für Karriereschritte und die Routinen der Leistungsbewertung.

Das Partnerschaftsmodell gilt als der stärkste Leistungsanreiz in der Branche.[13] Die Chance, in die Führungsgruppe der Organisation aufzusteigen und unternehmerische Verantwortung mit zu tragen, steht prinzipiell allen Mitarbeiter/innen offen. Auch der Weg zum Olymp scheint klar ausgeschildert. Schon die *homepage* informiert nicht nur über die Hierarchiestufen (z.T. als „Erfahrungsebenen" verbrämt), sondern auch über die von Unternehmensseite erwartete Zeitfolge des Aufstiegs. Nicht bei allen Unternehmensberatungen gilt das Prinzip *up or out* bzw. *grow or go*, aber es gibt so klare Erwartungen an die Aufstiegsorientierungen und entsprechende Leistungsbereitschaft der Mitarbeiter/innen wie in kaum einer anderen Branche.[14] Strikte Zeitvorgaben für die Abfolge beruflicher Entwicklungsschritte, die ja i.d.R. vor allem im ersten Jahrzehnt nach Berufseintritt etabliert sind, implizieren hohe Risiken der Ausgrenzung von Frauen (Kreckel, 2005, 168ff.).

Mit der vorstrukturierten Karriereleiter korrespondieren enge Abfolgen von Leistungsbewertungen und der Vereinbarung jeweils neuer Leistungsziele mit dem Projektleiter und dem Mentor. Die Kategorien der Leistungsbewertung und ihre Gewichtung sind bekannt. Insofern scheinen die Strukturen und Prozesse der Karriereentwicklung transparent und objektiviert. Den Kundenunternehmen wird signalisiert, dass stets nur die Bewährtesten im Unternehmen bleiben und aufsteigen. Die Praxis löst diese Erwartungen jedoch nicht unbedingt ein.

Berufliche Entwicklungschancen hängen nämlich nur begrenzt von testierten Kenntnissen, Fähigkeiten und Erfahrungen ab. Wichtig ist vielmehr die Leistungsinszenierung, das *impression management* (Hördt, 2002). Dies gilt umso mehr, als formale Kriterien der Leistungsbeurteilung mit aufsteigender Hierarchieposition immer weniger relevant sind. Männer - so die auch in unseren Interviews bestätigte Erfahrung - können sich besser „verkaufen". Was als Leistung etwa aus der Teamarbeit in Projekten nach außen und oben vermittelt wird und karriereförderlich zur Geltung kommt, hängt von der Inszenierung ab. Männer verhalten sich entsprechend dieser Erkenntnis - weit häufiger als dies Frauen praktizieren (Edwards/Wajcman, 2005,81).

Geschlechtsbezogene Asymmetrien sind auch in den generativen Prinzipien der sozialen Beziehungen angelegt, die für den beruflichen Aufstieg unabdingbar sind. Die in der Praxis relevanten Kriterien für den Aufstieg in Leitungspositionen sind eher abstrakt, implizit und orientiert an Vorstellungen von persönlicher „Passfähigkeit" (ebenda, 84). Die Verwischung der Grenzen zwischen Arbeit und Privatleben sowie die Organisation von Freizeitaktivitäten im Kollegenkreis sind in der Beratungsbranche weit verbreitet. Informelle Netzwerke werden häufig im Rahmen von Unternehmungen nach dem Dienst aufgebaut und gepflegt. Es handelt sich dabei typischerweise um Bar- und Saunabesuche sowie um sportliche Aktivitäten, gelegentlich auch um so genannte *guys' weekends*. Da Frauen an dieser Art Freizeitgestaltung selten teilnehmen, entwickeln diese Netzwerke einen männerbündischen Charakter, wodurch Frauen auch von den dort ausgetauschten Informationen und entscheidungsvorbereitenden Diskussionen ausgeschlossen sind (McCracken, 2000, 164).

Dethematisierung und Externalisierung

Das asymmetrische Geschlechterverhältnis in der Beratungsbranche wurde in unseren Expertengesprächen zum Teil als Nicht-Problem bagatellisiert, da das „Phänomen" ja nicht branchenspezifisch sei, sondern die gesamte Wirtschaft und Politik kennzeichne. Soweit Gründe für die eklatante „Unterrepräsentation" von Frauen angeführt wurden, implizierten sie eine Externalisierung der Ursachen, nämlich Verweise zum einen auf die Frauen selbst, zum anderen auf die Kundenunternehmen.

Wiederholt findet sich in den Interviews zwar die Einschätzung, einige „frauentypische" Haltungen und Verhaltensweisen wie Empathie oder soziale Sensibilität seien in der Beratungsarbeit förderlich. Solche positiven Einschätzungen auf der diskursiven Ebene haben aber keine praktische Relevanz im Zusammenhang mit Einstellungs- und Beförderungspolitiken (Edwards/Wajcman, 2005, 82f.). Zum einen werden diese Fähigkeiten eher als naturwüchsige Veranlagung denn als Ergebnis professioneller Qualifizierung angesehen. Und sie kompensieren auch nicht die „Defizite" der Frauen. Die Kritik konzentriert sich auf:

- Erstens: Falsches Humankapital, d.h. unpassende Studienwahl bzw. -ausrichtung, fehlender zweiter Hochschulabschluss oder mangelndes Interesse (vor allem an technik-bezogenen Themen) und
- Zweitens: Weibliche Sozialisationsdefizite, wobei auf Stereotype über emotionale Reaktionsmuster von Frauen zurückgegriffen wird, die für Beratungsaufgaben dysfunktional seien.

Der zweite Argumentationsstrang, die angeblich fehlende Kundenakzeptanz, hat bei der Öffnung von bislang männerdominierten Berufsfeldern für Frauen eine lange Tradition (Gealy et al., 1979; Hördt, 2002; Janshen/Rudolph, 1987). In den Interviews in Beratungsunternehmen wurde es wiederholt vorgebracht und zwar in Unternehmen aller Größenklassen. Unternehmensberater - mehr Frauen als Männer - bezeichneten ihre Branche als konservativ, und zwar noch konservativer als die Industrie. Daraus könnte sich die Vermutung ableiten lassen, die Problematisierung der Kundenakzeptanz sei eine Projektion eigener Einschätzungen der Führungskräfte von Beratungsunternehmen. Einige Beraterinnen konnten denn auch Vorbehalte der Kunden allenfalls als ein Anfangsproblem bestätigen. Demgegenüber erwähnten drei Beraterinnen (jeweils aus kleinen Unternehmen, zwei aus den neuen Bundesländern), sie würden ihre ‚Weiblichkeit' in Verhandlungen mit Kunden gelegentlich ausspielen, wenn „die Situation" sich ergäbe; *gender switching* nennen Bruni, Gherardi und Poggi (2004) dieses kontextbezogene Verhalten. Dass dies eine schwierige Gratwanderung darstellt, beleuchtet Forseth (2005, 456) mit dem Hinweis, dass gerade in kritischen Kundeninteraktionen das Risiko besteht, auf einen Geschlechterdiskurs statt eines professionellen Diskurses abgedrängt zu werden.

Die skizzierten kulturellen und strukturellen Faktoren, die wir zu den asymmetrischen beruflichen Integrationschancen von Beraterinnen in Beziehung gesetzt haben, sind nicht typisch ausschließlich für die Beratungsbranche. Vielmehr charakterisieren sie praktisch alle anspruchsvollen, (bislang) männerdominierten Tätigkeitsfelder. Sie zeigen sich jedoch in der Branche Unternehmensberatung mit besonderer Schärfe, und zwar - so unsere These - wegen des Fehlens des Professionsstatus und in den Versuchen zur Imitation professionstypischer Strukturen und Prozesse. Weil mann in der Branche nicht auf etablierte Standards verweisen kann, werden die Anforderungen (vorsichtshalber) maximiert, und zwar bezogen auf alle Leistungs- und Verhaltensfacetten, die als funktionale Äquivalente von Professionalisierung herangezogen werden. Mit anderen Worten: Die Statusunsicherheit veranlasst vor allem die großen Unternehmensberatungen, sich und ihren Mitarbeiterstab hinsichtlich Leistungsfähigkeit und Belastbarkeit als hart getestete Bestenauslese zu stilisieren - nach innen wie nach außen. Die soziale Homogenität der Gruppe, d.h. die Exklusivität unter Männern, schafft hierfür günstige Voraussetzungen (Granovetter, 2005, 42).

5. Erosion – Reproduktion – Transformation

Welche Antworten auf die Fragen nach erkennbaren Veränderungen der geschlechterhierarchischen Arbeitsteilung, gfls. ihrer Richtung und ihrer generativen Prinzipien lassen sich resümieren? Auf der diskursiven Ebene steht die Gleichheitsnorm nicht zur Disposition. Zumindest werden Frauen als positive „Klimafaktoren" in der Beratungsarbeit gesehen und begrüßt. Zugleich werden aber bei der Rekrutierung die an männlichen Biografien orientierten Auswahlkriterien im Interesse der Qualitätssicherung als unabdingbar postuliert. Die in die Auswahlkriterien eingelassenen Geschlechterstereotype und die Präferenz der ganz überwiegend männlichen Entscheidungsträger für Kandidaten ihres Geschlechts sind auch in anderen professionellen Feldern belegt (Gorman, 2005, 703f.). Und so finden sich Frauen schon unter den Berufsanfängern in der Minderheit.

Für die berufliche Entwicklung verheißen die klar strukturierten Karriereleitern und die hoch formalisierten Routinen der Zielvereinbarungen und Leistungsbeurteilung egalitäre Chancen. Einfallstore für den männerbezogenen *bias* bieten hier die subjektiven Komponenten bei den Bewertungen sowie der Einfluss von Netzwerkbeziehungen auf die Zuteilung von Aufgaben mit besonders guten Profilierungsmöglichkeiten für weitere Beförderungen. In beiden personalpolitischen Bereichen ist die scheinbare Objektivität der Vorgehensweise - angesichts der Geltung der Gleichheitsnorm - Voraussetzung ihrer Anwendung *und* ihrer Wirksamkeit. Der Effekt zeigt sich in einer Ausdünnung der Frauenrepräsentanz mit steigender Hierarchie-Ebene bzw. Prestigestatus des Beratungsfelds.

Es sind die großen Beratungsunternehmen und die so genannten Global Player, die ihre Strukturen und Prozesse (auch) bezogen auf die Personalpolitik am stärksten formalisiert haben. Zwei als typisch dargestellte Merkmale der Beratungstätigkeit, zum einen die Organisation der Arbeit in Projekten (mit hoher Arbeitsverdichtung und erheblichem Reiseaufwand) und zum anderen die relativ strikten Zeitvorgaben für den Karriereverlauf, sind in Reinkultur nur in den sehr großen Unternehmensberatungen zu finden.

5.1 Isomorphismus als Transfer professionstypischer Merkmale

Ein guter Teil der Organisationsstrukturen, -prozesse und Kriterien lässt sich als Versuch interpretieren, ähnliche Qualitätsstandards wie die „klassischen" Professionen zu demonstrieren. Vor allem die großen Beratungshäuser tragen die damit angesprochenen Prozesse des Isomorphismus (DiMaggio/Powell, 1991) und dies aus zwei Gründen: Zum einen können sie am ehesten die erforderlichen fachlichen, organisatorischen und finanziellen Ressourcen mobilisieren, zum anderen stehen sie am härtesten in der Konkurrenz mit den großen Kanzleien der Wirtschaftsjuristen und der Wirtschaftsprüfer um Marktanteile (mit letzteren häufiger auch um Nachwuchs). Es sind vor allem die Praxen dieser Großen bzw. deren medialen Selbstdarstellungen, die das öffentliche Bild der Beratungsbranche prägen.

Komponenten dieses Bildes finden sich jedoch - teils abgeschwächt, teils modifiziert - auch in anderen Größenklassen von Beratungsunternehmen wieder. Auch die Branche Unternehmensberatung konstituiert ja ein Organisationsfeld (nicht nur das Segment der Top-Unternehmen der Unternehmens- und Rechtsberatung sowie der Wirtschaftsprüfung). Es existiert nämlich eine Vielzahl von Verbindungslinien zwischen Beratungsunternehmen sehr unterschiedlicher Größenklassen, die die Verbreitung bzw. Angleichung von Strategien, Politiken und Strukturmustern befördern. Jedoch diffundieren nicht alle Praktiken umstandslos von „oben" nach „unten", weil Wettbewerbsstrategien, Geschäftsmodell und Personalprofile untereinander passfähig sein müssen. Insofern ist mit der Verbreitung auch eine Hybridisierung der Transferinhalte verbunden.

Die Verbindung zwischen den verschiedenen Segmenten der Beratungsbranche, eine Art System kommunizierender Röhren, wird konstituiert durch hohe Personalfluktuation, aber auch durch überlappende Rekrutierungspools und Personalpolitiken. Die großen Beratungsunternehmen und die Global Player markieren mit ihren Einstellungs-, Karriere- und Anreizpolitiken Trends, die für Unternehmer anderer Größenklassen Orientierungsfunktion gewinnen. Insofern kommen - nach einem zweifachen Übersetzungsschritt - strukturelle und kulturelle Momente von Professionen auch in „weit entfernten" beruflichen Tätigkeiten zur Geltung und es ist offen, inwieweit nach diesem Transfer eher die Vorteile oder aber die Nachteile professionell organisierter Arbeit ankommen - nicht zuletzt bezogen auf asymmetrische Geschlechterverhältnisse. Was erklärt den Fortbestand eines Arbeitsregimes, das offensichtlich extremen Dauerstress produziert?[15]

5.2 Lock-in Effekte von best practice

Was das Arbeitsregime in der Beratungsbranche anbetrifft, so könnte die hohe Fluktuationsrate (in einigen Unternehmen über 30 Prozent) auf erhebliches Konfliktpotential verweisen (vgl. Okech/Rudolph, 2003, 14). Die offizielle Deutungsformel aus der Binnenlogik der Branche konstatiert jedoch eine Übereinstimmung der Interessen von Unternehmen und Beratungspersonal. Einen Hintergrund für diese Einschätzung bildet die Tatsache, dass eine große Zahl von Berater/innen die Tätigkeit bei einer (großen) Unternehmensberatung hauptsächlich als Sprungbrett für eine Führungsposition auf der Kundenseite oder in die Selbstständigkeit betrachtet. Diese Beratungsunternehmen sind ihrerseits auf hohe Fluktuation angewiesen, wenn sie die Funktionsfähigkeit ihres Organisationsmodells, nämlich gute Aufstiegschancen bei flacher Hierarchie-Pyramide, sichern wollen. Das Regime erscheint mithin stabil, weil für beide Seiten attraktiv.

Da bei Wahl der *exit*-Option (bislang) sehr gute berufliche Alternativen für ehemalige Berater/innen zugänglich sind, müssten besondere Umstände vorliegen, um die Option *voice* zu provozieren. Bei der großen US-amerikanischen Unternehmensberatung Deloitte & Touche, wo „besondere Umstände" eintraten, wurde deutlich, dass das scheinbare Frauenproblem tatsächlich suboptimale Bedingungen für das gesamte Beratungspersonal beinhaltete. Es ist bezeichnend, dass bei diesem Unternehmen die privaten Kosten des Berufs für Frauen *und* Männer erst offen thematisiert wurden, nachdem der Top-Manager das Tabu kritischer Äußerungen über die extremen Arbeitszeitbelastungen gebrochen hatte. Als Ergebnis eines umfassenden organisatorischen Lernprozesses wurden die Arbeitszeitmuster flexibilisiert, was hohen sozialen und ökonomischen Ertrag zeitigte (McCracken, 2000, 166).

Prozesse des Isomorphismus haben nicht eingesetzt, um die bei Deloitte & Touche eingeführten Innovationen in der Beratungsbranche zu verbreitern. Das Konzept des Isomorphismus erhebt ja auch nur den Anspruch plausibel zu machen, *warum* (gelegentlich) organisatorische Anpassungsprozesse stattfinden, unabhängig davon, ob die Veränderungsrichtung Effizienzgewinne impliziert - ganz zu schweigen vom Abbau gesellschaftlicher Ungleichheiten. Isomorphismus verheißt damit Trendverstärkung, nicht Trendbruch. Damit grundlegende Veränderungen initiiert werden, wäre vorab oder zumindest parallel institutioneller Wandel erforderlich. Und die Akteursgruppen dafür sind nicht in Sicht. Vielmehr bestätigt sich auch in der Branche Unternehmensberatung die Erfahrung, dass die ausschließlich individuellen Coping-Strategien (unintendiert) zur Verfestigung des Status quo beitragen (Krimmer et al., 2004, 5).

Anmerkungen

1 Für die kompetente, sorgfältige, engagierte Kooperation bei der Durchführung und Auswertung der Empirie danke ich Jana Okech.

2 Im Wintersemester 2002 waren 44% der Studierenden der Wirtschaftswissenschaften Frauen, an den Fachhochschulen sogar 49% (BMBF, 2004, 184-194).

3 Die Vorstellung, die asymmetrische Arbeitsteilung zwischen Frauen und Männern sei der Ausdruck freier Wahl, bildet auch die Basis von Hakims Präferenztheorie, die seit einigen

Jahren vom rechten Flügel der Politik und Presse in UK und Australien aufgenommen wurde (Hakim, 2000, 2004).

4 Zur Legitimation dieses Privilegs wird i.d.R. die Gewährleistung bestimmter Gütestandards der Ausbildung und Berufsarbeit durch die jeweilige professionelle Standesorganisation erwartet, d.h. eine Qualitätssicherung im Interesse der Klienten.

5 Abbott hält „Feminisierungstendenzen" in Professionalisierungsprozessen eher für eine Marginalie (vgl. Abbott, 1988, 362 FN 57).

6 Richtlinien der Verbände, z.B. des BDU, gelten nur für die Mitglieder und Verstöße können nicht nachhaltig sanktioniert werden. Ein Verlust der Mitgliedschaft bedeutet kein Verbot der Berufsausübung.

7 Dies waren (im Projektzeitraum) die neuesten für wissenschaftliche Nutzung verfügbaren Datensätze.

8 Von Frauen geleitete Unternehmen und auch Unternehmen in den neuen Bundesländern wurden überproportional in der Fragebogenerhebung sowie bei den Expertengesprächen berücksichtigt, um die Basis für eine Analyse der vermutlich fortwirkenden unterschiedlichen Geschlechterregime in „Ost" und „West" (Dölling, 2003) zu sichern. Die als Einstieg ins Feld durchgeführten Interviews mit den Geschäftsführern von sechs Berufs- und Wirtschaftsverbänden der Branche werden hier nur marginal herangezogen, weil der Fokus dieses Beitrags auf der Ebene der Beschäftigungsorganisationen liegt.

9 Der Mikrozensus ist zwar ein repräsentativer Datensatz, zieht man jedoch nur eine Teilmenge heran, noch dazu eine so kleine wie die Beratungsberufe, so sind die Differenzierungsmöglichkeiten bei der Analyse begrenzt.

10 Üblich ist eine Matrixstruktur nach Wirtschaftsbereichen (*industries*) und Funktionen (wie Marketing, Controlling, Human Resources Management).

11 Die Wahl der weiblichen Zielgruppe wurde im Interview von der Geschäftsleitung des Verbands unterstrichen. Die Ankündigung auf der *homepage* berücksichtigt beide Geschlechter (Rudolph/Padmanabhan, 2001).

12 Ein *Global Player* hat neuerdings Teilzeitarbeit in Form einer Drei-Tage-Woche eingeführt; Halbtagsarbeit ist für Fachpersonal nicht möglich. In den Jahren 2001 und 2002, als die Nachfrage nach Beratung am deutschen Markt unerwartet stark abfiel, wurden teilweise flexible Arbeitszeitmodelle mit partiellem Lohnausgleich (u.a. Sabbaticals) implementiert bzw. intensiviert (Deller, 2004).

13 Die Attraktivität dieses traditionellen Führungsmodells professioneller Unternehmen zeigt sich auch darin, dass einige große Beratungshäuser, die inzwischen die Rechtsform der AG gewählt haben, den „alten" Leitungsstil beizubehalten versuchen; „partnerschaftlich geführt" ist das Kürzel dafür.

14 Dies gilt ungeachtet der auch den Unternehmensleitungen geläufigen Tatsache, dass ein erheblicher Teil der Mitarbeiter/innen von vornherein die Tätigkeit in der Beratung nur als Sprungbrett für andere berufliche Aufgaben plant.

15 Etliche Berater/innen sprachen von ihrem hohen Einkommen als „Schmerzensgeld".

Literatur

Abbott, Andrew (1988): The System of Professions. Chicago/London

Achatz, Juliane/Fuchs, Stefan/von Stebut, Janina/Wimbauer, Christine (2002): Geschlechterungleichheit in Organisationen. In: Allmendinger, Jutta/Hinz, Thomas (Hg.): Organisationssoziologie, Sonderheft KZfSS, 284-318.

Acker, Joan (1990): Hierarchies, Jobs, Bodies: A Theory of Gendered Organizations. In: Gender & Society 4, 139-158.

- (1998): The Future of „Gender and Organizations": Connections and Boundaries. In: Gender, Work and Organization 5, 195-206.

Allmendinger, Jutta/Podsiadlowski, Astrid (2001): Segregation in Organisationen und Arbeitsgruppen. In: Heintz, Bettina (Hg.): Geschlechtersoziologie. Wiesbaden, 276-307.

Beck-Gernsheim, Elisabeth/Ostner, Ilona (1978): Frauen verändern - Berufe nicht? Ein theoretischer Ansatz zur Problematik „Frau und Beruf". In: Soziale Welt 29, 257-287.

Bruni, Attila/Gherardi, Silvia/Poggio, Barbara (2004): Doing Gender, Doing Entrepreneurship: An Ethnographic Account of Intertwined Practices. In: Gender, Work and Organization 11,4, 406-429.

Bundesministerium für Bildung und Forschung (Hg.) (2004): Grund- und Strukturdaten 2003-2004. Bonn/Berlin (zitiert als BMBF 2004)

Bundesverband Deutscher Unternehmensberater (Hg.) (2005): Facts & Figures zum Beratermarkt 2004. Bonn (zitiert als BDU 2005)

Costas, Ilse (1992): Das Verhältnis von Profession, Professionalisierung und Geschlecht in historisch vergleichender Perspektive. In: Wetterer, Angelika (Hg.): Profession und Geschlecht. Frankfurt/New York, 51-82.

- (1995a): Die Öffnung der Universitäten für Frauen - Ein internationaler Vergleich für die Zeit vor 1945. In: Leviathan 4, 496-516.

- (1995b): Gesellschaftliche Umbrüche und das Verhältnis von Profession und Geschlecht. Die juristische Profession im deutsch-französischen Vergleich. In: Wetterer, Angelika (Hg.): Die soziale Konstruktion von Geschlecht in Professionalisierungsprozessen. Frankfurt/New York, 121-138.

Deller, Christian (2004): Evaluation flexibler Arbeitszeitmodelle am Beispiel einer Unternehmensberatung. Die motivationalen Auswirkungen verschiedener Sabbatical- und Teilzeitprogramme aus Teilnehmersicht. München/Mering

DiMaggio, Paul J./Powell, Walter W. (1991): The Iron Cage Revisited: Institutional Isomorphism and Collective Rationality in Organization Fields. In: Powell, Walter W./DiMaggio, Paul J. (eds.): The New Institutionalism in Organizational Analysis. Chicago/London, 63-82.

Dölling, Irene (2003): Zwei Wege gesellschaftlicher Modernisierung. Geschlechtervertrag und Geschlechterarrangements in Ostdeutschland in gesellschafts-/modernisierungs-theoretischer Perspektive. In: Knapp, Gudrun-Axeli/Wetterer, Angelika (Hg.): Achsen der Differenz. Gesellschaftstheorie und feministische Kritik II. Münster, 73-100.

Edwards, Paul/Wajcman, Judy (2005): The Politics of Working Life. Oxford

Forseth, Ulla (2005): Gender Matters? Exploring How Gender is Negotiated in Service Encounters. In: Gender, Work and Organization 12,5 (September), 440-459.

Freidson, Eliot (1994): Professionalism Reborn. Cambridge

Gealy, Jennifer/Larwood, Laurie/Palitz, Marsha Elliott (1979): Where Sex Counts: Effects of Consultant and Client Gender in Management Consulting. In: Group and Organization Study 4,2 (June), 201-211.

Gildemeister, Regine/Wetterer, Angelika (1992): Wie Geschlechter gemacht werden. Die soziale Konstruktion der Zweigeschlechtlichkeit und ihre Reifizierung in der Frauenforschung. In: Knapp, Gudrun-Axeli/Wetterer, Agelika (Hg.): TraditionenBrüche. Entwicklungen feministischer Theorie. Freiburg, 201-254.

Gorman, Elizabeth H. (2005): Gender Stereotypes. Same Gender Preferences, and Organizational Variation in the Hiring of Women: Evidence from Law Firms. In: American Sociological Review 70,4 (August), 702-728.

Gottschall, Karin (2000): Soziale Ungleichheit und Geschlecht. Kontinuitäten und Brüche, Sackgassen und Erkenntnispotentiale im deutschen soziologischen Diskurs. Opladen

Granovetter, Mark (2005): The Impact of Social Structures on Economic Outcomes. In: Journal of Economic Perspectives 19,1 (Winter), 33-50.

Hakim, Catherine (2000): Work-lifestyle Choices in the 21st Century. Oxford

- (2004): Issues in Women's Work. London

Heintz, Bettina (2001): Geschlecht als (Un-)Ordnungsprinzip. Entwicklungen und Perspektiven der Geschlechtersoziologie. In: dies. (Hg.): Geschlechtersoziologie. Wiesbaden, 9-29.

- /Merz, Martina/Schumacher, Christina (2004): Wissenschaft, die Grenzen schafft. Geschlechterkonstellationen im disziplinären Vergleich. Bielefeld

Hördt, Olga (2002): Frauen in der Unternehmensberatung: Empirische Analyse zur geschlechtsspezifischen Segregation. Wiesbaden

Janshen, Doris/Rudolph, Hedwig (1987): Ingenieurinnen. Frauen für die Zukunft. Berlin/New York

Johnson, Terence J. (1972): Professions and Power. London

Kanter, Rosabeth Moss (1977): Men and Women of the Corporation. New York

Kay, Fiona M./Hagan, John (1998): Raising the Bar: The Gender Stratification of Law-Firm Capital. In: American Sociological Review 63, 728-743.

Knapp, M.C./Kwon, S. (1991): Toward a Better Understanding of the Underrepresentation of Women and Minorities in Big Eight Firms. In: Advances in Public Interest Accounting 4, 47-62.

Kreckel, Reinhard (2005): Mehr Frauen in akademischen Spitzenpositionen: Nur noch eine Frage der Zeit? In: Transit 29 (Sommer), 156-176.

Krimmer, Holger/Stallmann, Freia/Behr, Markus/Zimmer, Annette (2004): Karrierewege von ProfessorInnen an Hochschulen in Deutschland. Berlin (http://www.wissenschaftskarriere.de)

Krüger, Helga (1995): Prozessuale Ungleichheit, Geschlecht und Institutionenverknüpfung im Lebenslauf. In: Berger, Peter./Sopp, Peter (Hg.): Sozialstruktur und Lebenslauf. Opladen, 133-153.

- (1996): Die andere Bildungssegmentation: Berufssysteme und soziale Ungleicheit zwischen den Geschlechtern. In: Bolder, Axel et al. (Hg.): Jahrbuch '96 Bildung und Arbeit. Die Wiederentdeckung der Ungleichheit. Aktuelle Tendenzen in Bildung und Arbeit. Opladen, 252-274.

McCracken, Douglas M. (2000): Winning the Talent War for Women. Sometimes it Takes a Revolution. In: Harvard Business Review, 159-167.

McDowell, Linda (1997): Capital Culture. Gender at Work in the City. Oxford

Mills, Albert J. (1988): Organization, Gender and Culture. In: Organization Studies 9,3, 351-369.

Okech, Jana/Rudolph, Hedwig (2003): Nonstop im Einsatz. Arbeitsorganisation in der Beratungsbranche. In: WZB-Mitteilungen 102, 12-15.

Quack, Sigrid (1997): Karrieren im Glaspalast - Weibliche Führungskräfte in Europäischen Banken. Discussion Paper FS I 97-104 des Wissenschaftszentrums Berlin für Sozialforschung, Berlin

- (1999): Unternehmensreorganisation, Karrierewege und Geschlecht. Banken im internationalen Kontext. In: Nickel, Hildegard Maria/Völker, Susanne/Hüning, Hasko (Hg.): Transformation - Unternehmensreorganisation - Geschlechterforschung. Opladen, 109-130.

Rudolph, Hedwig (2004): Beyond the Token Status: Women in Business Consultancies in Germany, Discussion Paper SP III 2004-202 des Wissenschaftszentrums Berlin für Sozialforschung, Berlin

- /Okech, Jana (2004): Wer andern einen Rat erteilt ... Wettbewerbsstrategien und Personalpolitiken von Unternehmensberatungen in Deutschland. Berlin

- /Padmanabhan, Martina (2001): Der soziale Ort für Frauen in der Branche Unternehmensberatung aus Sicht der Berufsverbände. In: Zeitschrift für Frauenforschung/Geschlechterstudien 19, 1 + 2, 201-216.

Schaefer, James/Zimmer, Michael (1995): Gender and Earnings of Certain Accountants and Auditors: a Comparative Study of Industries and Regions. In: Journal of Accounting and Public Policy 14, 265-291.

Sperling, Hans J./Ittermann, Peter (1998): Unternehmensberatung - eine Dienstleistungsbranche im Aufwind. München/Mering

Staute, Jörg (1996): Der Consulting-Report. Vom Versagen der Manager zum Reibach der Berater. Frankfurt a.M./New York

Tilly, Charles (1992): Durable Inequality. Berkeley/Los Angeles/London

Trees, Stefan (2003): Wer braucht noch Berater? In: Frankfurter Allgemeine Hochschulanzeiger 66, 54-55.

Valian, Virginia (1999): Why so Slow? The Advancement of Women. Cambridge

Villiger, Danielle (1994): Die Unterrepräsentation von Frauen in der Wirtschaftsprüfung und -beratung. Winterthur

West, Candace/Zimmermann, Don (1987): „Doing gender". In: Gender & Society 1, 1, 125-151.

Wetterer, Angelika (1992): Profession und Geschlecht. Über die Marginalität von Frauen in hochqualifizierten Berufen. Frankfurt a.M./New York

- (1993): Professionalisierung und Geschlechterhierarchie. Vom kollektiven Frauenausschluss zur Integration mit beschränkten Möglichkeiten. Kassel

- (1995): Die soziale Konstruktion von Geschlecht in Professionalisierungsprozessen. Frankfurt a.M./New York

- (1999): Theoretische Entwicklungen der Frauen- und Geschlechterforschung über Studium, Hochschule und Beruf - ein einleitender Rückblick. In: Neusel, Ayla/Wetterer, Angelika

(Hg.): Vielfältige Verschiedenheiten. Geschlechterverhältnisse in Studium, Hochschule und Beruf. Frankfurt a.M./New York, 15-34.

Wharton, Amy S. (2002): Geschlechterforschung und Organisationssoziologie. In: Allmendinger, Jutta/Hinz, Thomas (Hg.): Organisationssoziologie. Sonderheft der KZfSS, 188-202.

Wilz, Sylvia Marlene (2002): Organisation und Geschlecht. Strukturelle Bedingungen und kontingente Kopplungen. Opladen

Witz, Anne (1992): Professions and Patriarchy. London/New York

Sigrid Betzelt/Karin Gottschall

Jenseits von Profession und Geschlecht? Erwerbsmuster in Kulturberufen

Einleitung

Kulturberufe[1] sind aus gendersensibler sozialwissenschaftlicher Perspektive ein attraktiver und zugleich unhandlicher Untersuchungsgegenstand. *Attraktiv,* weil sie ungeachtet jüngster Rationalisierungstendenzen in nationaler wie internationaler Perspektive zu den seit Jahren expandierenden Wissensberufen gehören und gleichzeitig hohe Akademisierungsgrade und Frauenanteile aufweisen. Attraktiv auch, weil sie innerhalb des deutschen Erwerbssystems als Vorreiter für flexibilisierte und im Hinblick auf Geschlechterarrangements möglicherweise eher egalitäre Arbeitsformen erscheinen (vgl. Betzelt/Gottschall 2004). Diese der Arbeit in den cultural industries zugeschriebene Trendsetterfunktion hat zuerst eine Vielzahl anglo-amerikanischer arbeitssoziologischer Studien zu Arbeitsbedingungen und Marktbehauptung in diesem Feld angeregt.[2] Inzwischen sind auch in Deutschland nicht nur eine Reihe von Untersuchungen zum technischen Bereich der „new economy", besonders zu den Arbeitsbedingungen in der IT-Branche, erschienen (vgl. z.B. Reichwald et al. 2004), sondern auch mehrere sozialwissenschaftliche Studien zu einzelnen Kulturberufen bzw. den Spezifika kulturberuflicher Arbeitsmärkte.[3] Die wenigsten Arbeiten stellen jedoch die „frei flottierende Arbeitskraft" und die sie konstituierenden Bedingungen wie auch ihre subjektiven Beschaffenheiten in den Mittelpunkt.[4]

Diese Lücke führt uns zur *„Unhandlichkeit" des Untersuchungsgegenstandes*, die sich zumindest im deutschen Kontext zeigt. Besonders zwei Umstände erschweren eine wissenschaftliche Analyse: Zum einen steht dem verbreiteten Alltagswissen über JournalistInnen und DesignerInnen und deren hoher medialer Präsenz nur wenig empirisches Wissen etwa über Sozialstruktur und Arbeitsbedingungen dieser Gruppen gegenüber. Zum anderen fügen sich die sekundären Kulturberufe, wie noch zu zeigen sein wird, weder in das dominante Muster abhängiger Beschäftigung noch in das der klassischen Professionen. Von daher greifen auch die gängigen Analyseschemata der Arbeitssoziologie und der Professionstheorie nur sehr begrenzt. Dies gilt auch für den Zusammenhang von Professionalisierung und Geschlecht. Insofern ist für dieses Feld empirischer wie theoretisch-konzeptioneller Forschungsbedarf zu konstatieren, dem wir in der vorliegenden Studie nachgegangen sind.

Was waren unsere Forschungsfragen, wie sind wir vorgegangen, was sind die wesentlichen Ergebnisse? Unsere Fragen waren in erwerbssoziologischer Perspektive auf die Gruppe der FreiberuflerInnen in den Bereichen Journalismus, Graphik/Design, Lektorat und Übersetzung gerichtet: Bilden sich in diesen Bereichen neue Muster der Professionalität, oder überwiegen eher prekäre, instabile berufliche Existenzen? Mit welchem beruflichen Selbstverständnis gehen die FreiberuflerInnen an ihre Arbeit und wie gelingt ihnen die Marktbehauptung? Erhalten sie Unterstützung durch Berufsverbände und Gewerkschaften? Und nicht zuletzt: Sind die Arbeits- und Lebensformen der untersuchten hoch qualifizierten Alleinselbständigen vielleicht weniger durch traditionelle Geschlechterrollen geprägt als im angestellten Normalarbeitsverhältnis? Die Untersuchung stützt sich auf Sekundäranalysen, Fragebogenerhebungen und 19 Expertengespräche, die sich auf die Sozialstruktur, Ausbildungswege und Qualifikationsprofile, institutionelle Bedingungen und Formen kollektiver beruflicher Interessenvertretung bezogen. Weiter haben wir insgesamt 42 biographische Leitfaden-Interviews mit typischen VertreterInnen von AlleindienstleisterInnen der vier Berufe durchgeführt, um Berufsverständnis und berufliche Handlungsstrategien zu untersuchen.[5] Schließlich wurden mithilfe eines teilstandardisierten Erhebungsinstruments ergänzend zu den Interviews retrospektiv die Berufsverläufe erhoben. Im Ergebnis können wir sowohl die Frage nach neuen Mustern der Professionalität wie auch nach einer sozialen De-Thematisierung von Geschlecht mit einem vorsichtigen *'Ja, aber'* beantworten. Dabei bezieht sich das 'aber' auf neue soziale Risiken und Formen sozialer Ungleichheit, die Männer wie Frauen betreffen, aber gleichwohl geschlechtsspezifisch unterschiedliche Wirkungen entfalten können. Hinsichtlich der beobachteten neuen Formen von Beruflichkeit bedarf besonders die Frage der Nachhaltigkeit dieser individualisierten, flexiblen Formen von Wissensarbeit weiterer Forschung.

Im folgenden Abschnitt werden zunächst die erwerbsstrukturellen Konturen des Berufsfeldes beleuchtet, um anschließend berufliches Selbstverständnis, Handlungsstrategien sowie Berufsverläufe der untersuchten AlleindienstleisterInnen darzustellen. In den Schlussfolgerungen wird auf die gesellschaftlichen Dimensionen der Ergebnisse sowie auf Forschungsdesiderate eingegangen.

Kulturberufe in Deutschland: erwerbsstrukturelle Konturen

Betrachtet man selbständig ausgeübte Kulturberufe im Hinblick auf ihre arbeits- und sozialpolitische Regulierung, so wird schnell deutlich, dass sie als relativ neue, hoch qualifizierte Alleinselbständigkeit im deutschen Erwerbssystem eine intermediäre Position zwischen den dominanten Erwerbstypen des abhängig beschäftigten verberuflichten Arbeitnehmers einerseits und den klassischen Professionen wie auch der traditionellen Selbständigkeit andererseits einnehmen (Gottschall/Betzelt 2003, Betzelt 2006). So ist der Typus des „Alleindienstleisters" generell nicht in korporatistische Strukturen eingebunden und verfügt nicht über die für das deutsche Erwerbssystem typische wohlfahrtsstaatliche Rahmung marktlicher Risiken. Gleichzeitig haben Kulturberufler eine relativ große berufliche Autonomie. Sie sind wie etwa Journalisten selbst bei abhängiger Beschäftigung nicht vollständig in betriebliche Kontrollhierarchien eingebunden und genießen den Vorzug relativ selbstbestimmter Arbeitszeiten (Gottschall 1999). Diese größere professionelle Autonomie ist allerdings anders als bei Ärzten und Anwälten nicht durch institutionalisierte Marktmonopole für die Erbringung von Dienstleistungen gesichert. Vielmehr handelt es sich z.B. bei künstlerischen und publizistischen Tätigkeiten um offene, nicht zertifizierte Berufe mit nichtstandardisierten Ausbildungsgängen, die mit anderen Berufsgruppen um dieselben Märkte konkurrieren. Weder für die Ausbildungsinhalte, noch für berufliche Qualifikationen existieren einheitliche Standards, geschweige denn gesetzliche Festlegungen (Stooß 1999). Die vielfältigen, nicht verkammerten Berufsorganisationen der Kulturberufler verfügen nur über geringe Regulationsmacht und können höchstens unverbindliche Rahmenrichtlinien über Preis-Leistungsverhältnisse entwickeln. Die individuelle Marktposition der AlleindienstleisterInnen muss immer wieder von neuem in den relevanten Netzwerken geschaffen werden. Die Steuerungsmedien hierbei sind Kommunikation, Vertrauen und „Ruf" (vgl. Haak/Schmid 1999). Diese Struktur der Aushandlung in Netzwerkstrukturen macht die Arbeitsmärkte für Kulturberufe einerseits offener und flexibler, andererseits aber auch risikoreicher als institutionell regulierte Märkte von Arbeit und Dienstleistungen.

Für die Marktbehauptung der AlleindienstleisterInnen ist daher ihr individuelles soziales und kulturelles Kapital von entscheidender Bedeutung. Hierin liegt die schärfste Trennlinie zwischen traditionellen und „neuen" Selbständigen, denn letztere verfügen über kein nennenswertes betriebliches Sachkapital, sondern sind vielmehr allein auf ihr „Humankapital" angewiesen (vgl. auch Haak 2005).[6] Dabei ist ihre einmal erreichte Marktposition biographisch nicht stabil, sondern muss immer wieder neu errungen werden und hängt unmittelbar von volatilen Nachfragestrukturen ab. Die AlleindienstleisterInnen unterliegen damit erhöhten Erwerbsrisiken, sind zugleich aber nicht regulär in die Systeme sozialer Sicherung einbezogen. Für die künstlerisch-publizistischen Kernberufe wurde vielmehr mit der Künstlersozialversicherung ein Sondersystem geschaffen, das allerdings nur einen Teil der Kulturberufe erfasst, keine Sicherung gegen Arbeitslosigkeit beinhaltet und aufgrund der großteils niedrigen, schwankenden versicherten Einkommen nur ein niedriges Niveau der Alterssicherung gewährleistet (vgl. Betzelt/Schnell 2003). Die soziale Verfassung der Erwerbstypen hat zugleich strukturierende Wirkung für die privaten Lebensformen. So ist bekanntlich im bundesdeutschen „konservativen" Wohlfahrtsstaatstypus das männliche Ernährermodell dominant. Dagegen hat sich die Arbeitshypothese empirisch bestätigt, dass beim Erwerbstypus des Alleindienstleisters eine Abkehr von diesem traditionellen Geschlechterarrangement zugunsten pluralerer Muster, insbesondere zugunsten von Zweiverdiener-Partnerschaften stattgefunden hat (siehe unten).

Kollektive Strukturen im Berufsfeld

Die spezifischen institutionellen Rahmenbedingungen für hoch qualifizierte Alleinselbständige spiegeln sich auch in den Strukturen der kollektiven Akteure im Berufsfeld Kultur wider. Auch in dieser Hinsicht weist der Erwerbstypus Besonderheiten auf, die mit den Stichworten Heterogenität und Hybridität zu kennzeichnen sind (vgl. Betzelt/Gottschall 2004, Betzelt 2006): Festzustellen ist zunächst, dass in dem stark individualisierten Feld von „ArbeitskraftunternehmerInnen" kollektive Strukturen durchaus von Bedeutung sind. Es gibt eine Vielfalt von Berufsorganisationen und die meisten können sogar einen Mitgliederzuwachs verzeichnen. Zudem sind zahlreiche neue Organisationsformen entstanden *(Heterogenität)*. Zu beobachten sind innovative Strategien der Interessenvertretung: Die expansiven Organisationen haben sich für die veränderte Demographie der Kulturberufe geöffnet und verzeichnen einen Zuwachs an Frauen, Jüngeren und hoch Qualifizierten. Die Verbände zeichnen sich durch einen Mix aus gleichzeitiger fachverbandlicher und gewerkschaftlicher Ausrichtung aus *(Hybridität)*. Dabei sind besonders jene Organisationen erfolgreich, die professionelle Unterstützungs- und Dienstleistungsfunktionen anbieten. Die zugleich verfolgten traditionelleren Strategien, wie Tarifverträge und Honorarempfehlungen, geraten dagegen zunehmend unter den Druck verschärfter Marktbedingungen. Mangels institutionalisierter Stellung der Verbände entfalten sie nur eine schwache Regulationswirkung und sind für die Interessenvertretung der Berufsangehörigen von relativ geringer Relevanz. Daher haben individuelle Strategien der Marktbehauptung eine hohe Bedeutung.

Neben den organisierten Verbänden spielen *informelle Netzwerke* der AlleindienstleisterInnen eine große Rolle für die individuelle Marktbehauptung, die für den Medien- und Kulturbereich bereits verschiedentlich untersucht wurden (vgl. Behringer/Jurczyk 1995, Haak/Schmid 1999, Henninger/Gottschall 2005). Zu beobachten sind unterschiedliche Netzwerktypen, die jeweils als funktionale Äquivalente für die bei AlleindienstleisterInnen fehlenden Strukturen des Betriebs und eines regulierten Arbeits- bzw. Dienstleistungsmarktes interpretiert werden können. Im Allgemeinen handelt es sich um nicht formalisierte, informelle persönliche Netzwerke, die auf Vertrauen und Reziprozität basieren (vgl. Baumann 2002), und die mit anderen Selbständigen der gleichen oder benachbarter Berufszweige geknüpft werden. Sie dienen der beruflichen und marktbezogenen Kommunikation und sind zudem relevant für die professionelle Identitätsbildung von BerufsanfängerInnen.

Beschäftigungsentwicklung und Sozialstruktur in den Kulturberufen

Die Beschäftigungsentwicklung im Kultur- und Mediensektor der Bundesrepublik ist seit den 1990er Jahren prototypisch für einen neuen Trend auf den Arbeits- und Dienstleistungsmärkten:[7] Kennzeichnend ist erstens, dass der Beschäftigungszuwachs sich in diesem Zeitraum kaum in abhängiger Beschäftigung, sondern vor allem in der *Alleinselbständigkeit* ohne weitere Beschäftigte niedergeschlagen hat. Dies gilt zwar auch für andere wissensbasierte Dienstleistungsfelder (vgl. Betzelt/Fachinger 2004), doch die Kulturberufe können in der Bundesrepublik als Vorreiter gelten, da hier selbständige Erwerbsformen bereits eine längere Tradition haben. Einen sprunghaften Anstieg nahm die Zahl der Selbständigen in den Kulturberufen allerdings seit Mitte der 1990er Jahre - sie wuchs mehr als viermal so schnell wie die Selbständigenzahl in der Gesamtwirtschaft (vgl. Söndermann 2004 auf Basis des Mikrozensus). Im Jahr 2003 waren mehr als zwei von fünf Erwerbstätigen in der Kulturbranche selbständig, in der Gesamtwirtschaft dagegen nur jede/r zehnte. Und mehr als acht von zehn selbständigen KulturberuflerInnen sind als „AlleindienstleisterInnen", also ohne Beschäftigte tätig, während dies in der Gesamtwirtschaft nur für rund die Hälfte der Selbständigen gilt.

Entsprechend der nachgefragten wissensintensiven Dienstleistungen sind die Kulturberufe zweitens durch ein *hohes Qualifikationsniveau* geprägt. Seit den 1990er Jahren haben sich die Kulturberufe akademisiert. Eigene Analysen des Mikrozensus auf der Basis von Sonderauswertungen zeigen, dass rund die Hälfte der Erwerbstätigen in den untersuchten Kulturberufen (PublizistInnen, DesignerInnen, Dolmetscher/ÜbersetzerInnen) einen Fachhochschul- oder Hochschulabschluss besitzen. In unseren schriftlichen Befragungen der Selbständigen in diesen Berufen ergaben sich sogar Raten von rund 80% AkademikerInnen, wobei die Qualifikationsprofile sehr vielfältig sind.

Drittens hat zu diesem Professionalisierungstrend der Kulturberufe der wachsende Zustrom hoch qualifizierter *Frauen* besonders beigetragen, die häufiger als Männer einen Hochschulabschluss vorweisen können (Brinkmann/Wiesand 2001). Die Frauenanteile liegen heute (2003) unter den PublizistInnen und DesignerInnen bei 43% bzw. 44% und damit auf dem Niveau der Kulturberufe insgesamt. Im traditionell feminisierten Berufsfeld der ÜbersetzerInnen betragen sie 67%, und bei den (selbständigen) LektorInnen schätzungsweise 70-80%.[8] Beide Trends zusammen ergeben in den Kulturberufen ein für Deutschland historisch eher untypisches Muster von gleichzeitiger *Feminisierung und Akademisierung*.

Zugleich ist freilich für das expansive Arbeitsmarktsegment hoch qualifizierter AlleindienstleisterInnen in Kulturberufen ungeachtet einer unzureichenden Datenlage (vgl. Betzelt 2006) mehrheitlich ein *niedriges* und überdies *stark schwankendes Einkommen* charakteristisch. Nach eigenen Analysen verschiedener amtlicher Statistiken liegen Durchschnittswerte zwischen rund € 11.000 bis € 16.900 im Jahr, wobei sich die Datenquellen jeweils im verwendeten Einkommensbegriff, dem einbezogenen Personenkreis sowie Erfassungsmethode und -zeitpunkt gravierend unterscheiden.[9] Branchenstudien im Mediensektor verweisen darüber hinaus nicht nur auf mehrheitlich niedrige Einkommen, sondern auch auf eine gewisse *soziale Polarisie-*

rung der Verdienste.[10] Danach gelingt es einer kleinen „Elite" von FreiberuflerInnen, ein Einkommen weit über dem Branchendurchschnitt zu erzielen. Die verschärfte Marktsituation seit den 1990er Jahren im Kultur- und Mediensektor hat allerdings nach den Daten der Künstlersozialkasse im Durchschnitt zu real rückläufigen Einkommen geführt (vgl. Verdi 2004). Unsere eigenen schriftlichen Befragungen eines Samples von 306 FreiberuflerInnen der vier untersuchten Berufsgruppen im Jahr 2003 kamen zu insgesamt sehr ähnlichen Ergebnissen (vgl. Betzelt 2006). Deutlich werden einerseits die mehrheitlich niedrigen Verdienste, andererseits die breite Streuung der Erlöse bis hin zu „echten" Spitzenverdiensten einzelner Befragter. Die große Mehrheit von rund 80% der befragten KulturberuflerInnen erzielt freilich ein Jahresnettoeinkommen zwischen unter € 10.000 und € 30.000.[11]

Wie sieht nun die Einkommensverteilung zwischen *Frauen und Männern* in den Kulturberufen aus? Festzustellen ist, dass sich zwar auch in den selbständigen Kulturberufen bekannte Ungleichheiten zwischen Frauen und Männern finden. Allerdings sind die - je nach Datenquelle unterschiedlichen - Einkommensdifferenzen nach Geschlecht relativ gering im Vergleich zu Unterschieden nach Merkmalen wie Alter, Sparte oder Region. Nach den Zahlen der Künstlersozialkasse verdienen die versicherten Männer im Durchschnitt immerhin ein Viertel mehr als die Frauen, doch durchschnittliche Einkommensdifferenzen nach Lebensalter und Sparte liegen mit rund 30-40% deutlich über diesem Wert. Für die Gruppe der KünstlerInnen ermittelt Haak (2005) auf Basis des Mikrozensus (2000) nur marginale Geschlechterdifferenzen bei den durchschnittlichen Stundenverdiensten. In den eigenen schriftlichen Erhebungen zeigten sich ebenfalls nur relativ geringe Abweichungen in den Einkommen der befragten Frauen und Männer von unter 10 Prozentpunkten (vgl. Betzelt 2006).

Auch im Hinblick auf die *Arbeitszeiten* ergaben die Analysen heterogene, relativ wenig geschlechtersegregierte Muster. Teilzeitselbständigkeit ist bei beiden Geschlechtern zu finden; laut Mikrozensus (1999) arbeiten immerhin 40% der männlichen Publizisten (abhängig und selbständig) weniger als 31 Wochenstunden und damit erheblich mehr als im gesamtwirtschaftlichen Durchschnitt. Insgesamt dominieren für beide Geschlechter jedoch Vollzeitarbeitszeiten: Mehr als zwei Fünftel der PublizistInnen hat eine 40-Stundenwoche, und knapp ein Drittel arbeitet sogar länger. Im Übrigen zeigen Analysen, dass sich lange Arbeitszeiten nur bei einer Minderheit der KulturberuflerInnen in überdurchschnittlichen Verdiensten niederschlagen.

Private Haushalts- und Lebensformen von AlleindienstleisterInnen

Die quantitativen Ergebnisse zu den privaten Haushalts- und Lebensformen der untersuchten AlleindienstleisterInnen zeigen zunächst zweierlei: Zum einen leben die von uns befragten selbständigen KulturberuflerInnen häufiger in Partnerschaften als alleine, und zum anderen etwas seltener mit Kindern in einem Haushalt als andere

Erwerbsgruppen. Letzteres gilt besonders für Frauen, und hier hauptsächlich für die Gruppe der befragten Designerinnen. Einen vergleichenden Überblick über die Haushaltstypen von Alleinselbständigen insgesamt, den untersuchten Kulturberufen sowie abhängig Beschäftigten gibt Tabelle 1.

Tabelle 1: Lebensformen nach Erwerbsstatus und Berufsfeld

(Zeilenprozente)		*Alleinlebend ohne Kinder*	*Partnerschaft ohne Kinder*	*Partnerschaft mit Kindern*	*Alleinlebend mit Kindern*
Frauen	Solo-Selbst. in Kulturberufen*	22	47	22	6
	Solo-Selbständige insg.**	22	39	33	6
	Abhängig Beschäftigte**	19	42	34	5
Männer	Solo-Selbst. in Kulturberufen*	15	50	33	1
	Solo-Selbständige insg.**	22	42	35	1
	Abhängig Beschäftigte**	18	41	40	1

* Eigene schriftliche Befragung (2003) von JournalistInnen, DesignerInnen, ÜbersetzerInnen, LektorInnen (N=306, davon 187 Frauen, 119 Männer). Summe der Zeilenprozente unter 100% wegen fehlender Antworten (missings n=7). Nur Kinder unter 18 J. berücksichtigt.

** Mikrozensus 1997 (anonymisierte Substichprobe), Daten entnommen aus Leicht/Lauxen-Ulbrich 2002, S. 22. Solo-Selbständige insg. ohne ExistenzgründerInnen. Nur Kinder unter 18 J. berücksichtigt.

Quelle: Betzelt 2006, S. 20

Auch Branchenstudien im Mediensektor deuten darauf hin, dass unter den FreiberuflerInnen in diesem Feld kinderlose Haushalte überwiegen und insbesondere Mütter seltener zu finden sind als im Durchschnitt der Erwerbstätigen (vgl. Haak 2005, Brasse 2003, Grass 1998). Während ein Abgleich der Alters- und Einkommensstruktur der freiberuflichen Kulturschaffenden keinen näheren Aufschluss über diese Unterschiede ergibt (vgl. Betzelt 2006), verweisen qualitative Befunde auf die spezifischen Erwerbsbedingungen, die nicht ohne weiteres mit einer hauptverantwortlichen Sorgeverantwortung für Kinder vereinbar sind. Als belastend für das Privatleben wurden in den Interviews besonders die phasenweise überlangen Arbeitszeiten und die unsicheren, großteils niedrigen Verdienste beschrieben, die immerhin zwei Befragte explizit als Hindernis für eine Familiengründung sahen.

Dies ist jedoch nur eine Seite der Medaille. Denn diejenigen Befragten, die tatsächlich Elternverantwortung tragen (knapp die Hälfte), bewerten ihre Selbständigkeit durchweg positiv im Sinne einer besseren familiären Vereinbarkeit im Vergleich zu einer abhängigen Beschäftigung (vgl. auch Rehberg et al. 2002). Die große zeitliche und räumliche Flexibilität der alleinselbständigen, nicht betriebsförmigen Arbeitsweise wird von ihnen nicht primär als Belastung empfunden, sondern als ein erweiterter Handlungsspielraum, um private und berufliche Bedarfe auszutarieren.[12] Diese Spielräume effektiv nutzen zu können, setzt allerdings ausgeprägte individuelle Kompetenzen von Selbstorganisation wie auch ein unterstützendes soziales Umfeld voraus. Hierzu zählen auch die privaten Partnerschaften, die die große Mehrheit der interviewten FreiberuflerInnen jenseits des traditionellen männlichen Ernährermodells lebt. Es überwiegen *egalitäre Geschlechterarrangements*, in denen meistens beide PartnerInnen den Schwerpunkt auf den Beruf setzen, oder, seltener, eine ausbalancierte Kombination aus Beruf und Privatleben praktizieren (vgl. Henninger 2004). Außerdem stießen wir bei mehreren Paaren auf eine umgekehrte Rollenverteilung, in der die Frauen stärker beruflich engagiert waren und höhere Einkommen erzielten, während ihre männlichen Partner vorwiegend Teilzeit arbeiteten und die Hauptsorgearbeit für die Kinder übernahmen.

Ein zentrales Ergebnis ist in diesem Zusammenhang, dass den privaten LebenspartnerInnen eine große Bedeutung für das individuelle *Risikomanagement* zukommt: Denn die PartnerInnen - ob Frauen oder Männer - fungieren sowohl für zeitliche als auch finanzielle Engpässe als „Puffer" ihrer freiberuflichen LebenspartnerInnen und damit als privater Risikoausgleich. So zeigten die schriftlichen und mündlichen Befragungen, dass ein Großteil der AlleindienstleisterInnen auf phasenweise finanzielle Unterstützung aus dem privaten Umfeld angewiesen ist, um Auftragsflauten zu überbrücken oder z.B. größere Anschaffungen zu tätigen.

Im Hinblick auf die privaten Haushaltsformen der FreiberuflerInnen zeigen sich also spezifische Chancen- und Risikokonstellationen der Erwerbssituation als AlleindienstleisterIn, die ambivalente Rückwirkungen auf die privaten Lebensformen haben.

Berufsverständnis und berufliche Handlungsstrategien

Wie schlagen sich diese Befunde zu den Erwerbsbedingungen und der Sozialstruktur nun im subjektiven Berufsverständnis der AlleindienstleisterInnen nieder, und wie kommt es eigentlich, dass sie trotz der prekären Erwerbsbedingungen dem Berufsfeld treu bleiben?

KulturberuflerInnen verfügen über hohe berufliche Qualifikationen und in unserem Sample mehrheitlich über langjährige Berufserfahrung. Dies verweist auf *hohes kulturelles Kapital* als Basis für die Ausbildung eines beruflichen Selbstverständnisses. Zu den Ressourcen, über die die meisten Befragten verfügen, zählen nicht nur ihre berufsfachlichen Wissensbestände und die entwickelten spezifischen Kompetenzprofile, sondern auch bestimmte überfachliche Schlüsselkompetenzen für die Bewältigung der marktlichen Anforderungen wie z.B. im Umgang mit Kunden. Nur vor diesem Hintergrund werden die Befunde zu Berufsidentität und marktlichen Handlungsstrategien verständlich.

Aus dem Interviewmaterial konnten in einem induktiven Verfahren *drei Typen* von Berufsverständnis extrahiert werden. Die Typisierung erfolgte entlang der Kriterien der primären Motivation beruflichen Handelns, der Bezugspunkte des Selbstverständnisses und der Berufsidentität. Von den drei Typen war einer am weitesten verbreitet und insofern besonders charakteristisch. Auf dieses Selbstverständnis, das wir mit *„Beruf als Berufung"* bezeichnet haben, wollen wir deshalb näher eingehen, während die beiden anderen Typen hier nur kurz skizziert werden können.[13] Idealtypisch zeichnet sich dieser dominante Typ durch eine hohe intrinsische Motivation beruflichen Handelns aus. Der Beruf dient typischerweise in erster Linie der kreativen Selbstverwirklichung, erst in zweiter oder dritter Linie dem Gelderwerb. Dementsprechend ist die Identifikation mit dem Beruf sehr hoch, so dass er tendenziell die gesamte Lebensführung dominiert. Charakteristisch ist eine Entgrenzung zwischen Berufs- und Privatperson - Aussagen wie „der Beruf ist mein Hobby" oder „Designer ist man mit Leib und Seele" machen dies deutlich. Offenkundig ist darüber hinaus eine gewisse Orientierung an gesellschaftlichen Zielen des Gemeinwohls: Besonders JournalistInnen, aber auch ÜbersetzerInnen und wenige DesignerInnen formulierten übergeordnete Ansprüche an ihr berufliches Handeln wie z.B. Aufklärung über gesellschaftliche Missstände oder Förderung des Verständnisses fremdsprachiger Literatur. Bezug genommen wird auf hohe berufsethische und fachliche Standards, wobei sich diese auf eine explizite wissenschaftliche Basis gründen bzw. den Anspruch künstlerischer Innovation beinhalten. Der konkrete Nutzen der Dienstleistung für den Auftraggeber ist im Selbstverständnis dieses Typs eher nachrangig bzw. wird in der hohen Qualität der eigenen Produkte gesehen.

Dieses Muster von Berufsidentität ist bei der breiten Mehrheit der interviewten AlleindienstleisterInnen mehr oder minder stark ausgeprägt vorzufinden. Demgegenüber unterscheiden sich die beiden anderen vorgefundenen Typen durch ein entweder eher bodenständiges, stärker „handwerklich" als künstlerisch-berufsethisch geprägtes Selbstverständnis, oder - in nur wenigen Fällen - eine eindeutig instrumentelle, materiell ausgerichtete Berufsidentität. Die Verteilung auf die verschiedenen Typen zeigt weder relevante Geschlechterdifferenzen, noch eindeutige berufsspezifische Unterschiede.

Auf Basis dieser Ergebnisse lässt sich die Frage nach dem Grund für den Verbleib im Berufsfeld trotz prekärer Bedingungen zumindest teilweise beantworten: Die berufliche Motivation ist mehrheitlich sehr hoch und wird untrennbar mit der eigenen Person verknüpft. Doch wie sieht es mit der Realisierung der eigenen Ansprüche in einem „marktradikalen", wenig regulierten Umfeld aus? Auch im Hinblick auf die subjektive Sicht der Marktbedingungen und die Handlungsstrategien sind bestimmte Muster erkennbar. Es bietet sich ein differenziertes Bild, ob und in welcher Schärfe eine Spannung zwischen individuellen beruflichen Ansprüchen und den Marktanforderungen wahrgenommen und wie damit individuell umgegangen wird. Wir gehen hier wieder nur auf das dominante Muster von Handlungsstrategien ein, das im Wesentlichen von Befragten des hoch identifizierten Typus verfolgt wird.

Die große Mehrheit der FreiberuflerInnen sieht ihr Berufsverständnis im Konflikt zu den (sich verschärfenden) Marktbedingungen, wobei diese Diskrepanz unterschiedlich stark wahrgenommen wird - von völlig unverträglich bis balancierbar. Die hierbei dominante Form der Konfliktbewältigung lässt sich als *„Standbein-Spielbein-Variante“* bezeichnen. Die meisten der hoch identifizierten AlleindienstleisterInnen machen die Erfahrung, dass ihre fachlich-ethischen Ambitionen mit einer ausreichenden Einkommenssicherung im Kernberuf nicht miteinander vereinbar sind.[14] Sie spalten daher ihre berufliche Tätigkeit auf: Das „Spielbein“ entspricht dabei der eigentlichen Kernberufstätigkeit, in der danach gestrebt wird die individuellen fachlich-ethischen Ansprüche zu realisieren, obwohl die materielle Honorierung nicht existenzsichernd ist. Daher werden als „Standbein“ zur Einkommenssicherung Aufträge übernommen, die zwar den eigenen berufsfachlichen Vorstellungen weniger entsprechen, aber besser honoriert sind. Dies sind bei den JournalistInnen typischerweise Tätigkeiten im Bereich Public Relations, bei DesignerInnen oder ÜbersetzerInnen Aufträge mit Routinecharakter und geringem kreativen Anteil. Die Identifikation mit diesen Berufsanteilen ist deutlich geringer, hier kommen nur die handwerklich-technischen Regeln zur Geltung, während weitergehende berufsinhaltliche Maßstäbe zurücktreten müssen.

Neben dieser Art der „Mischkalkulation“, in der ungeliebte „Brotjobs“ die Kernberufstätigkeit quasi subventionieren, bestanden andere berufliche Strategien beispielsweise darin, eigene Vorstellungen mit den Kunden möglichst optimal auszuhandeln; eine Minderheit verstand sich außerdem in erster Linie als DienstleisterIn für den Markt und sah darin keinen Widerspruch zu eigenen beruflichen Ansprüchen (vgl. Betzelt 2006).

Alle vorgefundenen Strategien dienen dazu, die subjektiven Voraussetzungen und Orientierungen mit den nur begrenzt beeinflussbaren Marktbedingungen auszubalancieren. In der Verteilung der BerufsvertreterInnen auf die Handlungsmuster zeigten sich zwar gewisse berufsspezifische Differenzen, die möglicherweise auf die jeweils unterschiedliche Markt- und Auftraggeberstruktur verweisen, aufgrund des kleinen Samples allerdings nicht hinreichend belegt sind.[15] Dagegen waren Geschlechterdifferenzen kaum zu beobachten.

Darüber hinaus ist die arbeitsinhaltliche Seite der Berufsausübung eng mit der *selbständigen Erwerbsform* verknüpft: Die Erfüllung der beruflichen Normen und individuellen Ansprüche an die Arbeit trotz marktlicher Restriktionen gelingt nur aufgrund der Handlungsspielräume als Selbständige. So bildet die Selbständigkeit ein zweites wichtiges Bindeglied zum Verbleib im Berufsfeld. Denn die Zufriedenheit mit der Selbständigkeit ist allgemein hoch, selbst wenn sie ursprünglich nicht ganz freiwillig, z.B. aus der Arbeitslosigkeit, aufgenommen wurde. Insgesamt ist ein hoher

Grad an Reflexivität zu beobachten (vgl. auch Hoff 2003). Dabei überwiegen für die meisten AlleindienstleisterInnen subjektiv die Vorzüge einer relativ großen zeitlichen, räumlichen und arbeitsinhaltlichen Selbstbestimmung gegenüber der als nachteilig empfundenen materiellen Unsicherheit. Das gleichwohl immer gegebene *Risiko von Selbstausbeutung* ist den meisten AlleindienstleisterInnen durchaus bewusst. Es wird zwar reflektiert, aber als der Selbständigkeit prinzipiell inhärent akzeptiert. Wo genau der schmale Grat zur Selbstausbeutung überschritten wird, ist in der Selbst- und Fremdwahrnehmung möglicherweise unterschiedlich zu bewerten. Hinzu kommt, dass die eigene Situation im Vergleich zu einem beobachteten Verlust an Sicherheit im Angestelltenstatus positiver bewertet wird, da sie mehr Handlungsspielräume eröffne. Auch im Hinblick auf die Wahrnehmung der *sozialen Risiken* als Selbständige zeigt sich ein uneindeutiges Bild: Zum Teil werden die Risiken von Einkommensausfällen aufgrund von Krankheit oder Alter wahrgenommen und als großer Nachteil betrachtet. Zum Teil werden sie angesichts der niedrigen Einkommen, die keine Rücklagen erlauben, aber mehr oder weniger bewusst unterschätzt.

Inwiefern sind nun diese Befunde zu beruflichen Orientierungen und Marktbehauptungsstrategien der Kulturberufe an *theoretische Konzepte* zu Profession, Beruf(lichkeit) und Geschlecht anschlussfähig bzw. welche Konzepte erweisen sich als erklärungskräftig? Für die Analyse der Untersuchungsgruppe haben sich *professionstheoretische* Konzepte insgesamt als wenig weiterführend erwiesen, dies gilt sowohl für die traditionell funktionalistischen Interpretationen der Professionen (z.B. Parsons 1968), als auch für macht- und konflikttheoretische Perspektiven (z.B. Larson 1977), einschließlich ihrer kritisch-feministischen Erweiterungen (z.B. Wetterer 1995, Heintz et al. 1997). Denn wie wir gezeigt haben, unterscheiden sich einerseits die institutionellen und marktlichen Rahmenbedingungen der kulturberuflichen AlleindienstleisterInnen gravierend von jenen der klassischen Professionen. Ein „collective mobility project", durch das sich eindeutige Definitions- und Marktmacht und soziale Schließung herstellen ließe, ist diesen Erwerbsgruppen aus verschiedenen Gründen eben nicht gelungen. Ebenso weicht die aufgezeigte geringere männliche Prägung von Erwerbs- und Privatsphäre vom Idealtyp des Professionellen deutlich ab. Andererseits weisen die hohen formalen Qualifikationen der Kulturberufe, ihre starke subjektive Bindung an berufliche und ethische Normen sowie die hohe berufliche Identifikation durchaus eine Nähe zum Idealtyp der Profession auf.

Auch neuere Interpretationen des Wandels von Professionen in einem ökonomisierten, zunehmend organisationalen Umfeld mit stärkerer „Kundenorientierung" (z.B. Abbott 1988, Freidson 2001) passen für die kulturberuflichen AlleindienstleisterInnen nicht recht, weil sich deren marktlichen und arbeitspraktischen Kontexte wie auch die subjektiven Orientierungen und Handlungsstrategien zu sehr von anderen professionellen Feldern unterscheiden. Die Debatte um „Professionalismus" als disziplinärer Mechanismus der erweiterten Selbstkontrolle der Beschäftigten aus der Distanz, eingesetzt als neues betriebliches Herrschaftsinstrument des Managements (vgl Fournier 1999), greift für unsere Untersuchungsgruppe zu kurz. Denn erstens beruht das berufliche Selbstverständnis hier typischerweise auf starken *intrinsischen* Motivationen und subjektiven Orientierungen, die nicht erst in betrieblichen Kontexten entstehen, sondern meist schon vor oder während langjähriger, primär fachlich statt marktlich ausgerichteter Ausbildungswege. Zweitens dient das Festhalten der KulturberuflerInnen an beruflichen Normen und eigenen Vorstellungen wie eine Dienstleistung zu erfolgen hat, nicht dem Kundeninteresse, sondern vielmehr zur individuellen *Abgrenzung* gegenüber Markt- bzw. Kundenanforderungen. So wurde der Begriff „Professionalität" von den Befragten im Sinne von *Selbstbehauptung* verwendet, und zwar sowohl gegenüber überbordenden Kundenwünschen als auch im Sinne des Ausweises eigener Expertise als Versuch einer Schließung „nach unten" gegenüber weniger qualifizierten Marktkonkurrenten. Damit fungiert Beruflichkeit in dieser „modernen" Beschäftigtengruppe also offenbar - ganz im Einklang mit dem ursprünglichen Berufskonzept - als traditionelles „Bollwerk" gegenüber den Gesetzen der Ökonomie. Allerdings mit einer fundamentalen Differenz: Den AlleindienstleisterInnen fehlen die institutionellen Säulen, um dieses Bollwerk wirklich tragfähig zu machen. Sie sind vielmehr darauf angewiesen, den Spagat zwischen „Beruf" und „Markt" individuell zu meistern, optimalerweise auf der Basis spezifischer kommunikativer Kompetenzen. Der hohe Grad der „Subjektivierung"[16] der Arbeit von KulturberuflerInnen im Verein mit ihrer schwachen, individualisierten Marktposition richtet sich freilich leicht gegen die AlleindienstleisterInnen selbst, wenn die Grenze zur Selbstausbeutung überschritten wird.

Zu einem ähnlichen Ergebnis hinsichtlich der Gefahr der *ökonomischen Ausbeutbarkeit* des „auf Kreativität gestützte(n) Arbeitsethos" kommt Koppetsch (2004, S. 11) in ihrer erhellenden Studie über die Werbeberufe. Sie vertritt die These, dass im „neuen Kapitalismus" Kreativsein als neues Persönlichkeitsideal im untersuchten Berufsfeld aufgewertet wurde und damit zur Entstehung eines neuen Berufsethos beigetragen hat, das die post-fordistische projektförmige Betriebs- und Arbeitsorganisation unterstützt (Koppetsch 2004, S. 3). Dies scheint eine plausible Interpretation für dieses Feld zu sein. Im Unterschied zu den von uns untersuchten Kulturberufen wirkt im Feld Werbung allerdings Beruflichkeit auf der Basis des kreativen Arbeitsethos *kongruent* zu den Marktgesetzlichkeiten. Dies liegt vermutlich daran, dass die von uns untersuchten sekundären Kulturberufe stärkere berufsfachliche als künstlerische Kerne beinhalten und nicht so sehr auf „Kreativität" als zentralen Wert ausgerichtet sind. Gleichwohl kommt auch Koppetsch zu dem Schluss, dass es „zu kurz gegriffen" sei, „das Kreativitätsethos allein als Herrschaftsideologie zu begreifen, da es auch eine sachliche, eine professionelle Grundlage besitzt" (Koppetsch 2004, S. 11).

Als *Schlussfolgerung* ist festzustellen, dass das *Berufskonzept* offenbar - entgegen mancher Unkenrufe (vgl. Baethge 1998) - nach wie vor auch für die Analyse neuer

Erwerbsmuster und moderner, wissensbasierter Tätigkeiten taugt, weil es „elastischer" auf neuere Wissensberufe anwendbar ist als die engeren professionstheoretischen Konzepte (vgl. auch Kurtz 2005). Gleichwohl ist zu konstatieren, dass professionstypische normative subjektive Orientierungen in den modernen wissensbasierten, aber nicht mit dem entsprechenden institutionellen Rüstzeug ausgestatteten Berufen, vorzufinden sind. In Bezug auf die marktliche Verwertungsseite erweist sich eine solche hybride Form von Beruflichkeit als ambivalent: Die subjektiven normativen Anteile können sowohl als individuelle „Widerstandsform" gegen die totale Vermarktlichung wirken als auch im Einklang mit Marktgesetzlichkeiten stehen. Wie sich die Wirkungszusammenhänge jeweils gestalten, ist offenbar sowohl feldabhängig, besonders hinsichtlich der berufsfachlichen Konturierung eines Tätigkeitsfeldes, als auch beeinflusst von den individuellen Ressourcen der FreiberuflerInnen.

Diese Befunde sind relativ gut anschlussfähig an das arbeitssoziologische Konzept des *„individuellen Berufs"* (Voß 2001), der sich durch hochgradige *Reflexivität*, eine *relativierte Fachlichkeit* und stärkere *Ökonomisierung* beruflichen Handelns auszeichnet. Für die von uns untersuchten Berufe stellt sich dies in spezifischer Weise dar: Die Fachlichkeit wird hier im beruflichen Handeln nicht generell relativiert, es handelt sich typischerweise vielmehr um eine Segmentierung der Fachlichkeit in einen „Kernberuf" und in andere berufliche Tätigkeiten auf geringerem Niveau. Eine Ökonomisierung beruflichen Handelns liegt bereits in der vermarktlichten Erwerbsform der Alleinselbständigkeit vor. Wie gezeigt wurde, findet die Vermarktlichung allerdings nicht ungebrochen statt, sondern wird gefiltert durch individuelle Balanceleistungen auf der Basis hoher Qualifikationen, Handlungskompetenzen und spezifischer Wertorientierungen.

Berufsverläufe

Für eine Bewertung des neuartigen Erwerbs- und Berufsmusters ist neben der Querschnittsperspektive auf den Lebens- und Berufsalltag auch die Längsschnittsicht auf den Lebens(ver)lauf von Bedeutung. Hier stellt sich vor allem die Frage, inwiefern die vorgefundenen individualisierten Risikostrategien und Formen subjektiver Bindung an Normen dauerhaft tragfähig sind, d.h. eine nachhaltige berufliche Existenzsicherung ermöglichen.[17]

Die Befunde zu den Erwerbsbiographien der selbständigen KulturberuflerInnen zeigen nicht nur Abweichungen vom Normalarbeitsverhältnis, sondern - wenig erstaunlich - auch von den Karrierepfaden klassischer Professionen. Angesichts der schwierigen Erwerbsbedingungen wäre es naheliegend, diskontinuierliche, brüchige Verläufe zu erwarten. Bisherige Befunde ergaben jedoch eher das Gegenteil: Die Berufsbiographien der befragten Freelancer im Kultur- und Mediensektor sind überwiegend durch relativ große Kontinuität gekennzeichnet (vgl. auch Reichwald et al. 2004).

Dabei besteht die Konstanz der heute als Freelancer Tätigen jedoch selten in einer früheren langjährigen Zugehörigkeit zu einem Betrieb oder einer fortwährend exakt gleichen Tätigkeit. Vielmehr zeichnen sich zwei dominante Muster ab, die durch ein hohes Maß an Komplexität und Selbststeuerung charakterisiert sind. Beobachtet wurde erstens das *Zwei-Phasen-Muster*, in dem typischerweise eine längere Phase abhängiger Beschäftigung durch den Wechsel in die dann kontinuierlich fortgeführte Selbständigkeit abgelöst wird. Über den Statuswechsel hinweg bleiben die Tätigkeitsschwerpunkte im Wesentlichen konstant. Das zweite dominante Muster ist deutlich komplexer und kann, in Anlehnung an Hoff et al. (2000), mit dem Begriff *Doppel- oder Mehrgleisigkeit* bezeichnet werden. VertreterInnen dieses Typs arbeiten parallel über mehrere Jahre hinweg freiberuflich und zugleich angestellt mit jeweils unterschiedlichen Tätigkeitsschwerpunkten, die sich über die Jahre auch verschieben können. Solche mehrgleisige Phasen können auch in eine langjährige ausschließliche Selbständigkeit münden. Beide kontinuierlichen Berufsverlaufsmuster waren für Frauen und Männer dominant. Nur in wenigen, ebenfalls nicht geschlechtsspezifisch verteilten Fällen waren *diskontinuierliche* Verläufe zu beobachten, die durch längere Erwerbsunterbrechungen, mehrfache Status- und Tätigkeitswechsel und andere biographische Brüche gekennzeichnet sind.

Zwar lassen die Befunde aufgrund der kleinen Fallzahlen nur begrenzt verallgemeinerbare Aussagen zu. Gleichwohl ist die relativ große erwerbsbiographische Kontinuität aus den Erwerbsstrukturen plausibel zu erklären: Zum einen bietet das offene, nicht klar abgegrenzte Feld der Kulturberufe gute Möglichkeiten für Mehrgleisigkeit und Wechsel von Tätigkeitsschwerpunkten, was Diskontinuitäten in Form von Berufswechseln verringert. Auf der Subjektebene bietet das reflexive Berufsverständnis vielseitige Entwicklungspotenziale innerhalb des „individuellen Berufs". Zum anderen ermöglicht und verlangt die selbständige Erwerbsform ein gewisses Maß an Kontinuität, die mit längeren Erwerbsunterbrechungen unvereinbar ist. Die Standardursache diskontinuierlicher weiblicher Erwerbsbiographien - Mutterschaft und Sorgeverantwortung für Kinder und andere Haushaltsangehörige - wirkt sich nach unseren Befunden für Alleinselbständige weniger segregierend auf den Berufsverlauf aus. Statt einer längeren „Kinderpause" reduzieren die selbständigen, sorgeverantwortlichen Mütter und Väter höchstens für einige Monate ihre Arbeitszeit oder arbeiten sogar in vollem Umfang weiter. Die größere zeitliche und örtliche Flexibilität selbständiger Arbeit bietet offenbar bessere Optionen zum dauerhaften Verbleib im Beruf, als dies typischerweise in der abhängigen, betriebsgebundenen Beschäftigung der Fall ist (vgl. Abschnitt 2). Allerdings entspringt diese Erwerbskontinuität auch der existenziellen Notwendigkeit „am Ball zu bleiben" und wichtige Kontakte zu Auftraggebern aufrechtzuerhalten, um die eigene Marktposition nicht zu gefährden. Institutionelle Sicherungen wie z.B. ein betrieblich organisierter Wiedereinstieg nach einem Erziehungsurlaub stehen den Selbständigen nicht zur Verfügung. Die

Marktbehauptung über Netzwerkstrukturen erfordert permanenten aktiven Einsatz, insofern ist deren Tragfähigkeit eher als labil einzuschätzen.

Der „individuelle Beruf" und die Bedingung selbständiger Marktbehauptung ermöglichen und erfordern also berufliche Kontinuität und erweisen sich als relativ stabile Orientierungsmarken. Angesichts der prekären Erwerbsbedingungen fragt sich nun, inwieweit die Berufsverläufe auch als *„erfolgreich"* zu kennzeichnen sind. Die Analyse anhand kontextbezogener Erfolgskriterien wie Erwerbseinkommen, Auftraggeberstruktur, fachliche Auszeichnungen und subjektive Zufriedenheit zeigt, dass auch VertreterInnen von wenig geradlinigen Verläufen häufig einen beruflichen Aufstieg für sich verbuchen können. Nach allgemeinen gesellschaftlichen Maßstäben bewegen sich zwar die materiellen Gratifikationen üblicherweise auf einem bescheidenen Niveau, doch „Erfolg" wird subjektiv eher an immateriellen Qualitäten wie erreichter Autonomie und Authentizität gemessen (vgl. Pink 2001).

Nun ist dieses relativ positive Ergebnis allerdings mit Vorsicht zu genießen. Denn die Befunde spiegeln zum einen vermutlich auch Effekte von Selbstselektion, die methodisch kaum auszuschließen sind. Zum anderen handelt es sich bei den beobachteten „gelungenen" Berufskarrieren um hochgradig individualisierte Resultate von „Selbstsozialisation". Mangels vorgegebener Karrieremuster müssen die AlleindienstleisterInnen selbständig „Biographiearbeit" leisten, indem sie Gelegenheitsstrukturen aktiv nutzen. In der geringen Regulation des offenen Feldes liegen damit einerseits Chancen auf subjektiv befriedigende Karrieren, die andererseits jedoch das permanente Risiko von *Prekarität* beinhalten. Um die Nachhaltigkeit der alleinselbständigen Erwerbsform zu beurteilen, ist deshalb der *gesamte Lebensverlauf* mit seinen Risiken zu betrachten (vgl. Egbringhoff 2005). Denn das relativ niedrige Einkommensniveau selbst der erfolgreichen Kulturberufler mag zwar mit einer gewissen materiellen Genügsamkeit vieler intrinsisch motivierter AlleindienstleisterInnen korrespondieren. Allein: Zu einer existenzsichernden individuellen Vorsorge für die Wechselfälle des Lebens reicht es im Allgemeinen nicht aus. Risiken wie Krankheit oder gar Berufsunfähigkeit, Auftragsflauten und nicht zuletzt der Einkommensausfall im Alter lassen sich individuell ohne nennenswerte Vermögensrücklagen nicht überbrücken. Die institutionelle soziale Absicherung dieser Risiken ist für Selbständige in der Bundesrepublik jedoch bekanntlich sehr lückenhaft (vgl. Betzelt/Fachinger 2004, Fachinger et al. 2004). Für viele Selbständige ist deshalb die Gefahr materieller Armut im Alter absehbar. Sicherungslücken bestehen außerdem vermehrt auch bei der Krankenversicherung Selbständiger.[18] In individueller wie in gesellschaftlicher Hinsicht ist damit besonders die Alleinselbständigkeit nur sehr begrenzt als nachhaltig im Sinne einer dauerhaften Existenzsicherung aus Erwerbsarbeit zu bewerten.

Fazit und Forschungsdesiderate

Um noch einmal auf den Titel unseres Beitrags zurückzukommen: Entwickelt sich in den von uns untersuchten Bereichen Erwerbstätigkeit jenseits von Profession und Geschlecht? Und liegt hier ein verallgemeinerbarer Trend neuer Arbeits- und Lebensformen vor?

Zunächst zur Frage der *Profession*. Festzustellen ist, dass die hier untersuchte hoch qualifizierte Alleinselbständigkeit in Kulturberufen nicht die typischen Merkmale traditioneller erfolgreicher professional projects aufweist: Soziale Schließung, Monopolbildung, berufsständische Interessenvertretung und der damit einhergehende male bias fehlen in den Kulturberufen. Ebensowenig vorhanden sind jedoch auch die Merkmale der Berufsförmigkeit wie sie in Deutschland historisch in das Normalarbeitsverhältnis inkorporiert sind. Stattdessen sprechen die nicht-standardisierten, komplexen beruflichen Qualifizierungs- und Karrierewege, die hohe Relevanz subjektiver „professioneller" Orientierungen bei nur relativ geringer materieller Entlohnung sowie die pluralen Koppelungen von Arbeits- und Lebensformen für ein neues, individualisiertes Muster von Beruflichkeit. Diese hybride Form hoch qualifizierter freiberuflicher Wissensarbeit zwischen klassischen Professionen und Normalarbeitsverhältnis beinhaltet eine Individualisierung der Marktrisiken, die nur dank hoher intrinsischer Motivation und „professioneller" Balancestrategien eine fragile erwerbsbiographische Kontinuität erlaubt. Voraussetzungen dieses Berufsmusters sind nicht nur umfassende berufsfachliche Qualifikationen und überfachliche Kompetenzen reflexiven Selbstmanagements, sondern auch der Rückgriff auf private finanzielle und zeitliche Ressourcen von LebenspartnerInnen und damit eine spezifische Verknüpfung von „Arbeit und Leben". In diesem Sinn könnte man auch von einer Re-Traditionalisierung sozialer Sicherung sprechen. Es liegt auf der Hand, dass erstens mit diesem individualisierten Erwerbsmuster große Potenziale sozialer Ungleichheit einhergehen, die bereits selektiv beim Marktzugang wirken, und zweitens die mit einer solchen marktradikalen Existenz verbundenen, unzureichend abgesicherten sozialen Risiken arbeits- und sozialpolitische Regulierungsbedarfe aufwerfen (vgl. Betzelt/Gottschall 2005).

Im Hinblick auf *Geschlecht* ist - mit gewissen Einschränkungen angesichts der Datenlage und beobachteter Disparitäten bei den Einkommen - eine eher schwache soziale Strukturierung sowohl der Erwerbssphäre als auch der privaten Lebensformen zu konstatieren. Trotzdem ist aus mehreren Gründen Skepsis angebracht, ob das neuartige Berufsmuster tatsächlich „jenseits" von Geschlecht funktioniert. Denn man könnte den Beschäftigungszuwachs in diese materiell prekäre Erwerbsform für hoch Qualifizierte auch als „Feminisierung" im bekannten Sinn einer Verbreiterung schlechter sozialer Bedingungen auch auf Männer interpretieren. Diese Sichtweise wird allerdings der Ambivalenz - und damit den Chancen und individuellen Gestaltungspotenzialen - dieser Erwerbsform nur bedingt gerecht, wie die empirischen Befunde zeigen. Denn gerade für hoch qualifizierte Frauen mit dem entsprechenden qualifikatorischen Rüstzeug und privatem Rückhalt bietet sie einen durchaus attraktiven Ausweg aus starren betrieblichen Korsetts und eröffnet einigen Handlungsspielraum, nicht zuletzt für das leidige Vereinbarkeitsproblem. Freilich kommen die Stereotype „weiblicher Genügsamkeit", das Sich-Bescheiden mit relativ niedrigen materiellen Gratifikationen, und die primär fachinhaltliche berufliche Identifikation von Frauen dem geforderten Arbeitsethos von Freiberuflern im Kultur- und Mediensektor sehr entgegen. Allerdings sind sich die meisten AlleindienstleisterInnen des Spannungsverhältnisses von hoher beruflicher Motivation und restriktiven Marktbedingungen sehr wohl bewusst und sie entwickeln aktive Handlungsstrategien, die nicht auf die individuelle Ebene beschränkt bleiben, sondern sich auch auf Interessenvertretung in beruflichen Netzwerken beziehen. Den modernen WissensarbeiterInnen einen Opferstatus zuzuweisen, wäre daher ebenso fehl am Platz wie traditionelle Gewerkschaftsstrategien der zwangsweisen Rückführung der Alleinselbständigkeit in den engen Rahmen des Normalarbeitsverhältnisses.

Der informelle Charakter der beruflichen Netzwerke von AlleindienstleisterInnen und ihre Relevanz für die Marktbehauptung liefern indes einen weiteren Grund zur Skepsis: Denn bekannterweise bieten informelle Kommunikationsstrukturen zugleich Raum für subtile Diskriminierung, worauf sich auch in unserem Material vereinzelt Hinweise finden. Gerade die im Berufsfeld Kultur herrschenden meritokratischen, egalitären Diskurse, die „Geschlecht" als irrelevante Kategorie der Bewertung von Leistung ablehnen, beinhalten hier „blinde Flecken". Quasi durch die Hintertür kommt manche subjektive Geschlechterkonstruktion wieder ins Spiel, und sei es als instrumentelle Nutzung von Stereotypen durch Frauen selbst. So erlebte es beispielsweise eine junge Wirtschaftsjournalistin als kompetitiven Vorteil, als Frau in einer eher männlich dominierten Sparte „mehr aufzufallen" und zumal in der Doppelrolle als Mutter eines Kleinkinds das zunächst skeptische, später aber wohlwollende Interesse von Auftraggebern auf sich zu ziehen. Das Beispiel zeigt, dass traditionelle Geschlechternormen und diesen zuwider laufende individuelle Handlungsspielräume von Frauen manchmal dicht beieinander liegen können.

Betrachtet man unsere Ergebnisse im *Ländervergleich* so findet sich durchaus eine Konvergenz: Erwerbstätigkeit im zunehmend globalisierten Mediensektor ist, wie angloamerikanische und europäisch vergleichende Studien zeigen, generell durch geringe Regulierung und ein gewisses De-Gendering gekennzeichnet. Mit Blick auf die Möglichkeiten von kollektivem und individuellem Risikomanagement zeigen sich allerdings weiterhin Divergenzen: Im deutschen sozialstaatlich eingehegten Arbeitsmarkt finden AlleindienstleisterInnen eher Möglichkeiten für kollektive und institutionelle Regulierung von Marktbeziehungen wie auch individuellen Rückhalt durch existenzsichernde Partnereinkommen als dies in den marktliberalen Ländern England und den USA der Fall ist (vgl. Gottschall/Kroos 2006).

Schließlich verweisen die nicht vollständig beantworteten Fragen und teils nur vorläufigen Aussagen unserer Untersuchung auf weitere *Forschungsdesiderate*. Auch das Beispiel der sekundären Kulturberufe und der globalisierten cultural industries zeigt, dass die amtlichen Klassifikationen von Berufen und Wirtschaftsbereichen dringend einer Reform bedürfen, wollen sie dem Anspruch halbwegs gerecht werden, die ökonomische und sozialstrukturelle Realität wissensbasierter Arbeit und Wertschöpfung abzubilden. Darüber hinaus erweist sich die nicht nur für hoch qualifizierte Dienstleistungsberufe bisher fehlende Verknüpfung von Erwerbs- und Haushaltsdaten im Querschnitt wie im Längsschnitt als Problem, was Aussagen zum Wandel und Zusammenhang von beruflichen Karrieren und Lebensformen erschwert. Die Beantwortung der Frage, ob es sich bei den identifizierten Erwerbsmustern tatsächlich um eine neue und institutionell wie individuell nachhaltige Form von Beruflichkeit handelt, die im Hinblick auf soziale Strukturierung und Qualität von Arbeit und Leben Chancen für Männer wie Frauen beinhaltet, bleibt damit auf der Tagesordnung.

Anmerkungen

1 Zu den Kulturberufen zählen nach der Zuordnung der bundesdeutschen amtlichen Statistik (z.B. Mikrozensus, auf Basis der Klassifikation der Berufe 1992) die publizistischen und mit diesen verwandten Berufe (Berufskennziffer - BKZ - 82), Künstler und ihnen zugeordnete Berufe (BKZ 83), künstlerische Lehrberufe (BKZ 875) sowie künstlerisch tätige Geisteswissenschaftler (BKZ 882) (vgl. Statistisches Bundesamt 1992). Andere Klassifikationen, insbesondere im europäischen Vergleich, zählen außerdem die Architekten (BKZ 609) zu den Kulturberufen (vgl. z.B. Söndermann 2004), die allerdings in Deutschland zu den verkammerten Professionen gehören und insofern von den übrigen Kulturberufen zu unterscheiden sind. Der vorliegende Beitrag bezieht sich in erster Linie auf die sog. sekundären, d.h. vermittelnden, Kulturberufe, und hier besonders auf JournalistInnen, LektorInnen, literarischen ÜbersetzerInnen und DesignerInnen.

2 Vgl. z.B. Baumann 2002, Dex et al. 2000; weitere Nachweisen vgl. Betzelt/Gottschall 2005.

3 Vgl. z.B. zu Webdesignern (Manske 2004), den Theaterberufen (Haunschild 2004) bzw. den kulturberuflichen Arbeitsmärkten (Baumann 2002, Haak 2005, Haak/Schmid 1999, Söndermann 2004) und die Thematik der „Entgrenzung" von Arbeit und Leben in der Kulturindustrie (Meyer-Ahuja/Wolf 2005) sowie feldübergreifend (Gottschall/Voß 2003).

4 Hierzu zählt besonders Koppetsch (2004) mit ihrer subjektorientierten Untersuchung der Werbeberufe.

5 Die InterviewpartnerInnen wurden im Verfahren des theoriegeleiteten Sampling (Kluge/Kelle 2001) auf Basis der Sozialstrukturdaten und nach dem Prinzip der maximalen Kontrastierung möglichst typischer Fälle über die jeweiligen Berufsverbände gewonnen. Samplingkriterien waren Berufsgruppe, Region, Geschlecht, Alter, Haushaltsform, Berufserfahrung und Dauer der Selbständigkeit, Qualifikationsprofil und Einkommen. Die Interviews fanden vorwiegend in den Medienmetropolen Hamburg, Berlin, München und Köln sowie Leipzig statt.

6 Ein weiteres Abgrenzungskriterium von traditionellen Selbständigen liegt in der bei AlleindienstleisterInnen fehlenden Beschäftigung bezahlter Arbeitskräfte. Zu weiteren Unterschieden vgl. Betzelt 2006.

7 Vgl. ausführlicher in Betzelt 2006.

8 Daten zu PublizistInnen, DesignerInnen, ÜbersetzerInnen insgesamt: Mikrozensus 2003 (vgl. auch Söndermann 2004); Daten zu LektorInnen: eigene Befragungen selbständiger LektorInnen sowie des Verbands Freier Lektorinnen und Lektoren e.V. (VfLL) in 2002/2003 und Nachrecherche in 2005. In der Klassifikation der Berufe (1992) werden die LektorInnen unter die Berufsgruppe der Publizisten subsumiert, so dass für diesen Beruf keine amtlichen Einzeldaten vorliegen.

9 Ausgewertet wurden die Daten der Künstlersozialversicherung (2004), die Einkommensteuerstatistik 1992, die Umsatzsteuerstatistik (2002) sowie der Mikrozensus (2000). Näheres vgl. Betzelt 2006, S. 10-15.

10 Vgl. Rehberg et al. 2002, Oberst-Hundt 2002, Satzer 2001, Grass 1998.

11 Im Regionalvergleich waren die Einkommen der Befragten in Berlin geringer als in Hamburg, Köln und München, was auf die besonders angespannte Arbeitsmarktsituation in der Hauptstadt zurückzuführen ist.

12 Allerdings formulierten besonders die Mütter Ambivalenzen aufgrund von Rollen- oder Partnerschaftskonflikten, während die teilzeiterwerbstätigen Väter deutlich zufriedener mit ihrer Entlastung von der Ernährerrolle waren. Vgl. auch Henninger/Gottschall 2005, Betzelt/Gottschall 2004.

13 Näheres vgl. Betzelt 2006.

14 Besonders die befragten JournalistInnen beklagten oft, dass sie ihre beruflichen Sorgfaltspflichten (ausreichende Recherche, Prüfung von Quellen u.ä.) mittlerweile nur noch auf eigene Kosten erfüllen könnten, weil die von den Auftraggebern zugestandene Zeit und die Honorarhöhe hierfür nicht ausreichten.

15 So sahen die meisten befragten DesignerInnen mehr Möglichkeiten, ihre beruflichen Vorstellungen mit den Anforderungen des Marktes in Einklang zu bringen, als die PublizistInnen, was auf die heterogenere Auftraggeberstruktur und die intransparenteren Marktbedingungen in diesem Feld zurückgeführt werden könnte.

16 Mit Subjektivierung der Arbeit wird in der arbeitssoziologischen Debatte die marktliche Verwertung der subjektiven Anteile der Beschäftigten in der Arbeitspraxis bezeichnet, z.B. Gefühle, Emotionen (vgl. Kratzer 2003) oder in diesem Fall die intrinsischen Motivationen der Kulturberufe.

17 Die folgenden Aussagen zu den Berufsverläufen stützen sich auf unsere retrospektive teilstandardisierte Erhebung im Zusammenhang mit den biographischen Interviews, die an das Verfahren der sog. „Kalendermethode" angelehnt war (vgl. Bird et al. 2000). Näheres zu Methodik und Ergebnissen vgl. Betzelt 2006.

18 Laut Statistischem Bundesamt hat sich die Zahl der nicht krankenversicherten Personen in der Bundesrepublik seit 1995 auf rund 188.000 verdoppelt. Dies betrifft primär Selbständige, die aufgrund wirtschaftlicher Schwierigkeiten von ihrer freiwilligen Krankenversicherung ausgeschlossen werden, ohne die Möglichkeit der Rückkehr in die gesetzliche Versicherung zu haben (vgl. Scharfenberg 2004, Greß et al. 2005).

Literatur

Abbott, Andrew 1988: The system of professions. An essay on the division of expert labor. Chicago: University of Chicago Press.

Baethge, Martin 1998: Jenseits von Beruf und Beruflichkeit? Neue Formen von Arbeitsorganisation und Beschäftigung und ihre Bedeutung für eine zentrale Kategorie gesellschaftlicher Integration. In: Mitteilungen aus der Arbeitsmarkt- und Berufsforschung (MittAB) 31, S. 461-472.

Baumann, Arne 2002: Informal labour market governance: the case of the British and German media production industries. In: Work, Employment and Society 16, S. 27-46.

Behringer, Luise/Jurczyk, Karin 1995: Umgang mit Offenheit: Methoden und Orientierungen in der Lebensführung von JournalistInnen. In: Projektgruppe Alltägliche Lebensführung (Hg.): Alltägliche Lebensführung. Arrangements zwischen Traditionalität und Modernisierung. Opladen, S. 71-120.

Betzelt, Sigrid 2006: Flexible Wissensarbeit - Chancen- und Risikopotenziale neuer selbständiger Erwerbsformen am Beispiel der Kulturberufe. ZeS-Arbeitspapier Nr. 1-2006, Universität Bremen, Bremen (i.E.).

-/Fachinger, Uwe 2004: Jenseits des „Normalunternehmers“: Selbständige Erwerbsformen und ihre soziale Absicherung. In: Zeitschrift für Sozialreform 50, S. 312-343.

-/Gottschall, Karin 2005: Flexible Bindungen - prekäre Balancen. Ein neues Erwerbsmuster bei hochqualifizierten Alleindienstleistern. In: Kronauer, Martin/Linne, Gudrun (Hg.): Flexicurity. Die Bindung von Sicherheit an Flexibilität. Berlin: edition sigma, 275-294.

-/- 2004: Publishing and the New Media Professions as Forerunners of Pioneer Work and Life Patterns. In: Giele, J. Z./Holst, E. (eds.): Changing Life Patterns in Western Industrial Societies. London: Elsevier, S. 257-280.

-/Schnell, Christiane 2003: Die Integration „neuer“ Selbständiger in die Alterssicherung: Modelle, Erfahrungen und Probleme in Deutschland und vier europäischen Nachbarstaaten. In: Zeitschrift für Sozialreform 49, S. 249-270.

Bird, Katherine/Born, Claudia/Erzberger, Christian 2000: Ein Bild des eigenen Lebens zeichnen. Der Kalender als Visualisierungsinstrument zur Erfassung individueller Lebensverläufe. Sonderforschungsbereich 186 der Universität Bremen „Statuspassagen im Lebenslauf“, Arbeitspapier Nr. 59. Bremen.

Brasse, Claudia 2003: Junge Branche, alte Muster. Vom Arbeiten und Leben in den Neuen Medien. Daten und Analysen zur Arbeitssituation der Beschäftigten in der Multimediabranche. Ergebnisse der bundesweiten Umfrage von connexx.av. Herausgegeben von Connexx.AV. Hannover: Connexx.AV.

Brinkmann, Annette/Wiesand, Andreas (Hg.) 2001: Frauen im Kultur- und Medienbetrieb III. Fakten zu Berufssituation und Qualifizierung. Zentrum für Kulturforschung, Bonn.

Dex, Shirley/Willis, Janet/Paterson, Richard/Sheppard, Elaine 2000: Freelance Workers and Contract Uncertainty: The Effects of Contractual Changes in the Television Industry”, In: Work, Employment and Society 14, S. 283-305.

Egbringhoff, Julia 2005: Nachhaltige Lebensführung? Fähigkeit der Personen und Gestaltungsaufgabe einer subjektorientierten Arbeitskraftpolitik. In: Großmann, Kathrin/Hahn, Ulrike/

Schröder, Jana (Hg.): Im Prinzip Nachhaltigkeit. Akteurskonstellationen und Handlungsmöglichkeiten in interdisziplinärer Betrachtung. München und Mering: Hampp, S. 14-41.

Fachinger, Uwe/Oelschläger, Angelika/Schmähl, Winfried 2004: Alterssicherung von Selbständigen. Bestandsaufnahme und Reformoptionen. Beiträge zur Sozial- und Verteilungspolitik, hrsg. von Prof. Dr. Winfried Schmähl, Bd. 2, Münster u.a.: Lit-Verlag.

Fournier, Valérie 1999: The appeal to 'professionalism' as a disciplinary mechanism. In: Sociological Review 47, S. 280-307.

Freidson, Eliot 2001: Professionalism. The third logic. Oxford: Polity Press.

Gottschall, Karin 1999: Freie Mitarbeit im Journalismus. Zur Entwicklung von Erwerbsformen zwischen selbständiger und abhängiger Beschäftigung. In: Kölner Zeitschrift für Soziologie und Sozialpsychologie 51, S. 635-654.

-/Betzelt 2003: Zur Regulation neuer Arbeits- und Lebensformen. Eine erwerbssoziologische Analyse am Beispiel von Alleindienstleistern in Kulturberufen. In: Gottschall, Karin/Voß, Gerd G. (Hg.), S. 203-229.

-/Kroos, Daniela 2006: Self-Employment in Comparative Perspective - General Trends and the Case of New Media. In: Walby, S./Gottfried, H./Gottschall, K./Osawa, M. (eds): Gendering the New Economy. Theorizing the Trajectories of the G4. London: Palgrave (i.E.).

-/Voß, Gerd Günter 2003 (Hg.): Entgrenzung von Arbeit und Leben. Zum Wandel der Beziehung von Erwerbstätigkeit und Privatsphäre im Alltag. München u.a.

Grass, Bernd 1998: Arbeitsbedingungen freier Journalisten. Bericht zu einer Umfrage unter Mitgliedern des DJV, In: Journalist o.Jg., S. 65-80.

Greß, Stefan/Walendzik, Anke/Wasem, Jürgen 2005: Nichtversicherte Personen im Krankenversicherungssystem der Bundesrepublik Deutschland - Bestandsaufnahme und Lösungsmöglichkeiten. Expertise für die Hans-Böckler-Stiftung, Essen. (download: www.sozialpolitik-aktuell.de/neu_eingestellt.shtml#November 2005; letzter Zugriff 14.11.2005).

Haak, Carroll 2005: Künstler zwischen selbständiger und abhängiger Erwerbsarbeit. WZB-Discussion Paper SP I 2005-107, Berlin: Wissenschaftszentrum Berlin.

-/Schmid, Günther 1999: Arbeitsmärkte für Künstler und Publizisten - Modelle einer künftigen Arbeitswelt? WZB-Arbeitspapier P99-506, Berlin: Wissenschaftszentrum Berlin, Querschnittsgruppe Arbeit und Ökologie.

Haunschild, Arne 2004: Employment Rules in German Theatres: An Application and Evaluation of the Theory of Employment Systems. In: British Journal of Industrial Relations 42, S. 685-703.

Heintz, Bettina/Nadai, Eva/Fischer, Regula/Ummel, Hannes 1997: Ungleich unter Gleichen. Studien zur geschlechtsspezifischen Segregation des Arbeitsmarktes. Frankfurt a.M./New York: Campus.

Henninger, Annette 2004: Freelancer in den Neuen Medien: Jenseits standardisierter Muster von Arbeit und Leben? In: Kahlert, Heike/Kajatin, Claudia (Hg.): Geschlechterverhältnis im Informationszeitalter. Frankfurt a.M./New York: Campus, S. 164-181.

-/Gottschall, Karin 2005: Freelancer in den Kultur- und Medienberufen: freiberuflich, aber nicht frei schwebend. In: Mayer-Ahuja, Nicole/Wolf, Harald (Hg.): Entfesselte Arbeit - neue Bindungen: Grenzen der Entgrenzung in der Medien- und Kulturindustrie. Berlin: edition sigma, 153-183.

Hoff, Ernst-H. 2003: Kompetenz- und Identitätsentwicklung bei arbeitszentrierter Lebensgestaltung. Vom „Arbeitskraftunternehmer" zum „reflexiv handelnden Subjekt". In: Quem-Bulletin 12, S. 1-7.

-/Grote, Stefanie/Hohner, Hans-Uwe/Dettmer, Susanne 2000: Berufsverlaufsmuster und Geschlecht in Medizin und Psychologie. In: Zeitschrift für Politische Psychologie 8, S. 203-223.

Kluge, Susann/Kelle, Udo 2001: Methodeninnovation in der Lebenslaufforschung. Integration qualitativer und quantitativer Verfahren in der Lebenslauf- und Biographieforschung. Weinheim u.a.: Juventa.

Koppetsch, Cornelia 2004: Kreativsein als Subjektideal und Lebensentwurf. Zum Wandel beruflicher Integration im neuen Kapitalismus. Das Beispiel der Werbeberufe. Vortrag auf dem 32. Kongress der Deutschen Gesellschaft für Soziologie, 4.-8.10.2004 in München. (unveröffentlichtes Manuskript)

Kratzer, Nick 2003: Arbeitskraft in Entgrenzung. Grenzenlose Anforderungen, erweiterte Spielräume, begrenzte Ressourcen. Berlin: edition sigma

Kurtz, Thomas 2005: Die Berufsform der Gesellschaft. Weilerswist: Velbrück Wissenschaft.

Larson, Magali Sarfatti 1977: The rise of professionalism: A sociological analysis. Berkeley: University of California Press.

Leicht, René/Lauxen-Ulbrich, Maria 2002: Soloselbständige Frauen in Deutschland: Entwicklung, wirtschaftliche Orientierung und Ressourcen. Download-Paper (3). Mannheim: Institut für Mittelstandsforschung, Universität Mannheim.

Manske, Alexandra 2004: Vom Umgang mit Instabilitäten: Wie NetWorker ihre soziale Lage bearbeiten. Vortrag auf dem 32. Kongress der Deutschen Gesellschaft für Soziologie, 4.-8.10.2004 in München. (unveröffentlichtes Manuskript)

Mayer-Ahuja, Nicole/Wolf, Harald (Hg.) 2005: Entfesselte Arbeit - neue Bindungen: Grenzen der Entgrenzung in der Medien- und Kulturindustrie. Berlin: edition sigma.

Ver.di - Vereinte Dienstleistungsgewerkschaft 2004: Antworten der Vereinten Dienstleistungsgewerkschaft ver.di zum Fragenkatalog Enquete-Kommission „Kultur in Deutschland" des Deutschen Bundestags, Berlin. (unveröffentlichte Stellungnahme)

Oberst-Hundt, Christina 2002: Wer wir sind und wie wir arbeiten. Eine Umfrage unter den Beschäftigten des öffentlich-rechtlichen Rundfunks. Ver.di Fachgruppe Rundfunk, Film, Audiovisuelle Medien. Leverkusen: Moosdruck.

Parsons, Talcott 1968: Die akademischen Berufe und die Sozialstruktur. In: Parsons, Talcott: Beiträge zur soziologischen Theorie. Neuwied: Lucherhand, S. 160-179.

Pink, Daniel H. 2001: Free Agent Nation. How America's New Independent Workers are Transforming the Way We Live. New York, NY: Warner Books.

Rehberg, Frank/Stöger, Ursula/Sträter, Detlef 2002: Frauen in der Medienwirtschaft: Chancen und Hemmnisse für Frauenerwerbstätigkeit in einer prosperierenden Zukunftsbranche. BLM (Bayrische Landeszentrale für neue Medien) Schriftenreihe Band 69, München: Reinhard Fischer Verlag.

Reichwald, Ralf/Baethge, Martin/Brakel, Oliver/Cramer, Jorun/Fischer, Barbara/Paul, Gerd 2004: Die neue Welt der Mikrounternehmer. Wiesbaden: Gabler.

Satzer, Rolf 2001: Nicht nur Traumjobs - Vom Arbeiten und Verdienen in den Medien, Studie im Auftrag von connexx-av (ver.di), Dokumentation der Ergebnisse, o.O.

Scharfenberg, Nicole 2004: Auf einmal ist die Salbe unbezahlbar, In: Süddeutsche Zeitung 60, 12.10.2004, S. 8.

Söndermann, Michael 2004: Kulturberufe. Statistisches Kurzportrait zu den erwerbstätigen Künstlern, Publizisten, Designern, Architekten und verwandten Berufen im Kulturberufemarkt in Deutschland 1995-2003, im Auftrag der Beauftragten der Bundesregierung für Kultur und Medien (BKM), Bonn.

Statistisches Bundesamt 1992: Klassifizierung der Berufe. Personensystematik. Wiesbaden.

Stooß, Friedemann 1999: Arbeitsmarkt Kultur. Eingrenzung - Struktur - Entwicklung. In: Deutscher Kulturrat (Hg.): Weiterbildung in künstlerischen und kulturellen Berufen. Bonn: Deutscher Kulturrat, S. 153-204.

Voß, Gerd Günter 2001: Auf dem Weg zum Individualberuf? Zur Beruflichkeit des Arbeitskraftunternehmers. In: Kurtz, Thomas (Hg.): Aspekte des Berufs in der Moderne. Opladen: Leske und Budrich, S. 287-314.

Wetterer, Angelika (Hg.) 1995: Die soziale Konstruktion von Geschlecht in Professionalisierungsprozessen. Frankfurt a.M./New York: Campus.

*Ernst-H. Hoff/Susanne Dettmer/Stefanie Grote/
Hans-Uwe Hohner/Luiza Olos*

Berufsverläufe und Lebensgestaltung: Differenzierung und Angleichung von Frauen und Männern in zwei hoch qualifizierten Berufen

1. Einleitung

In diesem Beitrag werden Ergebnisse aus dem Projekt „Professionalisierung und Integration der Lebenssphären - Geschlechtsspezifische Berufsverläufe in Medizin und Psychologie" mitgeteilt. Es geht um zwei Professionen, die Frauen und Männern nach gleicher Grundausbildung ein breites Spektrum an Spezialgebieten und Berufsverläufen bieten. Die Entwicklung der klassischen Profession Medizin lässt sich in geradezu prototypischer Weise anhand der immer stärkeren Ausdifferenzierung sowie Institutionalisierung von Spezial- bzw. Facharztgebieten und anhand der Ausbildung entsprechender Expertenrollen beschreiben (zu diesen Merkmalen von Professionsentwicklung vgl. Giddens, 1990). Zugleich haben sich die Geschlechterverhältnisse in der gesamten Profession gewandelt, und der Anteil der weiblichen Professionsangehörigen gleicht sich zunehmend dem der männlichen an (Bundesärztekammer, 2005). Frauen und Männer verteilen sich jedoch sehr unterschiedlich auf die einzelnen Facharztgebiete. So sind in besonders einkommensstarken und prestigeträchtigen Domänen (wie z.B. in der Chirurgie) nach wie vor ganz überwiegend Männer tätig. Bekannt ist ferner, dass Frauen viel seltener in höhere Positionen gelangen als Männer (z.B. Bund-Länder-Kommission, 2004; Schmitt, 1994; Seemann, 1997; Wetterer, 1999; 2002). Unsere erste zentrale Annahme zur Erklärung dieser Disparitäten war, dass die Berufswege von Männern häufiger kontinuierlich verlaufen und entsprechend häufiger zu Berufserfolg, d.h. in höhere Positionen und Einkommensgruppen führen. Bei den Frauen - so unsere These - sind die Berufswege dagegen viel häufiger durch Diskontinuität und Unterbrechungen gekennzeichnet; und sie führen entsprechend seltener zu Berufserfolg im Sinne von Aufstieg und Einkommensverbesserung. Zu den mehr oder minder diskontinuierlichen Erwerbsbiographien von Frauen und Männern in Berufen, die den Abschluss einer Lehre, aber keinen Hochschulabschluss voraussetzen, lagen bei Projektbeginn Studien vor (vgl. z.B. Lauterbach, 1994; Engelbrech, 1992; Born, Kürger, Lorenz-Meyer, 1996). Welche Berufsverlaufsmuster es dagegen in einem hoch qualifizierten Beruf wie der Medizin gibt, und in welchem Maße sich die Muster von Frauen und Männern unterscheiden, ist vor Beginn unseres Projektes noch nicht untersucht worden.

In der vergleichsweise jungen Profession Psychologie liegt der Anteil von Frauen insgesamt bereits deutlich höher als der von Männern (vgl. Statistisches Bundesamt,

2004). Im Gegensatz zu der Vielzahl von klar definierten Facharztausbildungen in der Medizin ist hier die interne Differenzierung und Institutionalisierung der Profession längst nicht so stark ausgeprägt; und es war zu Projektbeginn weder klar, wie sich Frauen und Männer auf unterschiedliche Spezialgebiete verteilen, noch gab es Studien zu den Berufsverläufen und zum Berufserfolg von Psychologinnen und Psychologen. Mit diesen Hinweisen sind nicht nur erste Hauptfragen pro Profession, sondern auch Fragen zum Vergleich der Professionen umrissen: Wie lassen sich Berufsverlaufsmuster in der jungen Profession Psychologie im Vergleich zu denen in der alten Profession Medizin beschreiben? Wie unterscheiden sich Berufswege und Berufserfolg von Frauen und Männern? Handelt es sich in beiden Professionen um ähnliche oder um unterschiedlich ausgeprägte Disparitäten zwischen den Geschlechtern?

An der Formulierung der letztgenannten Frage lässt sich ablesen, dass unsere Forschungsperspektive bei Projektbeginn noch sehr einseitig auf die im Titel dieses Sammelbandes genannte Reproduktion geschlechtlicher Differenzierung ausgerichtet war. Für möglich hielten wir eine in der Psychologie vergleichsweise „geringer ausgeprägte Disparität" bzw. geringere Unterschiede zwischen den Berufswegen und dem Berufserfolg von Frauen und Männern; wir hätten bei entsprechenden Befunden aber kaum von einer „Erosion" geschlechtlicher Differenzierung gesprochen. Ähnlich eingeengt erscheint rückblickend auch die Forschungsperspektive bei der weiteren Suche nach Erklärungen für die vermutete stärkere Kontinuität der Berufsverläufe bei Männern und für die stärkere Diskontinuität bei Frauen. Unsere zweite zentrale Annahme dazu war, dass die Unterschiede im Berufsverlauf und im Berufserfolg von Frauen und Männern nur im Kontext ihrer unterschiedlichen gesamten Lebensgestaltung, d.h. der subjektiven Gestaltung von Relationen zwischen ihrem Berufs- und ihrem Privatleben, erklärbar sind. Wir vermuteten, dass Frauen in weitaus höherem Maße die Lebensgestaltung einer Integration von Berufs- und Privatleben praktizieren als Männer – dies nicht nur mit Blick auf das Handeln im Alltag, sondern auch mit Blick auf das biographisch bedeutsame Handeln im Sinne einer Verzahnung, Koordination und Verknüpfung von Ereignissen, Stationen und Weichenstellungen in der beruflichen mit denen in der privaten Biographie (etwa der Geburt von Kindern, Familienphasen etc.). Bei Männern vermuteten wir dagegen häufiger eine Lebensgestaltung, die durch eine Segmentation von Handlungssträngen in beiden Lebensbereichen gekennzeichnet ist.

Erst im Verlauf der Projektarbeit, d.h. im Zusammenhang mit den Befunden zu einer unerwarteten Vielfalt von Formen der Lebensgestaltung bei Frauen, Männern und Paaren, geriet neben der Differenzierung auch eine Angleichung der Lebensgestaltung von Frauen und Männern in den Blick: Es gab nämlich – so viel sei hier einleitend schon vorweggenommen – in der Psychologie einen bereits beträchtlichen Anteil von Männern, die nicht wie die meisten Mediziner ihre beruflichen und privaten Ziele segmentiert realisierten, sondern die ähnlich wie die Mehrzahl der Frauen die Handlungsstränge in beiden Lebenssphären zu koordinieren bzw. zu integrieren versuchten. Von einer „Erosion" geschlechtlicher Differenzierung könnte man hier durchaus vor allem mit Blick auf die gemeinschaftliche Lebensgestaltung in der Paarbeziehung sowie die annähernd egalitäre außerberufliche Arbeitsteilung von Partnern in Haushalt und Familie sprechen. Als eine Ursache dieser Angleichung wurden nun erst jene Ähnlichkeiten in den Berufsverläufen von Frauen und Männern in der Psychologie sichtbar, die wir zunächst gar nicht recht in ihrer Bedeutung erfasst hatten, weil unsere Forschungsperspektive ursprünglich so stark auf Unterschiede und nicht auf Ähnlichkeiten ausgerichtet war: Die Berufsverlaufsmuster in der Psychologie sind für Männer ebenso wie für Frauen und anders als die für Professionsangehörige der Medizin in den ersten Berufsjahren kaum klar antizipierbar, und sie bleiben vielfach unsicher, so dass das private Leben nun auch für Männer oft frühzeitig an Bedeutung gewinnt und eine Integration von Beruf und Privatleben bzw. Familie auch für sie oft zum übergeordneten Lebensziel wird.

In den nun folgenden Abschnitten soll die allmähliche Erweiterung unserer Forschungsperspektive im Projektverlauf entlang der wichtigsten Untersuchungsschritte verdeutlicht werden: Im nächsten Abschnitt (2) wird über eine postalische Befragung berichtet, auf deren Basis in der ersten Projektphase die Berufsverlaufsmuster in Medizin und Psychologie komparativ beschrieben und die Unterschiede zwischen den Berufswegen von Frauen und Männern in beiden Professionen ermittelt werden konnten. Im anschließenden Abschnitt (3) geht es um Interviews zur alltäglichen und biographischen Lebensgestaltung, die bei einer Teilstichprobe prototypischer Vertreter der zuvor ermittelten Berufsverlaufsmuster in der zweiten Projektphase durchgeführt wurden. Bei den in diesem Abschnitt präsentierten Formen der individuellen Lebensgestaltung - Segmentation, Integration und Entgrenzung - handelt es sich nicht lediglich um Beschreibungen im Sinne einer empirischen Typenbildung, sondern man kann unseres Erachtens von einer in sich geschlossenen handlungs-, identitäts- und konflikttheoretischen Konzeption sprechen. Ausgehend von dieser Konzeption sind dann weitere quantitative Analysen von Daten aus der postalischen Befragung zur Lebensgestaltung (und zur „Work-Life-Balance" im Alltag sowie in der Biographie) durchgeführt worden. Schließlich werden ebenfalls ausgehend von dieser Konzeption im letzten Abschnitt (4) Ergebnisse der Analysen zur gemeinschaftlichen Lebensgestaltung in Paarbeziehungen vorgestellt, die wir in der letzten Projektphase durchgeführt haben.

2. Die postalische Befragung und Ergebnisse zu Berufsverläufen

2.1 Durchführung der postalischen Befragung

Der von uns entwickelte Fragebogen enthält 50 Fragen, mit z.T. fest vorgegebenen und z.T. offenen Antwortmöglichkeiten zu folgenden Bereichen:
- Soziodemographische Merkmale und Angaben zur Berufstätigkeit
- Berufsfindung
- Berufsbiographie (die wichtigsten Stationen, Ereignisse und Veränderungen sollten Jahr für Jahr von 1984-1999 angegeben werden)
- Privater Lebenslauf (Angaben in gleicher Weise entlang der Zeitachse)
- Subjektive Bewertungen der Verläufe, Vorstellungen zu Kontrolle, Erfolg, Zufriedenheit, Bilanzierungen etc.
- Vorstellungen zur relationalen Bedeutung der Lebensbereiche, zu Zeit-Budgets, außerberuflicher Arbeitsteilung in Paarbeziehungen etc.

Zur Gewinnung der *Stichprobe* wurden 3.867 Angehörige aus beiden Professionen angeschrieben und um Teilnahme an der postalischen Befragung gebeten. Der Studienabschluss bzw. Berufseintritt lag bei allen Personen ca. 15 Jahre zurück. In der Psychologie handelte es sich um sämtliche Mitglieder des Berufsverbandes, die ca. 15 Jahre vor dem Erhebungszeitpunkt (1999) das Studium mit der Diplomprüfung abgeschlossen hatten. In der Medizin sind alle Angehörigen der Ärztekammern des Stadtstaates Berlin und des Flächenstaates Niedersachsen mit 15 Jahre zurückliegender Approbation angeschrieben worden. Von allen angeschriebenen Personen hat sich ein Viertel (N=936 Personen) an der Befragung beteiligt - darunter 177 Frauen und 174 Männer aus der Medizin sowie 398 Frauen und 187 Männer aus der Psychologie. Trotz einer etwas stärkeren Beteiligung der Frauen stimmen die Geschlechterverhältnisse in unserer Stichprobe weitgehend mit denen bei sämtlichen berufstätigen Angehörigen in beiden Professionen überein.

2.2 Ergebnisse der postalischen Befragung zu Berufsverläufen

Die Analyse der Berufsverlaufsmuster wurde anhand folgender Merkmalsdimensionen vorgenommen:
- Kontinuität versus Diskontinuität (Tätigkeitswechsel, Unterbrechungen),
- Aufstieg versus Abstieg oder Verbleib in gleicher bzw. ähnlicher Position,
- institutioneller Kontext bzw. Zugehörigkeit zu Organisationen versus freiberufliche Tätigkeit,
- eine einzige Tätigkeit versus Parallelität verschiedener Tätigkeiten („Doppel- und Mehrgleisigkeit).

Die Ausprägungsformen dieser Merkmale verbinden sich in typischer Weise zu Berufsverlaufsmustern, die sich klar voneinander abgrenzen und denen sich Personen mit ihren Berufsbiographien eindeutig zuordnen lassen. Die Zuordnung aller 936 Personen zu den insgesamt 5 Berufsverlaufsmustern in der Medizin und den insgesamt 8 Mustern in der Psychologie (vgl. Übersicht 1) wurde anhand der später untersuchten Teilstichprobe (N=101) konsensuell validiert. Das heißt: Wir haben diese Muster in der mündlichen Befragung erläutert und unsere Interviewpartner gefragt, wie sie selbst ihren Berufsverlauf anhand dieser Klassifikation einordnen. Von den 101 befragten Professionsangehörigen haben 93 unsere Einschätzung exakt bestätigt. Die übrigen acht Personen haben unsere Einschätzung nur graduell „korrigiert", d.h. dass beispielsweise ursprünglich diskontinuierlich eingeschätzte Berufsverläufe nun als stark diskontinuierlich eingeordnet werden mussten.

Berufsverlaufsmuster in Medizin und Psychologie

Übersicht 1 zeigt, dass es in der Psychologie eine größere Anzahl von Berufsverlaufsmustern gibt, die zudem komplexere Arten von Diskontinuität und Inkonsistenz aufweisen als in der Medizin.

In der Medizin gibt es drei klar vorgezeichnete Berufsverlaufsmuster mit einer antizipierbaren, eingeschränkten Zahl von Weichenstellungen des Aufstiegs oder des Übergangs vom Krankenhaus in die freiberufliche Tätigkeit. Kontinuität (vor allem die der inhaltlichen Tätigkeitsschwerpunkte) ist durch die fest institutionalisierte Facharztausbildung innerhalb aller insgesamt fünf Muster (auch noch innerhalb der zwei diskontinuierlichen) viel ausgeprägter als in der Psychologie. Dort gibt es derartige „Normalverläufe" viel seltener, und die PsychologInnen verteilen sich auf insgesamt acht Muster, die stärker als in der Medizin durch Diskontinuität, d.h. durch Unterbrechungen und Wechsel gekennzeichnet sind.

In der Medizin zielen die institutionell vorgezeichneten Berufsverläufe vor allem auf eine kontinuierlich enger werdende Spezialisierung bzw. auf eine Vertiefung des Wissens und Könnens in einem fest umrissenen Bereich. In der Psychologie bedeutet Professionalisierung der einzelnen Berufsangehörigen dagegen zumeist auch eine Diversifizierung des Wissens und Könnens. Dies erfordert Flexibilität im Umgang mit unterschiedlichen Wissensbeständen und Fertigkeiten. Das gilt bereits für die in der Psychologie sehr häufig anzutreffenden langen Einstiegsphasen in das Berufsleben, in denen oft mehrere, verschiedenartige Zusatzausbildungen durchlaufen werden. Fachliche Breite wird darüber hinaus in diskontinuierlichen Berufsverläufen oft durch die Wechsel der Tätigkeitsinhalte erzwungen. Im Berufsverlaufsmuster der „Doppel- und Mehrgleisigkeit" wird ein breites Tätigkeitsspektrum für die größte Gruppe von Psychologinnen und Psychologen sogar über den gesamten Berufsweg hinweg kennzeichnend. Dieses Muster kann als besonders charakteristisch für die Psychologie gelten. Als Hauptkennzeichen der Muster in der Psychologie muss schließlich die im Vergleich zur Medizin mangelnde subjektive Antizipierbarkeit sowie die Unsicherheit der Berufswege hervorgehoben werden, die oft noch lange über die Einstiegsphase hinaus anhält.

Übersicht 1: Berufsverlaufsmuster in Medizin und Psychologie

	MEDIZIN		*PSYCHOLOGIE*
M1	KONTINUIERLICHER AUFSTIEG in Institutionen (i.d.R. Krankenhaus) - in höchste Positionen oder - in mittlere Positionen	P1	KONTINUIERLICHER AUFSTIEG (i.d.R. in Institutionen) - in höchste Positionen oder - in mittlere Positionen
M2	KONTINUITÄT IN INSTITUTIONEN (i.d.R. Krankenhaus) - in gleicher Institution oder - Wechsel der Institution	P2	KONTINUITÄT IN INSTITUTIONEN (in abhängigen Beschäftigungsverhältnissen) - einzige Tätigkeit in gleicher Institution oder - Haupt- und Nebentätigkeit oder - lange Einstiegsphase mündet in einzige Tätigkeit
		P3	KONTINUITÄT SELBSTÄNDIGER seit Studienabschluss - lange Einstiegsphase mündet in einzige Tätigkeit
M3	ZWEI KONTINUIERLICHE PHASEN - Krankenhaustätigkeit und dann Niederlassung in Praxis	P4	ZWEI KONTINUIERLICHE PHASEN - Wechsel aus Institution in die Selbständigkeit (oder umgekehrt)
		P5	DOPPEL- UND MEHRGLEISIGKEIT - ständig parallele Tätigkeiten oder - eine einzige Tätigkeit, dann Wechsel in Mehrgleisigkeit
		P6	KONTINUITÄT UND DISKONTINUITÄT - Kontinuität des Beschäftigungsverhältnisses mit inhaltlichen Tätigkeitswechseln oder - inhaltliche Wechsel in abhängiger Beschäftigung, dann kontinuierliche Selbständigkeit
M4	DISKONTINUITÄT - drei Phasen (wegen langer Unterbrechung) oder - Wechsel der Tätigkeit und lange Unterbrechung	P7	DISKONTINUITÄT - drei Phasen (wegen langer Unterbrechung) oder - Wechsel der Tätigkeit und lange Unterbrechung oder - lange Einstiegsphase, Wechsel u/o Unterbrechung
M5	STARKE DISKONTINUITÄT - zwei und mehr Wechsel u/o lange Unterbrechungen	P8	STARKE DISKONTINUITÄT - zwei und mehr Wechsel u/o lange Unterbrechungen - lange Einstiegsphase u/o Parallelität und Wechsel

Berufsverlaufsmuster von Frauen und Männern

Die folgenden Übersichten 2 und 3 zeigen die Häufigkeiten, mit denen sich die 351 Medizinerinnen und Mediziner sowie die 585 Psychologinnen und Psychologen in unserer Stichprobe auf Berufsverlaufsmuster in ihrer Profession verteilen:

Übersicht 2: Berufsverlaufsmuster und Geschlecht in der Medizin (n=351, Prozentangaben pro Geschlecht)

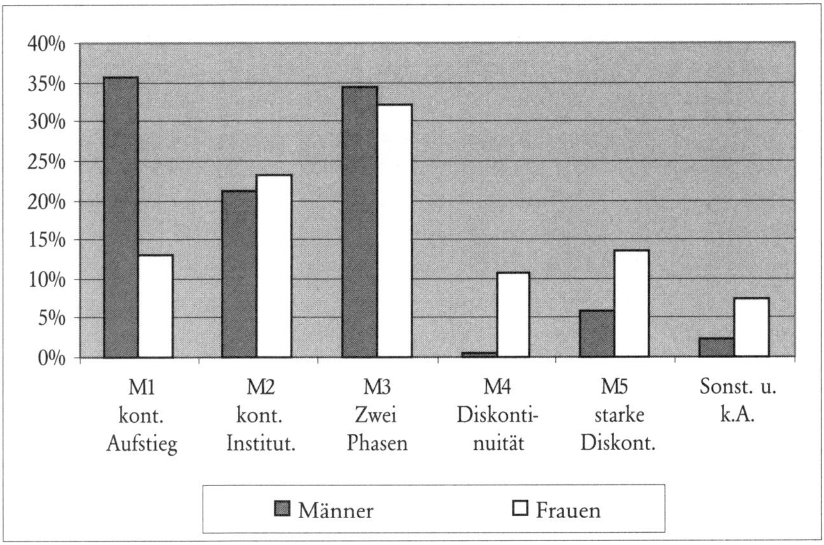

	M1 kont. Aufstieg	M2 kont. Institut.	M3 Zwei Phasen	M4 Diskonti-nuität	M5 starke Diskont.	Sonst. u. k.A.	Gesamt
Männer	62	37	60	1	10	4	174
	35,63%	21,26%	34,48%	0,57%	5,75%	2,30%	100%
Frauen	23	41	57	19	24	13	177
	12,99%	23,16%	32,20%	10,73%	13,56%	7,34%	100%
Gesamt	85	78	117	20	34	17	351
	24,22%	22,22%	33,33%	5,70%	9,69%	4,84%	100%

$p < .001$

Übersicht 3: Berufsverlaufsmuster u. Geschlecht in der Psychologie (n=585, Prozentangaben pro Geschlecht)

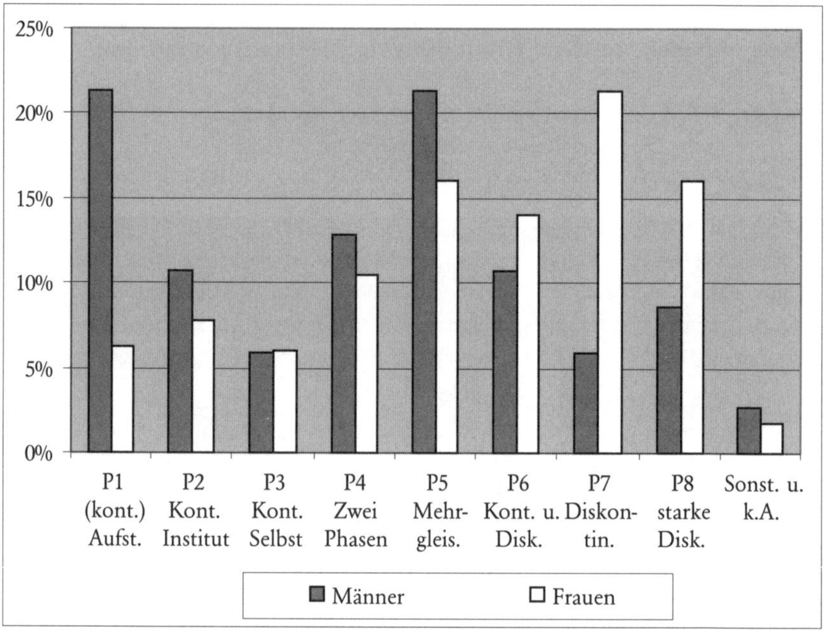

	P1 (kont.) Aufst.	P2 Kont. Institut	P3 Kont. Selbst	P4 Zwei Phasen	P5 Mehr-gleis.	P6 Kont. u. Disk.	P7 Diskon-tin.	P8 starke Disk.	Sonst. u. k.A.	Gesamt
Männer	n=40	n=20	n=11	n=24	n=40	n=20	n=11	n=16	n=5	n=187
	21,39%	10,70%	5,88%	12,83%	21,39%	10,70%	5,88%	8,56%	2,67%	100,00%
Frauen	n=25	n=31	n=24	n=42	n=64	n=56	n=85	n=64	n=7	n=398
	6,28%	7,79%	6,03%	10,55%	16,08%	14,07%	21,36%	16,08%	1,76%	100,00%
Gesamt	n=65	n=51	n=35	n=66	n=104	n=76	n=96	n=80	n=12	n=585
	11,11%	8,72%	5,98%	11,28%	17,78%	12,99%	16,41%	13,68%	2,05%	100,00%

$p < .001$

Personen, die in mittlere und höchste Positionen aufgestiegen sind, wurden im Muster des *kontinuierlichen Aufstiegs* zusammengefasst. In der Medizin steigen mit 24,2% deutlich mehr Professionsangehörige in mittlere und höchste Positionen auf als in der Psychologie mit nur 11,1%. Darunter finden sich in beiden Professionen überproportional mehr Männer als Frauen: In der Medizin sind es 35,6% der Männer aber nur 13,0% der Frauen (M1 in Übersicht 2) und in der Psychologie 21,4% der Männer aber nur 6,3% der Frauen (P1 in Übersicht 3).

Das Verhältnis von Ärztinnen und Ärzten im Muster *Kontinuität in Institutionen* (M2), die 15 Jahre lang im Krankenhaus bleiben, aber nicht in Ober- oder Chefarztpositionen aufgestiegen sind, ist annähernd paritätisch. Auch bei den Personen, die in der Psychologie kontinuierlich eine Tätigkeit als Angestellte oder Beamte ausüben ohne aufzusteigen (P2), ist das Geschlechterverhältnis annähernd gleich. Während dieses Muster aber in der Medizin eher eine berufliche Stagnation kennzeichnet und im Vergleich zu den anderen Mustern als weniger erfolgreich gelten kann, zeigt dieses kontinuierliche Muster in der Psychologie eine durchaus erfolgreiche berufliche Etablierung an.

Das Muster *„Zwei Phasen"* umfasst die größte Gruppe der MedizinerInnen (M3) mit insgesamt 33,3%, die nach einer kontinuierlichen Phase im Krankenhaus in die ebenso kontinuierliche Tätigkeit in der freien Praxis übergewechselt sind. Auch hier ist das Geschlechterverhältnis fast paritätisch. In der Psychologie finden sich im Muster der von Berufsbeginn an kontinuierlich Selbständigen[1] (P3) ebenfalls ebenso viele Frauen wie Männer. Das Gleiche gilt für das zweiphasige Muster des Wechsels aus einer Institution in die freiberufliche Tätigkeit bzw. des umgekehrten Wechsels (P4): Bei vielen Psychologinnen und Psychologen können innerhalb dieser Gruppe allerdings bereits Phasen einer verdeckten beruflichen Mehrgleisigkeit identifiziert werden, d.h. die Selbständigkeit wird in einer vorausgehenden Phase der abhängigen Beschäftigung z.B. durch freiberufliche Nebentätigkeiten und/oder durch Zusatzausbildungen vorbereitet. In beiden Professionen verbinden die Frauen oftmals Phasen der Kindererziehung mit dem Übergang in die Freiberuflichkeit. Offensichtlich wechseln Frauen besonders häufig dann in die freiberufliche Tätigkeit, wenn sie angesichts eines zu starren „Zeitkorsetts" in einer Institution ihre Arbeitszeiten autonomer regulieren und zeitlich besser mit familialen Anforderungen koordinieren wollen.

Während das Muster der *Doppel- und Mehrgleisigkeit* in der Medizin so gut wie gar nicht vorkommt, ist es in der Psychologie (P5) mit 17,8% aller Professionsangehörigen das häufigste Berufsverlaufsmuster. Viele dieser Psychologinnen und Psychologen arbeiten etwa zur Hälfte ihrer Arbeitszeit in abhängigen Beschäftigungsverhältnissen und zur anderen Hälfte freiberuflich, meist in inhaltlich unterschiedlich akzentuierten Tätigkeiten. Es kommt weiter vor, dass zwei inhaltlich unterschiedliche Tätigkeiten, die aber beide freiberuflich ausgeübt werden, parallel nebeneinander herlaufen. Daneben finden sich schließlich noch Verläufe, bei denen (a) die inhaltlichen Schwerpunkte und ihre Kopplung an ein bestimmtes Beschäftigungsverhältnis wechseln oder bei denen (b) ein Wechsel von der zunächst einzigen Haupttätigkeit zu dieser Mehrgleisigkeit der Tätigkeitsinhalte und Beschäftigungsverhältnisse stattfindet. Mit 21,4% weisen etwas mehr Männer als Frauen (16,1%) dieses Muster auf.

In der Medizin durchlaufen nur 15,4% der Befragten (allerdings ein Viertel aller Frauen, aber nur 6% Männer) die beiden *diskontinuierlichen Berufsverlaufsmuster* (M4, M5), während die große Mehrheit (mit 79,7%) aller Professionsangehörigen die kontinuierlichen Berufswege im Krankenhaus oder freien Praxis durchläuft. In der

Psychologie kommen dagegen wesentlich häufiger diskontinuierliche Berufsverläufe vor als in der Medizin. Hier fanden sich drei Muster einer mehr und minder starken Diskontinuität (P6, P7, P8) und immerhin ca. 43% aller Psychologinnen und Psychologen weisen diese vergleichsweise „komplizierten" und in sich heterogenen Berufswege auf, und zwar über die Hälfte aller Frauen und immerhin noch ein Viertel aller Männer. Das ist vor allem auf längere Unterbrechungen (insbesondere nach der Geburt) sowie auf häufigere Tätigkeitswechsel zurückzuführen. Während Medizinerinnen beim Wiedereinstieg in die Berufstätigkeit in der Regel eine inhaltlich gleiche (Facharzt-) Tätigkeit ausüben wie vor der Unterbrechung, kommt es bei den Psychologinnen oft zu neuen Arbeitsschwerpunkten und zu einer Reduktion der wöchentlichen Arbeitszeit. Inwiefern man im Zusammenhang mit den diskontinuierlichen Mustern von „beruflichem Abstieg", „Statusverlust" oder von „Dequalifizierung" sprechen kann, erscheint schwer entscheidbar. Zumindest dürfte ein solcher Verlauf für berufliche Aufstiege kaum förderlich sein.

Zusammenfassend kann festgehalten werden, dass Frauen in beiden Professionen deutlich seltener aufsteigen als Männer. Überproportional stark vertreten sind die Frauen dagegen in den diskontinuierlichen Berufsverlaufsmustern mit langen Unterbrechungen und gravierenden Wechseln. Diese unterschiedliche Verteilung von Frauen und Männern auf die Berufsverlaufsmuster ist in beiden Professionen statistisch hochsignifikant. Anders als in der Medizin ist in der Psychologie allerdings auch der Anteil der Männer mit diskontinuierlichen Berufswegen durchaus bemerkenswert.

Lebensumstände und Geschlecht in Medizin und Psychologie

Zu Unterschieden in den Lebensumständen von Frauen und Männern in beiden Professionen liegt eine Fülle von Befunden vor (vgl. Grote et al., 2001), von denen hier nur einige kurz hervorgehoben werden sollen:

Auffallend ist der diskrepante „objektive" Berufserfolg von Frauen und Männern, der anhand von Indikatoren des Einkommens, der Leitungsposition und des geschätzten „Prestiges" von Tätigkeitsfeldern genauer analysiert worden ist (vgl. Wahl, 2000). Männer steigen also nicht nur (innerhalb der ersten Berufsverlaufsmuster M1 und P1) in höhere Positionen auf, sondern auch in allen anderen Berufsverlaufsmustern sind sie gemessen an ihren wesentlich höheren Einkommen „erfolgreicher" als die Frauen. Weiter sind die beruflich besonders „erfolgreichen" Frauen und Männer miteinander verglichen worden. So haben die beruflich erfolgreichen Männer in unserem Sample nicht nur deutlich mehr Kinder als die beruflich erfolgreichen Frauen, sondern sie haben auch mehr Kinder als ihre weniger erfolgreichen männlichen Kollegen. Bei den Frauen verhält es sich umgekehrt: Je erfolgreicher sie beruflich sind, desto geringer ist ihre Kinderzahl. (Zu analogen Befunden vgl. Mesletzky, 1996; Seemann, 1997.)

Während die Mediziner zumeist mit Partnerinnen zusammenleben, die teilzeitbeschäftigt oder gar nicht erwerbstätig sind (zusammen 74,7%), lebt die große Mehrheit der Medizinerinnen (84,7%) mit voll erwerbstätigen Partnern zusammen: Bei den Medizinern in höheren Positionen ist der Anteil mit gar nicht erwerbstätigen Partnerinnen (44%) viel höher als in allen anderen Berufsverlaufsmustern. Die Medizinerinnen in höheren Positionen haben dagegen fast alle voll berufstätige Partner mit noch längeren Arbeitszeiten als sie selbst. Im Gegensatz zu ihren männlichen Kollegen erhalten Medizinerinnen mit berufstätigen Männern also in der Regel keine Entlastung bei den Aufgaben in Familie und Haushalt, sondern sie übernehmen diese Aufgaben und entlasten ihrerseits ihre Partner.

Während sich bei den Psychologinnen das gleiche Bild ergibt wie bei den Medizinerinnen, unterscheiden sich die Männer beider Professionen beträchtlich: Psychologen haben im Vergleich zu den Medizinern mit 14,9% viel seltener (Ehe-)Partnerinnen, die gar nicht erwerbstätig sind, aber viel häufiger teilzeitbeschäftigte Partnerinnen (47,6%). Auch die Gruppe der Psychologen mit vollzeitbeschäftigten Partnerinnen (37,5%) ist deutlich größer als die entsprechende Gruppe bei den Medizinern (26,3%). Das spricht dafür, dass die Aufgabenverteilung in Haushalt und Familie bei den Psychologen weniger traditional bzw. stärker egalitär ausgeprägt ist als bei den Medizinern. Dem entsprechen die unterschiedlichen Angaben von Männern (nicht aber von Frauen) in beiden Professionen zu ihrem jeweiligen Anteil an der Haus- und Familienarbeit sowie zur „Work-Life-Balance", auf die wir nach den Befunden zu Formen der Lebensgestaltung noch genauer eingehen.

3. Die Interview-Erhebung und Ergebnisse aus mündlicher sowie postalischer Befragung zu Formen der individuellen Lebensgestaltung

3.1 Durchführung der Interviews

Bei der postalischen Befragung waren alle TeilnehmerInnen um ihre Bereitschaft zur Teilnahme an späteren Interviews gebeten worden. Von den insgesamt 936 Professionsangehörigen, die uns ihren Fragebogen beantwortet zurückschickten, legten 382 Personen (40,8%) eine solche Bereitschaftserklärung bei. Daraus haben wir eine *Teilstichprobe von* 101 *InterviewpartnerInnen* von prototypischen VertreterInnen aller Berufsverlaufsmuster zusammengestellt - darunter waren 41 Psychologinnen, 24 Medizinerinnen, 21 Psychologen und 15 Mediziner. Die Frauen sind in dieser Teilstichprobe überproportional vertreten, weil sie hinsichtlich einiger Merkmale heterogener als die Männer sind. So ähneln sich besonders die „protoypischen" Männer in höchsten Positionen (Muster M1, P1 - vgl. Übersicht 1) mit Blick auf Merkmale wie Arbeitszeit, Familienstand und Kinderzahl; die Frauen in höchsten Positionen unterscheiden sich dagegen untereinander noch einmal beträchtlich.

Das ausgefüllte Mittelblatt des Fragebogens aus der postalischen Erhebung, auf dem die Befragten für den Zeitraum von 1984 bis 1999 die wichtigsten Ereignisse,

Wechsel, Stationen und Phasen im beruflichen und privaten Lebenslauf eingetragen hatten, wurde als Gesprächsgrundlage mit in die Interviews genommen. Pro Ereignis, Station oder Phase in einem Lebensstrang wurde nun nach Bezügen zu Ereignissen/ Stationen im jeweils andern Lebensstrang gefragt. Neben den wechselseitigen Einflüssen von Berufs- und Privatleben wollten wir vor allem die erbrachten Integrations- und Koordinationsleistungen in Erfahrung bringen. Dabei wurde nicht nur die alltägliche Lebensführung auf der Ebene des individuellen Alltagshandelns rekonstruiert, sondern es wurden ebenso Koordinationsleistungen auf der Ebene des berufsbiographisch bedeutsamen Handelns thematisiert. Die für unsere Fragestellung erforderliche ökologische Validität wurde dadurch gesichert, dass die ganz persönlich als wichtig bezeichneten Stationen genau erläutert und hinsichtlich ihres relationalen Gefüges bewertet wurden.

In einer ersten Serie von *Auswertungen* der Interviewtranskripte von ca. 20 Fällen wurde zunächst eine Zuordnung zu einer der beiden a priori postulierten Formen der Lebensgestaltung, d.h. zu Integration oder Segmentation des Handelns im Berufs- und Privatleben versucht. Dabei wurden exakte Auswertungskategorien (zu früheren Formen sowie zur gegenwärtigen Form der Lebensgestaltung) entwickelt - z.B. solche zur Koordination, zur Gewichtung, zur subjektiven Valenz der Lebensbereiche und zur außerberuflichen Arbeitsteilung von Partnern in Haushalt und Familie. Anhand der Diskussion strittiger Fälle konnte nicht nur eine Ausdifferenzierung von Formen der Segmentation und der Integration vorgenommen, sondern auch eine neue Form der Lebensgestaltung identifiziert werden, die wir als „Entgrenzung“ bezeichnet haben. Man kann also einerseits von einer empirischen Typenbildung sprechen. Andererseits ließen sich die derart entstandenen Formen auch zugleich sehr gut theoretisch anhand unserer handlungstheoretischen Differenzierung von persönlichen Zielen, Strebungen, Projekten auf drei Ebenen (der des alltäglichen, des alltagsübergreifenden sowie des biographisch bedeutsamen Handelns) klassifizieren. Anhand der auf diese Weise entstandenen Auswertungssystematik sind dann Auswertungen aller 101 Interviewtranskripte durch mehrere unabhängige AuswerterInnen vorgenommen worden. Zwischen allen Auswertern fand laufend ein Prozess der reflexiven Verständigung über Fragen des Vorgehens und der Kodierung statt. Im Rahmen dieses Vorgehens erscheint es sinnlos, Koeffizienten zur Raterübereinstimmung zu berechnen. Die Tauglichkeit der anhand der ersten Fälle gefundenen Kategorien wurde dadurch überprüft, dass sie konkret an neuen Fällen getestet wurde. Zum Schluss sind die bis zuletzt strittigen Fälle nochmals in einer gemeinsamen Diskussion aller AuswerterInnen auf ihre Nähe bzw. Distanz zu prototypischen Fällen beurteilt worden. Schließlich haben wir bei einer weiteren Teilstichprobe von 23 Befragten (aus der Stichprobe der mündlich befragten 101 prototypischen VertreterInnen der Berufsverlaufsmuster) Paarinterviews durchgeführt. Im Rahmen dieser Paarinterviews haben wir die bereits im Einzelinterview befragten Personen gebeten, für sich selbst eine Zuordnung zu unseren Formen der Lebensgestaltung vorzunehmen. In allen 23 Fällen konnten wir eine völlige Übereinstimmung feststellen.

3.2 Ergebnisse der Interviews: Lebensgestaltung als Segmentation, Integration und Entgrenzung der Lebenssphären

Als wichtiges Kriterium zur Unterscheidung von Hauptformen der Lebensgestaltung hat sich in unseren exemplarischen Fallbeschreibungen (vgl. Dettmer et al., 2003) erwiesen, ob die Handlungsstränge (bzw. die persönlichen Ziele, Projekte, Strebungen oder Wünsche) in beiden Lebensbereichen, dem beruflichen und dem privaten, ohne gegenseitige Störung nebeneinander herlaufen oder ob sie kollidieren (zur Übersicht über psychologische Konzepte zu persönlichen Zielen vgl. Brunstein & Maier, 1996; Wiese, 2000; Stief, 2001; Hoff & Ewers, 2002). Dabei können nicht nur Ziele innerhalb jeder Handlungsebene konfligieren, sondern Personen thematisieren alltagssprachlich oft auch Probleme, Widersprüche, Konflikte oder Dilemmata derart, dass kurzfristige alltägliche Ziele im einen Lebensbereich mit längerfristigen Projekt- oder Lebenszielen im anderen Bereich bzw. Lebensstrang kollidieren. Übersicht 4 zeigt die *Haupt- und Unterformen der individuellen Lebensgestaltung*, die in der Auswertung aller Interviews empirisch ermittelt und klar gegeneinander abgegrenzt werden konnten.

Übersicht 4: Individuelle Formen der Lebensgestaltung (n=101, davon 49 Männer und 65 Frauen)

Segmentation von beruflichen und privaten Zielen und Handlungssträngen (n=45) Minimierung von Konflikten)

- Dominanz beruflicher Ziele
- Dominanz privater Ziele
- dauerhafte Sicherung einer Zielbalance

Integration von beruflichen und privaten Zielen/ Koordination von Handlungssträngen (n=42)
(Bewältigung von Konflikten durch Bildung von Integrationszielen)

- Abstriche bei der Realisation beruflicher Ziele
- Abstriche bei der Realisation privater Ziele
- Abstriche in beiden Lebenssphären
- ohne dauerhafte Abstriche (flexible Zielbalance)

Entgrenzung von beruflichen und privaten Zielen, Überschneidung/Identität von Handlungssträngen
(Minimierung traditionaler und Bewältigung neuartiger Konflikte) (n=14)

- völlig arbeitszentriert, kaum private Ziele
- Verschmelzung von Zielen (raumzeitlich/ inhaltlich)

Bei der *Segmentation* werden Zielkonflikte von vornherein vermieden oder minimiert, da die beruflichen und privaten Handlungsstränge parallel nebeneinander herlaufen, ohne sich gegenseitig zu behindern. Ziele im Berufs- und Privatleben müssen erst gar nicht in ihrer Relation zueinander bedacht und miteinander koordiniert werden. Im Vergleich zur Form der Segmentation mit Dominanz beruflicher Ziele kam die einer Dominanz privater Ziele selten vor. Denn in unserer Stichprobe sind möglicherweise Frauen unterrepräsentiert, die nur ganz wenige Stunden in der Woche erwerbstätig und daneben vor allem als „Hausfrauen" tätig sind. Weiter kommt bei Frauen und Männern eine Form der „Work-Life Balance" vor, mit der wir gar nicht gerechnet hatten. Personen können ihr alltägliches Leben so einrichten, dass Beruf und Freizeit/Familie als inhaltlich und raumzeitlich voneinander getrennte Welten mit gleichem subjektiven Gewicht und als zeitlich gleichberechtigte Handlungsstränge dauerhaft nebeneinander herlaufen können. Dies setzt aber biographische Weichenstellungen voraus, die das Gleichgewicht langfristig sicherstellen.

Eine dynamische Form der Balance beruflicher und privater Ziele zeigt sich bei sämtlichen Unterformen der *Integration*. Die biographische Herausbildung dieser Balance wird im Zusammenhang mit mehr oder minder heftigen Krisen und Konflikten geschildert.

Wenn Ziele zwischen den Lebenssphären konfligieren und sie derart gleichgewichtig sind, dass keines einfach zugunsten des anderen preisgegeben werden kann, so setzt eine Suche nach kompatiblen und inkompatiblen Aspekten ein. Es müssen übergeordnete Ziele gebildet werden, die wir als „Integrationsziele" bezeichnen (Hoff & Ewers, 2003). Es handelt sich also nicht lediglich um die Bildung von Kompromissen, sondern anstelle der bisherigen Ziele hat nun das neue Ziel Priorität. Auf der Ebene des biographisch bedeutsamen Handelns und der Lebensziele heißt dies: Die Integration von Beruf und Familie bzw. Privatleben wird selbst zum übergeordneten Lebensziel, dem die Ziele in jedem einzelnen Lebensstrang untergeordnet werden. Balance bedeutet nun anders als zuvor, dass Abstriche von Zielen in einem Bereich die Balance zwischen den Zielen in beiden Bereichen sichern können; und vor allem im Alltag müssen berufliches und privates Handeln dynamisch, d.h. in stets variierender Weise ausbalanciert und koordiniert werden.

Für alle in Übersicht 4 angeführten Unterformen hängt das „Gelingen" der Lebensgestaltung von der Klarheit ab, mit der Integrationsziele formuliert werden. Abstriche an der Realisierung von Zielen in jeweils einem Bereich, durch die sich die ersten beiden Unterformen kennzeichnen lassen, müssen keineswegs eine Dominanz des jeweils anderen Bereiches bedeuten. Häufig sprechen vor allem Frauen auch selbst gar nicht von beruflichen „Abstrichen", wenn sie z.B. auf Teilzeitstellen arbeiten oder wenn ihre Arbeitszeiten deutlich unter der wöchentlichen Normalarbeitszeit liegen, sondern sie betonen nur die Balance. Frauen und Männer - auch diejenigen mit stärkeren Abstrichen bei der Realisation privater Ziele - berichten, wie prekär und wie dynamisch diese Balance im Alltag oft ist und welchen zusätzlichen Handlungsaufwand die Koordination des beruflichen und privaten Handelns erfordert. Werden starke Abstriche bei der Realisierung von Zielen in beiden Lebenssphären gemacht, so kann von einer nicht optimal gelungenen Integration gesprochen werden. Hier werden Integrationsziele oftmals nicht klar oder erst sehr spät im Verlauf eines „Dauerkonfliktes" formuliert. Die Integration ohne stärkere Abstriche in beiden Lebensbereichen erscheint demgegenüber nicht nur aus der Außenperspektive, sondern auch aus Sicht der betreffenden Personen als die „gelungenste" Form der Integration. Hier ist die alltägliche Arbeitsteilung von Partnern in Haushalt und Familie wirklich symmetrisch verteilt und/oder Paare werden durch die Hilfe von Freunden, Eltern bzw. Haushaltshilfen entlastet.

Eine letzte Hauptform, die wir ursprünglich nicht in Rechnung gestellt hatten, kann man als *Entgrenzung* von beruflichen und privaten Zielen bezeichnen. Traditionale Konflikte verschwinden, und Integrationsziele werden unnötig. Denn die beruflichen und privaten Handlungsstränge verflechten sich, oder sie verschmelzen zu einer Einheit. Bei einer ersten Variante der extrem arbeitszentrierten Entgrenzung wird das private vom beruflichen Alltagshandeln quasi „verschluckt" - etwa bei alleinstehenden Frauen, die beruflich in höchste Positionen aufsteigen. Die zweite Variante der Entgrenzung lässt sich durch enge raumzeitliche und inhaltliche Überschneidungen der Lebensbereiche kennzeichnen - etwa wenn alltäglich zu Hause am PC gearbeitet wird, Partner bzw. Kinder im gleichen Raum anwesend sind oder wenn ein Teil der Wohnung zur Praxis bzw. Firma wird. Das traditionale Verständnis von Beruf als „Berufung" hat wohl schon immer bedeutet, dass Personen gewissermaßen in ihrer Berufsrolle „aufgegangen" sind und sich damit überaus stark identifiziert haben. Aber für die (männlichen) Angehörigen der klassischen Professionen - etwa für den Arzt, den Pfarrer, den Richter oder den Lehrer - ließ sich diese Dominanz des Berufes in der Regel gerade durch die Lebensgestaltung der Segmentation und mit Hilfe einer für Haushalt und Familie zuständigen Partnerin realisieren. Heute scheint es gerade bei neuen Personengruppen - etwa bei Frauen in leitenden Positionen und ohne Kinder oder bei Paaren, in denen beide Partner der gleichen Profession angehören - auch eine neue, entgrenzte Variante dieses Verständnisses von Beruf als „Berufung" zu geben. Hier verschmelzen alltägliches, berufliches und privates Handeln im Sinne einer einheitlichen „Selbstverwirklichung"; und auch langfristige persönliche Projekte, biographische Weichenstellungen und Lebensziele verteilen sich nicht mehr auf zwei Sphären, sondern werden Bestandteil eines einzigen Lebensstranges.

3.3 Ergebnisse der postalischen Befragung: Lebensgestaltung bzw. „Work-Life-Balance" von Frauen und Männern

Da sich die qualitativen Analysen auf Interviewdaten von prototypischen Vertreterinnen der Berufsverlaufsmuster beziehen, sind Rückschlüsse auf das Vorkommen dieser Formen in unserer Gesamtstichprobe (von 936 Personen) möglich: Männer, vor allem diejenigen in der Medizin, deren Berufswege kontinuierlich und besonders erfolgreich sind, praktizieren in der Regel die Lebensgestaltung der Segmentation mit Dominanz des beruflichen Handlungsstranges. Frauen (sowie ein kleinerer Teil von Männern) - hier vor allem diejenigen in der Psychologie, deren Berufswege diskontinuierlich, schwer antizipierbar, unsicher und vergleichsweise weniger erfolgreich sind, praktizieren diverse Formen der Integration. Ob solche Unterschiede zwischen Frauen und Männern sowie zwischen den Professionen signifikant sind, lässt sich jedoch nur auf der Basis der Daten aus der postalischen Befragung überprüfen. Dort hatten wir eine Reihe von Angaben zur alltäglichen sowie zur biographischen Lebensgestaltung erhoben, die sich sehr klar entweder im Sinne einer Segmentation oder im Sinne einer Integration interpretieren lassen. (Zur Entgrenzung sind anhand der postalischen Befragung keine Aussagen möglich, da wir diese Form der Lebensgestaltung ja erst in den Interviews „entdeckt" hatten.) In Übersicht 5 sind zunächst Befunde zur alltäglichen Lebensgestaltung zusammengestellt:

Frauen und Männer unterscheiden sich nicht bedeutsam in ihren sehr allgemeinen Urteilen zur relationalen Wichtigkeit von beruflichem und privatem Lebensbereich. Sie bejahen ebenso wie Frauen mehrheitlich das Gleichgewicht beider Lebensbereiche im Sinne eines Leitbildes. Aber alle anderen Befunde sprechen für ein Ungleichgewicht auf der Handlungsebene: Das Verhältnis von beruflichem und familialem Zeitbudget zeigt bei Männern eine klare Dominanz des Berufes an, während es bei den Frauen viel ausgeglichener ist. Die realen und gewünschten wöchentlichen Arbeitszeiten liegen bei den Männern signifikant höher als bei den Frauen. Der Anteil an der Hausarbeit liegt bei Männern bedeutend niedriger als bei Frauen; und bei 63% der Männer, aber nur bei 5% der Frauen findet sich in der Paarbeziehung eine komplementäre Arbeitsteilung der Partner in Haushalt und Familie zu eigenen Gunsten, während spiegelbildlich dazu die Arbeitsteilung bei 56% der Frauen, aber nur bei 6% der Männer als komplementär zu eigenen Ungunsten angegeben wird (vgl. dazu auch Koppetsch & Burkart, 1999). Frauen äußern sich signifikant häufiger als Männer ambivalent, d.h. als zufrieden und unzufrieden zugleich mit der außerberuflichen Arbeitsteilung in ihrer Paarbeziehung.

In Übersicht 6 sind weiter Ergebnisse zur biographischen Lebensgestaltung zusammengestellt.

Eine sehr häufige Synchronizität (d.h. drei oder mehr zentrale Ereignisse in einem Lebensstrang sind direkt zeitlich an drei oder mehr zentrale Weichenstellungen im anderen Lebensstrang gekoppelt) kommt bei viel mehr Frauen als bei Männern vor

Übersicht 5: Befunde zu alltäglicher Lebensgestaltung, Geschlecht und Profession

	Männer insges. (n= 361)[1]	*Frauen insges.* (n= 575)[1]		*Männer Psychologie* (n= 187)[1]	*Männer Medizin* (n= 174)[1]	
Relationale Wichtigkeit von beruflichem und privatem Lebensbereich[2] (in Prozent)						
- beruflicher Lebensbereich wichtiger	11,6	9,9	n.s.	10,2	13,2	n.s.
- privater Lebensbereich wichtiger	26,9	28,9	n.s.	24,6	29,3	n.s.
- beide Lebensbereiche gleich wichtig	57,9	57,7	n.s.	61,5	54,0	n.s.
Zeitbudgets für Lebensbereiche (Anteil am wöchentl. Gesamtbudget von 100%) (arithm. Mittel)						
- Zeitbudget Beruf	57,2	47,3	***	55,6	58,8	*
- Zeitbudget Haushalt/Familie	28,1	37,0	***	29,5	26,7	*
reale und gewünschte wöchentliche Arbeitszeiten (in Wochenstunden) (arithm. Mittel)						
- reale Wochenstunden	54,8	40,0	***	44,4	54,8	***
- gewünschte Wochenstunden	37,6	27,4	***	35,0	40,2	***
außerberufliche Arbeitsteilung in der Paarbeziehung (in Prozent)						
- eig. Anteil an Hausarbeit (arithm. Mittel)	31,7	66,3	***	36,2	28,8	***
- symmetr. Arbeitsteilung mit Partner	30,7	39,1	***	41,6	18,2	***
- komplementäre Arbeitsteilung zu eigenen Gunsten	63,4	5,1	***	53,2	75,0	***
- komplementäre Arbeitsteilung zu eigenen Ungunsten	5,9	55,8	***	5,2	6,8	n.s.
Zufriedenheit mit der außerberuflichen Arbeitsteilung in der Paarbeziehung[2] (in Prozent)						
- nur zufrieden	30,0	24,3	n.s.	31,6	32,3	n.s.
- nur unzufrieden	7,7	7,7	n.s.	4,6	9,0	n.s.
- weder - noch	28,1	10,5	***	29,9	29,0	n.s.
- zufrieden *und* unzufrieden (ambivalent)	22,7	40,7	***	25,9	20,6	n.s.

1 Die Stichprobengrößen sind in den einzelnen Auswertungsschritten aufgrund fehlender Angaben teilweise geringer;

2 „keine Angabe" wurde nicht aufgeführt, deshalb ergeben die Spaltensummen nicht 100%.

*** p<.001; ** p<.01; * p<.05

Übersicht 6: Befunde zu biographischer Lebensgestaltung, Geschlecht und Profession

	Männer insges. (n=361)[1]	*Frauen insges.* (n=575)[1]		*Männer Psychologie* (n=187)[1]	*Männer Medizin* (n=174)[1]	
Synchronizität der wichtigsten beruflichen und privaten Lebensereignisse (in Prozent)						
- synchrone Ereignisse sehr häufig	33,0	44,9	***	37,1	28,2	*
biographische Bilanzierung von Belastung und Gewinn durch Beruf und Familie (in Prozent) - *Mehrfachnennungen waren möglich* -						
- Beruf: Belastung, Familie: Gewinn	63,2	52,0	**	62,3	64,1	n.s.
- Familie: Belastung, Beruf: Gewinn	35,8	52,8	***	37,4	34,3	n.s.
- Doppelbelastung	51,9	71,3	***	65,0	37,8	***
- Doppelgewinn	54,3	71,4	**	61,5	47,3	*
biographische Bilanzierung von Abstrichen in einem Bereich zugunsten des anderen Bereichs (arithm. Mittel, 5-Punkte-Likert-Skala)						
- Abstriche im Beruf	2,3	2,9	**	2,6	2,2	***
- Abstriche in der Familie	3,2	2,9	***	2,9	3,5	***
biographische Relationen von Berufs- und Privatleben (arithm. Mittel, 5-Punkte-Likert-Skala)						
Kompensation:						
- Beruf als Ausgleich f. Privatl.	2,2	2,8	***	2,2	2,2	n.s.
- Privatleben als Ausgleich f. Beruf	3,3	3,1	**	3,2	3,5	*
Generalisation:						
- positiver Einfluss d. Berufs auf Privatl.	3,4	3,6	*	3,5	3,3	n.s.
- negativer Einfluss d. Privatl. auf Beruf	2,6	2,8	*	2,7	2,5	n.s.

1 Die Stichprobengrößen sind in den einzelnen Auswertungsschritten aufgrund fehlender Angaben teilweise geringer.

*** p<.001; ** p<.01; * p<.05

(vgl. dazu auch Tölke, 2002). Vor dem Hintergrund der Interviews kann man dies nur so interpretieren: Frauen verknüpfen und integrieren ihre Lebensstränge viel stärker als Männer. Bei der Bilanzierung ihrer Biographie geben sie die Familie häufiger als Belastung und den Beruf als Gewinn an, während Männer umgekehrt im Rückblick häufiger den Beruf als Belastung und die Familie als Gewinn bezeichnen. Vor allem charakterisieren Frauen zurückliegende biographische Phasen signifikant häufiger als Männer sowohl im Sinne einer Doppelbelastung als auch im Sinne eines Doppelgewinns. Weiter geben Frauen im Rückblick häufiger mehr Abstriche im Beruf zugunsten der Familie, Männer dagegen mehr Abstriche in der Familie zugunsten des Berufes an; und schließlich begreifen Frauen im biographischen Rückblick häufiger den Beruf als Ausgleich für Probleme im Privatleben, während Männer umgekehrt im Privatleben eine Kompensation für berufliche Probleme sehen.

Als Fazit der quantitativen Analysen zur Lebensgestaltung kann Folgendes festgehalten werden: Die Ergebnisse bestätigen die Annahme, dass Frauen in beiden hoch qualifizierten Berufen ihre Lebenssphären häufiger integrieren und stärker ausbalancieren, während Männer häufiger segmentieren und dem Beruf Priorität gegenüber dem Privatleben einräumen. Dies gilt für die alltägliche ebenso wie für die biographische Lebensgestaltung. Männer halten jedoch ebenso wie Frauen mehrheitlich beide Lebensbereiche für gleich wichtig und wünschen sich eine erhebliche Reduktion ihrer beruflichen Arbeitszeit. Die allgemein für wichtig gehaltene, stärker ausbalancierte Gestaltung des Lebens scheint also bei Männern nicht in dem Maße wie bei Frauen mit der tatsächlichen, stark berufsorientierten Lebensform übereinzustimmen. Allerdings gibt es in der Psychologie im Gegensatz zur Medizin einen bemerkenswerten Anteil von Männern, die eine Balance-Vorstellung bereits stärker realisieren und sich in ihrer Lebensgestaltung den Frauen in beiden Professionen angleichen. Dies wird in Übersicht 5 und 6 beim Vergleich der Männer in Psychologie und Medizin deutlich. Während sich kaum Unterschiede zwischen den Medizinerinnen und Psychologinnen zeigen, wird bei den Männern ein konsistentes Muster aller Befunde sichtbar: Immer liegen Werte (Prozentangaben, Mittelwerte) der Männer in der Psychologie *zwischen* denen aller Frauen in beiden Professionen einerseits und denen der Männer in der Medizin andererseits. Nimmt man eine annähernd symmetrisch-egalitäre außerberufliche Arbeitsteilung in der Paarbeziehung als Indikator für eine solche Angleichung, so liegt der Anteil dieser Psychologen mit bereits stärker integrierender und balancierender Lebensgestaltung etwa zwischen 40% und 45%. Bei den Medizinern bleibt der entsprechende Anteil dagegen unter 20%. Zum einen begünstigen die in der Psychologie im Vergleich zur Medizin weniger starren Arbeitszeitregelungen und die flexibleren Beschäftigungsverhältnisse auch für Männer eine Lebensgestaltung der Integration und Balance. Zum anderen sehen wir eine Hauptursache dieser Angleichung der Psychologen an die integrative Lebensgestaltung bei der Mehrzahl von Frauen darin, dass die Berufsverläufe in der jungen Profession Psychologie auch für die Männer bereits mit dem Berufseintritt sehr unübersichtlich, subjektiv kaum antizipierbar und unsicher sind. Im Gegensatz zur Medizin nimmt diese Unsicherheit im Verlauf der Berufsbiographie keineswegs immer ab, sondern sie kann gleich bleiben oder gar zunehmen. Deswegen - so unsere Interpretation - messen Psychologen dem privaten Lebensstrang und privaten Lebenszielen schon frühzeitig ein stärkeres Gewicht bei und reflektieren ihre gesamte Lebensgestaltung stärker als die Mediziner. Wie unsere Interviews zeigen, wird die integrative Form bewusster „gewählt“ als die segmentierte, und beide Formen bilden sich in einem lebensgeschichtlich fortlaufenden Prozess heraus.

4. Ergebnisse zur gemeinschaftlichen Lebensgestaltung in Paarbeziehungen

Bei Personen in Paarbeziehungen lässt sich die individuelle nur im Kontext der dyadischen Lebensgestaltung begreifen. Dies ist uns nicht erst bei den Analysen zur außerberuflichen Aufgabenverteilung von Frauen und Männern in Haushalt und Familie, sondern bereits bei der Auswertung der Fragebogendaten zu den individuellen Berufsverläufen deutlich geworden. Daher hatten wir in den Einzelinterviews auch schon nach den Berufen der Partner bzw. Partnerinnen unserer Professionsangehörigen in Medizin und Psychologie sowie nach Prozessen der Abstimmung und Koordination der Berufsverläufe in ihren Paarbeziehungen gefragt. Im Folgenden werden zunächst Befunde zur Gestaltung von Karrierekonstellationen in Paarbeziehungen auf Basis der Einzelinterviews vorgestellt. Anschließend gehen wir auf die Analysen zu Interdependenzen zwischen partnerschaftlichen Lebensläufen auf Basis der im letzten Untersuchungszeitraum durchgeführten Paarinterviews ein.

4.1 Ergebnisse der Einzelinterviews: Karrierekonstellationen in Paarbeziehungen

Von den 101 Personen, die mündlich befragt worden waren, hatten 90 über den retrospektiv berichteten Zeitraum von ca. 15 Jahren eine länger andauernde, persönlich bedeutsame Paarbeziehung. Zur Beschreibung der Karrierekonstellationen bei diesen 90 Personen und ihren PartnerInnen haben sich die gleichen zentralen Begriffe wie bei der Beschreibung der individuellen Lebensgestaltungsformen bewährt: nämlich Segmentation, Integration und Entgrenzung (vgl. Übersicht 7).

In den meisten der Fälle einer *Segmentation mit Dominanz beruflicher Ziele des Mannes* verfügen die Männer, nicht aber die Frauen über einen akademischen Abschluss, und die unterschiedliche Stellung in der Hierarchie der Berufe setzt sich in der traditional-komplementären Arbeitsteilung fort. Die Männer hatten hier von Anfang an Berufe mit deutlich besseren Verwertungschancen auf dem Arbeitsmarkt, sind dann in höhere Positionen aufgestiegen, und die primäre Zuständigkeit der Frauen für Haushalt und Familie hat sich im biographischen Verlauf immer stärker verfestigt. Alle Paare haben im Vergleich zu den anderen Paaren unserer Teilstichprobe (N=90) überdurchschnittlich viele Kinder. Es wurde nicht von Zielkonflikten zwischen den Partnern berichtet (nur bei den ganz wenigen berufshomogenen Paaren sind die Frauen mit ihrer beruflichen Entwicklung unzufrieden).

In der kleinen Gruppe von Paaren, in denen *Segmentation mit einer Dominanz beruflicher Ziele der Frau* einhergeht, hatten die Frauen Berufe mit besseren Verwertungschancen auf dem Arbeitsmarkt, und die Frauen wurden zu Hauptverdienerinnen. Hier übernahmen die Männer nun jedoch nicht spiegelbildlich zur zuvor genannten

Übersicht 7: Formen der Gestaltung von Karrierekonstellationen in Paarbeziehungen (n=90)

Segmentation von beruflichen Zielen/Handlungssträngen beider Partner (n=35) (Minimierung von Konflikten) – Dominanz beruflicher Ziele des Mannes – Dominanz beruflicher Ziele der Frau – dauerhafte Balance der beruflichen Ziele beider Partner
Integration von beruflichen Zielen/Koordination der Handlungsstränge beider Partner (n=43) (Bewältigung von Konflikten durch Bildung gemeinsamer Integrationsziele) – Abstriche bei der Realisation beruflicher Ziele des Mannes – Abstriche bei der Realisation beruflicher Ziele der Frau – flexible Balance der beruflichen Ziele beider Partner
Entgrenzung von beruflichen Zielen, Verknüpfung der Handlungsstränge beider Partner (n=6) (Minimierung traditionaler und Bewältigung neuartiger Konflikte) – gemeinsame, sich überschneidende Ziele

Gruppe die Rolle als „Hausmänner", sondern hier sind die Frauen trotz ihrer stärkeren beruflichen Belastung zugleich für Haushalt und Familie zuständig.

In den Fällen einer *Segmentation mit dauerhafter Balance der beruflichen Ziele beider Partner* handelt es sich ausnahmslos um Doppelkarrierepaare, die zumeist keine Kinder haben. Das Hauptkennzeichen ist hier, dass beide Partner zwar Angehörige hoch qualifizierter Berufe sind, dass diese Berufe aber inhaltlich gar keine Affinität aufweisen (z. B. Psychologin und Maschinenbauingenieur). Eben darin kann der Grund dafür gesehen werden, dass sich die Segmentation der beruflichen Ziele zunehmend verfestigt hat und dass diese Ziele ohne gegenseitige Behinderung und Konkurrenz realisiert werden konnten.

Bei den Paaren, die eine *Integration mit Abstrichen bei der Realisierung beruflicher Ziele der Frau* praktizieren, waren ursprünglich die beruflichen Verwertungschancen auf dem Arbeitsmarkt ähnlich günstig, und die Berufe weisen zudem inhaltliche Affinitäten auf (z. B. Psychologin und Lehrer). Aber alle Paare haben Kinder - zumeist zwei oder mehr, und mit den Geburten der Kinder öffnete sich die „Schere" zwischen den Karrieren beider Partner immer stärker. Hier wurde von z. T. sehr starken Konflikten bei der Abstimmung beruflicher und privater Ziele berichtet, in deren Verlauf sich als Integrationsziel beider Partner ein „gelungenes Leben mit Kindern" herausgebildet hat. Dessen Realisierung erscheint unter den jeweils gegebenen strukturellen Rahmenbedingungen am besten durch die stärkere Zuständigkeit der Frau für den Familienbereich möglich zu sein. Gleichwohl wurde von einer stark ausgeprägten gegenseitigen beruflichen Unterstützung beider Partner berichtet.

In den wenigen Fällen einer *Integration mit Abstrichen bei der Realisation beruflicher Ziele des Mannes* handelt es sich um berufshomogene Paare, um Psychologinnen, deren Partner auch Psychologen sind, die den gemeinsamen Lebensentwurf von ineinander verflochtenen Berufsbiographien realisieren und die sich fachlich intensiv austauschen. Alle Paare haben Kinder, das gemeinsame Integrationsziel des „gelungenen" Familienlebens bildete sich nicht in Konflikten heraus, sondern stand von vornherein fest, und die außerberufliche Arbeitsteilung kann als egalitär bezeichnet werden.

Die Gruppe der Paare, die eine *Integration mit flexibler Balance der beruflichen Ziele beider Partner* praktiziert, ähnelt der zuletzt genannten Gruppe sehr stark; nur die Verfolgung beruflicher Ziele auf Seiten beider Partner ist gleichberechtigter, und es handelt sich um Doppelkarrierepaare.

Bei einer letzten Gruppe von Paaren ließ sich eine *Entgrenzung bzw. eine Überschneidung der beruflichen Ziele* von Partnern mit gemeinsamem Studium und inhaltlich gleichem Tätigkeitsbereich innerhalb derselben Profession feststellen. Die egalitär-symmetrische und hoch flexible Arbeitsteilung erstreckt sich auf beide, deswegen kaum voneinander abgrenzbare Lebenssphären. Alle Paare (auch die mit Kindern) können als Doppelkarrierepaare mit höchstem beruflichen Engagement bezeichnet werden.

Der aus unserer Sicht bemerkenswerteste Befund dieser Analysen ist die Bedeutung des Merkmals der *inhaltlichen Affinität versus Unterschiedlichkeit der Berufe und Tätigkeitsfelder* von Partnern für die Gestaltung der partnerschaftlichen Karrierekonstellation: Je ähnlicher sich die Tätigkeiten beider Partner sind, desto intensiver tauschen sich die Partner miteinander über ihren beruflichen Alltag aus und desto größer ist die Möglichkeit der gegenseitigen beruflichen Unterstützung und Kooperation. Die Partner vergleichen sich beruflich miteinander, und es kommt z.T. auch zu beruflicher Konkurrenz. Bei Partnern mit sehr ähnlichen Tätigkeitsbereichen ergeben sich entsprechend häufiger wechselseitige Einflüsse zwischen den Berufsverläufen als bei Partnern mit sehr heterogenen Tätigkeitsfeldern, bei denen häufiger eine klare Trennung der beruflichen Lebenssphären und Lebensstränge zu finden ist (vgl. Dettmer & Hoff, 2005).

4.2 Paarinterviewstudie zu Interdependenzen zwischen partnerschaftlichen Lebensläufen

Um die Zusammenhänge zwischen den Lebensläufen von (Ehe-)Partnern sowie die Abstimmung beruflicher und privater Ziele beider Partner und die damit verbundenen Aushandlungsprozesse innerhalb des Paarsystems genauer rekonstruieren zu können, erscheint es sinnvoll, *beide Partner* in Paarbeziehungen zu befragen. Deshalb haben wir zusätzlich mit einer kleinen Teilstichprobe der zuvor schriftlich und mündlich befragten Personen und deren PartnerInnen 23 Interviews durchgeführt. Kriterien zur Auswahl der Teilstichprobe waren zum einen die Konstellationen der Berufe sowie die beruflichen Positionen beider Partner, zum anderen deren berufliche und außerberufliche Arbeitsteilung. Weitere Vorraussetzung war, dass die Paarbeziehung zum Zeitpunkt der Erhebung bereits mindestens acht Jahre Bestand hatte. Das eingesetzte Erhebungsverfahren des leitfadengestützten biographischen Paarinterviews haben wir durch einen Erhebungsbogen ergänzt, auf dem die Befragten *im Vorfeld* des Interviews stichwortartig ihre wichtigsten individuellen und gemeinsamen biographischen Stationen, Ereignisse und Veränderungen im Berufs- und Privatleben notieren konnten. Der ausgefüllte Bogen wurde dann im Interviewgespräch zugrunde gelegt und ermöglichte eine Bezugnahme auf diese biographisch bedeutsamen Stationen durch das Interviewteam (das gemischtgeschlechtlich zusammengesetzt war).

Im Rahmen der Analyse dyadischer Formen der Lebensgestaltung und ihrer biographischen Herausbildung erwies sich die *Relation zwischen individuellen und gemeinsamen Zielen* in Verbindung mit *der Relation der beruflichen Positionen* und der *Arbeitsteilung* der Partner als zentrale typenbildende Merkmale. Je stärker auf Seiten der Lebenspartner die je individuellen Ziele gewichtet werden, desto stärker entwickeln sich die Lebenssphären und -stränge getrennt voneinander. Mit der stärkeren Bindung an die je individuellen Ziele und einer hohen Autonomiebestrebung bildet sich bei den interviewten Paaren auch ein berufliches Konkurrenzverhältnis zwischen den Lebenspartnern heraus. Paare, die dagegen eine *Balance von gemeinsamen und autonomen Zielen* anstreben, versuchen ein ausgewogenes Verhältnis zwischen den individuellen Lebensbereichen und dem gemeinsamen Lebensbereich zu realisieren. Es entsteht ein Spannungsverhältnis zwischen individuellen und gemeinsamen Zielen, mit denen typische Zielkonflikte verbunden sind. Die Paare, die eine *stärkere Gewichtung der gemeinsamen gegenüber den individuellen Zielen* aufweisen, lassen sich danach unterscheiden, ob sich die gemeinsamen Ziele auf den *privaten familialen Lebensbereich* beziehen, oder ob sie sich auf *beide Lebensbereiche* beziehen. Bei diesen Paaren kommt es nur selten zu beruflichen und privaten Zielkonflikten, weil die Hauptzuständigkeitsbereiche entweder durch konventionelle geschlechtstypische Normen geregelt sind oder aber weil eine weitgehende Zielkonvergenz in beiden Lebensbereichen zwischen den Partnern besteht (zu den Ergebnissen der Paarinterviewstudie vgl. detaillierter Dettmer, 2005).

5. Schlussbemerkungen

Wenn wir nach der Darstellung einiger zentraler Ergebnisse (zu anderen Befunden vgl. Grote et al., 2001; Hoff et al. 2003; Hohner et al. 2003; Dettmer et al. 2003; Grote & Hoff, 2004) nun noch einmal auf den Titel dieses Sammelbandes zurückkommen, so fällt eine eindeutige Antwort auf die darin gestellte Frage nach „Erosion *oder* Reproduktion geschlechtlicher Differenzierung" mit Blick auf die von uns untersuchten Professionen schwer. Als knappes Fazit könnte man sogar formulieren, dass diese Gegenüberstellung problematisch erscheint; denn unsere Ergebnisse lassen sich nur im Sinne einer *Gleichzeitigkeit* von Erosion *und* Reproduktion geschlechtlicher Differenzierung interpretieren:

Auf der einen Seite zeigen sich in beiden Professionen signifikante *Unterschiede* zwischen Frauen und Männern. Frauen durchlaufen weitaus häufiger diskontinuierliche Berufswege als Männer, und ihre Berufswege führen zu geringerem Berufserfolg als die der Männer. Die mit den Berufsjahren zunehmende Disparität - die sich öffnende „Schere", von der Abele (2003a,b) spricht - geht mit entsprechend unterschiedlichen Formen der Lebensgestaltung einher. Bei den Männern können berufliche und private Ziele häufiger getrennt voneinander realisiert werden, d.h. ohne sich gegenseitig zu stören, weil ihnen vielfach ihre PartnerInnen in Haushalt und Familie den Rücken freihalten. Demgegenüber werden die Frauen seltener in gleichem Maße durch ihre Partner entlastet; und bei ihnen konfligieren berufliche und private Ziele häufiger. Sie versuchen dann, die Konflikte durch Bildung von übergeordneten Zielen einer Integration des Berufs- und Privatlebens zu bewältigen, und damit gehen oft Abstriche bei der Realisierung der ursprünglichen beruflichen und/oder privaten Ziele einher.

Auf der anderen Seite zeigen sich auch *Ähnlichkeiten* zwischen Männern und Frauen, die auf eine Erosion geschlechtlicher Differenzierung in der Psychologie verweisen. Hier gibt es bereits viel mehr Männer als in der Medizin, die ebenfalls beide Lebensbereiche und Lebensstränge zu integrieren versuchen und die in ihrer Partnerschaft eine tendenziell stärker egalitäre Arbeitsteilung in Haushalt und Familie praktizieren. Unsere Befundlage lässt sich nun allerdings keineswegs derart zusammenfassen, dass man von einer Differenzierung vor allem mit Blick auf die Berufsverläufe und von einer Angleichung (in der Psychologie) vor allem mit Blick auf die Form der Lebensgestaltung sprechen kann. Denn bei genauerem Hinsehen gibt es auch in den Berufsverläufen neben Unterschieden zugleich Ähnlichkeiten. So findet sich in der Psychologie nicht nur ein höherer Anteil von Männern mit diskontinuierlichen Berufsbiographien, sondern dort können auch, im Gegensatz zur Medizin, die Berufsverläufe für beide Geschlechter individuell nicht antizipiert werden. Die gesamte berufliche Zukunft erscheint zunächst als höchst unsicher und nicht berechenbar, und diese berufsbiographische Unsicherheit bleibt in etlichen Berufsverlaufsmustern auf Dauer bestehen. Nun - so unsere Interpretation, die sich durch unsere

Interviews stützen lässt - gleichen sich die Männer in der Psychologie den Frauen bereits häufig in der Weise an, dass das private Leben auch für sie an Bedeutung gewinnt und die Integration von Beruf und Privatleben bzw. Familie zum übergeordneten Lebensziel wird.

Wir können hier nicht auf alle Konsequenzen eingehen, die sich aus unseren Befunden für ganz unterschiedliche Bereiche der Forschung ergeben - z.B. für die Forschung zu persönlichen Zielen, zu Work-Family-Conflicts oder zu Dual-Career-Couples. Nur eine Perspektive für die künftige Forschung sei hier zum Schluss aufgezeigt, die unmittelbar an die zuletzt angeführte Interpretation anschließt: Offensichtlich erscheint es künftig wichtig, über berufsbiographische Kontinuität vs. Diskontinuität hinausgehend genauer die berufsbiographische Unsicherheit (vgl. dazu auch Tölke & Diewald, 2003) und deren Entwicklung im Längsschnitt zu analysieren. Im Einzelnen wäre danach zu fragen, ob diese Unsicherheit und mangelnde subjektive Antizipierbarkeit des Berufsweges im Zuge prekärer Beschäftigungsverhältnisse konstant bleibt, zunimmt oder abnimmt und weiter: wie Unsicherheit der Berufsbiographie subjektiv bewertet wird - z.B. als Bedrohung oder als Chance für das eigene Streben nach Autonomie und Flexibilität. Geht man davon aus, dass der Strukturwandel der Arbeit in etlichen Professionen und Beschäftigungsfeldern vermehrt zu Diskontinuität, Flexibilisierung, Unsicherheit und mangelnder subjektiver Antizipierbarkeit von Berufsverläufen führt, so gleichen sich vermutlich auch dort, wenngleich in unterschiedlicher Weise, die Formen der individuellen Lebensgestaltung von Frauen und Männern an - beispielsweise bei Architekten und Journalisten, bei Angehörigen der neuen Computer-Berufe, bei Software-Entwicklern und Gründern von IT-Startups, bei „Freelancern" und Alleindienstleistern in Kulturberufen usw. Denkbar wäre zum einen, dass sich Frauen in ihrer Lebensgestaltung den Männern in der Weise annähern, dass auch für sie der berufliche Lebensstrang dominant wird und dass sie zunehmend segmentierter oder entgrenzter leben. Denkbar wäre dort ebenso, dass sich die Männer den Frauen in ähnlicher Weise angleichen wie die von uns untersuchten Psychologen, d.h., dass das private Leben sowie eine Balance zwischen dem Berufs- und dem Privatleben an Bedeutung gewinnen. Innerhalb der Paarbeziehung müsste es dann zu stärker egalitären Formen der Arbeitsteilung und der gemeinsamen Lebensgestaltung kommen.

Anmerkung

1 Aufgrund der anfänglich an die Kliniktätigkeit gebundene fachärztliche Ausbildung gibt es dieses Muster in der Medizin nicht.

Literatur

Abele, Andrea E. 2003a: Ärztinnen und Ärzte vom zweiten Staatsexamen bis zur Facharztausbildung. In: Andrea E. Abele/Hoff, Ernst-H./Hohner, Hans-Uwe (Hg.): Frauen und Männer in akademischen Professionen. Berufsverläufe und Berufserfolg, Heidelberg, S. 29-42.

- 2003b: Beruf - kein Problem, Karriere - schon schwieriger: Berufslaufbahnen von Akademikerinnen und Akademikern im Vergleich.

-/Hoff, Ernst-H./Hohner, Hans-Uwe (Hg.): Frauen und Männer in akademischen Professionen. Berufsverläufe und Berufserfolg, Heidelberg, S. 157-182.

Born, Claudia/Krüger, Helga/Lorenz-Meyer, Dagmar 1996: Der unentdeckte Wandel: Annäherung von Struktur und Norm in weiblichen Lebenslauf. Berlin

Brunstein, Joachim C./Maier, Günter W. 1996: Persönliche Ziele: Ein Überblick zum Stand der Forschung. In: Psychologische Rundschau 47, 146-160.

Bund-Länder-Kommission für Bildungsplanung und Forschungsförderung 2004: Frauen in der Medizin - Ausbildung und berufliche Situation von Medizinerinnen. Materialien zur Bildungsplanung und zur Forschungsförderung 117). Verfügbar unter: http://www.blk-bonn.de/papers/heft117.pdf

Bundesärztekammer 2005: Ergebnisse der Ärztestatistik zum 31. Dezember 2004, http://www.bundesaerztekammer.de/30/Aerztestatistik/03Statistik2004

Dettmer, Susanne 2005: Berufliche und private Lebensgestaltung in Paarbeziehungen. Zum Spannungsfeld von individuellen und gemeinsamen Zielen. Dissertation an der Freien Universität Berlin.

-/Hoff, Ernst-H. 2005: Berufs- und Karrierekonstellationen in Paarbeziehungen: Segmentation, Integration, Entgrenzung. In: Solga, Heike/Wimbauer, Christine (Hg.): „Wenn zwei das Gleiche tun ..." Idelal und Realität sozialer (Un-) Gleichheit in Dual Career Couples, Opladen, S. 53-75.

-/-/Lurse, Kristine/Olos, Luiza 2003: Individuelle Formen der Lebensgestaltung: Segmentation, Integration, Entgrenzung. Ergebnisse qualitativer Analysen aus dem Projekt „PROFIL". Berichte aus dem Institut für Arbeits-, Berufs- und Organisationspsychologie Nr. 23, Berlin

Engelbrech, Gerhard 1992: Erwerbsverhalten und Berufsverlauf von Frauen in den alten und neuen Bundesländern. In: Engelbrech, Gerhard et al. (Hg.): Bedingungen der Frauenerwerbsarbeit im deutsch-deutschen Einigungsprozess, Beiträge zur Arbeitsmarkt- und Berufsforschung 167, Nürnberg, S. 181-196.

Giddens, Anthony 1990: The consequences of modernity. Oxford

Grote, Stefanie/Hoff, Ernst-H. 2003: Zum Verhältnis von Berufs- und Privatleben: Subjektive Beschreibungen und Bewertungen. Berichte aus dem Arbeitsbereich „Arbeits-, Berufs- und Organisationspsychologie" Nr. 24, Berlin

-/-/Wahl, Anja/Hohner, Hans-Uwe 2001: Unterschiedliche Berufsverläufe, Berufserfolg und Lebensbedingungen von Frauen und Männern in zwei hochqualifizierten Berufen. Berichte aus dem Institut für Arbeits-, Berufs- und Organisationspsychologie Nr. 16, Berlin, http://psydok.sulb.uni-saarland.de/volltexte/2003/79/

Hoff, Ernst-H./Ewers, Eyko 2003: Zielkonflikte und Zielbalance. Berufliche und private Lebensgestaltung von Frauen, Männern und Paaren. In: Andrea E. Abele/Hoff, Ernst-H./Hohner,

Hans-Uwe (Hg.): Frauen und Männer in akademischen Professionen. Berufsverläufe und Berufserfolg, Heidelberg, S. 131-156.

-/Grote, Stefanie/Hohner, Hans-Uwe/Dettmer, Susanne 2003: Berufsverläufe, Berufserfolg und Lebensgestaltung von Psychologinnen und Psychologen. In: Andrea E. Abele/Hoff, Ernst-H./Hohner, Hans-Uwe (Hg.): Frauen und Männer in akademischen Professionen. Berufsverläufe und Berufserfolg, Heidelberg, S. 57-70.

Hohner, Hans-Uwe/Grote, Stefanie/Hoff, Ernst-H./Dettmer, Susanne 2003: Berufsverläufe, Berufserfolg und Lebensgestaltung von Medizinerinnen und Medizinern. In: Andrea E. Abele/Hoff, Ernst-H./Hohner, Hans-Uwe (Hg.): Frauen und Männer in akademischen Professionen. Berufsverläufe und Berufserfolg, Heidelberg, S. 43-56.

Koppetsch, Cornelia/Burkart, Günter 1999: Die Illusion der Emanzipation. Zur Wirksamkeit latenter Geschlechtsnormen im Milieuvergleich. Konstanz

Lauterbach, Wolfgang 1994: Berufsverläufe von Frauen. Erwerbstätigkeit, Unterbrechung und Wiedereintritt. Frankfurt a.M.

Mesletzky, Josephine 1996: Beruf und Familie bei Medizinerinnen und Medizinern. Pfaffenweiler

Schmitt, Jutta 1994: Unterschiede auf den zweiten Blick: „weibliche„ und „männliche„ Fachgebiete in der Medizin. In: Stein, Ruth Heidi/Wetterer, Angelika (Hg.): Studierende und studierte Frauen. Ein ost-west-deutscher Vergleich, Kassel, S. 115-138.

Seemann, Silke 1997: Die berufliche Situation von Medizinerinnen. Ausbildung, Weiterbildung und Arbeitsmarkt. Pfaffenweiler

Statistisches Bundesamt 2004: Mikrozensus - Fachserie 1, R.4.1.2 Berufe, Bonn.

Stief, Mahena 2001: Selbstwirksamkeitserwartungen, Ziele und Berufserfolg: Eine Längsschnittstudie. Aachen

Tölke, Angelika 2002: Familiengründung, hiermit einhergehende Erwerbsunterbrechungen und normative Rollenvorstellungen. In: Brüderl, Leodika/Paetzold, Bettina (Hg.): Frauenleben zwischen Beruf und Familie. Weinheim, S.

-/Diewald, Martin 2003: Berufsbiographische Unsicherheiten und der Übergang zur Elternschaft bei Männern. In: Bien, Walter/Marbach, Jan (Hg.): Partnerschaft und Familiengründung, Opladen, S. 349-384.

Wahl, Anja 2000: Beruflicher Erfolg bei Frauen und Männern mit unterschiedlichen Berufsverläufen. Diplomarbeit an der Freien Universität Berlin

Wetterer, Angelika 1999: Ausschließende Einschließung - marginalisierende Integration. Geschlechterkonstruktionen in Professionalisierungsprozessen. In: Neusel, Aylâ/Wetterer, Angelika (Hg.): Vielfältige Verschiedenheiten. Geschlechterverhältnisse in Studium, Hochschule und Beruf, Frankfurt a.M., S. 223-253.

Wetterer, Angelika 2002: Arbeitsteilung und Geschlechterkonstruktion. „Gender at Work" in theoretischer und historischer Perspektive. Konstanz

Wiese, Bettina 2000: Berufliche und familiäre Zielstrukturen. Münster*Segmentation* von beruflichen und privaten Zielen und Handlungssträngen (n=45)

Jutta Allmendinger/Thomas Hinz[1]

Geschlechtersegregation in Organisationen und die Lohndifferenz zwischen Männern und Frauen

Das Schwerpunktprogramm der DFG „Professionalisierung, Organisation und Geschlecht" nimmt unterschiedliche Befunde zur sozialen Relevanz des Geschlechterverhältnisses zum Anlass, die Prozesse der Geschlechterunterscheidung und -hierarchisierung in der Arbeitswelt differenziert auszuloten. Viele empirische Analysen deuten auf eine Deinstitutionalisierung der Geschlechterdifferenz in spezifischen professionellen und organisationalen Kontexten hin. Gleichermaßen existieren Zweifel an der langfristigen Wirkung dieser Veränderungen, die im zeitlichen Verlauf eher Prozesse der Reproduktion der Geschlechterungleichheit nachzeichnen. Das Forschungsprojekt „Geschlechtersegregation in Organisationen" und das Folgeprojekt „Organisationen und geschlechtsspezifische Entlohnung" setzen an diesen Befunden über die mikrosoziale Dynamik der Geschlechter(de-)konstruktion an und beschreiben und analysieren den möglichen 'Niederschlag' auf der *sozialstrukturellen* Ebene. Auf Grundlage der amtlichen Beschäftigtenstatistik und einer Betriebsbefragung des Instituts für Arbeitsmarkt- und Berufsforschung (IAB) werden Ausmaß, Formen und Folgen der organisationsgebundenen Geschlechtertrennung von Berufen und Arbeitsplätzen in den 1990er Jahren aufgezeigt.

Wir zielen dabei auf die Beschreibung und Erklärung von beruflicher Segregation so wie von geschlechtsspezifischen Lohndifferenzen *in* Organisationen ab. Es stehen die Fragen im Mittelpunkt, inwieweit Organisationen als (korporative) Arbeitsmarktakteure zur Entstehung und Reproduktion getrennter beruflicher Welten von Männern und Frauen sowie der geschlechtsspezifischen Lohnunterschiede beitragen. Damit soll auch geklärt werden, ob sich die geschlechtsspezifische Trennung der beruflichen Tätigkeiten innerhalb der Organisationen - und damit am Arbeitsplatz - „schärfer" darstellt, als sie im Arbeitsmarkt insgesamt ausfällt. Die gewöhnlich für alle Erwerbstätigen berichteten Segregationswerte berücksichtigen gerade die (Handlungs- und Interaktions-)Ebene nicht, auf der die Trennung beruflicher Tätigkeiten in den Arbeitsorganisationen tatsächlich erfahren wird.

1. Theoretische Konzeption

Die berufliche Segregation nach Geschlecht und die damit verbundene Lohndifferenz stellen wesentliche Struktureigenschaften von Arbeitsmärkten dar. Sie sind mit verschiedenen weiteren Aspekten sozialer Ungleichheit verknüpft: Arbeitszeit, Prestige und Aufstiegschancen. Als Makrophänomen erscheinen Geschlechtersegregation und Lohndifferenz als relativ stabile Merkmale - die entsprechenden Maßzahlen auf der Ebene des gesamten Arbeitsmarktes signalisieren, wenn überhaupt, nur einen geringen Wandel (Brückner, 2004). Der Hauptstrang der bisherigen Forschung konzentrierte sich vornehmlich auf die angebotsseitigen Faktoren und zog den Bildungserwerb, die erlernten und ausgeübten Berufe sowie die Vereinbarkeit von Berufstätigkeit und Familie zur Erklärung von Geschlechtersegregation und Lohndifferenzen heran (Überblick bei Blau et al., 2002). Anders als bei den meisten vorliegenden Studien betrachten wir eine intermediäre Handlungs- und Entscheidungsebene: Der soziale Kontext in Arbeitsorganisationen soll zur Erklärung von Geschlechtersegregation und Lohndifferenzen beitragen. Damit berücksichtigen wir die *Nachfrageseite* des Arbeitmarkts. Bei Einstellung, Beförderung, Entlohnung sowie Entlassung müssen Entscheidungen von korporativen Akteuren getroffen werden, die - so die Leithypothese des Projekts - das Ausmaß von Segregation und Lohndifferenzen bedingen.[2]

1.1 Geschlechtersegregation

Geschlechtersegregation besitzt bekanntlich eine horizontale und eine vertikale Dimension. Organisationen können Frauen und Männer in unterschiedlichen Berufsgruppen beschäftigen, sie können Frauen und Männern zu unterschiedlichen Anteilen in hierarchischen Positionen platzieren. Mit welchen organisationalen Bestimmungsfaktoren lässt sich die Variation der Geschlechter*segregation* in horizontaler und vertikaler Hinsicht zwischen Organisationen erklären? In wie weit hängt die Geschlechtersegregation mit Organisations*umwelt*, Organisations*strukturen* und Organisations*politiken* zusammen? Zur Beantwortung dieser Fragen wird auf Organisationstheorien und Modelle der Arbeitsmarkt- und Mobilitätsforschung zurückgegriffen (Bielby/Baron, 1984, 1986; Scott, 2001; Tomaskovic-Devey et al., 1996). Organisationen besitzen für Mobilitätsprozesse zentrale Bedeutung, da sie Individuen, die über bestimmte Qualifikationen verfügen, für Arbeitsplätze mit spezifischen Anforderungsprofilen einstellen und gegebenenfalls auch intern aufsteigen lassen. Sie übernehmen damit Allokationsaufgaben im Arbeitsmarkt (Lazear, 1995). Umweltbedingungen, Struktur- und Politikmerkmale beeinflussen - so jedenfalls die Ergebnisse der vorliegenden US-amerikanischen Forschung (Tomaskovic-Devey et al., 1996) - die Muster der horizontalen und vertikalen Geschlechtersegregation. Im Hinblick auf Umweltmerkmale wird vor allem auf die Bedeutung des organisationalen Sektors verwiesen, wobei privatwirtschaftliche Unternehmen und öffentliche Arbeitgeber unterschieden werden. Die theoretischen Prognosen zur Bedeutung der Sektorzugehörigkeit von Arbeitsorganisationen sind dabei keineswegs eindeutig. In Folge einer an der Diskriminierungstheorie angelehnten Argumentation sollten horizontale und vertikale Segregation dort geringer ausfallen, wo die Bedingungen eines Wettbewerbsmarktes umgesetzt sind (grundlegend: Becker, 1971). Dagegen lässt sich argumentieren, dass die Nähe des öffentlichen Sektors zu politischen Prozessen, in denen die Geschlechterfrage thematisiert wird, die Geschlechtergleichheit in den zugehörigen Organisationen fördert. Dabei ist allerdings zu beachten, ob horizontale oder vertikale Segregation betrachtet wird. Eine hohe Partizipationsrate von Frauen am Arbeitsmarkt mit relativ geringer vertikaler Segregation kann - wie die skandinavischen Länder belegen - mit einer vergleichsweise hohen horizontalen Segregation einhergehen. Unsere Hypothese für den deutschen Arbeitsmarkt lautet, dass im öffentlichen Sektor vor allem die vertikale Segregation kleiner ausfällt, da hier in stärkerem Ausmaß als in der privaten Wirtschaft explizite Frauenförderung umgesetzt wird. Etwa sind bei Stellenbesetzungen Gleichstellungsbeauftragte an den Verfahren zu beteiligen.

Ein strukturelles Kennzeichen von Organisation ist die Regelhaftigkeit von Entscheidungen. Durch bürokratische Regeln werden Organisationen unabhängig von den persönlichen Entscheidungsträgern und ihren Vorlieben. Sofern Segregation nach Geschlecht mit Diskriminierung zusammenhängt, wird die Formalisierung von Personalprozessen als ein Faktor zum Abbau von Segregation interpretiert. Unmittelbar einleuchtend ist dies für den von Gary S. Becker (1971) behandelten „taste for discrimination" - persönliche Vorlieben treten hinter die Regeln der Organisation zurück, die sich im Fall von Wirtschaftsunternehmen um eine möglichst effiziente Bildung und Nutzung von *human resources* bemühen und die Abhängigkeit von Vorurteilen der Mitarbeiter verringern können. Im Fall von statistischer Diskriminierung (Phelps 1972), falls Frauen also als Gruppe anders behandelt werden, weil bei ihnen im Durchschnitt eine kürzere Dauer der Betriebszugehörigkeit erwartet wird als bei Männern, tragen formalisierte Verfahren dazu bei, Informationsdefizite zu den Einzelfällen abzubauen. Für beide Formen von Diskriminierung sollte Formalisierung die organisationsgebundene Segregation verringern. Allerdings ist es durchaus umstritten, ob durch die Regelhaftigkeit von Entscheidungsverfahren der Geschlechtertrennung immer entgegen gearbeitet wird. Denkbar ist, dass in den bürokratischen Regeln - oder allgemeiner: institutionellen Arrangements - wirksame Mechanismen zur Ungleichbehandlung der Geschlechter erst ausgedrückt werden - etwa bei der geschlechtstypischen Beschreibung von Arbeitsplätzen oder den festgeschriebenen Anforderungsprofilen für interne Aufstiege. Die Leithypothesen unseres Projekts lauten, dass Formalisierung bei der Einstellung von neuen Organisationsmitgliedern die Geschlechtersegregation verringert und Spezialisierung, wie sie durch Arbeitsplatzbeschreibungen ausgedrückt wird, die Geschlechtertrennung eher erhöht, da die Arbeitsplatzbeschreibungen von Geschlechterstereotypen gekennzeichnet sind (Steinberg, 1995; Tomaskovic-Devey/Skaggs, 2001).

Organisationen setzen im Personalbereich häufig (interne) Programme oder „Politiken" ein, mit denen den Mitgliedern Orientierungen vermittelt und die Organisationsziele durchgesetzt werden sollen. Diese „Politiken" ergeben sich teils aus der Organisationsumwelt, wenn beispielsweise Frauenförderung in politiknahen Organisationen durch entsprechende Vorgaben betrieben wird. Wie Allmendinger et al. (2006)

zeigen, verfolgen etwa ein Zehntel der Betriebe in Deutschland solche Programme zur Verbesserung der Chancengleichheit von Männern und Frauen, dadurch werden etwa ein Viertel der Beschäftigten erreicht. Die entsprechenden Programme sind in der Regel formalisiert - es handelt sich um betriebliche und/oder tarifliche Vereinbarungen, in denen die Prozeduren zur Umsetzung festgelegt werden. Sie sind nicht nur Reflex auf Legitimationsdruck der Öffentlichkeit, sondern auch das Ergebnis interner Koalitionen oder Auseinandersetzungen, wenn etwa Betriebsräte Frauenförderung zu einem Ziel ihrer Organisationspolitik machen. Sofern Organisationen eine explizite Gleichstellungspolitik verfolgen, kann damit (1) Vorgaben aus der Organisationsumwelt entsprochen werden; sie sind (2) auf organisationsinterne Machtverteilungen bezogen und signalisieren (3) die spezifische Politik auch über die Organisationsgrenzen hinaus. Es ist eine empirische Frage, ob durch den Einsatz von Gleichstellungsprogrammen (etwa zur Vereinbarkeit von Berufstätigkeit und Familie) die Segregation zusätzlich beeinflusst wird. Man könnte argumentieren, dass Maßnahmen zur Verbesserung der Vereinbarkeit von Berufstätigkeit und Familie auch kontraproduktive Wirkungen zeigen - beispielsweise wenn sich solche Maßnahmen in einer erleichterten Teilzeitbeschäftigung erschöpfen. Insbesondere die vertikale Segregation sollte jedoch durch solche „Politiken" reduziert werden.

1.2 Geschlechtsspezifische Lohndifferenz in Organisationen

Mit der Geschlechtersegregation sind wichtige Dimensionen sozialer Ungleichheit verbunden. Insbesondere wird die geschlechtsspezifische Lohndifferenz mit Segregationsmustern im Arbeitsmarkt erklärt, wenn darauf verwiesen wird, dass Frauen eher in schlechter entlohnten Berufen beschäftigt sind (Blau et al., 2002, S. 229). In Ergänzung zu individuellen und kulturellen Faktoren, die für die Lohndifferenz verantwortlich gemacht werden, blicken wir wiederum auf organisationsbezogene Ursachen.[3] Auf der Basis der National Organizations Study (NOS), die in unserem Projektzusammenhang auch diesbezüglich ein wichtiger Referenzpunkt war, konnten geschlechtsspezifische Entlohnungsunterschiede in organisationalen Kontexten festgestellt werden (Kalleberg/van Buren, 1996a, 1996b). Organisationen mit größerer Geschlechterheterogenität weisen eine größere Ungleichheit der Lohnstruktur auf (Kalleberg/van Buren, 1996a). Untersuchungen von Hultin/Szulkin (1999) kommen auf der Grundlage einer Organisationsstichprobe aus Schweden zum Ergebnis, dass für die geschlechtsspezifische Lohnstruktur auch Auseinandersetzungen zwischen Management und Arbeitnehmern bzw. zwischen anderen Statusgruppen einer Organisation verantwortlich sind. Man kann mit Nelson/Bridges (1999) von fünf organisationalen Prozessen ausgehen, welche die betrieblichen Lohnstrukturen beeinflussen: (1) Technologische Ausstattung und Effizienz, (2) interne Fairness, (3) persönliche Beziehungen, (4) organisationale Ideologien und (5) externe Legitimität.

Die *technologische Ausstattung* von Organisationen geht mit einer internen Differenzierung der Aufgabenstruktur einher. Die Lohnstruktur reflektiert Unterschiede der Aufgabenstruktur und dient dazu, dass die Arbeitnehmer in den Organisationen spezifische Anreize erhalten ihre unterschiedliche Aufgaben zu erledigen. Organisationen, die ähnliche technologische Ausstattungen haben, entwickeln auch einander ähnliche Lohnstrukturen. Dabei muss jedoch *interne Fairness* berücksichtigt werden: Jede Organisation ist ein lokaler Markt für Status und insbesondere bei Organisationen mit internen Arbeitsmärkten spielen Fairnessgesichtspunkte bei der Gestaltung von Lohnstrukturen eine wichtige Rolle. Trotz aller Bemühungen um formale Personalverwaltung nach rationalen, bürokratischen Regeln bestehen in Organisationen Freiräume bei Karriere- und Lohnentwicklung, wenn *persönliche Beziehungen* in einer Organisation genutzt werden können. *Organisationale Ideologien* werden oft unter der Überschrift „Organisationskultur" subsumiert. Sie spielen insbesondere dann eine Rolle für die Rechtfertigung von Lohnstrukturen, wenn auf die Unternehmenstradition verwiesen wird. Schließlich bestehen vielfältige Beziehungen von Organisationen zu ihrer Umwelt. Die Notwendigkeit *externer Legitimität* führt zur Anwendung von formalisierten Personalpraktiken und Lohnstrukturen, die den Legitimationsanforderungen entsprechen. Das Zusammenspiel dieser auf die Organisationen bezogenen Prozesse lässt sich zu organisationalen Politiken bündeln, welche die organisationalen Lohnstrukturen stark beeinflussen. Die empirischen Analysen von Nelson/Bridges (1999) bestätigen hinsichtlich der Lohnstrukturen die organisationalen Freiheitsgrade jenseits des Marktdrucks.[4]

In den empirischen Arbeiten aus dem Bereich der Ökonomie, die betriebsbezogene Daten berücksichtigen, sind die Resultate zum Zusammenhang von Segregation und Lohnunterschieden auf Organisationsebene nicht einheitlich: Groshen (1991) stellt ähnlich wie Petersen/Morgan (1995) fest, dass es kaum Unterschiede in der Entlohnung innerhalb von Organisationen und in gleichen Berufen gibt. Allerdings sind die Berufe innerhalb der Organisationen sehr stark segregiert. Die Arbeiten von Millward/Woodland (1995) und Carrington/Troske (1998) belegen Zusammenhänge zwischen der in Organisationen gemessenen Segregation und der Lohndifferenz. In einer neueren Studie von Bayard/Hellerstein/Neumark/Troske (1999), welche einen ähnlichen Datensatz verwenden wie in unserem Projektzusammenhang, findet sich eine beachtliche geschlechtsspezifische Lohnungleichheit auch bei Kontrolle der Kompositionseffekte auf allen Analyseebenen.

Zum Abschluss der theoretischen Diskussion und des Blicks auf vorhandene Forschungsergebnisse muss der innovative Charakter unseres Projekts betont werden: Es existierten unseres Wissens nach keine auf Organisationen bezogenen und für Deutschland repräsentativen Analysen der Geschlechtersegregation und der geschlechtsspezifischen Lohnunterschiede. Die wenigen für die USA und andere Länder vorliegenden Studien auf Organisationsebene bestätigen, dass der Blick auf die organisationalen Bedingungen bedeutsam ist: Frauen konzentrieren sich in Niedriglohn-Organisationen, die organisationale Segregation geht einher mit der Spreizung der Lohnstruktur und ein hoher Frauenanteil im Beruf beeinflusst auch auf Organisationsebene die Löhne von Frauen und Männern negativ.

Wir beabsichtigen in unseren empirischen Arbeiten auch zwei Vergleichsperspektiven einzunehmen. Zunächst blicken wir in einem *deutsch-amerikanischen* Vergleich auf zwei Länder, in denen Geschlechter(un-)gleichheit in ganz unterschiedlichem Maß zum Ausdruck kommt und mit verschiedenartigen institutionellen Arrangements verbunden ist. Außerdem sollen Besonderheiten in *Ost- und Westdeutschland* herausgearbeitet werden. In der DDR besaß die Erwerbstätigkeit von Frauen bekanntermaßen eine von der alten Bundesrepublik abweichende Tradition, und dies findet in Segregationsmustern und Lohndifferenzen besonderen Ausdruck. Beide Vergleiche informieren die aktuelle Sozialstrukturanalyse in Deutschland.

2. Datengrundlage

Für die Untersuchungen werden im Wesentlichen zwei Datenquellen des IAB verwendet: (1) Die Beschäftigtenstatistik, die gemäß dem Meldeverfahren zur Sozialversicherung Informationen über alle sozialversicherungspflichtig Beschäftigten in Deutschland enthält, (2) das Betriebspanel des IAB, das Informationen über die Zusammensetzung der Beschäftigten nach Qualifikation und allgemeinen betrieblichen Strukturmerkmalen bereit stellt. Es handelt sich um eine jährliche Befragung von Betriebseinheiten (seit 1993 in Westdeutschland bzw. seit 1996 in den neuen Bundesländern). Um die Wechselwirkung der arbeitsangebots- und nachfrageseitigen Faktoren untersuchen zu können, haben wir die beiden Datenquellen miteinander verknüpft.[5] Wichtig zu betonen ist: Die Daten decken ausschließlich die sozialversicherungspflichtige Beschäftigung ab, dies sind jedoch immerhin etwa 80% der Erwerbstätigen in Deutschland.

Zunächst geht es um die Bestimmung von Segregationswerten. Die Geschlechtersegregation lässt sich durch unterschiedliche Maßzahlen darstellen (Coulter, 1989; Achatz, 2005). Neben Anteilswerten (etwa zur Vertretung von Frauen in Managementpositionen) kommen zusammenfassende Konzentrations- und Segregationswerte zum Einsatz. Insbesondere sollen die horizontale und die vertikale Dimension der Geschlechtersegregation berücksichtigt werden. Die meisten zusammenfassenden Indexwerte erfassen lediglich den horizontalen Aspekt, zur Darstellung der vertikalen Segregation haben wir auf die Vertretung von Frauen in Führungspositionen abgestellt. Bei der Untersuchung der Segregation verwenden wir in Anlehnung an die NOS-Studie das Konzept von Kern- und Managementberufen. Der Kernberuf ist dabei derjenige Beruf, welcher für das die Organisation kennzeichnende Produkt oder die kennzeichnende Dienstleistung am wichtigsten ist. Beispielsweise wird für ein Softwareunternehmen der Beruf „Programmierer/in" als Kernberuf angesehen. Die Zughörigkeit zu Managementberufen ergibt sich aus der Berufsklassifikation, wie sie von der Bundesagentur für Arbeit verwendet wird.

Die Lohndifferenzen werden auf Basis der Bruttostunden berechnet, wobei für Werte über der Beitragsbemessungsgrenze verschiedene Schätzverfahren eingesetzt werden.[6] In den Regressionsanalysen verwenden wir wie üblich (individuelle) Humankapitalindikatoren als erklärende Variable. Es wird auf die Schul- und Berufsausbildung sowie auf die Berufserfahrung zurückgegriffen (Mincer, 1974). Die verwendeten Daten enthalten Informationen über den höchsten erworbenen Bildungsabschluss. Die tatsächliche Berufserfahrung ist im Datensatz nicht korrekt abgebildet.[7]

Wir analysieren die Lohnungleichheit auf unterschiedlichen Analyseebenen, also innerhalb von Branchen, Berufen, Betrieben und innerhalb von Job-Zellen. Solche Job-Zellen setzen sich zusammen aus den Vollzeitbeschäftigten einer Berufsgruppe innerhalb eines Betriebes. Für die Definition der Berufsgruppe verwenden wir die dreistellige amtliche Klassifikation der Bundesagentur für Arbeit (Bundesanstalt für Arbeit 1992). Im Datensatz für 2001 finden sich beispielsweise 99.658 Job-Zellen in 8.504 Betrieben, in 337 Berufsgruppen und aus 15 Wirtschaftsbereichen.

3. Ergebnisse zur organisationalen Segregation

Die Geschlechtersegregation stellt sich beim Blick auf Organisationen noch wesentlich schärfer dar als beim Blick auf den Arbeitsmarkt. Ende der 1990er Jahre beschäftigen Arbeitgeber Frauen und Männer ganz überwiegend in unterschiedlichen Berufsbereichen, in Managementpositionen ist die Geschlechtertrennung besonders ausgeprägt. In fast 60% der Organisationen arbeiten im *Kernberuf* ausschließlich Männer oder Frauen, nur weniger als 20% aller Betriebe können als geschlechtsintegriert (Frauenanteil zwischen 30% und 70%) bezeichnet werden (vgl. für nachfolgende Ergebnisse: Allmendinger et al., 2003). In *Managementpositionen* beschäftigten fast 90% aller Betriebe ausschließlich Männer (78%) oder ausschließlich Frauen (9%). Integrierte Führungsetagen haben lediglich 6% der Organisationen.

Zieht man zusammenfassende Indexwerte zur Kennzeichnung der Geschlechtertrennung heran, zeigt sich ein ebenso beeindruckendes Bild: Bei einer solchen betriebsbezogenen Betrachtung liegt das Mittel des größenstandardisierten Duncan-Index bei 0,85. Damit müssten 85% der beschäftigten Frauen im Mittel der Betriebe ihren Beruf wechseln (bei hypothetisch gleich großen Berufsgruppen), damit in jedem Beruf der Frauenanteil genauso groß ist wie in den jeweiligen Betrieben insgesamt. Die hypothetische Interaktions- oder Isolationswahrscheinlichkeit (P*), welche die durchschnittliche Wahrscheinlichkeit angibt, dass Frauen in einem Beruf auf Frauen treffen, beträgt im Durchschnitt der Betriebe 81%. Diese Werte belegen, dass die betriebsbezogene Trennung der Berufswelten von Frauen und Männern nochmals schärfer ausfällt, als entsprechende Maßzahlen für den gesamten Arbeitsmarkt anzeigen (Hinz/Schübel, 2001).

Dies wird noch unterstrichen, wenn man nicht nur die Mittelwerte der betriebsbezogenen Indices, sondern deren Verteilung betrachtet: Etwa ein Drittel der deutschen Arbeitsorganisationen kommt auf Segregationsindices von 1, d.h. Frauen und Männer sind in den ausgeübten Berufen vollständig voneinander 'getrennt'. Je nach Indextyp haben 41% bis 46% der Organisationen Indexwerte von .90 und höher. Umgekehrt verteilen weniger als 1% der untersuchten Betriebe Männer und Frauen zu gleichen Anteilen auf die im Betrieb vorkommenden Berufe.

Vergleicht man *ost- und westdeutsche* Betriebe, werden deutliche Unterschiede sichtbar (Achatz/Gartner, 2005). Die Auswertungen belegen für Ostdeutschland eine eher nach Geschlecht ausgewogene Besetzung von Managementpositionen, jedoch eine höhere Segregation in Kernberufen. Im Westen beschäftigen 75% aller Betriebe ausschließlich Männer und 11% der Betriebe ausschließlich Frauen in Leitungsfunktionen. Im Osten hingegen werden 48% der Betriebe von Männern und 21% der Betriebe von Frauen geleitet. Lediglich 6% der Westbetriebe gegenüber 23% der Ostbetriebe haben eine geschlechtsintegrierte Zusammensetzung in den entsprechenden Positionen. Im Kernberuf beschäftigen 57% der Betriebe in den alten Bundesländern ausschließlich Männer oder Frauen, bei 17% herrscht eine ausgewogene Geschlechterzusammensetzung. In den neuen Bundesländern sind 61% der Betriebe im Kernberuf vollständig segregiert und nur 14% eher integriert.[8]

Der *deutsch-amerikanische* Vergleich des Ausmaßes von beruflicher Segregation in Organisationen zeigt, dass in Kernberufen die organisationsgebundene Segregation in den USA vergleichbar hoch ist (Allmendinger et al., 2003). In Managementberufen ist die Segregation in den USA jedoch etwas niedriger als in Deutschland. Betrachten wir zusätzlich die Chancenverteilung zwischen Männern und Frauen, so fallen diese Unterschiede beträchtlich aus. In den USA werden 22% der Betriebe ausschließlich von Frauen geleitet, in Westdeutschland sind es gerade einmal neun Prozent der Betriebe. Segregation, so zeigt sich an diesem Beispiel deutlich, kann auch dann bestehen, wenn der Frauen- und Männeranteil in Führungspositionen ähnlich ist, Frauen und Männer sich aber in jeweils unterschiedlichen Betrieben ballen. Zusätzlich muss untersucht werden, in wie weit es sich „nur" um andere Betriebe handelt oder sich die Betriebe deutlich voneinander unterscheiden. In unserer Studie ist dieser Zusammenhang eindeutig: In beiden Ländern sind von Frauen geleitete Betriebe wesentlich kleiner als die von Männern geführten, hier finden sich also deutliche Zeichen einer hierarchischen Segregation nach Betriebsgröße.

Neben der Organisationsdemographie definieren insbesondere die Betriebsgröße, die Marktposition, die Formalisierung von Personalpraktiken und auch Gleichstellungsmaßnahmen strukturelle Kontexte, in denen Frauen und Männer mehr oder weniger aufeinander treffen (Allmendinger et al., 2003). Berufliche Geschlechtergrenzen sind dabei in den Kernberufen leichter zu überwinden als in Führungsfunktionen. Größere Organisationen und öffentliche Arbeitgeber sind weniger segregiert, dies gilt für den Kernberuf wie auch für Tätigkeiten in der Führungsetage. So zeigen die Auswertungen, dass 79% der kleinen Organisationen (unter 20 Beschäftigte) in ihrem Kernberuf vollständig segregiert sind, während dies für nur 38% der mittelgroßen Unternehmen (20-100 Beschäftigte) und für 17% der großen Unternehmen (über 100 Beschäftigte) zutrifft. Dieses Muster zeigt sich auch in Führungspositionen: 95% der kleinen Organisationen, aber nur 55% der großen Unternehmen sind vollständig segregiert. Die Formalisierung von organisationalen Routinen begünstigt nur in den Kernberufen eine ausgewogene Beschäftigung. Dies gilt tendenziell auch für Gleichstellungsprogramme; in Managementberufen greifen solche integrationspolitischen Programme wiederum nur in großen Unternehmen. Wirksame Gleichstellungspolitik ist also mit bestimmten organisationalen Voraussetzungen verknüpft.

Des Weiteren kann gezeigt werden, welche Implikationen die demographische Zusammensetzung der Kernberufe bzw. Führungsebenen hat. Die Analysen im Projekt belegen, dass Männer andere Wege in Frauenberufe finden als Frauen in Männerberufe. Das Angebot an Teilzeitstellen wirkt in männlich geprägten Kontexten geschlechtsintegrierend, somit wird Frauen hier die Möglichkeit gegeben, in männliche Bereiche vorzudringen. Unterschiede in der Arbeitszeit und damit verbunden in Lohn und Aufstiegschancen wahren eine Differenz, die durch Tätigkeitsinhalte nun nicht mehr gegeben ist. Umgekehrt gilt dies nicht, das Angebot an Teilzeitstellen in weiblichen Arbeitskontexten gibt Männern keinen integrierenden Anreiz, sondern verschärft noch die bereits bestehende Segregation. Dieser, auch aus der international vergleichenden Forschung bekannte Befund zeigt, dass es weniger um Unterschiede (in den Tätigkeiten), sondern um soziale Differenz und Ungleichheit (etwa in der Entlohnung) geht. Ähnlich verhält es sich nun beim Zusammenhang zwischen Formalisierung bzw. Gleichstellungsprogrammen und Segregation. Formalisierte Organisationsabläufe wirken in männlichen Kernberufen integrationsfördernd, in weiblichen haben sie keinen Einfluss, so dass Gleichstellungsprogramme in männlichen Chefetagen integrierend wirken, in weiblichen jedoch nicht.

4. Ergebnisse zur Lohndifferenz in Organisationen

Empirische Hinweise dafür, dass in Organisationen vorrangig die Geschlechterhierarchie „bewahrt" wird, ergeben sich auch aus den Analysen der Lohndaten. Ein wesentliches Ergebnis unseres Projekt lautet: (Vollzeitbeschäftigte) Frauen verdienen etwa 12 Prozent weniger als Männern im gleichen Betrieb und gleichem Beruf (Hinz/Gartner, 2005). Eine genauere Analyse des Einflusses der innerberuflichen-innerbetrieblichen Segregation auf die geschlechtsspezifische Entlohnung belegt, dass der Lohnabschlag mit zunehmendem Frauenanteil in der Job-Zelle (Beschäftigte mit derselben Berufskategorie) ansteigt (Achatz et al., 2005). Dabei ist die mit dem beruflichen *crowding* einhergehende Lohneinbuße für Frauen stärker als für Männer. Werden Frauen und Männer in den segregierten Arbeitskontexten unterschiedlich behandelt, so spricht dies dafür, dass neben dem für alle in gleicher Weise postulierten lohnmindernden Einfluss des Überangebots an weiblichen Arbeitskräften oder der Entwertung weiblich konnotierter Arbeit noch weitere Mechanismen wirksam sind. Es sind die Praktiken der hierarchischen Segregation von Arbeitskräften, über die solche Muster entstehen. Frauen erzielen vor allem deshalb geringere Einkommen, weil sie in Betrieben verstärkt auf den statusniedrigeren Positionen platziert werden. Wie die Analysen zur organisationsgebundenen Segregation zeigen, weichen von diesem Strukturmuster nur wenige Arbeitgeber ab.

Der Beitrag der Betriebsgröße zum Lohnunterschied kann ebenfalls als Ergebnis einer hierarchischen Segregation gedeutet werden. Empirisch zeigt sich auch in unserem Projekt, dass Männer eher von großen Firmen beschäftigt werden. Männer profitieren davon, da größere Firmen höhere Löhne zahlen. Gelingt Frauen der Zugang zu größeren Firmen, dann gewinnen sie dadurch durchschnittlich weniger als ihre Kollegen.

Ungleichheitsmindernde Mechanismen können im System der industriellen Beziehungen ausgemacht werden. Wird die betriebliche Entlohnung durch Tarifverträge standardisiert, so schlägt sich dies in einem geringeren Lohnnachteil für Frauen nieder. Der stärkste ungleichheitsmindernde Effekt ist allerdings einer kollektiven Interessenvertretung zuzurechnen. Betriebsräte sind zwar nicht direkt in Tarifverhandlungen involviert, sie verfügen jedoch über Mitwirkungsrechte bei der betrieblichen Lohngestaltung und können ihre Stellung im betrieblichen Gefüge dazu nutzen, ein die tariflichen Mindestnormen übersteigendes Grundentgelt zu vereinbaren (Addison et al., 2001; Bahnmüller et al., 1999). Weitere Analysen im Projektzusammenhang (Gartner/Stephan, 2004) ergeben, dass der geringere Lohnunterschied in Betrieben mit Betriebsrat auf geringere Unterschiede in der unbeobachteten Produktivität *und* auf geringere „Diskriminierung“ zurückgeht. Ein anderer Teil des geringeren Unterschieds wird durch die Kompression der Löhne in Betrieben mit Betriebsrat oder Tarifbindung erklärt. Die stärkere Kompression ist vergleichsweise vorteilhaft für Frauen, weil sie überdurchschnittlicht im unteren Teil der Lohnverteilung arbeiten. In einer weiteren Projektarbeit (Gartner, 2005) wird gezeigt, dass die Lohnunterschiede zwischen Frauen und Männern auch mit ihrer Beschäftigung in unterschiedlich produktiven Betrieben zu tun hat. Wenn Unternehmen, die höhere Gewinne machen auch höhere Löhne zahlen, spricht man von *rent sharing*. Die Auswertungen zeigen, dass 21 Prozent oder 5,4 Prozentpunkte des geschlechtsspezifischen Lohnunterschieds durch Unterschiede zwischen Männern und Frauen im *rent sharing* erklärt werden können.

Inwieweit haben sich die Lohnunterschiede über die 1990er Jahre hinweg verändert? Es bestätigt sich der aus anderen Untersuchungen bekannte Befund einer nur unwesentlich rückläufigen Lohndifferenz (z.B. die Werte für Deutschland bei Blau/Kahn, 1996; EIRO, 2002). Die erzielten Projektresultate von Hinz/Gartner (2005) sprechen dafür, dass die hohe Persistenz des Lohnunterschieds wohl auf eine Mischung von angebots- und nachfrageseitigen Faktoren zurückgeht. Die höhere formale Qualifikation von Frauen und das erweiterte Angebot an Kinderbetreuungseinrichtungen, das bei weitem noch nicht ausreicht, um die Erwerbsarbeit mit Familien- und Erziehungstätigkeiten problemlos zu vereinbaren, deuten auf die besondere Beharrungskraft betrieblicher Arrangements. Die Allokationsentscheidungen und Entlohnungspraktiken dürften durch gesellschaftliche Institutionen und traditionelle Normen verstärkt werden. Trotz eines unzweifelhaft erhöhten Gleichstellungsdrucks entsteht nur eine sehr geringe Angleichung der Lohnprofile (Gartner/Rässler, 2005). Die Hauptgründe für den leichten Rückgang sind abnehmende Unterschiede in der Qualifikation und der unbeobachteten Produktivität sowie eine geringere direkte „Diskriminierung". Dem entgegengewirkt hat jedoch, dass die Lohnstreuung insgesamt zugenommen hat. Frauen sind also gegen den Strom geschwommen (Blau/Kahn, 1997; Stephan/Gartner, 2005).

Die „Dekomposition" des Lohnunterschieds von Vollzeitbeschäftigten auf die unterschiedlichen Ebenen (Branche, Beruf, Betrieb, Job-Zelle) ergibt ebenfalls ein über die Zeit konstantes Bild. Die Verteilung von Frauen und Männern auf unterschiedliche Wirtschaftszweige ist dabei zur Erklärung des Lohnunterschieds von untergeordneter Bedeutung. Der angebotsseitige Faktor der Berufswahl (und Berufsausübung) kann nicht als alleiniger Grund zur Entstehung des Lohnunterschieds herangezogen werden. Die Verteilung vollzeitbeschäftigter Frauen und Männer auf unterschiedliche *Betriebe* zur Erklärung des Lohnunterschieds ist durchwegs wichtiger als die Tätigkeit in unterschiedlichen Berufsgruppen. Eine unabhängig von *betrieblichen* Kontexten existierende *kulturelle* Entwertung der überwiegend von Frauen ausgeübten Berufe ist daher wohl nicht die Hauptursache der Lohnungleichheit.

Ein in Widerspruch zu anderen Untersuchungen (Holst, 2003) stehendes Ergebnis stellt der in unserer Untersuchung relativ geringe Lohnunterschied bei Führungskräften dar. Wenn man bedenkt, dass die Qualifikation für die Lohnunterschiede in der Gruppe der Führungskräfte von großer Bedeutung ist und sich nur wenige Frauen in solchen Positionen befinden, erscheint das Forschungsergebnis plausibel. Eine direkte Diskriminierung bei statushohen Positionen ist für die Betriebe mit Risiken der Abwanderung und des Rückzugs qualifizierter Frauen verbunden. Hingegen wären die Folgen einer direkten Diskriminierung in Form von illegitimen Lohnunterschieden in statusniedrigen Positionen aus Betriebssicht weniger problematisch.

Können wir auf der Grundlage der Auswertungen die unterschiedliche Entlohnung in den Betrieben nun als Diskriminierung deuten? Die methodischen Probleme der eigenen Auswertungen (Hinz/Gartner, 2005) raten zur Vorsicht. Die Genauigkeit der Messung von produktivitätsrelevanten Qualifikationen – hier vor allem der

Berufserfahrung - ist das Hauptproblem. Außerdem bleiben etwa die Ausbildungsqualität, Weiterbildungsaktivitäten, Arbeitseinsatz, Mobilitätsbereitschaft und Überstunden unbeobachtet und beeinflussen sehr wahrscheinlich das Einkommen (Diekmann et al., 1993). Ferner berücksichtigen die Daten den Familienstand und die Kinderzahl der Beschäftigten nicht.

Zusammenfassend kann festgehalten werden, dass die Lohndifferenz zwischen Frauen und Männern weder allein auf Produktivitätsunterschiede noch allein auf Diskriminierung zurückgeht. Es sind vielfältige und an den Kontextbedingungen der Betriebe ansetzende Kräfte, die hier zusammenwirken. Der für den Projektzusammenhang zentrale, über den Frauenanteil in der Jobzelle wirkende Mechanismus ist mit den repräsentativen Daten identifizierbar, er lässt allerdings auch Interpretationsspielräume offen. Wir deuten ihn als Positionierungseffekt, der jedoch hinter dem Aggregat von Tätigkeiten, die in den Berufskennziffern zusammengefasst werden, versteckt liegt.

5. Zusammenfassung

Der Forschungsansatz, bei der Beschreibung und Erklärung von Geschlechtersegregation auch auf den organisationalen Kontext zu achten, wird durch die im Projekt erzielten Ergebnisse unterstützt. Die Segregation innerhalb von Organisationen ist deutlicher ausgeprägt als im Arbeitsmarkt insgesamt. Zwischen den Organisationen ist die Streuung der Segregations- und Konzentrationswerte beträchtlich und konnte durch theoretisch motivierte Analysen ein gutes Stück weit erklärt werden. Wichtige Einflussfaktoren sind hier die Organisationsgröße und die Organisationsdemographie. Die Rolle von Struktur- und Politikvariablen hingegen gestaltet sich komplexer, wenngleich formalisierte Personalpolitik und Gleichstellungsprogramme mit einer geringeren Segregation zusammenfallen. Der *deutsch-amerikanische* Vergleich ergibt vor allem große Unterschiede bei der Geschlechtersegregation von Managementpositionen. Deutsche Organisationen sind weitaus häufiger ausschließlich von Männern geführt als US-Organisationen. Auch die Unterschiede nach Sektoren fallen im Ländervergleich deutlich aus: In den USA sind *non profit* Organisationen am wenigsten segregiert, in Deutschland findet man die geringste Segregation im öffentlichen Sektor. Der Vergleich von *ost- und westdeutschen* Organisationen ergibt eine geringe vertikale Segregation in ostdeutschen Betrieben, während die horizontale Segregation in Organisationen dort sogar etwas stärker ausgeprägt ist als in Westdeutschland. In ostdeutschen Betrieben scheinen die Wirkmechanismen schwieriger zu bestimmen als in Westdeutschland.

Die Lohnunterschiede zwischen Frauen und Männern gehen bei einer betriebsbezogenen Betrachtung deutlich zurück, sie verbleiben mit 12 Prozent bei gleichem Beruf und Betrieb dennoch auf einem beachtlichen Niveau. Je höher der Frauenanteil in einer Job-Zelle ausfällt, desto geringer ist die Entlohnung von Frauen und Männern; der Lohnabschlag für Frauen fällt allerdings größer aus. Unsere Ergebnisse deuten insgesamt darauf hin, dass sich die unterschiedlichen Arbeitsmarktchancen von Frauen und Männern aus einer komplexen, sich im Zeitverlauf aufschaukelnden Mischung von Selbst- und Fremdselektion ergeben. Hier die Nachfrageseite des Arbeitsmarktes besser in die Erklärung einzubeziehen, ist überaus wichtig. Es sind die Praktiken der hierarchischen Segregation von Arbeitskräften, über die Lohndifferenzen entstehen. Frauen erzielen vor allem deshalb geringere Einkommen, weil sie in Betrieben (innerhalb von Berufsgruppen) verstärkt auf den statusniedrigeren Positionen platziert werden. Wie die Analysen zur organisationsgebundenen Segregation zeigen, weichen von diesem Strukturmuster nur wenige Arbeitgeber ab. Aus einer geschlechtersoziologischen Perspektive hat die geschlechtsspezifische Entlohnung wohl nur eingeschränkt mit betrieblicher Funktionalität oder Effizienz zu tun. In der inter- wie intraberuflichen Arbeitsteilung wird eine hierarchisch angelegte Relation zwischen Frauen und Männern hergestellt, die auch über Lohnunterschiede aufrechterhalten wird.

In Ergänzung zu unseren Auswertungen wäre es wichtig zu untersuchen, welche makrostrukturellen Faktoren die Ungleichheit der Löhne zwischen den Geschlechtern beeinflussen. Ansatzpunkt wäre beispielsweise die Arbeit von Cotter et al. (1997), welche die Bedeutung der Segregation des regionalen Arbeitsmarktes für die Höhe der Lohndifferenz untersuchen. Ihrer Analyse zufolge steigt bei höherer Segregation im regionalen Arbeitsmarkt auch der Geschlechtsunterschied bei der Entlohnung. Ein Abbau von Segregation im regionalen Arbeitsmarkt käme allen Frauen zu Gute, nicht nur denjenigen, die in frauendominierten Berufen tätig sind. Regionale Kontextfaktoren beeinflussen also die Höhe der Lohndifferenz (Cohen/Huffman, 2001; McCall, 2001). Dabei wäre weiterhin zu berücksichtigen, ob sich Lohndifferenzen nach Qualifikation besonders deutlich zeigen und ob die Lohndifferenz ganz unten und ganz oben in der Verteilung der Löhne größer ausfällt.

Unsere Analysen belegen, dass – ungeachtet einer möglichen Deinstitutionalisierung der Geschlechterdifferenz in einzelnen Professionen – die Arbeitswelt in Organisationen von erheblichen geschlechtsspezifischen Ungleichheiten geprägt ist. Eine Tendenz zum Abbau von Ungleichheit lässt sich für die Lohndifferenz in den 1990er Jahren nicht oder nur in kleinen Ausschnitten ausmachen. Unser Blick auf Organisationen rechtfertigt sich dabei daraus, dass politische und juristisch ansetzende Maßnahmen zur Herstellung von Gleichbehandlung hier die entsprechenden korporativen Akteure vorfinden. In den Worten von Barbara Reskin:

> „Work settings vary in the extent that they disadvantage people of color and white women. [...] Identifying the covariates of the variation within and across organizations is the only way to explain [...] gender inequality at work (Reskin, 2000, S. 709)."

Anmerkungen

1 Neben den Projektleitern Jutta Allmendinger (IAB Nürnberg) und Thomas Hinz (Universität Konstanz) gehörten der Projektgruppe zuletzt Juliane Achatz, Hermann Gartner, Timea Glück (alle IAB Nürnberg) sowie Sonja Pointner (RWTH Aachen) an. In der ersten Projektphase erhielten wir datentechnische Unterstützung von Josef Preißler. Korrespondenzanschrift: Prof. Jutta Allmendinger, Ph.D., IAB der Bundesanstalt für Arbeit, Regensburger Str. 104, 90478 Nürnberg (email: jutta.allmendinger@iab.de).

2 Mit diesem Analyseziel knüpft das Forschungsprojekt an Arbeiten aus den USA an (hier vor allem die Arbeiten mit der National Organizations Study NOS).

3 Bislang beschränkten sich ähnlich ansetzende Untersuchungen auf wenige Fälle (Nelson/Bridges, 1999) oder auf ein enges Spektrum an Berufen in Organisationen (Kay/Hagan, 1995; Untersuchungen zum Management: Jacobs, 1992; Bertrand/Hallock, 2000). Eine sehr umfangreiche Literatur beschäftigt sich mit Entlohnungsunterschiede zwischen Organisationen (Überblick bei Groshen, 1991). Wichtige organisationale Einflussgrößen sind Sektorzugehörigkeit, Größe, Einfluss von Gewerkschaften (z.B. Brown/Medoff, 1989; Kalleberg/van Buren, 1996b).

4 Die Datenlage erlaubt es nur eingeschränkt, die von Nelson/Bridges (1999) formulierten Thesen im Projekt zu überprüfen.

5 Die Erstellung des sog. *linked employer-employee* (LEE) Datensatzes benötigt komplexe und zeitaufwändige Bereinigungsprozeduren. Zunächst wurden die Kennzahlen für die Geschlechtersegregation in den Organisationen auf der Basis der Beschäftigtenstatistik für jede Betriebseinheit aggregiert. Anschließend stand die Verknüpfung von Individual- und Organisationsmerkmalen an.

6 Hierzu wurde der Lohn nach Geschlechtern getrennt geschätzt, wobei die in der Beschäftigtenstatistik zur Verfügung stehen Variablen wie Branche und Humankapitalindikatoren als erklärende Faktoren verwendet wurden. Als Schätzwert für den Lohn wurde der lineare Prädiktor verwendet, ergänzt um einen Störterm, der aus einer Zufallsverteilung mit der geschätzten Varianz des Störterms gezogen wurde. Dadurch wird verhindert, dass die geschätzten Löhne eine zu große Korrelation mit den erklärenden Variablen aufweisen (Gartner 2003).

7 Es wird die potenzielle Berufserfahrung berechnet. Sie wird ermittelt, indem vom aktuellen Alter die durchschnittliche Dauer der Schulausbildung und sechs Jahre für das Einschulalter abgezogen werden. Für die Dauer der Schulausbildungen werden Werte nach Bellmann/Möller (1995) verwendet: für Personen ohne Berufsausbildung wurden 10 Schuljahre angesetzt, für Personen mit Berufsausbildung 12,125 Jahre, für eine Ausbildung mit Abitur 15,125 Jahre, für Abitur allein 13, für Fachschule 15 und für Universität 18 Jahre. Man unterstellt für alle Beschäftigten ununterbrochene Erwerbsverläufe. Dies führt zu einer Überschätzung der Berufserfahrung von Frauen, bei denen häufiger Erwerbsunterbrechungen vorkommen als bei Männern.

8 Die etwas höhere horizontale Segregation in den Ost-Betrieben bestätigen auch die berechneten Indexwerte. Das Mittel des größenstandardisierten Duncan-Index liegt im Osten bei 0,87 und im Westen bei 0,85. Die hypothetische Interaktionswahrscheinlichkeit P^* beträgt im Durchschnitt im Osten 84% und im Westen 79%.

Literatur

Achatz, Juliane (2005): Geschlechtersegregation im Arbeitsmarkt. In: Abraham, Martin/Hinz, Thomas (Hg.): Arbeitsmarktsoziologie. Wiesbaden: VS Verlag, S. 263-302.

-/Gartner, Hermann/Glück, Timea (2005): Bonus oder Bias? Mechanismen geschlechtsspezifischer Entlohnung. In: Kölner Zeitschrift für Soziologie und Sozialpsychologie 57, 466-493.

Allmendinger, Jutta/Kohaut, Susanne/Möller, Iris (2006): Förderung der Chancengleichheit - ganz schön schwierig. In: IAB-Forum 1/06, 64-69.

Addison, John/Schnabel, Claus/Wagner, Joachim (2001): Works councils in Germany: their effects on establishment performance. In: Oxford Economic Papers 53, 659-694.

Bahnmüller, Reinhard/Bispinck, Reinhard/Weiler, Anni (1999): Tarifpolitik und Lohnbildung in Deutschland. In: WSI-Diskussionspapier Nr. 79, Düsseldorf.

Bayard, Kimberly/Hellerstein, Judith/Neumark, David/Troske, Kenneth (1999): New Evidence on Sex Segregation and Sex Differences in Wages From Matched Employee-Employer Data. In: National Bureau of Economic Research. Cambridge. Working Paper 7003.

Becker, Gary S. 1971 [1957]: Economics of Discrimination. Chicago: University Press.

Bellmann, Lutz/Möller, Joachim (1995): Institutional influences on interindustry wage differentials. In: Buttler, Friedrich/Franz, Wolfgang/Schettkat, Ronald/Soskice, David (Hg.): Institutional Frameworks and Labor Market Performance. London: Routledge, S.123-167.

Bertrand, Marianne/Hallock, Kevin (2000): The Gender Gap in Top Corporate Jobs. In: National Bureau of Economic Research. Cambridge. Working paper 7931.

Bielby, William T./Baron, James N. (1984): A Woman's Place is with other Women: Sex Segregation within Organizations. In: Reskin, Barbara F. (Hg.): Sex Segregation in the Workplace. Washington DC: National Academy, S. 27-55.

-/- (1986): Men and Women at Work: Sex Segregation and Statistical Discrimination. In: American Journal of Sociology 91, 759-799.

Blau, Francine D./Ferber, Marianne A./Winkler, Anne E. 2002: The Economics of Women, Men and Work. Upper Saddle River: Prentice Hall.

-/Kahn, Lawrence M. (1996): Wage Structure and Gender Earnings Differentials: an International Comparison. In: Economica. 63, 6329-62.

-/- (1997): Swimming Upstream: Trends in the Gender Wage Differential in the 1980s. In: Journal of Labor Economics 15, 1-42.

Brown, Charles/Medoff, James L. (1989): The Employer Size Wage Effect. In: Journal of Political Economy 97, 1027-1059.

Brückner, Hannah 2004: The Dynamics of Social Stability: Gender Inequality in the Labor Market in West Germany, 1975-1995. New York: DeGruyter.

Bundesanstalt für Arbeit 1992: Schlüsselverzeichnis für die Angaben zur Tätigkeit in den Versicherungsnachweisen. Internes Dokument der Bundesanstalt für Arbeit.

Carrington, William J./Troske, Kenneth R. (1998): Sex Segregation in US Manufacturing. In: Industrial Labor Relations Review 51, 445-464.

Cohen, Philip N./Huffman, Matt L. (2001): Occupational Segregation and the Devaluation of Women's Work Across U.S. Labor Markets. University of California Irvine. Irvine (*mimeo*).

Cotter, David/DeFiore, JoAnn/Hermsen, Joan/Kowalewski, Brenda Marsteller/Vanneman, Reeve (1997): All Women Benefit: The Macro-Level Effect of Occupational Integration on Gender Earnings Equality. In: American Sociological Review 62, 714-734.

Coulter, Philipp 1989: Measuring Inequality. Boulder: Westview.

Diekmann, Andreas/Engelhardt Henriette/Hartmann, Peter (1993): Einkommensungleichheit in der Bundesrepublik Deutschland: Diskriminierung von Frauen und Ausländern? Mitteilungen aus der Arbeitsmarkt- und Berufsforschung 26, 386-398.

EIRO (European Industrial Relations Observatory) 2002: Die Lohngleichstellung der Geschlechter in Europa (http://www.eiro.eurofound.ie/print/2002/01/study/tn02011 02s.html).

Gartner, Hermann (2003): Die Imputation von Löhnen oberhalb der Beitragsbemessungsgrenze in der IAB-Beschäftigtenstatistik. Arbeitspapier, IAB, Nürnberg.

- (2005): Gender wage inequality and rent sharing - Evidence from German employer-employee data set (im Erscheinen). In: Rycx, Francois Rycx (Hg.): Gender Pay Differentials, Palgrave.

-/Stephan, Gesine (2004): How collective contracts and works councils reduce the gender wage gap. IAB Discussion Paper, 07/2004 Nürnberg, 13.

-/Rässler, Susanne (2005): Analyzing the changing gender wage gap based on multiply imputed right censored wages. IAB Discussion Paper, 05/2005 Nürnberg.

Groshen, Erica L. (1991): The Structure of the Female/Male Wage Differential: Is it who you are, What you Do, or Where You Work? In: Journal of Human Resources 26, 457-472.

Hinz, Thomas/Gartner, Hermann (2005): Geschlechtsspezifische Lohnunterschiede in Branchen, Berufen und Betrieben. In: Zeitschrift für Soziologie 34, 22-39.

-/Schübel, Thomas (2001): Geschlechtersegregation in deutschen Betrieben. In: Mitteilungen aus der Arbeitsmarkt- und Berufsforschung 34, 286-301.

Holst, Elke (2003): Einkommensunterschiede zwischen Frauen und Männern nehmen in höheren Positionen zu. In: WSI-Mitteilungen 4/2003, 243-250.

Hultin, Mia/Szulkin, Ryszard (1999): Wages and Unequal Access to Organizational Power: An Empirical Test of Gender Discrimination. In: Adminsitrative Science Quartely 44, 453-472.

Jacobs, Jerry (1992): Women's Entry into Management: Trends in Earnings, Authority, and Values among Salaried Managers. In: Administrative Science Quartely 37, 282-301.

Kalleberg, Arne L./van Buren, Mark (1996a): Organizational Differences in Earnings. In: Kalleberg, Arne L./Knoke, David/Marsden, Peter V./Spaeth, Joe (Hg.): Organizations in America. Thousand Oaks: Sage, S. 200-213.

-/- (1996b): The Structure of Organizational Earnings Inequality. In: Kalleberg, Arne L./Knoke, David/Marsden, Peter V./Spaeth, Joe (Hg.): Organizations in America. Thousand Oaks (CA): Sage, S.214-231.

Lazear, Edward P. 1995: Personnel Economics. Cambridge: MIT Press.

McCall, Leslie 2001: Complex Inequality. Gender, Class and Race in the New Economy. New York: Routledge.

Millward, Neil/Woodland, Stephen (1995): Gender Segregation and Male/Female Wage Differences. In: Gender, Work and Organization 2, 125-139.

Mincer, Jacob 1974: Schooling, Experience, and Earnings. Cambrigde: National Bureau of Economic Research.

Nelson, Robert L.; Bridges, William P. 1999: Legalizing Gender Inequality. Courts, Markets, and Unequal Pay for Women in America. Cambridge: University Press.

Petersen, Trond/Morgan, Laurie A. (1995): Seperate and Unequal: Occupation Establishment Sex Segregation and the Gender Wage Gap. In: American Journal of Sociology 101, 329-365.

Phelps, Edmund S. (1972): The Statistical Theory of Racism and Sexism. In: American Economic Review 62, 659-666.

Reskin, Barbara (2000): Getting It Right: Sex and Inequality in Work Organizations. In: Annual Review of Sociology 26, 707-709.

Scott, W. Richard 2001 [1995]: Institutions and Organizations. Sage: Thousand Oaks.

Steinberg, Ronnie J. (1995): Gendered Instructions: Cultural Lag and Gender Bias in the Hay System of Job Evaluation. In: Jacobs, Jerry A. (Hg.): Gender Inequality at Work. London: Sage, S. 57-92.

Stephan, Gesine/Gartner, Hermann (2005): Löhne - dem kleinen Unterschied auf der Spur (im Erscheinen). In: IAB Forum, Nr. 2.

Tomaskovic-Devey, Donald/Kalleberg, Arne L./Marsden, Peter V. (1996): Organizational Patterns of Gender Segregation. In: Kalleberg, Arne L./Knoke, David/Marsden, Peter V./Spaeth, Joe (Hg.): Organizations in America. Thousand Oaks (CA): Sage, S. 276-301.

Angelika Wetterer

Erosion oder Reproduktion geschlechtlicher Differenzierungen? Zentrale Ergebnisse des Forschungsschwerpunkts „Professionalisierung, Organisation, Geschlecht" im Überblick

1. Einleitung

„In den letzten drei Jahrzehnten ist das Geschlechterverhältnis ordentlich in Unordnung geraten" - mit diesem Satz beginnt das von Bettina Heintz herausgegebene Sonderheft „Geschlechtersoziologie" der Kölner Zeitschrift für Soziologie & Sozialpsychologie (Heintz 2001: 9). Und mit einem ganz ähnlichen Satz könnten auch meine folgenden Ausführungen beginnen, in denen ich - ausgehend von den Ergebnissen des DFG-Forschungsschwerpunkts „Professionalisierung, Organisation, Geschlecht" - der Frage nachgehen werde, ob in professionalisierten Berufsfeldern und Organisationen gegenwärtig eine Erosion geschlechtlicher Differenzierungen zu beobachten ist oder ob hier nach wie vor Struktur- und Handlungsmuster dominieren, die zu deren - wie auch immer modifizierten Reproduktion - beitragen.[1] Auch in hoch qualifizierten Berufen und in den Organisationen, in die die *professionals* eingebunden sind, sind die herkömmlichen Muster der Geschlechterdifferenzierung und die an sie anschließenden Asymmetrien erkennbar in Unordnung geraten.

Widersprüche und Ungleichzeitigkeiten sind dabei nicht nur innerhalb einzelner Berufsfelder und Organisationen zu beobachten; noch unordentlicher wird es, wenn man verschiedene Fächer, Berufe und Organisationen miteinander zu vergleichen sucht. Klar scheint auf den ersten Blick allenfalls eines: Die Frage „Erosion oder Reproduktion", die eine der zentralen Ausgangsfragen des Forschungsschwerpunkts war (vgl. Dölling u.a. 1997: 6), ist ganz offensichtlich falsch gestellt. Die Projektergebnisse weisen insbesondere in der Zusammenschau sehr deutlich darauf hin, dass wir es heute mit beidem zugleich zu tun haben: Mit der Erosion und der Reproduktion geschlechtlicher Differenzierungen und Hierarchien.

Ob es aber bei all der daraus erwachsenden Unordnung - wie Bettina Heintz in dem eingangs zitierten Satz stillschweigend nahelegt - letztlich doch recht ordentlich zugeht, ob es - wie sie wenig später präzisiert - „gewissermaßen 'generative' Prinzipien (gibt), die dieser 'Unordnung' zu Grunde liegen" und die auf „eine Ordnungsstruktur in der Unordnung" verweisen (ebda.: 10) - diese Frage ist auch deshalb nicht leicht zu beantworten, weil sich die Projekte des Schwerpunkts nicht nur hinsichtlich der einbezogenen Berufsfelder erheblich voneinander unterscheiden, sondern auch hinsichtlich der Erkenntnis leitenden Fragestellungen, des theoretischen Bezugsrahmens und der Untersuchungsmethoden. Ihre Ergebnisse lassen sich in Folge dessen nicht so ohne Weiteres miteinander vergleichen und sie sind auch nicht leicht in ein Gesamtbild zu integrieren, in dem dann doch noch (oder doch wieder) alles seine Ordnung hat.

Angesichts dieser gewissermaßen doppelten Unordnung, die aus der Unterschiedlichkeit der untersuchten Berufsfelder und Zugangsweisen ebenso resultiert wie aus der Gleichzeitigkeit von Wandel und Beharrung tradierter Strukturmuster und Handlungsroutinen, sind einige Differenzierungen und Präzisierungen im Vorfeld hilfreich und notwendig. Wenn man der Ordnung in der Unordnung auf die Spur kommen will, wird man - erstens - sehr genau unterscheiden müssen, wovon jeweils die Rede ist: Erodieren die geschlechterdifferenzierenden Deutungsmuster oder die interaktiven Routinen des „doing gender"? Finden wir die Reproduktion der 'alten Verhältnisse' in der von Joan Acker (1991 & 1992) so genannten „gendered substructure" der Organisationen, in den Geschlechterarrangements, die Beruf und Familie zu koordinieren suchen, oder auf der Ebene des Geschlechterverhältnisses als eines gesellschaftlichen Strukturzusammenhangs? Haben wir es mit Widersprüchen auf einzelnen dieser Ebenen, mit Widersprüche zwischen verschiedenen Ebenen oder mit beidem zu tun? In welchen beruflichen oder organisationalen Kontexten findet sich die eine oder die andere Widerspruchskonstellation? Gibt es Bastionen der 'alten Verhältnisse', Vorreiter der Modernisierung und Arenen des Umbruchs, in denen die Widersprüche kumulieren?

Nicht weniger wichtig als derartige Differenzierungen ist - zweitens - die Frage, was unter „Erosion" und was unter „Reproduktion" zu verstehen ist. Auch wenn *prima vista* vor allem der Begriff der Erosion als allzu schillernd erscheint, erweist sich bei näherer Betrachtung auch der Begriff der Reproduktion als präzisierungsbedürftig. Darauf hat u.a. Judith Lorber in den letzten Jahren wiederholt aufmerksam gemacht:

> „In the past 150 years, women's status in the Western world has improved enormously, but the revolution (or evolution) that would make women and men truly equal has not yet occured. The question that puzzles me is why, with regard to gender inequality, the more things change the more they stay the same. The answer, I suggest, is that (...) it is the ubiquitous divison of people into two unequally valued categories that undergirds the continually reappearing instances of gender inequality." (Lorber 2000: 80)

Die Reproduktion von Gender als einer grundlegenden sozialen Ordnungskategorie basiert Lorber zu Folge auf der binären Kategorisierung der Gesellschaftsmitglieder, auf der ungleichen Wertschätzung von Frauen und Männern und darauf, dass an diese asymmetrische Geschlechterklassifikation sozial bedeutsame und folgenreiche Geschlechtertrennungen anschließen, „gender divisions which still deeply befurcate the social structure of modern society" (ebda.). Reproduktion heißt aber nicht, und darauf kommt es mir hier an, dass Alles beim Alten bleibt.

Es ist vielmehr, wie historische Studien zu Vergeschlechtlichungsprozessen nicht nur im Berufsbereich zeigen, gerade die unbegrenzte Variabilität und Flexibilität in der Konkretisierung dessen, was Frauen und Männer in diesem oder jenem sozialen Bereich oder Beruf zu Frauen oder Männern macht, die spätestens seit der 2. Hälfte des 19. Jahrhunderts die Überlebensfähigkeit geschlechtlicher Differenzierungen und Hierarchien gewährleistet hat, und zwar ungeachtet der mitunter eklatanten Widersprüche, die ein Vergleich unterschiedlicher Handlungsfelder zu Tage fördert (vgl. Hausen 1993; Wetterer 1995 & 2002). Nicht alle Widersprüche, die gegenwärtig in professionalisierten Berufsfeldern und Organisationen zu beobachten sind, taugen deshalb allein und für sich genommen als Indikatoren eines sozialen Wandels. Wenn die Befragten in einzelnen Projekten beispielsweise vage oder inkonsistente Antworten auf die Frage geben, wie Frauen und Männern denn nun eigentlich „sind", so stehen sie damit immer auch in einer langen Tradition höchst beweglicher Geschlechterbilder, die ihre Plausibilität durchweg nur kontextbezogen entfaltet und sich um kontextübergeifende Ungereimtheiten kaum jemals geschert haben.

Wann ist vor diesem Hintergrund von einer Erosion geschlechtlicher Differenzierungen zu sprechen? Wollte man auch hier Lorbers Maßstab anlegen, so käme man nicht sehr viel weiter als bis zu dem „the more things change...". Die Hürde, die hier die Reproduktion von der Revolution (oder Evolution) trennt, ist so hoch, dass sie ein „Entweder-Oder" nahelegt, das vor allem dann wenig weiterführt, wenn die Gleichzeitigkeit von Wandel und Beharrung, wenn Widersprüche, Brüche und Ungleichzeitigkeiten auf der Tagesordnung stehen.

Produktiver scheint mir hier die von Bettina Heintz & Eva Nadai entwickelte These einer De-Institutionalisierung der Geschlechterdifferenz bzw. des Geschlechterverhältnisses, denn sie bestimmt einerseits recht genau, was unter Wandel zu verstehen ist, sie ist andererseits offen genug, um nicht in die Sackgasse des „Entweder-Oder" zu führen, und sie kommt ohne jede unterschwellige Anleihen bei der Natur aus, die Wind und Wetter gleich oder mit darwinscher Zuverlässigkeit die Erosion oder Evolution der Geschlechterverhältnisse schon irgendwie und in jedem Falle stetig voran bringen wird (vgl. Heintz & Nadai 1998; Heintz u.a. 1997; Nadai 1999; Heintz 2001).

Die Semantik der Differenz - so der Ausgangspunkt von Heintz & Nadai - ist in modernen, funktional differenzierten Gesellschaften abgelöst worden durch eine Semantik der Gleichberechtigung oder, wie es stellenweise präziser heißt, durch eine Gleichberechtigungs*norm*, und das hat tiefgreifende, auch strukturelle Folgen. Was wir gegenwärtig beobachten, ist nicht nur eine zunehmende Inklusion der Frauen in den Berufsbereich, sondern eine grundlegende „Umstellung der Reproduktionsmechanismen von routineartigem Vollzug zu bewusstem und gezieltem Handeln, von 'enacting' zu 'acting'" (Heintz 2001: 15). Die Reproduktionsmechanismen haben sich, so die These, von der institutionellen auf die interaktive Ebene verlagert. Die Institutionen, die - direkt oder indirekt - den Fortbestand der Geschlechterdifferenz gewährleisten, haben „ihren „überindividuellen Faktizitätscharakter" verloren und die „soziale Fortpflanzung" der Differenz (Hirschauer 1994) wird deshalb „in zunehmendem Maße von ihrer Moblisierungsfähigkeit abhängig" (Heintz & Nadai 1998: 78), sie muss vermehrt „aktiv hergestellt und symbolisch bekräftigt" werden (ebda.: 88).

Dem sind zwei Ergänzungen hinzuzufügen, und beide sind wichtig. Es gibt - erstens - einen zweiten Modus der Reproduktion geschlechtlicher Differenzierungen, den Heintz & Nadai derzeit beobachten und der mit der Geltung der Gleichberechtigungsnorm kompatibel ist, der aber die bisherigen Bestimmungen der De-Institutionalisierung - wie mir scheint - ein Stück weit unterläuft, wenn nicht konterkariert: Geschlechtliche Ungleichheit wird „heute entweder interaktiv oder über verdeckte und vordergründig geschlechtsneutrale Arrangements erzeugt" (Heintz 2001: 15f). Und - zweitens - De-Institutionalisierung, die Umstellung der Reproduktionsmechanismen, „bedeutet nicht automatisch, dass die Geschlechterdifferenz an Bedeutung verliert" (ebda.:15). Sie besagt allein, „dass die Aufrechterhaltung der Geschlechterungleichheit in zunehmendem Maße von kontextspezifischen Bedingungen abhängig und entsprechend instabil wird" (ebda.: 16).

„Dies erklärt" - so ein erstes Fazit von Bettina Heintz - „weshalb die Geschlechterdifferenz kein einheitliches Ordnungsprinzip mehr ist" (ebda.). Und es könnte ein Stück weit auch die Ordnung in der Unordnung erklären, wenn da nicht die verdeckten Reproduktionsmechanismen wären und die offene Frage, woher die vordergründig geschlechtsneutralen Arrangements ihr strukturbildendes Potenzial beziehen. Doch ich will die damit verbundenen theoretisch-systematischen Fragen vorerst zurückstellen und mich den Erträgen des Forschungsschwerpunkts zuwenden, jedenfalls ausschnittsweise und insoweit es mir gelungen ist, eine gewisse Ordnung in der Unordnung ausfindig zu machen.

2. Dominanz der Gleichberechtigungsnorm und Persistenz der Segregation

Schaut man sich die Ergebnisse des Forschungsschwerpunkts am Leitfaden der De-Institutionalisierungsthese an, so fällt eine Diskrepanz ins Auge, die noch einmal auf die zentrale Bedeutung der Frage nach den Reproduktionsmechanismen aufmerksam macht. Wir finden auf der einen Seite nahezu durchgängig die Semantik der Gleichberechtigung und zudem eine sukzessive Zunahme des Frauenanteils in hochqualifizierten Berufsfeldern, wenn auch auf sehr unterschiedlichem Niveau. Und wir finden auf der anderen Seite eine relative Persistenz der Geschlechtersegregation in ihrer horizontalen und - noch deutlicher - in ihrer vertikalen Dimension, von der nur wenige Berufsfelder ausgenommen sind. Insbesondere die Führungspositionen sind den Frauen kaum zugänglicher geworden; das Münchner Projekt „Segregation in

Organisationen"[2] konstatiert sogar eine Verfestigung der vertikalen Segregation und spricht mit Blick auf die Leitungspositionen von deren neuerlichen Schließung nach Geschlecht, die auch als Reaktion auf eine 'Unordnung' im System zu verstehen sei, die teils durch das Vordringen der Frauen auf die mittleren Positionen, teils durch den wachsenden Ökonomisierungsdruck entstanden ist (vgl. zusammenfassend Allmendinger/Hinz 2000: 16-22).

Die diskursive oder, wenn man so will, die rhetorische Dominanz der Gleichberechtigungsnorm und die zunehmende Inklusion der Frauen finden also in der Tat nur unter ganz bestimmten Kontextbedingungen ihr Korrelat in einem Bedeutungsverlust, in einem merklichen Rückgang arbeitsteiliger Geschlechterdifferenzierungen und Hierarchien. Teilweise stellen sich aber auch, wie zuletzt deutlich geworden ist, gegenläufige Effekte ein.

Von den im Rahmen des Forschungsschwerpunkts untersuchten Berufsfeldern lassen sich nur zwei als vergleichsweise „degendered" bezeichnen, und zwar sowohl auf der Ebene der geschlechtsspezifischen Verteilungsmuster wie auf der Ebene des Selbst- und Berufsverständnisses der Befragten: Zum einen das Familienrecht, was den Richterberuf anbelangt; zum anderen die sogen. Alleindienstleister in den Kulturberufen, die man in mancher Hinsicht um die freiberuflich tätigen PsychologInnen ergänzen kann. Für welche Kontextbedingungen stehen sie? Und, so wäre hinzuzufügen, was unterscheidet diese sehr unterschiedlichen Berufe und/oder Organisationsformen beruflicher Arbeit von anderen?

Die Alleindienstleister in den Kulturberufen[3] und in der Psychologie[4] rekrutieren sich aus Studienfächern mit überproportional hohem Frauenanteil; sie verfügen über ein hochreflexives Fachwissen, an das Prozesse der Selbstverständigung relativ bruchlos anschließen können, und sie sind *per definitionem* unbehelligt von einer Organisation und deren „gendered substructure" (Acker), unbehelligt also von jenen organisationsspezifischen Reproduktionsmechanismen der Differenz, deren ansonsten ungeminderte Bedeutung viele Projekte innerhalb wie außerhalb des Forschungsschwerpunkts in den letzten Jahren herausgearbeitet haben (vgl. zusammenfassend: Allmendinger/Podsiadlowski 2001). Dass unter diesen Bedingungen eines zwar individuell hochorganisierten, aber gleichwohl auf der institutionellen Ebene organisations'freien' Selbstmanagements herkömmliche Geschlechterdifferenzierungen nachhaltig an Bedeutung verlieren (können), wird im Übrigen dadurch unterstrichen, dass hier vergleichsweise egalitäre Geschlechterarrangements auch im privaten Reproduktionsbereich eher die Regel als die Ausnahme sind (vgl. Gottschall 2004, 6f & 15f; Hoff, Grote u.a. 2003: 68f).

Ein zweites Muster für den relativen Bedeutungsverlust geschlechtlicher Differenzierungen ist mit den FamilienrichterInnen[5] angesprochen, und auch ihnen lassen sich andere Berufsgruppen an die Seite stellen. Hier haben wir es mit einem Beruf im öffentlichen Sektor zu tun, in dem zudem die Orientierung an der Gleichberechtigungsnorm für das professionelle Berufs- und Selbstverständnis eine zentrale Rolle spielt. Beides verbindet die FamilienrichterInnen mit den Führungskräften einer Berliner Bezirksverwaltung[6] und in gewisser Hinsicht auch mit den Frauen und Männern im Polizeidienst.[7] Auch sie sind von Berufs wegen auf die Beachtung der Gleichberechtigungsnorm oder zumindest auf Geschlechtsneutralität verpflichtet und auch sie arbeiten im öffentlichen Dienst, in einem organisationalen Kontext also, in dem sich einige der Faktoren gebündelt finden, die auch in anderen Projekten als inklusionsfördernd herausgearbeitet worden sind (vgl. ausführlicher unten Abschnitt 4): Ein hoher Formalisierungsgrad der Organisation, rechtliche Rahmenbedingungen, die die Vereinbarkeit von Familie und Beruf auf verlässlich antizipierbare Weise ermöglichen, und zudem ein - verglichen mit der Privatwirtschaft - nicht unerheblicher Legitimationsdruck zur Gleichstellung der Geschlechter im Beruf, dem die Organisation teils von Seiten interner Frauen- oder Gleichstellungsbeauftragter, teils aus ihrem Umfeld ausgesetzt ist, insbesondere aus Politik und Medien-Öffentlichkeit.

Ein drittes Muster lässt sich am anderen Ende des Spektrums identifizieren, dort also, wo Frauen noch immer deutlich in der Minderheit und zudem horizontale und vertikale Formen der Geschlechtersegregation nach wie vor sehr klar konturiert sind. Prototypisch für dieses Muster ist die Unternehmensberatung,[8] die man in mancher, wenn auch nicht in jeder Hinsicht um die Informatik und Softwareentwicklung ergänzen kann.[9] Bei Beiden handelt es sich um unvollendete „professional projects", um professionelle Berufsfelder also, in denen es keinen vollständig standardisierten Wissenskanon gibt; keine obligatorischen Kriterien der Inklusion und kein Monopol für die Erbringung der jeweiligen Dienstleistung. Die Softwareentwicklung ist entsprechend relativ durchlässig für QuereinsteigerInnen und die Unternehmensberatung hat sich in einem Feld zu behaupten, in dem auch andere Berufsgruppen Fuß zu fassen suchen bzw. gefasst haben. Hinzu kommt ein hoher Konkurrenzdruck, der teilweise durch Krisen in der Branche zusätzlich verschärft worden ist, und hinzu kommt eine Arbeitskultur, die eine von allen außerberuflichen Bindungen und Verpflichtungen freigesetzte Person selbstverständlich voraussetzt. Unter diesen Bedingungen sind der Integration von Frauen und dem Bedeutungsverlust geschlechtlicher Differenzierungen und Hierarchien offenbar besonders enge Grenzen gesetzt.

Damit sind erste Rahmenbedingungen abgesteckt, die sehr deutlich darauf hinweisen, dass die soziale Fortpflanzung, dass Abbau oder Fortbestand geschlechtlicher Differenzierungen und Hierarchien in der Tat kontextabhängig (geworden) sind. Über die Reproduktionsmechanismen ist damit aber noch vergleichsweise wenig gesagt und ich werde von der weiteren Musterbildung deshalb im Folgenden Abstand nehmen, zumal sie in dem breiten Mittelfeld zwischen den skizzierten Polen ohnedies kaum noch möglich ist.[10] Statt dessen werde ich die Frage nach der Ordnung in der Unordnung exemplarisch für drei Ebenen zu beantworten suchen: Für die Ebene der kulturellen Deutungsmuster, die ich im Anschluss an Irene Dölling und eigene Vorarbeiten als Ebene des alltagsweltlichen Geschlechterwissens bezeichnen werde;[11] für die Ebene des beruflichen Handelns bzw. der Interaktion in Organisationen; und für Ebene der Geschlechterarrangements, die Beruf und private Lebensform unter Rahmenbedingungen zu verbinden suchen, die direkt oder indirekt auf die Organisation des Geschlechterverhältnisses als eines gesamtgesellschaftlichen Strukturzusammenhangs verweisen.

3. Das alltagsweltliche Geschlechterwissen

Die Semantik der Gleichberechtigung spielt in nahezu allen hier einbezogenen Projekten des Schwerpunktes eine wichtige Rolle, jedenfalls läuft die erste Antwort, die die Befragten geben, wenn sie nach der Bedeutung der Geschlechtszugehörigkeit für das berufliche Handeln gefragt werden, in der Regel auf eine Bestätigung der Gleichberechtigungsnorm hinaus. Geschlecht spielt keine Rolle mehr, weder in der Verwaltung noch in der Anwaltschaft, weder bei der Polizei noch in der Softwareentwicklung, auch nicht in der Unternehmensberatung und schon gar nicht in der universitären Wissenschaft und der außeruniversitären Forschung. Was zählt für den Einstieg und Aufstieg im Beruf ist die Leistung und damit ein Kriterium, das aus der Perspektive der Befragten das Ergebnis individueller Anstrengung ist und zudem im Prinzip objektiv feststellbar.

Gleichberechtigung, Individualisierung und Leistungsorientierung sind die Eckpfeiler des Berufs- wie des beruflichen Selbstverständnisses, und das ist umso gewichtiger, als dieses 'Dreier-Gespann' durch die aktuellen Modernisierungs- und Rationalisierungsprozesse und den wachsenden Konkurrenzdruck zusätzlich gestützt wird, und zwar nicht nur in der privaten Wirtschaft, sondern auch im öffentlichen Dienst, sofern dort die Strategien des „New Public Management" greifen.

Nun gibt es neben den ersten Antworten in vielen Projekten aber auch zweite und dritte Antworten, die auf andere Wissensbestände verweisen. Es gibt zudem latente oder implizite Wissensbestände, die nur mit subtilen Auswertungsmethoden sichtbar gemacht werden können (vgl. exemplarisch: Scheid u.a. 2001). Und es gibt inkorporierte Formen des Geschlechterwissens, die man bei der Arbeit beobachten muss, um sie überhaupt ausfindig machen zu können (vgl. Beaufaÿs 2003). Das alltagsweltliche Geschlechterwissen ist also keineswegs einheitlich, auch nicht innerhalb der einzelnen Organisations- und Wissenskulturen. Und hinzu kommt, dass die Semantik der Gleichberechtigung schon für sich genommen unterschiedliche Lesarten zulässt.

Aufschlussreich scheint mir zunächst zu sein, dass es eine mögliche Lesart der Gleichberechtigungsnorm gibt, die ich bislang in keinem Projekt gefunden habe. Dieser Lesart zu Folge wäre die Gleichberechtigung als eine Norm zu begreifen, die es vielfach erst noch zu realisieren gilt und zu deren Umsetzung u.U. auch das eigene berufliche Handeln und die Organisation, in der man arbeitet, einen wie auch immer begrenzten Beitrag leisten kann und soll. Dergestalt als normative Aufforderung funktioniert die Gleichberechtigungsnorm aber offensichtlich gerade nicht. Sie fungiert vielmehr als Regulativ des Redens: Sie scheidet die thematisierbaren von den nicht oder nur auf Umwegen thematisierbaren Beständen des alltagsweltlichen Geschlechterwissens. Wir haben es hier mit einer Spielart dessen zu tun, was ich anhand neuerer Forschungsergebnisse zur Arbeitsteilung in Paarbeziehungen vor einiger Zeit als rhetorische Modernisierung bezeichnet habe (vgl. Wetterer 2003).

Diese rhetorische Modernisierung führt auch im Feld professionalisierter Berufsarbeit zu einer De-Thematisierung geschlechtlicher Differenzierungen und Hierarchien, die erstens relativ unabhängig davon ist, wie relevant diese in dem jeweiligen Berufsfeld tatsächlich sind, und die u.a. deshalb zweitens durchaus paradoxe und kontrafaktische Effekte hat bzw. haben kann (vgl. Dölling 2003, vor allem: 153-158; Kuhlmann 2003: 93-100). Es kommt vielfach zu einer Delegitimierung gleichstellungspolitischer Maßnahmen, die als überflüssig gelten, weil Geschlecht ohnedies keine Rolle mehr spielt; jedenfalls nicht in der jeweils eigenen Organisation. Und es kommt dazu, dass vor allem in Organisationen mit geringem Formalisierungsgrad die Spielräume für den Einfluss verdeckter Reproduktionsweisen der Differenz und für die Wirkmächtigkeit der latenten und inkorporierten Bestände des Geschlechterwissens bewahrt, wenn nicht erweitert werden, ohne dass dies noch zum Thema gemacht oder gar verhandelt werden kann. Was Cornelia Koppetsch und Günter Burkart (1999) für die Paarbeziehungen des individualisierten Milieus festgestellt haben, lässt sich in modifizierter Form auch für den Bereich professionalisierter Berufsarbeit konstatieren: Gerade das avancierte diskursive Geschlechterwissen, das auf Individualisierung und Gleichberechtigung insistiert, stützt in der Konsequenz die Reproduktion ungleichheitsgenerierender Handlungsroutinen und Organisationsstrukturen, indem es sie der Thematisierbarkeit entzieht und damit auch gegen Kritik immunisiert.

Eines der ganz wenigen Berufsfelder, in dem die Widersprüche im Geschlechterwissen auch auf der diskursiven Ebene sehr offen zu Tage liegen, ist die Polizei (vgl. Müller u.a. 2004, vor allem: 65-89). Hier werden Gleichheit und Differenz stets gleichermaßen thematisiert und ich denke, das hängt vor allem damit zusammen, dass hier der Körper, die körperliche Präsenz und 'Wehrhaftigkeit' im Selbstverständnis der Befragten eine so bedeutsame Rolle spielt, dass sich an ihm - ähnlich wie beim Militär - nicht vorbeisehen lässt (vgl. ebda.: 39-64; sowie Müller 2004 passim). Das ist in den anderen hier einbezogenen Berufsfeldern nicht der Fall, jedenfalls nicht so offenkundig. Aber auch in ihnen werden Unterschiede zwischen den Geschlechtern auf Nachfrage im zweiten oder dritten Anlauf thematisiert. Aufschlussreich ist dabei nicht nur, welche Wissensbestände dann zum Vorschein kommen, sondern vor allem wie deren Thematisierung erfolgt.

Zum Vorschein kommen, wenn man von berufs-, generations- und herkunftsspezifischen Differenzierungen hier ausnahmsweise einmal absieht, vor allem einige der altbekannten Geschlechterbilder und Deutungsmuster. Das beginnt damit, dass unter dem Stichwort Geschlecht so gut wie ausschließlich die Frauen in den Blick kommen: Nur sie haben für die Befragten offenbar ein Geschlecht, nur sie sind anders als der normale „disembodied worker doing the abstract job" (Acker), der die Organisationssoziologie lange Zeit bevölkert hat und heute Eingang in das diskursive Geschlechterwissen gefunden hat, das dem „universalistischen Code" (Dölling 2003) verpflichtet ist und entsprechend darauf beharrt, dass Geschlecht keine Rolle (mehr) spielt.

Frauen sind - was teils von Vorteil, teils von Nachteil ist - erstens sozialer; sie haben zweitens einen Körper, der nicht so recht vertrauenswürdig ist; und an ihnen hängen drittens die leidigen Probleme der Vereinbarkeit. Verantwortlich für diese Differenzen und teilweise auch für deren recht ungebrochene soziale Relevanz sind aus der Sicht der Befragten: die Sozialisation, die Biologie und die Frauen selbst, nicht aber die Organisation, in der sie arbeiten und Karriere machen - oder eben nicht arbeiten und nicht Karriere machen.

Die Zuschreibung der Verantwort für die mögliche soziale Bedeutung der Differenz ist - wie mir scheint - der zentrale Faktor, der die Thematisierbarkeit auch latenter Wissensbestände gegenwärtig steuert: Im Geltungsbereich der Gleichberechtigungsnorm als eines Regulativs des Redens sind Geschlechterdifferenzen vor allem dann thematisierbar, wenn man sich zugleich von ihnen distanzieren und für ihren Fortbestand nicht haftbar gemacht werden kann. Die im Rahmen des diskursiven Geschlechterwissens eigentlich veralteten Wissensbestände werden jedenfalls wenn überhaupt, dann vielfach in einer Weise thematisiert, die ich hier als „Exterritorialisierung" bezeichnen möchte. Diese Exterritorialisierung findet sich vor allem in drei Spielarten: als Individualisierung, als Naturalisierung und als Kundenorientierung.

Im Falle der Individualisierung haben wir es mit der säuberlichen Trennung zwischen dem zu tun, was in den Zuständigkeitsbereich der Organisation fällt, und dem, was die individuelle Angelegenheit der Berufsangehörigen, also vor allem der Frauen ist. Im Fall der Naturalisierung ist die Biologie zuständig, deren Relevanz sich vor allem in der möglichen Gebärfähigkeit der Frauen zeigt, die interessanterweise gerade dann hoch bedeutsam ist, wenn sie als bloße Möglichkeit allenfalls virtuell existiert. Sind die Frauen Mütter geworden, kann man konkret sehen, wie sie das managen, und falls es nicht so gut klappt aus der Sicht der Organisation bzw. im Erwartungshorizont ihrer Mitglieder, haben wir es wieder mit - siehe oben - einem individuellen Frauenproblem zu tun. Im Falle der Klienten- oder Kundenorientierung schließlich sind es „die anderen", die die Geschlechterdifferenz relevant machen, weil ihr Geschlechterwissen noch eher altmodisch ist.

Das können die Klientinnen und Klienten sein, die bei Scheidungssachen lieber mit einer Anwältin sprechen als mit einem Anwalt und so die Begründung dafür liefern, dass sich Rechtsanwältinnen in einer Kanzlei häufig auf das Familienrecht spezialisieren - obwohl aus der Perspektive der JuristInnen die Geschlechtszugehörigkeit für die 'Wahl' des einen oder anderen Rechtsgebiets letztlich ohne Bedeutung ist (vgl. Gildemeister u.a. 2004: 404f). Es können die türkischen Männer sein, die nur einem anderen Mann Autorität zubilligen und die es als sinnvoll erscheinen lassen, dass im Umgang mit dieser Klientel ein Polizist die Sache in die Hand nimmt und nicht seine Kollegin - obwohl man bei der Polizei davon ausgeht, dass sie es genauso gut kann (vgl. Müller u.a. 2004: 61 & 88). Oder es können die Manager sein, die einem Unternehmensberater mehr Kompetenz zuschreiben als einer Beraterin und so die in der Branche traditionsreiche Begründung dafür liefern, dass der Frauenanteil nach wie vor niedrig ist, obwohl Geschlecht eigentlich keine Rolle (mehr) spielt (vgl. Rudolph/Okech 2004: 135f).

Hinter der Semantik der Gleichberechtigung können also sehr unterschiedliche Wissensbestände zum Vorschein kommen. Und die Frage, welche von ihnen in welcher Weise handlungsrelevant werden, lässt sich auf der Ebene der Deutungsmuster auch deshalb kaum hinreichend beantworten, weil die Gleichberechtigungsnorm als Regulativ des Redens zu einer De-Thematisierung geschlechtlicher Differenzierungen führt, die auf gender blindness ebenso verweisen kann wie auf Prozesse des de-gendering. Die Aussage, dass Geschlecht keine Rolle (mehr) spielt, kann im Einzelnen sehr Unterschiedliches bedeuten. Sie kann auf die Absenz geschlechtlicher Differenzierungen verweisen. Sie kann darauf hinweisen, dass die durchaus vorhandenen geschlechtlichen Differenzierungen aus Sicht der Befragten unbegründet sind und erst durch „die anderen" und damit gleichsam „von außen" ins Spiel gebracht werden. Sie kann aber auch, und zwar durchaus kontrafaktisch, auf die Dominanz abstrakt universalistischer Normalitätsstandards aufmerksam machen und zeigen, dass die Befragten den ihnen inhärenten male bias ebenso wenig zu sehen vermögen wie weite Teile der Organisations- oder Berufssoziologie vor dem sich nur langsam durchsetzenden *gender turn*.

Es liegt auf der Hand, dass das vor allem methodische Konsequenzen hat, die einige der Probleme zuspitzen, denen sich insbesondere die qualitative Forschung über Prozesse der Vergeschlechtlichung ohnedies konfrontiert sieht (vgl. Hirschauer 1993, Krüger 1999, Wetterer 1999: 242-248). Wenn man herausfinden will, welche Rolle die Geschlechtszugehörigkeit für den Einstieg und Aufstieg im Beruf denn nun 'wirklich' spielt, reicht es weniger denn je, die Akteure 'einfach zu fragen'. Streng genommen müsste man sie bei der Arbeit beobachten. Doch auch wenn nur sehr wenige Projekte des Schwerpunkts mit dieser Methode gearbeitet haben, so ist es doch vielen von ihnen durch den Einsatz im einzelnen sehr unterschiedlicher Erhebungs- und Auswertungsverfahren gelungen, die Ebene des beruflichen Handelns, der Interaktion in Organisationen, zumindest indirekt und insoweit zu erschließen, dass ich im Folgenden der Frage nach der Reproduktionsweise geschlechtlicher Differenzierungen und nach der Handlungsrelevanz der latenten und inkorporierten Bestände des Geschlechterwissens jedenfalls ausschnittweise nachgehen kann.

4. Berufliches Handeln in Organisationen

Stellen sind - wie Bettina Heintz lapidar konstatiert (2001: 18) - „mit Individuen besetzt, die (auch) über ihre persönlichen Merkmale definiert werden" (2001: 18). Diese in alltagsweltlicher Perspektive eigentlich recht banale Feststellung ist für die Untersuchung der Interaktion in Organisationen insofern wichtig, als sie implizit auch darauf verweist, dass Stelleninhaber - anders als die „disembodied workers doing the abstract job" (Acker 1991: 170) der klassischen Organisationssoziologie - einen Körper haben und - auch heute noch - eine Geschlechtszugehörigkeit, die kompetente Gesellschaftsmitglieder mühelos erkennen. Auf der Ebene der Basisklassifikation ist Geschlecht nach wie vor omnipräsent und nicht zu übersehen.

Dass mit der Geschlechtszugehörigkeit vielfach noch immer stereotype Erwartungen und Zuschreibungen aufgerufen sind, die auf die latenten Bestände des Geschlechterwissens verweisen, wird in einer ganzen Reihe von Projekten sichtbar. Und deutlich wird dabei auch, dass diese latenten Wissensbestände ihre Beharrlichkeit nicht zuletzt daraus beziehen, dass sie sich mit Vorliebe auf bloß hypothetische Sachverhalte beziehen und in Folge dessen in frappierendem Maße erfahrungsresistent sind. Die Annahme, Frauen bei der Polizei hätten häufigere Fehlzeiten als Männer, ist auch durch den wiederholten Beweis des Gegenteils offenbar nicht zu entkräften (vgl. Müller u.a. 2004: 10-14). Junge Frauen, ob bei der Polizei, in der Unternehmensberatung oder in der Ärzteschaft, sind potenziell Mütter; Mütter haben potenziell Vereinbarkeitsprobleme; und bei Vätern wird zu Hause schon Eine sein, die sich kümmert. Gegen diese Logik hilft offenkundig keine Statistik und auch nicht zwingend die eigene Erfahrung.

Die Handlungsrelevanz derartiger Normalitätsunterstellungen, die sich auf einer vorreflexiven Ebene einstellen, wird spätestens dort sichtbar, wo geschlechtsneutrale Kriterien der Leistungsfähigkeit, der Zuverlässigkeit oder der Belastbarkeit geschlechtsdifferent zugeschrieben werden oder wo umgekehrt vergleichbaren Verhaltensweisen eine geschlechtsdifferente Bedeutung verliehen wird. Ich beschränke mich hier auf ein Beispiel aus der Wissenschaft: Einem jungen Wissenschaftler lässt sein Mentor eine mehrmonatige Phase minimalen Engagements in der Forschung schon mal als schöpferische Pause durchgehen; eine junge Wissenschaftlerin hingegen, die sich eine Zeit lang primär um ihre neue Beziehung kümmert, ist nach Einschätzung ihres Doktorvaters für die Wissenschaft verloren (vgl. Beaufaÿs 2003: 193-198). Der Schatten eines zukünftigen Lebens, in dem die Wissenschaft durch einen anderen Lebensmittelpunkt verdrängt werden könnte, verdunkelt die Gegenwart und ist auch durch zuvor brilliante Leistungen nicht leicht zu vertreiben. Dass beides Konsequenzen hat, die von großer Tragweite sind, liegt auf der Hand: Er gilt weiterhin als ein Nachwuchswissenschaftler, der das Potenzial hat - auch hier bewegen wir uns im Bereich des Hypothetischen -, Großes zu leisten und wird weiter gefördert. Ihr hingegen wird die Förderung entzogen; sie hat ihren Kredit im wahrsten Sinne des Wortes verspielt.

In den wenigen Projekten des Schwerpunkts, die die Interaktion in Organisationen nicht nur über Interviews erschlossen, sondern sie auch beobachtet haben, wird zudem sehr deutlich, dass es mit der Leistung und ihrer sozialen Bedeutung auch deshalb nicht so einfach ist, wie das Alltagsverständnis dies unterstellt, weil Leistung eben gerade nicht objektiv feststellbar oder gar messbar ist. Insbesondere in den wissen(schaft)s-intensiven Berufsbereichen werden die beruflich wichtigen Fähigkeiten nur in dem Maße sozial relevant, wie sie verkörpert und anerkannt werden. Auf der interaktiven Ebene ist es - wenn die Zeugnisse als Eintrittsbillets denn stimmen - immer auch die Performance, die Verkörperung eines bestimmten beruflichen Habitus, von der abhängt, ob Leistung und Leistungsfähigkeit erkannt und anerkannt werden.

Die Darmstädter Wissenschafts-Studie[12] zeigt beispielhaft, dass die Inkorporierung des Wissenschaftler-Seins in einem Frauenkörper vielfach noch immer als nicht selbstverständlich wahrgenommen wird, dass die Geschlechtszugehörigkeit 'weiblich' eine Störvariable ist, die die Wahrnehmung von Leistungsfähigkeit trübt und ihre Anerkennung beeinträchtigt. Die Gleichgestimmtheit zwischen NachwuchswissenschaftlerInnen und ihren Mentoren, die es den letzteren ermöglicht, das Potenzial der Ersteren zu erkennen, stellt sich nur in ganz bestimmten Konstellationen auf eine Weise her, in der das Frau-Sein sein Störpotenzial verliert, und die subtilen Wahrnehmungsschemata, die dem zu Grunde liegen, sind vorsprachlich und vorreflexiv und lassen sich auf dem Weg der Befragung allein nicht dingfest machen. Man muss sie „bei der Arbeit“ beobachten und man muss sie auch auf Ebenen suchen, die mit dem Geschlechterwissen oder der Geschlechtszugehörigkeit der Akteure *prima vista* nichts zu tun haben. Die „Gleichgestimmtheit“ etwa, von der zuvor die Rede war, hängt an einer bestimmten Arbeitskultur, an der Entgrenzung oder Grenzziehung zwischen Wissenschaft und Privatleben und an der Nähe oder Distanz zu den herkömmlichen universitären Reputationsritualen (vgl. Beaufaÿs/Krais 2004: 96f).

Folgt man den organisationssoziologisch orientierten Untersuchungen des Schwerpunkts, so können die zuvor angesprochenen Aspekte vor allem dann in ihren geschlechterdifferenzierenden Effekten neutralisiert werden, wenn die Organisation einen hohen Formalisierungsgrad aufweist. Wenn es klare, transparente und verbindliche Kriterien für den Einstieg und Aufstieg im Beruf gibt, Strategien des Personalmanagements, die ein kontinuierliches Monitoring und Ranking ebenso vorsehen wie Feedbackschleifen, verliert die „face-to-face“-Interaktion an Bedeutung für die Platzierung der Einzelnen in der Organisation (vgl. Allmendinger/Hinz 2000, Matthies 2003). Organisationen hingegen, die - wie weite Teile des Wissenschaftsbereichs - auf das Selbstmanagement der Einzelnen setzen und ansonsten als „low trust“-Veranstaltungen konzipiert sind, erleichtern die Reproduktion „homosozialer Kulturen“ und „männerbündischer Strukturen“ (ebda.: 81; vgl. auch Oppen 2003 passim).

Auch angesichts dieser Ergebnisse ist allerdings Vorsicht geboten. Folgt man der Münchner Untersuchung „Segregation in Organisationen“, so verbessert ein hoher

Formalisierungsgrad die Integrationschancen von Frauen ausschließlich für den Bereich der mittleren Positionen und auch für diesen Bereich ist es außerordentlich hilfreich, wenn weitere Faktoren hinzu kommen: Etwa eine verstärkte Wettbewerbs- und Effizienzorientierung der Organisation und vor allem: Ein Statusverlust der Bereiche, in die dann die Frauen nachrücken ('dürfen') (vgl. Allmendinger/Hinz 2000: 21-22).[13] Im Anschluss an die WZB-Untersuchung über die außeruniversitäre Forschung[14] wird man ferner zu berücksichtigen haben, dass es selbst in hoch formalisierten Organisationen wie denen der Wirtschaftsforschung eine zweite informelle Ebene der Organisationswirklichkeit gibt und dass ohne gute Beziehungen nach oben, das heißt, ohne Formen der Anerkennung und des Vertrauens, die sich in der „face-to-face"-Interaktion herstellen, auch hier nichts läuft, jedenfalls keine Karriere (vgl. Matthies 2003: 81-84).

Gute Beziehungen nach oben, das zeigt dieselbe Untersuchung, haben vor allem Männer. Und auch von der informellen Führungsebene in den öffentlich finanzierten Forschungsinstituten sind Frauen weitgehend ausgeschlossen. Frauen in der außeruniversitären Forschung haben weniger Vertrauen und in sie wird weniger Vertrauen gesetzt; sie fühlen sich von wichtigen Entscheidungen ausgeschlossen und sie sind von ihnen weitgehend ausgeschlossen (vgl. Oppen 2003: 63-68). Wir haben es hier - und das gilt mutmaßlich nicht nur für den Wissenschaftsbereich - mit einer asymmetrischen Vertrauenskultur zu tun, die sich auf einer informellen, d.h. auf einer interaktiven Ebene herstellt und nur begrenzt durch formalisierte Regularien ersetzt werden kann.

Damit bin ich erneut bei der De-Institutionalisierungsthese und bei der Frage nach der Umstellung der Reproduktionsmechanismen geschlechtlicher Differenzierungen angelangt, die für diese These von zentraler Bedeutung ist. Die Ergebnisse des Forschungsschwerpunkts, die ich bislang zusammengetragen habe, lassen sich in Teilen zwar als Bestätigung dieser These lesen, sie weisen insgesamt jedoch in eine andere Richtung: Der Fortbestand der Geschlechterdifferenz ist in hohem Maße abhängig von den jeweiligen Kontextbedingungen und die Reproduktion geschlechtlicher Differenzierungen vollzieht sich zu einem guten Teil auf einer interaktiven Ebene. Sie vollzieht sich dort aber gerade nicht bewusst und gezielt (vgl. Heintz 2001: 15), sondern weit eher verdeckt und in einer Weise, die die diskursiv bekräftigte Gleichberechtigungsnorm unterläuft und konterkariert.

Bei Heintz & Nadai war - mit Blick auf die interaktive Ebene - die Opposition zu „gezielt und bewusst" aber nicht „verdeckt", sondern „routinemäßig" (ebda.). Und das ist wichtig, denn die Umstellung der Reproduktionsmechanismen, von der die De-Institutionalisierungsthese ausgeht, besteht ja im Kern darin, dass an die Stelle des früher dominierenden routinemäßigen „enacting" heute ein aktives „acting" getreten ist. Davon ist in den Ergebnissen des Forschungsschwerpunkts nur wenig zu sehen, ganz im Gegenteil. Sie machen in ihrer großen Mehrheit darauf aufmerksam, dass sich die latenten und die inkorporierten Formen des Geschlechterwissen, die auf der Interaktionsebene zum Tragen kommen, automatisch einstellen und auf einer vorreflexiven Ebene noch immer in vielen Berufsfeldern so selbstverständlich sind, dass die alltäglichen Routinen des „doing gender" kaum nachhaltig gestört werden.

Begrenzt neutralisiert sind diese Routinen in hoch formalisierten Organisationen und nachhaltig gestört sind sie bei den Alleindienstleistern, und zwar insbesondere bei den Alleindienstleistern, die von Berufs wegen über ein hochreflexives Berufs- und Selbstverständnis verfügen. Aber ob man daraus schließen kann, dass die Reproduktion geschlechtlicher Differenzierungen an Stabilität verloren hat, scheint mir insgesamt eher fraglich. Dagegen sprechen nicht nur die bislang zusammengetragenen Erträge des Forschungsschwerpunkts. Dagegen sprechen vor allem die Forschungsergebnisse, die Aufschluss über eine Ebene der Organisation des Geschlechterverhältnisses geben, die ich bislang noch nicht thematisiert habe und die sich vor allem durch Eines auszeichnet: Dadurch, dass es hier noch vergleichsweise ordentlich zugeht.

5. Geschlechterarrangements und Geschlechterverhältnis

Sowohl die De-Institutionalisierungsthese wie die Semantik der Gleichberechtigung, auf die sich die Befragten in vielen Projekten des Schwerpunkts beziehen, weisen eine bezeichnende Schieflage auf, eine Asymmetrie, die auch meinen bisherigen Ausführungen noch anhaftet. Sie beziehen sich ausschließlich auf die Inklusion, auf die Integration der Frauen in den Berufsbereich. Von einer komplementären Integration der Männer in den Bereich der privaten Reproduktionsarbeit ist hingegen kaum die Rede. Wie misslich diese Leerstelle ist, zeigen vor allem die Projekte, die die Geschlechterarrangements und die „work-life-balance" mit einbezogen oder die Berufsbiografie in den weiteren Kontext des Lebensverlaufs gestellt haben. Ich kann die damit angesprochenen Problembereiche zwar hier nicht im Einzelnen rekapitulieren, möchte aber wenigstens auf einige Aspekte hinweisen, die die De-Institutionalisierungsthese noch einmal in ganz anderer Weise relativieren.

Deutschland ist im internationalen Vergleich eines der Länder mit einem besonders niedrigen Frauenanteil in den Führungspositionen und es gehört zu den Ländern, in denen - was den Geschlechterkontrakt und die Organisation des Geschlechterverhältnisses insgesamt anbelangt - das modernisierte Alleinernährer-Modell bis heute dominiert, das dem *male breadwinner* eine Teilzeit erwerbstätige und für die Familienarbeit verantwortliche Ehefrau an die Seite stellt (vgl. im Überblick: Pfau-Effinger 2000a & 2000b; Gottschall/Pfau-Effinger 2002; Gerhard u.a. 2003). Dass beides miteinander zusammenhängt, zeigen noch die „dual career couples", die sich von diesem Modell zwar verabschiedet haben, aber gerade deshalb mit Problemen konfrontiert sind, die sehr konkret sichtbar machen, dass in der Organisation des

Geschlechterverhältnisses und in der durch sie mitbestimmten Organisation beruflicher und familialer Arbeit eigentlich ein anderes Modell als selbstverständlich und normal vorausgesetzt ist .

So kommt die Dortmunder Untersuchung über Doppelkarrierepaare[15] zu dem Ergebnis, dass der Anspruch, zwei Karrieren in einer Partnerschaft zu integrieren, sich - hier zu Lande - nur realisieren lässt, wenn beide, und sei es unausgesprochen, darin übereinstimmen, dass (s)eine Karriere die erste Rolle spielt, und Eine(r) die Verantwortung übernimmt für das „Vereinbarkeitsmanagement", das erforderlich ist, um „die Verklammerung von zwei Karrieren und einer Partnerschaft bzw. Familie" zu ermöglichen (Behnke & Meuser 2003: 172). *De facto* heißt das, dass für ihn die eigene Karriere Priorität hat, während für sie das partnerschaftliche oder familiale Zusammenleben den übergeordneten Rahmen darstellt. Planungssicherheit für die Karriere des Mannes und Planungssicherheit für das partnerschaftliche bzw. familiale Zusammenleben werden gewährleistet auf Kosten der Planungssicherheit für die Karriere der Frau. Die Frauen verzichten keineswegs auf eine eigene Karriere, aber sie machen Konzessionen, die in der Konsequenz dazu führen, dass sie ihre eigenen Karrieremöglichkeiten nicht voll ausschöpfen können.

Beruf und Karriere, das wird nicht nur hier, sondern auch in anderen Untersuchungen des Schwerpunkts deutlich, sind in vielen Berufsfeldern noch immer so strukturiert, dass sie eine Person selbstverständlich voraussetzen, die frei ist von außerberuflichen Bindungen und Verpflichtungen. Wissenschaft ist eine Lebensform, das hat vor allem die Darmstädter Wissenschafts-Studie heraus gearbeitet, die keinen zweiten Lebensmittelpunkt neben sich duldet (vgl. Beaufaÿs 2003: 161-166). Und die Unternehmensberater sitzen buchstäblich täglich auf gepackten Koffern (vgl. Rudolph & Okech 2004: 137-140). Umgekehrt setzen die Institutionen, die sich um die Familie herum gruppieren, auch weiterhin eine Person voraus, die relativ frei über ihre Zeit verfügt und die - und sei es stillschweigend - die Verantwortung übernimmt für die vielfältigen 'Managementaufgaben', die daraus erwachsen, dass die Familie eine „Verknüpfungsinstitution von Lebensläufen" (Krüger 2001) ist, die mit dem Beruf nicht nur widersprüchlich, sondern geschlechtsdifferent verschränkt ist: Nur im Lebenslauf von Männern, das ist vor allem im Konzept der „Institutionenstrukturiertheit des Lebenslaufs" (Krüger 1995) systematisch heraus gearbeitet, ist die Familie eine „support-Institution", die die Berufsbiografie stützt, während sie im Lebenslauf von Frauen als „Unterbrecher-Institution" wirkt, die eine kontinuierliche Berufsbeteiligung vielfältig konterkariert.

Hier kommen die vordergründig geschlechtsneutralen Arrangements in den Blick, die auf verdeckte Weise die Reproduktion geschlechtlicher Differenzierungen und Hierarchien im Berufsbereich stützen und befördern. Insbesondere die Ergebnisse aus dem Berliner Profil-Projekt, das die Lebensverlaufsmuster von MedizinerInnen und PsychologInnen untersucht hat, zeigen sehr deutlich, dass auf dieser Ebene von einer De-Institutionalisierung der Differenz nur sehr begrenzt gesprochen werden kann, weil die Institutionen, die den Lebenslauf strukturieren, ihren überindividuellen Faktizitätscharakter eben noch keineswegs verloren haben.[16] Die diskontinuierlichen Berufsverlaufsmuster finden sich mehrheitlich noch immer bei den Frauen. Und nur die Mediziner in Führungspositionen haben viele Kinder und eine Ehefrau, die sich kümmert, während es bei den wenigen Medizinerinnen, die es überhaupt so weit gebracht haben, sehr anders aussieht.

Die Strukturzusammenhänge, die damit angesprochen sind, stellen einen Resonanzboden dar, der ein Stück weit auch die Beharrlichkeit der latenten Bestände des Geschlechterwissens erklärt, von denen zuvor die Rede war. Die virtuelle Mutterschaft, die den Frauen so hartnäckig anhaftet, verweist auch darauf, dass die reale Mutterschaft im Rahmen unserer Geschlechterverhältnisse in der Regel andere Konsequenzen hat als die Vaterschaft. Und die Tatsache, dass über den Männern kein vergleichbarer Schatten einer potenziellen Vaterschaft lastet, lässt sich durchaus auch als realistische Einschätzung begreifen und nicht nur als stereotypes Geschlechterbild.

6. Ausblick: Ordnung oder Unordnung? Alte oder neue Ordnung?

Der Blick auf den Berufsbereich - das sollten diese wenigen Ausführungen zu den Geschlechterarrangements, zum Lebenslauf und zum Geschlechterverhältnis gezeigt haben - reicht alleine nicht aus, um der Beharrlichkeit auf die Spur zu kommen, mit der die latenten Bestände des Geschlechterwissens die auf der diskursiven Ebene dominierende Semantik der Gleichberechtigung unterlaufen und konterkarieren. Und auch die vordergründig geschlechtsneutralen Arrangements, die auf verdeckte Weise zur Reproduktion der herkömmlichen Geschlechterdifferenzierungen und Hierarchien beitragen, beziehen ihr Struktur bildendes Potenzial nicht aus dem Berufsbereich allein, sondern aus der widersprüchlichen Verknüpfung von Berufs- und privatem Reproduktionsbereich und der sowohl virtuell wie real fortbestehenden Gleichung, dass Reproduktionsarbeit Frauenarbeit ist.

Sozialdiagnostische Aussagen über die Ordnung oder Unordnung im Geschlechterverhältnis und über die Stabilität oder Instabilität in den Reproduktionsmechanismen geschlechtlicher Differenzierungen und Hierarchien, die diese Ebene der Organisation des Geschlechterverhältnisses ausblenden, sind entsprechend systematisch einseitig. Sie blenden genau die Strukturzusammenhänge aus, die - jedenfalls im deutschsprachigen Bereich - bis auf weiteres für Ordnung im Geschlechterverhältnis sorgen und die tradierten und bewährten Reproduktionsmechanismen geschlechtlicher Differenzierungen stabilisieren, und zwar kontextübergreifend stabilisieren.

Es ist vor diesem Hintergrund instruktiv, noch einmal an die zwei Berufsfelder zurück zu denken, in denen Geschlecht als Kategorie sozialer Ordnung vergleichsweise deutlich an Relevanz verloren hat: Die FamilienrichterInnen und die Alleindienstleister in den Kulturberufen und in der Psychologie. Bei beiden haben wir es mit Berufsfeldern zu tun, die auf sehr unterschiedliche Weise nicht nur die Integration der Frauen in den Berufsbereich befördern, sondern zudem Lösungsmöglichkeiten auch für das leidige Vereinbarkeitsproblem eröffnen: Bei den einen, den Alleindienstleistern, ist es die Absenz einer Organisation, die Formen eines Selbstmanagements ermöglicht, die auch als Vereinbarkeitschance wahrgenommen werden können; bei den anderen, den FamilienrichterInnen, sind es rechtliche Rahmenbedingungen, die dies organisationsintern gewährleisten.

Es gibt sie also, wenn auch noch eher selten, die Kontexte, in denen eine neue Ordnung erste Konturen gewinnt, und dass sowohl die Alleindienstleister wie FamilienrichterInnen auch von Berufs wegen über ein Geschlechterwissen verfügen, in dem auf sehr unterschiedliche Weise der Semantik der Gleichberechtigung ein hoher Stellenwert zukommt, ist dabei sicher hilfreich. Aber das neue Geschlechterwissen, das auf der Ebene der Diskurse auch jenseits dieser beiden beruflichen und organisationalen Kontexte dominiert, bedarf der Gelegenheitsstrukturen, um praktisch zu werden, um neue Routinen und mit ihnen neue Formen inkorporierten Wissens zu generieren und *à la longue* dann vielleicht auch die latenten Bestände des Geschlechterwissens zu transformieren.

Anmerkung

1 Nicht alle Projekte des Schwerpunkts lassen sich auf diese Frage beziehen. Meinen folgenden Ausführungen liegen entsprechend nicht die Ergebnisse aller im Schwerpunkt durchgeführten Projekte zu Grunde, sondern die Ergebnisse der soziologischen und sozialpsychologischen Untersuchungen, die sich mit aktuellen Vergeschlechtlichungsprozessen befasst haben und die mehrheitlich auch in diesem Sammelband vertreten sind (vgl. dazu die Übersicht in Teil 7.1.des Literaturverzeichnisses).

2 Das unter der Leitung von Jutta Allmendinger und Thomas Hinz an der LMU-München durchgeführte Projekt „Segregation in Organisationen" bestand aus unterschiedlichen Teilprojekten, von denen für die hier diskutierten Fragen vor allem eines aufschlussreich war: die Studie „Die Integration von Frauen in Organisationen im zeitlichen Verlauf", die die Entwicklung der horizontalen und vor allem der vertikalen Segregation im Kontext eines zum Teil tief greifenden Organisationswandels rekonstruiert. Untersucht wurden sechs Fallbeispiele rsp. Organisationen, die dem öffentlichen, dem privatwirtschaftlichen und dem non-profit-Sektor angehören (vgl. Allmendinger/Hinz 2000). Zu weiteren Ergebnissen des Gesamtprojekts vgl. Allmendinger/Hinz in diesem Band sowie die Angaben in Teil 7.1.1. des Literaturverzeichnisses.

3 Das von Karin Gottschall (Projektleitung) und Sigrid Betzelt an der Universität Bremen durchgeführte Projekt „Neue Formen von Selbständigkeit in Kulturberufen" konzentriert sich auf die Analyse einer neuen Form von Beruflichkeit, die vor allem im Rahmen der Diskussionen über die „Entgrenzung von Arbeit und Leben" (Gottschall/Voß 2003) so-

wohl in sozialdiagnostischer wie in theoretischer Hinsicht von besonderem Interesse ist: die sogen. Alleindienstleister. In die Studie einbezogen wurden LektorInnen, FundraiserInnen, JournalistInnen, DesignerInnen und ÜbersetzerInnen. Vgl. Betzelt/Gottschall in diesem Band sowie unten Abschnitt 7.1.2. der Literaturverzeichnisses.

4 Die Forschungsergebnisse über selbständig tätige PsychologInnen, auf die ich hier Bezug nehme, stammen aus dem an der FU Berlin durchgeführten Projekt „Professionalisierung und Integration der Lebenssphären" (Profil). Das von Ernst H. Hoff und Hans-Ulrich Hohner geleitete Projekt untersucht vergleichend die „geschlechtsspezifischen Berufsverläufe von MedizinerInnen und PsychologInnen" (so der Untertitel des Projekts) und fragt dabei an zentraler Stelle nach den fach- und berufsspezifischen Voraussetzung für die Entwicklung unterschiedlicher Formen der Verbindung von Berufs- und Privatleben. Vgl. Hoff u.a. in diesem Band sowie unten Abschnitt 7.1.3. des Literaturverzeichnisses.

5 Die FamilienrichterInnen sind eine Teilgruppe, die im Rahmen des Tübinger Projekts zum Berufsfeld Familienrecht untersucht worden ist. Die von Regine Gildemeister und Kai-Olaf Maiwald geleitete Studie fragt nach der Bedeutung von Geschlechterdifferenzierungen in diesem Berufsfeld und bezieht dabei Verteilungsdaten ebenso ein wie Berufsbiografien, Alltagstheorien und geschlechterdifferenzierende Muster im anwaltlichen und richterlichen Handeln. Einen umfassenden Überblick über die zentralen Ergebnisse des Projekts gibt Gildemeister u.a. 2003; vgl. auch Maiwald/Gildemeister in diesem Band sowie unten Abschnitt 7.1.4. des Literaturverzeichnisses.

6 Im Zentrum der an der Universität Potsdam durchgeführten und von Irene Dölling geleiteten Untersuchung einer Berliner Bezirkverwaltung stand die Frage, ob mit der Reform der kommunalen Verwaltung neue Chancen für die Herstellung von Geschlechtergerechtigkeit verbunden sind und welchen Einfluss das habitualisierte Geschlechterwissen der Akteure darauf hat, dass sie die Herstellung von Geschlechtergerechtigkeit in den Prozess der Verwaltungsreform zu integrieren suchen. Für eine Gesamtdarstellung der Ergebnisse vgl. Andresen u.a. 2003; zum Geschlechterwissen: Dölling in diesem Band sowie in weiteren in Teil 7.1.5. des Literaturverzeichnisses aufgeführten Publikationen.

7 Die Untersuchung „Geschlechterkonstruktionen im Organisationswandel am Beispiel der Polizei" wurde unter der Leitung von Ursula Müller und Waltraud Müller-Franke an der Universität Bielefeld und der Fachhochschule der Polizei Villingen-Schwenningen durchgeführt. Sie liefert erstmals eine umfassende Darstellung der Rolle und Bedeutung von Geschlecht in der Organisation 'Polizei' und bezieht dabei den Organisationswandel ebenso ein wie Professionalisierungsprozesse in diesem Berufsfeld. Eine Gesamtdarstellung der Ergebnisse liegt vor mit Müller u.a. 2004; vgl. zudem Müller u.a. in diesem Band sowie unten Teil 7.1.6. des Literaturverzeichnisses.

8 Die Unternehmensberatung stand im Zentrum eines Forschungsprojekts, das am WZB unter der Leitung von Hedwig Rudolph durchgeführt wurde. Das Projekt fragt nach den Implikationen, die das Fehlen des Professionsstatus für die Integrationschancen von Frauen hat und untersucht die Wettbewerbsstrategien und die Personalpolitiken der Branche. Die Verteilung von Frauen auf Beratungsfelder und Karrierestationen wird dabei zum Ausgangspunkt, um die Frage, ob Frauen eine Zielgruppe der Personalpolitik sind oder sein sollten, sowohl aus der Perspektive der Unternehmen wie aus der Perspektive der Verbände und der BeraterInnen zu beleuchten. Die Ergebnisse der Studie sind ausführlich

dargestellt in: Rudolph/Okech 2004; vgl. auch Rudolph in diesem Band sowie unten Abschnitt 7.1.7. des Literaturverzeichnisses.

9 Die Frauenbeteiligung in der Softwareentwicklung ist in dem von Britta Schinzel, Universität Freiburg, geleiteten Projekt „Professionalisierung der Informatik in Deutschland" untersucht worden, das der Frage nachgeht, wie sich die Informatik als Profession entwickelt hat und welche Auswirkungen die noch in vieler Hinsicht unvollständige Professionalisierung dieses Berufes 'auf dem Weg zur Profession' für die Inklusion und/oder Exklusion von Frauen hat. Für eine Gesamtdarstellung der Projektergebnisse vgl. Ruiz Ben 2005. Teilergebnisse und kürzere Zusammenfassungen sind den in Teil 7.1.8. des Literaturverzeichnisses aufgeführten weiteren Veröffentlichungen zu entnehmen.

10 Bei genauerer Betrachtung erweisen sich im Übrigen auch die drei zuvor skizzierten 'Muster' intern als weniger einheitlich, als dies in meiner kurzen Darstellung zum Ausdruck kommt. Dass die Frauen in der Informatik vorzugsweise in großen, in der Unternehmensberatung hingegen vorzugsweise in kleinen Unternehmen beschäftigt sind, ist nur ein Beispiel dafür, dass die in den 'Mustern' zusammengefassten Berufe bzw. Berufsfelder einander nicht nur in bestimmten Belangen ähnlich sind, sondern in anderen auch durchaus verschieden. Darauf im Einzelnen einzugehen, hätte jedoch den Rahmen dieses Überblicks gesprengt.

11 Der von Irene Dölling entwickelte Begriff des Geschlechterwissens bezieht sich, wie ihren Ausführungen in diesem Band im Einzelnen zu entnehmen ist, auf das alltagsweltliche Geschlechterwissen der Akteure in einem bestimmten sozialen Feld (vgl. auch Dölling 2003 & 2005). Der von mir selbst zunächst verwendete Begriff des „zeitgenössischen" bzw. „alltagsweltlichen Differenzwissens" (Wetterer 2003), der an Hirschauers Überlegungen zur Zweigeschlechtlichkeit als Wissenssystem anknüpft (1998), deckt sich mit Döllings Begriff zwar nicht in jeder, aber doch in vieler Hinsicht. Wenn ich mich hier und andernorts inzwischen Döllings Begrifflichkeit angeschlossen habe, so auch deshalb, weil der Begriff Geschlechterwissen die explizite Festschreibung der Differenz vermeidet und damit breiteren Raum lässt, um auch egalitäre Geschlechterkonzeptionen einzubeziehen.

12 Das an der TU Darmstadt durchgeführte Projekt „Wissenschaftskultur, Geschlecht, Karriere" (Projektleitung Beate Krais) fragt nach den „Karrierebedingungen für Nachwuchswissenschaftlerinnen und Nachwuchswissenschaftler in der alltäglichen Praxis von Universitäten" (so der Untertitel des Projekts). Untersucht wurden in vier Fallstudien jeweils komplette Arbeitseinheiten (Fachbereiche, Institute oder Arbeitsgruppen) in den Fächern Biochemie und Geschichte, die über einen längeren Zeitraum wiederholt besucht und dabei auch beobachtet wurden. Eine umfangreiche Darstellung der Projektergebnisse hat Sandra Beaufaÿs (2003) vorgelegt; vgl. auch Beaufaÿs/Krais in diesem Band sowie Abschnitt 7.1.9. des Literaturverzeichnisses.

13 Wichtig scheint mir in diesem Zusammenhang, noch einmal explizit darauf hinzuweisen, dass der Statusverlust eines Berufsbereichs oder bestimmter beruflicher Positionen den verbesserten Integrationschancen der Frauen in der Regel *vorausgeht* - und *nicht umgekehrt*, wie in einigen Projekten des Schwerpunkts angenommen (vgl. z.B. Gildemeister u.a. 2004: 399). Gerade für die hierarchietheoretisch argumentierenden Ansätze der Berufs- und Professionsforschung, die den Zusammenhang von Feminisierung und Entwertung einzelner Berufsfelder oder Branchen heraus gearbeitet haben, ist das bereits bei Willms-Herget (1985 & 1985) empirisch und historisch gut belegte Ablaufmuster – die Feminisierung folgt

auf den Statusverlust - von zentraler Bedeutung (vgl. Strober/Cantanzerite 1994). Erst wenn man dieses Ablaufmuster berücksichtigt, wird die Konstruktionsarbeit sichtbar, die in Prozessen der Vergeschlechtlichung von Berufsarbeit geleistet wird (vgl. zusammenfassend Wetterer 2002: 75-78).

14 In der WZB-Untersuchung der außeruniversitären Forschung, an der Hildegard Matthies (Projektleitung), Ellen Kuhlmann, Maria Oppen und Dagmar Simon beteiligt waren, wurden insgesamt vier Organisations-Fallstudien durchgeführt. Ein erstes Teilprojekt konzentrierte sich auf drei Forschungseinrichtungen aus der Leibniz-Gemeinschaft (WGL), ein naturwissenschaftliches, ein sozialwissenschaftliches und ein ökonomisches. Im Mittelpunkt des zweiten Teilprojekts stand ein Unternehmen aus der Industrieforschung. Ein Überblick über die Ergebnisse der ersten drei Fallstudien zur WGL liegt vor mit Matthies u.a. 2001. Eine Auswahl der zahlreichen Veröffentlichungen, die im Zusammenhang dieses Projekts entstanden sind, findet sich in Abschnitt 7.1.10. des Literaturverzeichnisses.

15 Die von Cornelia Behnke und Michael Meuser durchgeführte Untersuchung über Doppelkarrierepaare untersucht Paare sowohl im Generationsvergleich wie Paare aus unterschiedlichen beruflichen Kontexten. Meine kurze Zusammenfassung zentraler Ergebnisse konzentriert sich auf die Aspekte, die Behnke & Meuser bei allen untersuchten Doppelkarrierepaaren festgestellt haben. Zu den gleichwohl nicht unerheblichen generations- und berufsspezifischen Unterschieden vgl. die in Abschnitt 7.12. des Literaturverzeichnisses aufgeführten Veröffentlichungen.

16 Das Berliner Profil-Projekt „Professionalisierung und Integration der Lebenssphären“, das die Berufsverläufe von MedizinerInnen und PsychologInnen untersucht hat (vgl. oben Fußnote 4), bezieht sich zwar nicht explizit auf Konzepte aus der Lebenslaufforschung. Die Projektergebnisse lassen sich aber durchaus in diesen Rahmen integrieren und sind auch lebenslauftheoretisch vor allem deshalb aufschlussreich, weil sie zeigen, welche Rahmenbedingungen es einem Teil der selbstständig tätigen Psychologinnen und einer Minderheit der niedergelassenen Ärzte/innen ermöglichen, Beruf und private Lebensführung zu integrieren. Vgl. Hoff u.a. in diesem Band sowie die in den Abschnitten 7.1.3. und 7.1.12. des Literaturverzeichnisses aufgeführten Veröffentlichungen und Projektberichte.

17 Das Literaturverzeichnis gliedert sich in zwei Teile: Der erste Teil (7.1.) enthält die von mir verwendeten Veröffentlichungen und Forschungsberichte aus den Projekten des Schwerpunkts, auf die ich im Text direkt Bezug nehme. Die Reihenfolge der Projekte folgt dabei dem Fortgang der Argumentation. Im zweiten Teil (7.2.) sind die weiteren Publikationen erfasst, auf die ich mich im Text beziehe.

7. Literaturverzeichnis[17]

7.1. Literatur zu den einbezogenen Projekten des Schwerpunkts

7.1.1. Segregation in Organisationen

Achatz, Juliane (2003): Die Beschäftigung von Frauen in hochqualifizierten Berufen in ost- und westdeutschen Betrieben. In: Allmendinger, Jutta (Hg): Entstaatlichung und soziale Sicherheit. Verhandlungen des 31. Kongresses der Deutschen Gesellschaft für Soziologie in Leipzig. Band 0. Opladen: 000-000.

-/Gartner, Herrmann/Glück, Timea (2004): Bonus oder Bias? Mechanismen geschlechtsspezifischer Entlohnung. IAB Discussion Paper, 2/2004. Nürnberg.

Allmendinger, Jutta/Hinz, Thomas (2000): Die Integration von Frauen in Organisationen im zeitlichen Verlauf. Abschlussbericht München.

-/Podsiadlowski, Astrid (2001): Segregation in Organisationen und Arbeitsgruppen. In: Heintz, Bettina (Hg): Geschlechtersoziologie. Sonderheft 41 der KZfSS. Wiesbaden: 276-307.

Hinz, Thomas/Schübel, Thomas (2001): Geschlechtersegregation in deutschen Betrieben. MittAB 34/3: 286-301.

7.1.2. Alleindienstleister in den Kulturberufen

Betzelt, Sigrid/Gottschall, Karin (2004): Publishing and the New Media as Forerunners of Pioneer Work and Life Patterns. In: Giele, Janet Z./Holst, Elke (Hg): Changing Life Patterns in Western Industrial Societies. London: 257-280.

Gottschall, Karin/Betzelt, Sigrid (2003): Zur Regulation neuer Arbeits- und Lebensformen. Eine erwerbssoziologische Analyse am Beispiel von Alleindienstleistern in Kulturberufen. In: Gottschall, Karin/Voss, G. Günter (Hg): Entgrenzung von Arbeit und Leben. Zum Wandel der Beziehungen von Erwerbstätigkeit und Privatsphäre im Alltag. München: 203-229.

Gottschall, Karin (2004): Abschlussbericht des DFG-Projekts „Kulturberufe". Manuskript Bremen.

7.1.3. PsychologInnen (auch: Profil-Projekt)

Dettmer, Susanne/Hoff, Ernst-H./Kruse, Kirsten/Olos, Luiza (2003): Individuelle Formen der Lebensgestaltung: Segmentation, Integration, Entgrenzung. Ergebnisse qualitativer Analysen aus dem Projekt „Profil". Berichte aus dem Bereich Arbeits-, Berufs- und Organisationspsychologie, Nr. 23. FU Berlin.

Hoff, Ernst-H./Grote, Stefanie/Hohner, Hans-Uwe/Dettmer, Susanne (2003a): Berufsverläufe, Berufserfolg und Lebensgestaltung von Psychologinnen und Psychologen. In: Abele, Andrea E./Hoff, Ernst-H./Hohner, Hans-Uwe (Hg): Frauen und Männer in akademischen Professionen. Berufsverläufe und Berufserfolg. Heidelberg: 57-70.

Hoff, Ernst-H./Olos, Luiza/Dettmer, Susanne/Grote, Steffanie/Hohner, Hans-Uwe (2005): Abschlussbericht zum DFG-Projekt „Profil". Berichte aus dem Bereich Arbeits-, Berufs- und Organisationspsychologie, Nr. 27. FU Berlin.

(siehe auch unten: 7.1.12. Medizinerinnen)

7.1.4. Familienrecht/FamilienrichterInnen

Gildemeister, Regine/Maiwald, Kai-Olaf/Scheid, Claudia/Seyfarth-Konau, Elisabeth (2003a): Geschlechterdifferenzierungen im Horizont der Gleichheit. Exemplarische Analysen zu Berufskarrieren und zur beruflichen Praxis im Familienrecht. Opladen.

-/-/-/- (2003b): Geschlechterdifferenzierungen im Berufsfeld Familienrecht. Empirische Befunde und geschlechtertheoretische Reflexionen. In: Zeitschrift für Soziologie, 32/5, 396-417.

Scheid, Claudia/Gildemeister, Regine/Maiwald, Kai-Olaf/Seyfarth-Konau, Elisabeth (2001): Latente Differenzkonstruktionen. Eine exemplarische Fallanalyse zu Geschlechterkonzeptionen in der professionellen Praxis. In: Feministische Studien, 19/2: 23-38.

7.1.5. Führungskräfte einer Berliner Bezirksverwaltung

Andresen, Sünne/Dölling, Irene/Kimmerle, Christoph (2003): Verwaltungsmodernisierung als soziale Praxis. Geschlechter-Wissen und Organisationsverständnis von Reformakteuren. Opladen.

Dölling, Irene (2003): Das Geschlechter-Wissen der Akteur/e/innen. In: Andresen, Sünne/ Dölling, Irene/Kimmerle, Christoph (2003): Verwaltungsmodernisierung als soziale Praxis. Geschlechter-Wissen und Organisationsverständnis von Reformakteuren. Opladen: 113-165.

- (2005): „Geschlechter-Wissen" - ein nützlicher Begriff für die 'verstehende' Analyse von Vergeschlechtlichungsprozessen? In: Zeitschrift für Frauenforschung & Geschlechterstudien, 23/1+2: 44-62.

7.1.6. Polizei

Müller, Ursula (2004): Gestaltbarkeit und Grenzziehungen. Körper und Körperlichkeit im polizeilichen Diskurs. In: Zs. des Interdisziplinären Frauenforschungszentrums Bielefeld, 21/28: 23-35.

-/Müller-Francke, Waltraud/Pfeil, Patricia/Wilz, Sylvia (2002): Polizei und Gender. In: Zs. des Interdisziplinären Frauenforschungszentrums Bielefeld, 19/24: 24-42.

-/-/-/- (2004): Alles eine Frage der Zeit? Zur Situation von Frauen und Männern in der Polizei. Villingen-Schwenningen (Texte der FH Villingen-Schwenningen/Hochschule der Polizei, Nr. 37).

Wilz, Sylvia (2004): „Nicht genügend kann davor gewarnt werden..." - Männer und Frauen bei der Polizei: Fakten und Diskurse. In: Ahrens, Jens-Rainer/Apelt, Maja/Bender, Christiane (Hg): Frauen im Militär. Wiesbaden.

7.1.7. Unternehmensberatung

Okech, Jana/Rudolph, Hedwig (2003): Nonstop im Einsatz. Arbeitsorganisation in der Beratungsbranche. In: WZB-Mitteilungen 102: 12-15.

Rudolph, Hedwig/Okech, Jana (2004): Wer andern einen Rat erteilt.... Wettbewerbsstrategien und Personalpolitik von Unternehmensberatungen in Deutschland. Berlin.

7.1.8. Software-Entwicklung/Informatik

Ruiz Ben, Esther (2003): Looking beyond the Software-Boom: Gendered costs and benefits? In: Pasero, Ursula/Gottburgsen, Anja (Hg): Gender: From costs to benefits? Wiesbaden: 236-256.

- (2005): Professionalisierung der Informatik in Deutschland. Chance für die Beteiligung von Frauen? Wiesbaden.

Schinzel, Britta/Ruiz Ben, Esther (2003): Softwareentwicklung als Profession? Professionalisierungstendenzen und Implikationen für die Beteiligung von Frauen. In: Informatik-Spektrum, 2004/4: 441-447.

-/- (o.J.): Die Professionalisierung der Informatik in Deutschland: Chance oder Hindernis für die Beteiligung von Frauen? Projektbericht Freiburg.

7.1.9. Darmstädter Wissenschaftsstudie

Beaufaÿs, Sandra (2003): Wie werden Wissenschaftler gemacht? Beobachtungen zur wechselseitigen Konstitution von Geschlecht und Wissenschaft. Bielefeld.

-/Krais, Beate (2003): Wissenschaftskultur, Geschlecht und Karriere. Karrierebedingungen von Nachwuchswissenschaftlerinnen und -wissenschaftlern in der alltäglichen Praxis von Universitäten. Projektbericht Darmstadt.

-/- (2005): Doing Science - Doing Gender. Die Produktion von Wissenschaftlerinnen und die Reproduktion von Machtverhältnissen im wissenschaftlichen Feld. In: Feministische Studien, 23/1: 82-99.

7.1.10. Außeruniversitäre Forschungsinstitute & Wirtschaftsforschung

Kuhlmann, Ellen (2003): Fragile Balancen - professionelle Identitäten, Geschlechterbilder und Gleichstellungspolitik. In: Matthies, Hildegard/Kuhlmann, Ellen/Oppen, Maria/Simon, Dagmar (Hg): Gleichstellung in der Forschung. Organisationspraktiken und politische Strategien. Berlin: 89-103.

Matthies, Hildegard/Kuhlmann, Ellen/Oppen, Maria/Simon, Dagmar (2001): Karrieren und Barrieren im Wissenschaftsbetrieb. Geschlechterdifferente Teilhabechancen in außeruniversitären Forschungseinrichtungen. Berlin.

- (2003): Zwischen kollektiven Standards und Selbstmanagement: Chancenverteilung durch Personalmanagement. In: Matthies, Hildegard/Kuhlmann, Ellen/Oppen, Maria/Simon, Dagmar (Hg): Gleichstellung in der Forschung. Organisationspraktiken und politische Strategien. Berlin: 71-88.

-/Simon, Dagmar (2004): Wissenschaft im Wandel - Chance für ein neues Leitbild der Gleichstellungspolitik? Das Beispiel außeruniversitärer Forschungsinstitute. In: Oppen, Maria/Simon, Dagmar (Hg): Verharrender Wandel. Institutionen und Geschlechterverhältnisse. Berlin: 281-309.

Oppen, Maria (2003): Vertrauenskulturen in der Forschung und ihre Folgen für die Chancen(un)-gleichheit. In: Matthies, Hildegard/Kuhlmann, Ellen/Oppen, Maria/Simon, Dagmar (Hg): Gleichstellung in der Forschung. Organisationspraktiken und politische Strategien. Berlin: 51-70.

7.1.11. Doppelkarrierepaare

Behnke, Cornelia C./Meuser, Michael (2003a): Vereinbarkeitsmanagement. Die Herstellung der Gemeinschaft bei Doppelkarrierepaaren. In: Soziale Welt, 2/2003: 163-173.

-/- (2003b): Modernisierte Geschlechterverhältnisse? Entgrenzung von Beruf und Familie bei Dopppelkarrierepaaren. In: Gottschall, Karin/Voss, G. Günter (Hg): Entgrenzung von Arbeit und Leben. Zum Wandel der Beziehungen von Erwerbstätigkeit und Privatsphäre im Alltag. München: 285-306.

-/- (2003c): Doppelkarrieren in Wirtschaft und Wissenschaft. In: Zeitschrift für Frauenforschung und Geschlechterstudien, 21/4: 62-74.

-/- (2003d): Karriere zu zweit - Projekt oder Problem? In: Hitzler, Ronald/Pfadenhauer, Michaela (Hg): Karrierepolitik. Beiträge zur Rekonstruktion erfolgsorientierten Handelns. Opladen: 189-200.

7.1.12. MedizinerInnen (auch. Profil-Projekt)

Dettmer, Susanne/Hoff, Ernst-H./Grote, Stefanie/Hohner, Hans-Uwe (2003): Berufsverläufe und Formen der Lebensgestaltung von Frauen und Männern. In: Gottschall, Karin/Voss, G. Günter (Hg): Entgrenzung von Arbeit und Leben. Zum Wandel der Beziehungen von Erwerbstätigkeit und Privatsphäre im Alltag. München: 307-331.

-/- (2005): Berufs- und Karrierekonstellationen in Paarbeziehungen: Segmentation, Integration, Entgrenzung. In: Solga, Heike/Wimbauer, Christine (Hg): „Wenn zwei das Gleiche tun ...". Ideal und Realität sozialer (Un-)Gleichheit in Dual Career Couples. Opladen: 55-73.

Hoff, Ernst-H./Grote, Steffanie/Dettmer, Susanne/Hohner, Hans-Uwe/Olos, Luiza (2005): Work-Life-Balance: Berufliche Gestaltung und private Lebensführung von Frauen und Männern in hoch qualifizierten Berufen. In: Zs. f. Arbeits- und Organisationspsychologie, NF 23/4: 196-207.

Hohner, Hans-Uwe/Grote, Stefanie/Hoff, Ernst-H./Dettmer, Susanne (2003b): Berufsverläufe, Berufserfolg und Lebensgestaltung von Ärztinnen und Ärzten. In: Abele, Andrea E./Hoff, Ernst-H./Hohner, Hans-Uwe (Hg): Frauen und Männer in akademischen Professionen. Berufsverläufe und Berufserfolg. Heidelberg: 43-56.

(siehe auch oben: PsychologInnen)

7.2. Weitere einbezogene Literatur

Acker, Joan (1990): Hierarchies, Jobs, Bodies: A Theory of Gendered Organizations. In: Gender & Society, 4/1: 58-139.

- (1992): Gendering Organizational Theory. In: Mills, Albert J./Tancred, Peta (Hg): Gendering Organizational Theory. London: 248-260.

- (1998): The Future of 'Gender and Organisations': Connections and Boundaries. In: Gender, Work and Organizations, 1998/5: 195-206.

Allmendinger, Jutta/Podsiadlowski, Astrid (2001): Segregation in Organisationen und Arbeitsgruppen. In: Heintz, Bettina (Hg): Geschlechtersoziologie. Sonderheft 41 der KZfSS. Wiesbaden: 276-307.

Dölling, Irene/Gildemeister, Regine/Krais, Beate/Rudolph, Hedwig/Wetterer, Angelika (1997): Professionalisierung, Organisation, Geschlecht. Zur Reproduktion und Veränderung von Geschlechterverhältnissen in Prozessen sozialen Wandels. Antrag an die DFG zur Einrichtung eines Forschungsschwerpunkts. MS Berlin/Darmstadt/Tübingen/Bochum.

Gerhard, Ute/Knijn, Trude/Weckwert, Anja (Hg): Erwerbstätige Mütter. Ein europäischer Vergleich. München.

Gottschall, Karin/Voß, Günter G. (Hg): Entgrenzung von Arbeit und Leben. Zum Wandel der Beziehungen zwischen Erwerbstätigkeit und Privatsphäre im Alltag. München/Mering.

-/Pfau-Effinger, Birgit (Hg) (2002): Zukunft der Arbeit und Geschlecht. Diskurse, Entwicklungspfade und Reformoptionen im internationalen Vergleich. Opladen.

Hausen, Karin (Hg) (1993): Geschlechterhierarchie und Arbeitsteilung. Zur Geschichte ungleicher Erwerbschancen von Männern und Frauen. Göttingen.

Heintz, Bettina (2001): Geschlecht als (Un-)Ordnungsprinzip. Entwicklungen und Perspektiven der Geschlechtersoziologie. In: dies. (Hg): Geschlechtersoziologie. Opladen: 9-29.

- u.a. (1997): Ungleich unter Gleichen. Studien zur geschlechtsspezifischen Segregation des Arbeitsmarktes. Frankfurt a.M./New York.

-/Nadai, Eva (1998): Geschlecht und Kontext. De-Institutionalisierungsprozesse und geschlechtliche Differenzierung. In: Zeitschrift für Soziologie, 19/3: 573-588.

Hirschauer, Stefan (1993): Dekonstruktion und Rekonstruktion. Plädoyer für die Erforschung des Bekannten. In: Feministische Studien, 11/2, 55-67.

- (1994): Die soziale Fortpflanzung der Zweigeschlechtlichkeit. In: Kölner Zeitschrift für Soziologie und Sozialpsychologie, 46/4: 668-692.

- (1996): Wie sind Frauen? Wie sind Männer? Zweigeschlechtlichkeit als Wissenssystem. In: Eifert, Christiane u.a. (Hg): Was sind Frauen? Was sind Männer? Geschlechterkonstruktionen im historischen Wandel. Frankfurt a.M.: 240-256.

Koppetsch, Cornelia/Burkart, Günter (1999): Die Illusion der Emanzipation. Zur Wirksamkeit latenter Geschlechtsnormen im Milieuvergleich. Konstanz.

Krüger, Helga (1995): Dominanzen im Geschlechterverhältnis: Zur Institutionalisierung von Lebensläufen. In: Becker-Schmidt, Regina/Knapp, Gudrun-Axeli (Hg): Das Geschlechterverhältnis als Gegenstand der Sozialwissenschaften. Frankfurt a. M. & New York: 195-219.

- (1999): Geschlecht - eine schwierige Kategorie. Methodisch-methodologische Fragen der „gender"-Sensibilität in der Forschung. In: Neusel, Aylâ/Wetterer, Angelika (Hg): Vielfältige Verschiedenheiten. Geschlechterverhältnisse in Studium, Hochschule und Beruf. Frankfurt a.M./New York: 35-60.

- (2001): Geschlecht, Territorien, Institutionen. Beitrag zur Soziologie der Lebenslauf-Relationalität. In: Born, Claudia/Krüger, Helga (Hg): Individualisierung und Verflechtung. Geschlecht und Generation im deutschen Lebenslaufregime. Weinheim & München: 257-299.

Lorber, Judith (2000): Using Gender to Undo Gender. A Feminist Degendering Movement. In: Feminist Theory 1/1: 79-95.

Nadai, Eva (1999): Kontextualisierung der Geschlechterdifferenz? Geschlechtliche Grenzziehungen im Beruf. In: Honegger, Claudia/Hradil, Stefan/Traxler, Franz (Hg): Grenzenlose Gesellschaft? Verhandlungen des 29. Kongresses der Deutschen Gesellschaft für Soziologie. Band 2. Opladen: 138-150.

Pfau-Effinger, Birgit (2000a): Kultur und Frauenerwerbstätigkeit in Europa. Theorie und Empirie des internationalen Vergleichs. Opladen.

- (2000b): Wohlfahrtsstaatliche Politik und Frauenerwerbstätigkeit im europäischen Vergleich - ein Plädoyer für eine Kontextualisierung des theoretischen Erklärungsrahmens. In: Lenz, Ilse u.a. (Hg): Geschlecht - Arbeit - Zukunft. Münster: 75-94.

Strober, Myratt/Cantanzarite, Lisa (1994): The relative Attractiveness Theory of Occupational Segregation by Gender. In: Beckmann, Petra/Engelbrech, Gerhard (Hg): Arbeitsmarkt für Frauen 2000 - ein Schritt vor oder rein Schritt zurück? Nürnberg: 116-139.

Wetterer, Angelika (1995): Das Geschlecht (bei) der Arbeit. Zur Logik der Vergeschlechtlichung von Berufsarbeit. In: Pasero, Ursula/Braun, Friederike (Hg): Konstruktion von Geschlecht. Pfaffenweiler: 199-223.

- (1999): Ausschließende Einschließung - marginalisierende Integration: Geschlechterkonstruktionen in Professionalisierungsprozessen. In: Neusel, Aylâ/Wetterer, Angelika (Hg): Vielfältige Verschiedenheiten. Geschlechterverhältnisse in Studium, Hochschule und Beruf. Frankfurt a.M./New York: 15-34.

- (2002): Arbeitsteilung und Geschlechterkonstruktion. „Gender at work" in theoretischer und historischer Perspektive. Konstanz.

- (2003): Rhetorische Modernisierung. Das Verschwinden der Ungleichheit aus dem zeitgenössischen Differenzwissen. In: Knapp, Gudrun-Axeli/Wetterer, Angelika (Hg) (2003): Achsen der Differenz. Gesellschaftstheorie und feministische Kritik 2. Münster: 286-319.

Willms-Herget, Angelika (1983): Segregation auf Dauer? Zur Entwicklung des Verhältnisses von Frauenarbeit und Männerarbeit 1880-1980. In: Müller, Walter/Willms-Herget, Angelika/Handl, Johann: Strukturwandel der Frauenarbeit 1880-1980. Frankfurt a.M./New York, 107-181.

Willms-Herget, Angelika (1985): Frauenarbeit. Zur Integration von Frauen in den Arbeitsmarkt. Frankfurt a.M./New York.

Autorinnen und Autoren

Jutta Allmendinger, Präsidentin des Wissenschaftszentrums Berlin.

Sandra Beaufays, wissenschaftliche Mitarbeiterin am Institut für Soziologie, Abt. Geschlechtersoziologie, der Universität Graz.

Sigrid Betzelt, wissenschaftliche Mitarbeiterin im Zentrum für Sozialpolitik der Universität Bremen im Forschungsprojekt *Neue Formen von Selbständigkeit in Kulturberufen.*

Susanne Dettmer, wissenschaftliche Mitarbeiterin am Arbeitsbereich Arbeits-, Berufs- und Organisationspsychologie der Freien Universität Berlin.

Irene Dölling, Professorin für *Frauenforschung/Soziologie der Geschlechterverhältnisse* an der Fakultät für Wirtschafts- und Sozialwissenschaften der Universität Potsdam.

Regine Gildemeister, Professorin für die *Soziologie der Geschlechterverhältnisse* am Institut für Soziologie der Universität Tübingen.

Karin Gottschall, Professorin am Zentrum für Sozialpolitik der Universität Bremen in der *Abteilung Geschlechterpolitik im Wohlfahrtsstaat.*

Stefanie Grote, Mitglied der Forschungsgruppe *Public Health* am Wissenschaftszentrums Berlin für Sozialforschung.

Thomas Hinz, Professor für *Empirische Sozialforschung* an der Universität Konstanz.

Ernst-H. Hoff, Professor für Arbeits-, Berufs- u. Organisationspsychologie an der Freien Universität Berlin.

Hans-Uwe Hohner, Privatdozent an der Freien Universität Berlin, Arbeitsbereich Arbeits-, Berufs- u. Organisationspsychologie.

Beate Krais, Professorin für Soziologie an der Technischen Universität Darmstadt.

Kai-Olaf Maiwald, Privatdozent an der Fakultät für Sozial- und Verhaltenswissenschaften der Universität Tübingen sowie Mitarbeiter des Instituts für Sozialforschung in Frankfurt am Main.

Ursula Müller, Professorin für *Gender Studies/Frauenforschung* an der Fakultät für Soziologie der Universität Bielefeld.

Waltraud Müller-Franke, Professorin am Fachbereich Gesellschaftswissenschaften der Fachhochschule Villingen-Schwennigen - Hochschule für Polizei.

Luiza Olos, wissenschaftliche Mitarbeiterin am Bereich Arbeits-, Berufs- und Organisationspsychologie der Freien Universität Berlin.

Patricia Pfeil, Vorstandsmitglied des *Süddeutschen Institutes für empirische Sozialforschung* (sine) e.V.

Hedwig Rudolph, Universitäts-Professorin an der Technischen Universität Berlin und ehemalige Direktorin des Wissenschaftszentrums Berlin für Sozialforschung.

Angelika Wetterer, Professorin für die Soziologie der Geschlechterverhältnisse am Institut für Soziologie, Bereich Geschlechtersoziologie & Gender Studies, der Universität Graz.

Sylvia Wilz, Juniorprofessorin am Arbeitsbereich *Soziologie organisationaler Entscheidungen* der FernUniversität Hagen.